XINSHIJI
KUAIJIXUE ZHUGANKE
XILIE JIAOCAI

新世纪会计学主干课系列教材

成本会计

（第三版）

◇ 主　编　袁寒松
副主编　张菊芬

厦门大学出版社
XIAMEN UNIVERSITY PRESS
国家一级出版社
全国百佳图书出版单位

第三版前言

由于读者们的厚爱，本书第二版印刷后一年的时间即告售罄，我们很受鼓舞，也感谢读者们的热心支持。本次再版主要是对本书中的一些细节问题进行了修订，如强调分批法提前完工一定要有提前交货这一前提，才可能在月末将生产费用在完工产品和在产品之间进行分配；对工资总额和福利费的相关规定进行了表述上的修订和完善。

本书的再次修订是我们为提高教材质量、更好地为读者理解成本会计的重点、难点进行的进一步尝试。由于作者水平有限，错误和不足可能在所难免，恳请读者多提宝贵意见。作者联系邮箱：yhs@fjjt.com。

编者

2011 年 8 月

第二版前言

距离第一版教材出版两年多了，在库存即将告罄的情形下获陈丽贞编辑电话告知，并询问是否需要对第一版进行修订。考虑到当初编撰教材时虽然已然尽力，根据2006年新的会计准则体系的精神来撰写，但因时间仓促，理解不够透彻，尚有不尽如人意之处。为了进一步完善本书，因此考虑进行修订。

本次修订除了对第一版错漏之处进行修订，对书中部分费用的提法进行细节修改外，主要的变化是根据财政部关于企业加强职工福利费财务管理的通知对工资部分内容进行了增补、修改。此外，新增了副主编张菊芬。

在有限时间内，我们竭力希望做得更好，但错误和不足之处可能在所难免，恳切希望广大读者批评指正。作者联系邮箱：zjh9042@vip. sina. com。

编者

2010年4月

前　　言

本教材主要从广义成本会计的角度来编写，包括了成本预测、成本决策、成本计划、成本控制、成本核算、成本分析和成本考核等成本会计的所有环节。主要特点有：

1. 内容较为全面，重点突出。从广义成本会计的角度来编写，但重点在成本核算。

2. 在成本核算部分，强调了成本核算的具体程序。通过具体的综合例题，详解成本核算的具体程序，使学生学习该门课程时能把握成本核算的总体，解决了以往学生学习成本会计只注重各种费用的分配方法而不知道何时、如何运用这些方法，更不知道如何获取待分配的费用等学习中常见的问题。

3. 针对性强。本教材由具有丰富教学经验的教师编写，在讲课过程中发现的学生学习的误区在本教材中讲述得较为详细，如成本明细账和成本计算单的区别等。

4. 适用范围广。由于本教材在例题的讲解上比较详细地说明了数据的来源，适合于会计及非会计各专业学生的学习。

为了方便学生对课程内容的把握，在每一章内容之后都提出了一些思考题。这些题目实际上是对本章内容的总结或重点，掌握了这些内容，本章的内容也就理解吸收了。本书的编写过程中总结了作者多年的教学经验，并将心得融入其中，同时也参阅了其他同类教材的观点，在此一并表示感谢。

本书第 1、2、3、4、5、6、7、9、14、17、18 章由袁寒松编写，第 8、10、11、12、13、15、16 章由张菊芬编写。

对于本书的疏漏、错误之处，恳请读者指正。

编者

2007 年 10 月

目　　录

01 第一章 总论

一、成本的含义

成本是商品经济的价值范畴。是商品价值的组成部分。它是商品生产发展到一定阶段,人们为了比较生产中的所费与所得,并对所费进行补偿,而产生的一个用价值表现的生产耗费的概念。

在商品经济条件下,生产耗费都是为一定的目的而发生,有所得必有所费。一切耗费都必须对象化于所得,并从所得中获得补偿,以使社会再生产得以持续不断地进行。

以工业企业为例,工业企业生产经营过程中的每一阶段都会发生资金的耗费。将资金耗费对象化到不同的对象上,从而构成各种不同的成本。生产准备阶段的资金耗费是为了购买设备、材料,这一部分资金耗费对象化到设备与材料上,构成设备与材料的成本;生产阶段的资金耗费是为了生产产品,如耗用设备(折旧)、材料、支付工资、支付生产管理费用等,在这一阶段,一部分设备和材料成本转移到产品中,连同支付的生产工人工资及生产管理费用等对象化到生产的产品上,构成产品的生产成本(制造成本)。此外,工业企业还有为提供某种劳务而发生的资金耗费,将其对象化到某一劳务(如修理、运输)上,构成劳务成本;为筹措资金而发生的资金耗费(如利息支出)构成筹资成本。可见,成本就是对象化的资金耗费。正常情况下,已耗费的资金可以从收入中获得补偿,因此,成本的意义不仅是对象化的资金耗费,也是一种补偿价值。

成本概念的使用不仅限于工业企业,其范围可以扩大到所有可以对象化的资金耗费。商业企业的资金耗费对象化后,可以计算出每一件商品的成本;施工企业的资金耗费对象化后,可以计算出每一个施工项目的成本;学校的资金耗费对象化后,可以计算出每一位学生的平均培养成本;科研部门的资金耗费对象化后,可以计算出每一项科研课题的研究成本。

综上，成本是取得资财的代价或对象化的耗费。这是广义的成本概念，广泛适用于各行业的一个成本概念。本教材所研究与计算的重点是工业企业为制造产品而发生的成本，即产品生产成本（或称产品制造成本）。

二、支出、费用、生产费用与产品成本

支出、费用、生产费用、产品成本是关系极为密切的四个概念，它们之间既有联系，又存在着很大的差别。

（一）支出

支出是指企业的一切开支及耗费。在一般情况下，企业的支出可分为资本性支出、收益性支出、所得税支出、营业外支出和利润分配性支出五大类。

资本性支出是指支出的效益及于几个会计年度（或几个营业周期）的支出，如企业购置或建造固定资产、无形资产和其他资产的支出，以及对外投资支出等。

收益性支出指支出的效益仅及于本年度（或一个营业周期）的支出，如企业生产经营所发生的材料、工资及其他开支。

营业外支出指同企业的生产经营没有直接联系的支出，如企业支付的罚款、违约金、赔偿金以及非常损失等。

利润分配性支出指在利润分配环节发生的支出，如股利分配支出等。

一般而言，支出中同本企业的生产经营有关的部分，如企业用于购置固定资产、无形资产、其他资产及购买材料等与生产经营有关的支出，可表现或转化为费用；而同本企业的生产经营无关的部分，如企业发生的长期投资支出、利润分配性支出以及营业外支出等，则不能列为费用。

（二）费用、生产费用与产品成本

工业企业的费用是工业企业在生产经营管理活动中所发生的用货币表现的各种耗费。按其经济用途可分为生产费用和经营管理费用两部分。经营管理费用即期间费用，包括销售费用、管理费用和财务费用。生产费用是为了生产产品而在一定时期（如一个月）内发生的，用货币表现的耗费。在生产过程中，企业可能生产许多不同的产品，如甲产品、乙产品、丙产品等。生产所有产品而发生的用货币表现的耗费都是生产费用。这时我们可以将生产费用对象化到甲产品、乙产品、丙产品。对象化到甲产品的生产费用称为甲产品生产费用，即在一定时期内生产甲产品所发生的用货币表现的耗费。本月投产的甲产品本月末可能有一部分完工成为产成品，一部分没有完工成为在产品。又可将甲产品生产费用对象化到甲产成品和甲在产品。对象化到甲产成品的生

产费用称为甲产品成本，对象化到甲在产品的生产费用称为甲在产品成本。

生产费用和产品成本是两个既互相联系又互相区别的概念。生产费用按一定的产品加以归集和汇总，就形成产品成本。因此，生产费用的发生是形成产品成本的基础，而产品成本则是对象化的生产费用。但是，生产费用通常是指某一时期（月、季、年）内实际发生的生产费用，而产品成本反映的是某一时期某种产品所应负担的费用。按照权责发生制的原则，企业生产费用的发生期与归属产品的期间并不完全一致。归属于当期产品成本中的一部分生产费用可能并非当期发生，而是以前期间发生的生产费用；归属于本期间的生产费用不一定归属于当期产品成本，可能要归属到以后期间的产品成本。所以，企业某一时期实际发生的各产品生产费用总和，不一定等于该期产品成本的总和。某一时期完工产品的成本可能包括几个时期的生产费用，某一时期的生产费用也可能分期计入各期完工产品成本。

产品成本还有理论成本与实际成本之分。根据马克思主义的政治经济学理论，产品的价值由三部分组成：生产中消耗的生产资料的价值（C）、劳动者为自己的劳动所创造的价值（V）、劳动者为社会创造的价值（M）。产品成本是前两个部分价值之和（C＋V）。因此，从理论上说，产品成本是企业在生产产品过程中已经耗费的、用货币表现的生产资料的价值与相当于工资的劳动者为自己劳动所创造的价值的总和。这种成本，可以称为"理论成本"。

在实际工作中，产品成本的开支的实际内容通常由国家以法令、制度的形式加以规定，这叫做产品成本开支范围。为了促使企业加强经济核算、减少生产损失，对于劳动者为社会劳动所创造的某些价值，如财产保险费，以及一些并不形成产品价值的损失性支出，如废品损失、季节性和修理期间的停工损失等，也计入了产品成本。可见，实际工作中的产品成本开支范围与理论成本包括的内容是有一定差别的。从实质上看，废品损失、季节性和修理期间的停工损失等损失性支出并不形成产品价值，它不是产品的生产性耗费，而是纯粹的损耗，其性质并不属于产品成本的范围。但是考虑到经济核算的要求，将其计入产品成本，可促使企业减少生产损失。当然，对于成本实际开支范围与成本经济实质的背离，必须严格加以限制，否则，产品成本的计算就失去了理论依据。

三、产品成本的作用

（一）产品成本是补偿生产耗费的尺度

企业是自负盈亏的商品生产者和经营者，其生产耗费必须由其自身的生产成果即销售收入来补偿。成本就是衡量这一补偿大小的尺度。企业在取得销售收入后，不得将销售收入全部用于利润分配或者职工福利。必须把产品成本的数额划分出来，用于补偿在生产过程中的资金耗费，这样才能维持资金周转按照原有的规模进行，否则，企业再生产的资金就会短缺，再生产的规模就会越来越小。而且，产品成本也是划分生产耗费和企业纯收入的依据，在销售收入一定的情况下，产品成本越低，企业纯收入就越多。因此，产品成本作为补偿生产耗费的尺度，在经济管理中有着重要的作用。

（二）产品成本是综合反映企业各环节工作质量好坏的重要指标

产品成本是一项综合性的指标，企业生产管理各环节的业绩，从产品设计的优劣、生产工艺的合理程度、原材料的节约或浪费、固定资产的利用情况到劳动生产率的高低、产品质量的高低及至费用开支的大小等，都可以直接或间接地在产品成本上反映出来。一般来说，某一环节产品成本降低，排除市场因素影响下，可以说明该环节工作质量提高了。

（三）产品成本是制定产品售价的一项重要因素

制定产品的售价是一项复杂的工作，要考虑的因素有很多，诸如国家的价格政策及其他经济政策、市场上该产品的供求情况及市场竞争情况、不同产品之间的性价比、产品成本以及企业的经营管理费用等等。产品价格是产品价值的货币表现。制定产品价格最重要的是必须按照商品经济价值规律的要求，使产品价格大体符合产品价值。由于目前我们还不能直接计算产品的价值，所以只能通过计算产品的成本间接地相对反映产品的价值。因而，产品成本就成为制定产品售价的一项重要依据。在制定产品售价时必须考虑到产品成本的高低和单位产品应分摊的经营管理费用。一般情况下，应当使产品成本和经营管理费用得到补偿，以使再生产得以继续进行。

（四）产品成本是企业进行经营决策的重要依据。

企业在对生产经营的重大问题进行决策时，需要考虑的因素很多，成本是其中应考虑的主要因素之一。进行重大问题的决策通常要对各种不同的方案进行比较，选择出经济效益最佳的方案。经济效益是经营耗费与经营成果之比，因此，产品成本的高低直接影响经济效益的大小，成本越低，经营耗费也越低，经济效益就越高。而且，较低的产品成本在市场竞争中也总是处于有利的地位。因而，产品成本就成为企业经营决策时必须考虑的重要因素之一。

四、成本会计的对象

成本会计的对象是成本会计反映和监督的内容。我们以工业企业为例，说明成本会计反映和监督的主要内容。

工业企业的基本生产经营活动是生产和销售工业产品。在产品的生产过程中,即从原材料投入生产到制成产成品的过程中,一方面制造出产品来,另一方面要发生各种各样的耗费。在产品的制造过程中,需要消耗原材料等劳动对象,其价值随之一次性全部地转移到新产品中去,构成了产品生产成本的一部分;制造产品还需要使用房屋、机器设备等劳动资料,其价值则是通过计提折旧的方式逐渐、分次地转移到所制造的产品中去,也构成产品生产成本的一部分;生产过程中还需要支付给劳动者工资,因此,这部分工资也构成产品生产成本的一部分。具体来说,在产品的制造过程中发生的各种生产耗费,主要包括原料及主要材料、辅助材料、燃料等的支出,生产单位(如分厂、车间)固定资产的折旧,直接生产人员及生产单位管理人员的工资以及其他一些货币支出等。所有这些支出,就构成了企业制造产品过程的全部生产费用。而为生产一定种类、一定数量产品而发生的各种生产费用支出的总和就构成了产品的生产成本。上述产品制造过程中各种生产费用的支出和产品生产成本的形成,是成本会计应反映和监督的主要内容。

在产品的销售过程中,企业为销售产品也会发生各种各样的费用支出。例如,应由企业负担的运输费、装卸费、包装费、保险费、展览费、差旅费、广告费,以及专设销售机构的人员工资和其他经营费用等。所有这些为销售本企业产品而发生的费用,构成了企业的销售费用。销售费用也是企业在生产经营过程中所发生的一项重要费用,其支出及归集过程也是成本会计所反映和监督的内容。

企业的行政管理部门为组织和管理生产经营活动,也会发生各种各样的费用,如行政管理部门人员的工资、固定资产的折旧、董事会费、审计费、绿化费等。这些费用统称为管理费用。管理费用也是企业在生产经营过程中所发生的一项重要费用,其支出及归集过程也是成本会计所反映和监督的内容。

企业为筹集生产经营所需的资金等也会发生一些相关费用,如利息收支、汇兑损益、金融机构手续费等。这些费用称为财务费用。财务费用也是企业在生产经营过程中所发生的一项重要费用,其支出及归集过程也是成本会计所反映和监督的内容。

销售费用、管理费用和财务费用,也可以总称为经营管理费用或期间费用。

以上工业企业产品成本的形成和经营管理费用是对工业企业成本会计应反映和监督的主要内容的简要概括。此外,现实中还有不同类型的企业,它们成本核算的内容与工业企业稍有不同。如,商品流通企业的基本经济活动是商品的采购和销售,为此,要耗费商品的采购成本和销售成本,还要发生经营费用、管理费用和财务费用等经营管理费用。采购成本、销售成本和经营管理费用是商品流通企业成本核算的内容。旅游、饮食服务企业的基本经济活动是进行旅游、饮食服务的经营，要耗费营业成本，还要发生销售费用、管理费用和财务费用等经营管理费用。营业成本和经营管理费用是旅游、饮食服务企业成本核算的内容。

综上，成本会计的核算对象可概括为：各行业企业生产经营业务的成本和经营管理费用，简称成本、费用。因此，成本会计实际上是成本、费用会计。

以上所概述的其实是成本核算的对象，随着经济的发展，企业经营管理要求的提高，成本的概念和内容都在不断发展、变化着。美国会计学会所属的成本概念与标准委员会将成本定义为："成本是指为达到特定目的而发生或应发生的价值牺牲，它可用货币单位加以衡量。"成本的这一定义已经大大超越了我们上述所指的产品成本和各种经营业务成本的内容和概念。当前，企业为了加强成本管理，提高企业的活力和经济效益，还运用着不同的成本概念。如，为了按照税法规定计算利润、交纳税金，计算销售成本；为了进行产品成本管理，计算产品成本；为了进行生产经营短期的预测和决策，计算变动成本、固定成本、边际成本、机会成本和差别成本；为了加强企业内部的成本控制和考核，计算可控成本和不可控成本等等。这些成本可以概称为专项成本。

可见，随着成本概念的发展、变化，成本会计的对象和成本会计本身也相应地发展、变化着。现代成本会计的对象，应该包括各行业企业生产经营业务成本、有关的经营管理费用和各种专项成本。现代成本会计就是以这些成本、费用为对象的一种专业会计。

五、成本会计的职能

成本会计的职能是指成本会计所具有的客观功能。成本会计应当有成本预测、成本决策、成本计划（预算）、成本控制、成本核算、成本分析、成本考核等职能。

（一）成本预测

成本预测是根据与成本有关的各种数据、可能发生的发展变化和将要采取的各种措施，采用一定的专门方法，对未来的成本水平及其变化趋势作出的科学的估计。

通过成本预测，可以减少生产经营管理的盲目性，充分挖掘降低成本、费用的潜力。

成本预测应当在计划期开始以前、成本决策之先进行，这可以为成本决策提供数据;成本预测还应当在成本计划执行过程中经常地进行,如成本的日测、周测或旬测,这主要是为了更好地掌握成本、费用变化的趋势,有效地进行成本控制,保证成本计划的执行。

(二)成本决策

成本决策是指根据成本预测提供的数据和市场营销以及产品功能分析等其他有关资料,在若干个与生产经营和成本有关的方案中,选择最优方案,确定目标成本。

成本决策贯穿于整个生产经营过程,涉及面广,因此,在每个环节都应当选择最优的成本预测方案,以达到总体最优。企业成本决策的主要内容有:企业新产品设计方案的决策、老产品改造的决策、零部件自制或外购的决策、自制半成品出售或进一步加工的决策、外购材料和商品每批购入量(经济采购批量)的决策、合理生产批量的决策、接受追加订货的决策、亏损产品应否停产的决策、产品质量成本的决策等等。为了进行成本决策,首先应该在成本预测的基础上,拟订各种提高生产效率、改进技术、改善经营管理和降低成本费用的方案,并对各方案进行可行性研究和技术经济分析。通过成本决策确定的目标成本是编制成本计划的前提,也是成本控制的依据。

(三)成本计划(成本预算)

成本计划是根据成本决策所确定的目标成本,具体规定在计划期内为完成生产经营任务所应支出的成本、费用水平和降低任务,并提出为达到规定的成本、费用水平所应采取的各项措施。

成本计划通常包括:生产费用预算、经营管理费用预算、商品产品总成本计划、商品产品单位成本计划、可比产品成本降低计划以及完成各项计划的措施等。成本计划是降低成本、费用的具体目标,也是企业进行成本控制、成本分析和成本考核的重要依据。成本计划还是企业编制利润计划、流动资产占用量计划等的依据。

(四)成本控制

成本控制是指对影响成本的各种因素加以管理,使产品成本按照人们事先测算确定的成本水平进行,从而防止与克服生产过程中的损失和浪费现象,使企业资源得到合理利用。实行成本控制企业一般应按成本、费用发生的时间先后划分为事前控制、事中控制和事后控制三个阶段。成本事前控制,主要是确定成本目标、制定成本计划、规定成本限额,以保证目标成本和成本计划既先进又切实可行。事前控制能够最大限度地挖掘降低成本、费用的潜力,提高经济效益。成本的事中控制是在产品成本的形成和经营管理费用的发生过程中,依据成本计划,制定各项消耗定额、费用定额、标准成本等,对各项实际发生和将要发生的成本、费用进行审核,及时发现差异并采取纠正措施,使产品成本的形成和各项费用的发生限制在成本计划的范围内，防止超支、浪费和损失的发生，以保证成本计划的执行。成本事后控制是根据计划执行的情况，分析研究成本差异发生的原因，确定责任部门或责任人，借以纠正偏差，修正成本控制的设计和成本限额，为下一阶段的成本控制提供依据。

（五）成本核算

成本核算是指对生产经营过程中实际发生的成本和费用进行记录、归集、计算、分配，作出有关的账务处理，计算出各种产品或劳务的总成本和单位成本并编制成本报表，为成本管理提供客观、真实的成本资料。通过成本核算所提供的实际成本资料与目标成本比较，可以了解成本计划的完成情况，同时为下一期的成本预测、决策和成本计划提供原始资料，并为制订产品价格提供依据。

（六）成本分析

成本分析是根据成本核算提供的成本数据资料和其他有关资料，通过将实际成本与本期计划成本、上年同期实际成本、本企业历史先进成本水平以及国内外先进企业的成本水平进行比较，分析成本水平与构成的变动情况、影响成本、费用升降的各种因素及其影响程度、成本超支或节约的原因；采取措施，改进生产经营管理，降低成本、费用。

成本分析结果应当及时反馈。若通过分析，发现实际成本和费用中存在超支和浪费，应及时采取措施，改进管理；若发现成本计划或定额制定不够科学、合理，应及时修订计划和定额。

通过成本分析，可以为成本考核提供依据，为成本预测和决策以及编制下一期的成本计划提供参考。

（七）成本考核

成本考核是根据成本计划和核算资料，结合成本分析资料，定期对计划成本实际完成情况进行考察和评价。成本考核一般是以部门、单位或个人作为责任的对象，以其可控成本为界限，以责任的归属来考察其成本指标的完成情况，评价其工作业绩并决定其奖惩，以充分调动责任者完成预定目标的积极性。

综上所述，成本会计七个方面的职能互相联系、互相依存，构成了成本会计工作的有机整体。成本预测是进行成本决策的重要依据，成本决策是成本预测的结果，成本计划是成本决策所确定成本目标的具体化，同时又是成本控制、成本分析和成本考核的依据。成本控制是对成本计划执行情况进行监督，保证成本决策目标实现的重要手段，通过成本核算可以反映成本计划的实施结果，检验成本决策目标是否实现。成本核算资料是进行成本分析的依据，通过成本分析可以发现成本计划的完成情况和实际成本脱离计划成本的原因。

成本考核要依据成本计划、成本核算和成本分析的资料对责任者进行考核和评价。在成本会计七方面的职能中成本核算是基础，没有成本核算，成本的预测、决策、计划、控制、分析和考核都无法进行，成本会计的其他六个方面的职能都是在成本核算的基础上，随着企业生产经营管理要求的提高和管理科学的发展，随着成本会计与管理科学相结合而逐步发展形成的。成本核算也称为狭义的成本会计。包括七个方面职能的成本会计也称广义的成本会计，即现代成本会计。

六、成本会计的法规和制度

成本会计的法规和制度是组织和从事成本会计工作必须遵守的规范，是会计法规和制度的重要组成部分。与成本会计有关的法律、规章和制度可以分为以下三个层次：

（一）中华人民共和国会计法

中华人民共和国会计法（以下简称“会计法”）1985 年 1 月 21 日第六届全国人民代表大会常务委员会第九次会议通过，根据 1993 年 12 月 29 日第八届全国人民代表大会常务委员会第五次会议修正，1999 年 10 月 31 日第九届全国人民代表大会常务委员会第十二次会议修订。是我国会计工作的基本法律，是制定会计方面其他法律、规章、制度、办法等的依据。它以法律形式确定了会计工作的地位和作用，明确了会计人员的职权，保障了会计人员的职权不受侵犯，它可以严格规范会计行为，保证会计信息质量。

（二）《企业财务通则》和《企业会计准则》。

《企业财务通则》和《企业会计准则》的“基本准则”均于 1992 年 11 月 30 日经国务院批准，由财政部发布。它们是企业进行财务、会计工作应遵循的基本准则。财政部还根据《企业会计准则》的基本要求从 1997 年至 2006 年九年间共发布或修订了 38 个“具体准则”。这些具体准则对企业各类经济业务的会计处理进行了规范。其中与成本核算有关的具体准则，更是规范成本会计工作的重要法规。

（三）企业会计制度

继 1993 年我国为了同国际会计惯例接轨，根据《企业会计准则》打破了原有的部门、所有制界限，重新划分行业，分别制定了工业、商品流通、交通运输、旅游服务、农业、施工、对外经济合作、金融等 13 个行业会计制度，并从 1993 年 7 月 1 日起在全国所有企业执行。2000 年 12 月又发布了全国统一会计制度——《企业会计制度》。这是我国会计核算制度的又一次重大改革，主要目的是为了更好地发挥会计职能，提高会计信息质量，加快实现我国企业会计同国际接轨。

目前，我国《企业会计制度》与《企业会计准则》并存，二者均是国家对会计要素的确认、计量、披露或报告等作出的规定，但两者之间也存在着重大差别：《企业会计制度》自成体系，涵盖企业全部经济业务，凡属纳入《企业会计制度》适用范围的企业，所发生的各种经济业务的会计处理，均应按照《企业会计制度》有关规定执行，而具体会计准则通常只就企业的某项业务或某一方面核算内容作出规定；具体会计准则在会计要素的确认、计量、披露或报告方面的规定比较突出原则性内容，而《企业会计制度》则以会计科目及使用说明的形式对会计事项的处理做了较为详细的规定；会计准则的结构、语言表述适用于国际上各国交流的方式，而《企业会计制度》由于与我国市场经济发展的现状相适应，并且规定有会计科目和财务会计报告格式，更符合中国人的思维方式和习惯。

（四）企业的成本会计制度、规程或办法

各企业为了具体规范本企业的成本会计工作，还可以根据上述各种法规和制度，结合本企业生产经营特点和管理要求，具体制定本企业的成本会计制度、规程或办法。成本会计有狭义和广义之分，其制度也有狭义和广义之分。狭义的成本会计制度仅指成本计算方法及成本核算的科目与账户体系的有关规定。广义的成本会计制度，包括成本预测、决策、计划、控制、核算、分析和考核等所作出的有关规定，指导着成本会计工作的全过程。就狭义的成本会计来说，成本会计制度主要内容包括：

1. 关于成本会计工作的组织分工及职责权限。

2. 关于成本定额的制订方法。

3. 关于存货的收发领退和盘存制度。

4. 关于成本核算的原始记录和凭证传递流程。

5. 关于成本计算对象和成本计算方法的确定、成本核算账户和成本项目的设置、生产费用归集与分配的方法、在产品计价方法等。

6. 关于企业内部劳务、半成品、材料转移价格的制订和转账结算的方法。

7. 关于成本报表的种类、格式、编制方法、传递程序、报送日期等。

各企业制订成本会计制度，其目的是使企业的成本会计工作有章可循，实现规范化和具有协调性，从而提高成本信息的质量和成本管理的水平。

七、成本会计的组织工作

组织成本会计工作和执行成本会计职能的单位是成本会计机构。它是在总会计师或会计主管领导之下直接从事成本会计工作的。企业在组织成本会计工作时，应该考虑自身规模的大小、企业机构的设置和生产经营业务的特点等具体条件，可以在专设的会计机构中单独设置成本会计科、室、组等，也可以指定专人处理成本会计工作。

成本会计工作的处理方式按内部各级单位的分工，可以分为集中处理方式和分散处理方式。

（一）集中处理方式

集中处理方式，是指成本会计工作中的预测、决策、计划、控制、核算、分析和考核各环节的工作，主要由厂部成本会计机构集中进行，车间、班组等基层单位中的成本会计机构或人员只负责登记原始记录和填制原始凭证，对它们进行初步的审核、整理和汇总，为厂部进一步工作提供资料。采用集中处理方式有利于集中使用电子计算机进行成本会计数据处理，可以适当减少成本核算的层次和工作人员，厂部成本会计机构可以比较及时地掌握企业有关成本的全面信息，但不便于实行责任成本核算，不便于直接从事生产经营活动的车间、班组等基层部门的职工和负责人及时了解分析本部门的成本水平及其变化，影响其关心成本管理业绩的积极性。

（二）分散处理方式

分散处理方式是指在企业内部根据管理需要按车间或班组分级设置成本核算单位，各级成本核算单位配备核算人员，对本单位发生的成本进行明细核算，编制日常管理所需的成本报表，并进行相应阶段的成本计划、控制和分析，厂部会计部门则处理一些不便于分散到各车间、班组进行的成本会计工作，如成本预测、决策，对目标成本进行分解，编制全厂的成本预算与计划，汇总产品的成本和成本差异，进行成本的综合分析等，成本考核工作由上一级成本会计机构负责对下一级成本会计机构逐级进行。采用分散处理方式会增加成本核算层次和人员，但有利于车间、班组等基层单位及时掌握成本信息和进行成本控制，促进生产经营管理，也便于实行责任成本核算，为考核各单位的成本控制业绩提供资料。

企业在选择成本会计工作处理方式时，应考虑企业规模的大小、内部各单位生产经营管理的要求，以及这些单位成本会计人员的数量和素质。一般情况下，大中型企业通常采用分散处理方式，中小型企业通常采用集中处理方式。也可以在一个企业中结合采用两种处理方式，对某些单位采用分散处理方式，对另一些单位则采用集中处理方式。

思考题：

1. 实际成本与理论成本有何区别？
2. 费用、生产费用、产品成本存在着什么关系？
3. 现代成本会计对象是什么？
4. 成本会计组织工作有哪些方式？各有何优缺点？
5. 计算产品成本的作用是什么？
6. 成本会计的职能有哪些？它们之间有何联系？

02 第二章 工业企业成本核算的基本要求和一般程序

一、成本核算的基本要求

为了正确进行成本核算并充分发挥成本核算的作用，在成本核算过程中，应当遵循以下各项基本要求：

(一)算管结合，算为管用

成本核算是现代成本会计内容中的最基本环节，要利用成本核算的资料进行成本预测、决策、计划、控制、分析、考核等企业管理工作，成本核算就应当与加强企业生产经营管理工作相结合，不仅要对各项费用支出进行事后的核算，提供产品成本信息，而且必须以国家有关的法律法规、制度和企业成本计划、定额为依据，对于合法、合理的开支要予以支持，对于发展生产提高经济效益作用不大的支出要严格限制，而不合理、不合法的开支则要坚决抵制，并追究责任，采取有效措施，防止以后再次发生。核算中发现计划或定额不符合实际情况的，要按规定提请修订计划或定额。

同时，计算产品成本，要防止为算而算，搞烦琐哲学，脱离成本管理和生产经营管理实际需要的做法，成本核算的成本应与所取得的成效挂钩，但也要防止片面追求简化，以至不能为管理提供所需数据的做法。

此外，为了满足企业生产经营管理和决策不断发展的需要，成本核算还应借鉴现代成本概念和成本计算方法，为不同的管理目的提供不同的管理成本信息。如变动成本信息、固定成本信息、作业成本信息、机会成本信息等。

(二)正确划分各种费用界限

为了正确核算产品成本和经营管理费用，应当正确划分五个方面的费用界限，这也是我们进行成本核算所遵循的基本思路。

1.正确划分生产经营管理与非生产经营管理费用的界限

工业企业的经济活动是多方面的，除了生产经营活动以外，还有诸如投资、筹资等其他方面的经济活动。不同用途的支出，其列支的项目应该不同。如对外投资、购置和建造固定资产、购买无形资产等，这些支出属于资本性支出，不应一次性计入企业的生产经营管理费用。又如固定资产盘亏损失、固定资产报废清理损失、自然灾害等原因而发生的非常损失、罚款支出、对外捐赠支出以及非正常原因发生的停工损失等，都不是企业日常的生产经营活动支出，不应计入生产经营管理费用，应作为营业外支出列支。企业既不应将不属于生产经营管理的费用计入生产经营管理费用，也不应少计生产经营管理费用，否则都会导致成本、费用不实，不利于企业进行成本管理。

2.正确划分生产费用与经营管理费用的界限

由于工业企业的生产费用都应对象化成为产品成本，而当月投产的生产费用不一定都当月产成、销售，因此当月的生产费用不一定都转入当月的主营业务成本而从当月利润中扣除；而企业的经营管理费用则作为企业期间费用，直接计入当月损益，从当月利润中扣除。因此，生产费用与经营管理费用对当月利润的影响是不同的。为了正确地计算企业各个月份的利润，应当将生产经营管理费用正确地划分为生产费用和经营管理费用。用于产品生产的原材料费用、生产工人工资和福利费以及制造费用等应该计入生产费用并最终对象化到产品成本中，企业由于组织和管理生产经营活动而发生的管理费用、为了筹集资金所发生的财务费用以及销售产品而发生的销售费用等经营管理费用应该计入当月损益，从当月利润中直接扣除。应当防止混淆生产费用和经营管理费用的界限，借以调节各月利润的错误做法。

3.正确划分各个月份的费用界限

由于我国会计核算的基础是权责发生制，对于本月支付、但属于以后各月受益的成本及费用，应计入待摊费用或长期待摊费用，分摊计入以后各月的成本、费用；对于本月虽未支付、但本月已经受益而应相应承担的成本及费用，应采用预提的方式计入本月的成本、费用。因此，在发生生产费用和经营管理费用时，也应考虑该项费用属于哪一期成本、费用负担，正确确定费用期间，将生产费用和经营管理费用在各个月份之间进行划分。防止利用待摊费用和预提费用人为调节各个月份的产品成本和经营管理费用以及各月损益。

4.正确划分各种产品的费用界限

由于生产费用是生产过程中为了生产所有产品而发生的耗费，为了分析和考核各种产品的成本计划或成本定额的执行情况，要求分别计算各种产品的成本，因此，对于计入本月份的生产费用还应在各种产品之间进行划分。如果是生产某一种产品而发生的生产费用，则将其直接计入该种产品的生产费用；如果是生产几种产品共同发生的生产费用，不能直接计入某种产品，则应采用适当的分配方法，将生产费用在不同的产品之间进行分配。特别应当注意要划分清楚盈利产品与亏损产品、可比产品与不可比产品之间生产费用的界限，防止将亏损产品生产费用挤入盈利产品，将可比产品生产费用挤入不可比产品，以盈补亏，掩盖超支的做法。

5. 正确划分完工产品与在产品的费用界限

生产费用对象化到某一种产品上时，如果该种产品全部完工，则对象化到该产品的生产费用就是该产品的完工产品成本；如果该种产品全部没有完工，则对象化到该产品的生产费用就是该产品的在产品成本；如果该种产品一部分完工，尚有一部分没有完工，则对象化到该种产品的生产费用还要在完工产品和在产品之间进行分配。分配到完工产品的生产费用即为该种产品成本，分配到在产品的生产费用即为该种产品在产品成本。应防止随意调节在产品和产成品成本，从而调节主营业务成本和本月利润的做法。

实际上，以上正确划分五个方面费用的界限就是产品成本的计算思路，或者说是成本计算过程。

（三）正确确定财产物资的计价和价值结转的方法

企业所拥有的财产物资其价值要随着生产经营管理过程中的耗用逐渐地或一次性地转移到生产经营管理费用中。采用什么方法将其价值进行结转，将对生产经营管理费用产生影响。例如，对于原材料价值的结转，将对本月生产经营费用产生影响的因素有原材料成本的组成内容。原材料发出时其单位成本的计算方法：若采用的是实际成本法，是采用先进先出法、后进先出法，还是全月一次加权平均法、移动加权平均法或具体辨认法都会对当月生产经营管理费用产生不同的影响；若单位成本是采用计划成本法，则结转材料成本差异时，是采用个别差异率还是采用分类差异率或综合差异率也会对当月生产经营管理费用产生不同的影响。对于固定资产价值的结转，将对本月生产经营费用产生影响的因素有固定资产原值的组成内容；固定资产折旧的方法：是采用年限法、工作量法，还是采用年数总和法、双倍余额递减法，采用不同的方法，每期计入生产经营管理费用的折旧额就有所不同；还有固定资产折旧年限的确定或折旧率的高低。此外，固定资产与低值易耗品的正确划分、低值易耗品的摊销方法等也会影响到每期生产经营管理费用的多少；还有无形资产、长期待摊费用等的摊销年限等。总之，对于财产物资的计价和价值结转的方法应采用国家统一规定的方法，如果国家没有统一规定的则采用既合理又简便的方法，防止随意对资产计价和结转，以调节利润的做法。

(四)做好各项基础工作

为了成本核算工作顺利开展，保证成本指标的正确性，也为了进行成本审核和控制，必须搞好以下各项基础工作：

1. 建立健全原始记录

原始记录是进行成本核算的书面的凭证依据。是对企业在生产经营活动中的具体事项所做的最初书面记载。与成本核算有关的原始记录主要有以下几类：

(1)反映生产经营过程中物化劳动消耗的原始记录，如领料单、限额领料单、材料退料单等。

(2)反映活劳动消耗的原始记录，如职工考勤记录、产量记录、工时记录、停工记录、工资单等。

(3)反映在生产经营过程中发生的各种费用支出的原始记录，如各种支付费用的发票、账单等。

(4)其他原始记录，如设备维修记录、废品损失记录等。

2. 建立健全材料物资的计量、验收、领退和盘点制度

建立健全材料物资等的入库计量、验收、领退以及进行定期和不定期的盘点制度，是进行成本控制和成本核算的基本条件。当材料物资等入库时进行计量、验收，才能保证入库材料物资的数量与质量；及时办好材料物资的领退手续，才能如实反映进退物资的客观情况，使成本核算中生产资料的耗用数量相对准确，由于材料物资等存货的品种、规格多，进出频繁，即使严格管理，但由于自然或人为的原因，仍然会存在账实不符的情况，因此还必须定期或不定期对材料物资进行清查盘点，并进行账面调整，以保证库存材料物资的真实性，计入生产经营管理费用中的材料物资费用更加准确。同时还应注意，材料物资的收发、领退，在产品、半成品的内部转移和产成品的入库以及对其进行盘点时均应填制相应的凭证，并经过一定的审批手续。

3. 科学地制定、及时地修订各项单位产品定额

与成本核算有关的单位产品定额主要有：工时定额、材料(燃料、动力)消耗定额，材料费用定额、工资费用定额、制造费用定额等。企业应该根据当前设备条件和技术水平，充分考虑职工的积极因素，制定先进可行的各项定额，并将实际发生的耗费与之进行比较，据以审核各项耗费是否合理、是否节约，借以控制耗费，降低生产经营管理费用，同时在计算产品成本时，往往也要根据产品的定额消耗量或定额工时分配实际发生的费用。定额制定以后，为了

保持它的科学性和先进性，必须随着生产的发展、技术的进步以及劳动生产率的提高，不断进行修改。

4. 制定合适的企业内部的结算价格

在生产经营过程中，企业内部各单位之间往往会相互提供半成品、劳务，为了避免内部各单位之间互相推卸责任，便于分析和考核内部各单位成本计划的完成情况，应制定内部结算价格。内部结算价格一旦制定，应当相对稳定，年度内一般不做变动。制定内部结算价格一般依据以下几种情况：

(1)内部转移的材料物资，一般应以当时的市场价格作为内部结算价格，或者以市场价格为基础，双方协商定价。

(2)企业自行生产的零部件、半成品等在内部转移时，可以标准成本或计划成本作为内部结算价格，或在实际成本的基础上，加上合理的利润作为内部结算价格。

在制定了内部结算价格的企业中，对于材料物资、半成品以及劳务的内部转移，都应先按内部结转价格核算，月末再采用一定的方法计算和调整价格差异，据以计算实际成本。

(五)正确选择成本计算方法

计算产品成本的方法有多种，基本方法有品种法、分批法、分步法，辅助方法有分类法、定额法等，此外，还有标准成本法。基本方法可以单独使用，辅助方法需要和基本方法结合起来使用，而各种方法又可以同时应用或结合应用。企业在选择成本计算的方法时应考虑生产组织特点、生产工艺特点以及企业内部的管理要求等，选择适当的方法计算产品成本。

二、费用的分类

工业企业生产经营过程中发生的耗费多种多样，为了进行科学的成本分析和管理，需要对种类繁多的费用进行分类。费用可按不同的标准分类，其中最基本的分类是费用按经济内容分类和按经济用途分类。

(一)费用按经济内容分类

企业在生产经营过程中发生的费用按经济内容(性质)所作的分类，称为费用要素。主要包括劳动对象方面的费用、劳动手段方面的费用和活劳动方面的费用。这三类可以称为工业企业费用的三大要素。为了具体地反映工业企业各种费用的构成和水平，还应在此基础上，将工业企业费用进一步划分为以下八个费用要素：

1. 外购材料。它是指企业为进行生产经营管理而耗用的从外部购入的原料及主要材料、半成品、辅助材料、修理用备件、包装物和低值易耗品等。

2.外购燃料。它是指企业为进行生产经营管理而耗用的从外部购入的各种燃料,包括固体燃料、液体燃料、气体燃料。

3.外购动力。它是指企业为进行生产经营管理而耗用的从外部购入的动力,包括电力、热力和蒸汽等。

4.工资。它是指企业从事生产经营管理活动的所有员工工资及福利费。

5.折旧费。它是指企业按照规定计提的用于生产经营管理活动的固定资产的折旧费。

6.利息费用。它是指企业应计入经营管理费用的银行借款利息费用减去利息收入后的净额。

7.税金。它是指企业应计入生产经营管理费用的各种税金,包括房产税、车船使用税、印花税、土地使用税等。

8.其他费用。它是指不属于以上各要素但应计入生产经营管理费用的耗费,如差旅费、保险费、租赁费、交通费、维修费、外部加工费等。

费用要素是一种原始形态的费用支出,这种分类可以反映企业一定时期内在生产经营管理活动中发生了哪些费用,这些费用的数额和比重各是多少,据以分析企业各个时期各种费用的构成和水平;同时,这种分类也反映了企业生产经营管理活动中外购材料和燃料费用以及职工工资的实际支出,因而可以为企业核定储备资金定额、考核储备资金的周转速度,以及编制材料采购资金计划和劳动工资计划提供资料。

但是,这种分类不能反映各种费用的经济用途,因而不便于分析这些费用的支出是否节约、合理。因此,这些费用还必须按照其经济用途进行分类。

(二)费用按经济用途分类

工业企业的费用按其经济用途分类,首先应当分为生产费用和经营管理费用。

1.生产费用

生产费用是在产品生产过程中发生的耗费,应对象化计入产品成本。由于生产费用在生产过程中的用途各不相同,有的直接用于产品生产,有的间接用于产品生产。因此,为具体反映计入产品成本的生产费用的各种用途,提供产品成本构成情况的资料,还应将其进一步划分为若干个项目,即产品成本项目。产品成本项目一般应设置如下几项:

(1)原材料。也称直接材料。它是指直接用于产品生产、构成产品实体的原料及主要材料以及有助于产品形成的辅助材料。

(2)燃料及动力。它是指直接用于产品生产的各种燃料和动力费用。

(3)生产工资及福利。简称工资及福利,也称直接人工。它是指应支付给直接参加制造产品的生产工人的工资以及福利费。

(4)制造费用。它是指间接用于产品生产的各项费用,也包括一部分直接用于产品生产,但不便于直接计入产品成本,因而没有专设成本项目的费用。如生产部门管理人员工资及福利费、固定资产折旧费、租赁费、办公费、水电费、低值易耗品摊销、设计制图费、试验检验费等。

(5)废品损失。它是指企业在生产过程中产生废品造成的损失。包括可修复废品的修复费用和不可修复废品的生产成本减去残料收入和责任人的赔款收入后的净额。

(6)停工损失。它是指生产部门因季节性或大修理期间停工而发生的各种耗费。

以上按经济用途划分的产品成本项目也不是固定不变的,可根据企业的生产特点和成本管理要求进行适当的调整。在调整时一般考虑几个问题:费用在管理上有无单独反映、控制和考核的需要;费用在产品成本中比重的大小;为某种费用专设成本项目所增加的核算工作量的大小。比如,在制造成本法下,产品成本项目一般可设三个:直接材料、直接人工、制造费用。对于管理上需要单独反映、控制和考核的费用,而该项费用在产品成本中占的比重又比较大的费用,就应该专设成本项目,如,在采用分步法核算产品成本的企业,为了考核各步骤半成品成本,可增设"自制半成品"成本项目;若企业需要单独考核职工福利费的,可将"生产工资及福利"成本项目分设为"直接工资"和"其他直接支出"这两个成本项目;由于我国能源紧张,所以产品成本中一般单独设置"燃料及动力"成本项目,若工艺上耗用的燃料和动力并不多,为了简化核算工作,也可以将工艺用燃料费用并入"原材料"成本项目,将工艺用动力费用并入"制造费用"成本项目;在生产过程中可能产生废品,也可能发生停工,如果生产管理者需要将废品损失或停工损失作为一项重点进行控制和考核,则成本核算时就可以设置"废品损失"、"停工损失"成本项目分别单独核算,否则就不必设置该成本项目。

生产费用按经济用途分类能够明确地反映直接用于产品生产上的材料费用是多少,直接用于产品生产上的工人工资和福利是多少,耗用于组织与管理生产上的各项支出是多少,便于按照费用的用途考核各项费用计划或定额的执行情况，分析费用支出是否合理。

2.经营管理费用

工业企业的经营管理费用即期间费用，包括销售费用、管理费用和财务费用。

销售费用是指企业在销售产品过程中发生的费用，包括企业销售产品过程中发生的运输费、装卸费、包装费、保险费、展览费和广告费，以及为销售本企业产品而专设的销售机构（含销售网点、售后服务网点等）的职工工资及福利费、业务费等经营费用。

管理费用是指企业为组织和管理企业生产经营所发生的管理费用，包括企业的董事会和行政管理部门在企业的经营管理中发生的，或者应当由企业统一负担的公司经费（包括行政管理部门职工工资、修理费、物料消耗、低值易耗品摊销、办公费和差旅费等）、工会经费、待业保险费、劳动保险费、董事会费、聘请中介机构费、咨询费（含顾问费）、诉讼费、业务招待费、房产税、车船使用税、土地使用税、印花税、技术转让费、矿产资源补偿费、无形资产摊销、职工教育经费、研究与开发费、排污费、存货盘亏或盘盈（不包括应计入营业外支出的存货损失）等。

财务费用是指企业为筹集生产经营所需资金等而发生的费用，包括应当作为期间费用的利息支出（减利息收入）、汇兑损失（减汇兑收益）以及相关的手续费。

（三）费用按经济内容分类与按经济用途分类的联系和区别

费用按经济内容分类可以划分为8个费用要素，按经济用途分类可以划分为6个成本项目，它们的名称虽然有些相似，但两者反映的具体内容是不同的：

费用要素包括的是企业发生的全部费用，如外购材料，它指的是企业为进行生产经营管理而耗用的从外部购入的原料及主要材料、半成品、辅助材料、修理用备件、包装物和低值易耗品等。不论是用于产品生产的直接材料还是间接材料，还是用于设备的维修或某一项工程耗用的材料，都包括在内。而成本项目中反映的原材料则仅仅指直接用于产品生产、构成产品实体的原料及主要材料以及有助于产品形成的辅助材料等。同样，工资费用要素指的是企业所有职工的工资及福利费用。而工资及福利成本项目，仅仅指的是生产工人的工资及福利费。

（四）生产费用按与工艺关系分类

按照生产费用与工艺关系，可以分为直接生产费用与间接生产费用。

1. 直接生产费用，是指由于生产工艺本身引起的，直接用于产品生产的费用，如生产工艺技术过程耗用的原料及主要材料、燃料及动力、产品生产工人工资及福利费、生产用机器设备折旧费等。

2. 间接生产费用，是指与生产工艺没有关系，间接用于产品生产的费用，如生产部门管理人员的工资及福利费、办公费、差旅费、机物料消耗、车间厂房的折旧费和辅助生产车间工人工资及福利费等。

生产费用按照与生产工艺的关系划分成直接生产费用和间接生产费用，有利于考察和分析企业的生产管理水平，通常企业的生产管理水平越高，产品成本中间接生产费用的比重就越低。

（五）生产费用按计入产品成本方法分类

按照计入产品成本的方式，可以分为直接计入费用和间接计入费用。

1. 直接计入费用，一般简称为直接费用，是指可以分清是哪种产品所耗用，可以直接计入某种产品成本的生产费用。如直接用于某种产品生产的原材料费用，就可以根据有关的领料单直接计入该种产品成本。

2. 间接计入费用，一般简称为间接费用，是指不能分清是哪种产品所耗用，不能直接计入某种产品成本，必须按照一定标准分配后才能计入有关的各种产品成本的生产费用。如生产部门管理人员的工资及福利费，加工几种产品共同耗用的零件的生产设备折旧费等。

生产费用按照计入产品成本的方式划分为直接计入费用和间接计入费用，有利于企业正确计算产品成本，对于直接计入费用必须根据有关费用的原始凭证直接计入该产品成本；对于间接计入费用则要选择合理的分配标准将其分配计入有关各种产品的成本。

以上两种分类既有区别，又有联系。一般而言，直接生产费用大多是直接计入费用，间接生产费用大多是间接计入费用，但也并非全都如此。如某生产车间（部门）生产一种产品的情况下，其直接生产费用和间接生产费用都是直接计入费用；又如生产用机器设备折旧费是直接生产费用，但采用年限法计提的折旧费在生产几种产品的情况下，又属于间接计入费用。

（六）生产费用按其与产品产量的关系分类

按照生产费用与产品产量的关系，可以分为变动费用（变动成本）和固定费用（固定成本）。

1. 变动费用（变动成本），是指费用总额随着产品产量（或业务量）的变动而成正比变动的费用。如直接材料、直接人工都是和产品的生产直接相联系的，其总额会随着产量的增减成正比增减；但从产品的单位成本看，产品单位成本中的直接材料、直接人工将保持不变,不受产量变动的影响。

2. 固定费用(固定成本),是指费用总额不直接受产量变动的影响,产量在一定范围内变动,其总额仍能保持不变。但从产品的单位成本看,随着产量的增加,每单位产品分摊的份额将相应地减少。

生产费用按照与产品产量的关系划分为固定费用和变动费用,可以为寻找降低成本的途径提供资料。

三、工业企业产品成本费用核算的账户设置

为了反映和监督企业生产过程中发生的各项费用,正确计算产品和劳务成本,企业需要设置有关成本费用类账户,工业企业设置的核算产品成本的账户主要有"生产成本"、"制造费用"。

(一)"生产成本"账户

"生产成本"账户核算工业企业进行工业性生产,包括生产各种产品(包括产成品、自制半成品、提供劳务等)、自制材料、自制工具、自制设备等所发生的各项生产费用。

工业企业的生产根据各生产单位任务的不同,可以分为基本生产和辅助生产。基本生产是指为完成企业主要生产任务而进行的商品产品生产或劳务供应。辅助生产是指为企业基本生产或其他部门服务而进行的产品生产或劳务供应,如企业内部的供水、供电、供气、自制材料、自制工具、模具、修理用备件和运输、修理等。辅助生产单位的产品和劳务,有时也可能对外销售一些,但不是企业主要的目的,其主要任务是为本企业基本生产和管理部门服务。根据这一特点,工业企业在进行成本核算时,一般在"生产成本"总分类账下,分设"基本生产成本"和"辅助生产成本"两个二级账户;为了简化核算,也可以将"基本生产成本"和"辅助生产成本"两个二级账户当作总分类账使用。

"生产成本——基本生产成本"账户的借方,登记工业企业所有从事基本生产活动的生产部门所发生的直接材料费用、直接人工费用和从"制造费用"账户转入的该基本生产部门发生的或应由其负担的制造费用;该账户的贷方,登记转出的所有基本生产部门完工入库的产品成本或已完工的劳务成本;该账户的余额在借方,表示所有基本生产部门期末尚未完工的在产品成本。该账户还应按照各个生产部门的成本核算对象,设置产品(或劳务)生产成本三级账,如"生产成本——基本生产成本——甲产品"、"生产成本——基本生产成本——20020415 批次"、"生产成本——基本生产成本——第一步骤"等用

来归集该成本核算对象所发生的生产费用，并计算出该对象的完工产品（或劳务）的实际总成本和期末在产品成本。成本核算对象可以是产品（或劳务）的品种、批次或生产的步骤。

"生产成本——辅助生产成本"账户的借方，登记工业企业所有辅助生产活动的生产部门所发生的各项直接费用和从"制造费用"账户转入的该辅助生产部门发生或应由其负担的制造费用；该账户的贷方，登记结转所有的辅助生产部门完工入库产品（如自制工具、自制材料等）成本或分配给各受益对象的已完工产品或劳务（如供水成本、供电成本、运输成本、修理成本等）；该账户的期末余额在借方，表示辅助生产部门期末尚未完工的在产品（自制材料、工具等）成本。该账户还应按照辅助生产车间的名称或产品（或劳务）名称设置三级账、四级账，如"生产成本——辅助生产成本——供电车间"、"生产成本——辅助生产成本——供水车间"、"生产成本——辅助生产成本——机修车间——××工具"等，用来归集该车间或产品（或劳务）的实际总成本和期末在产品成本。

"生产成本"是一级账（总账）、"生产成本——基本生产成本"、"生产成本——辅助生产成本"是二级账、"生产成本——基本生产成本——甲产品"、"生产成本——辅助生产成本——供电车间"是三级账、"生产成本——辅助生产成本——机修车间——××工具"是四级账。二级账以下都应当按成本项目设专栏进行核算。而且，一级账的本期发生额（期末余额）应与所属的二级账本期发生额之和（期末余额之和）核对相等，二级账的本期发生额（期末余额）应与所属的三级账本期发生额之和（期末余额之和）核对相等，以此类推。生产成本总账和明细账格式及其关系图表见第十章分批法。

（二）"制造费用"账户

"制造费用"账户核算工业企业为生产产品和提供劳务而发生的各项间接费用，以及一部分直接用于产品生产，但不便于直接计入产品成本，因而没有专设成本项目的费用。该账户的借方登记各生产部门为生产产品和提供劳务而发生的各项间接费用；贷方登记期末分配结转入"生产成本"的制造费用；除季节性生产企业外，期末结转后该账户应无余额。

"制造费用"账户一般按照各生产部门设置二级账，在各生产部门二级账下，再按费用项目设置三级账。其账户格式见第五章"制造费用的核算"。

（三）其他核算账户

除了以上产品成本核算账户外，成本会计的核算工作还涉及经营管理费用的核算，为此，还应设置"管理费用"、"销售费用"、"财务费用"总账，其明细账都是按照费用项目来设置。企业如果单独核算废品损失和停工损失,还可以增设“废品损失”、“停工损失”两个过渡性的总账。其明细账按照生产部门设置二级账、在二级账下再按照产品的品种(批次、步骤)设置三级账。

四、成本核算的程序与账务处理

在具体讲解成本核算之前,有必要先从总体上把握成本核算的流程。

第一步,设置成本核算的账户。如何设置成本核算的账户,本教材在上一点已作了介绍。

第二步,对本期发生的生产费用,进行归集与分配。如平常常发生的生产费用有:生产产品(设备维修、修复废品等)领用原材料、计提工资、计提折旧、摊销待摊费用,以及发生其他杂项费用等,当发生这些费用时,先对原始凭证进行审核,根据审核后的原始凭证做会计分录并登记“基本生产成本”、“辅助生产成本”、“制造费用”、“废品损失”、“管理费用”、“销售费用”、“财务费用”等总账及明细账。

第三步,期末将“辅助生产成本”明细账归集的本期发生额总和按照受益的数量分配给各受益部门,根据计算结果做会计分录并登账。

第四步,期末将“制造费用”明细账归集的本期发生额总和分配给本生产部门的不同产品或批次,根据计算结果做会计分录并登账。

第五步,期末计算各种产品的不可修复废品损失,并将“废品损失”明细账归集的本期废品净损失转入该产品“基本生产成本”,根据计算结果做会计分录并登账。

第六步,期末将“基本生产成本”明细账归集的该产品生产费用在完工产品和在产品之间进行分配,计算出完工产品成本和在产品成本,根据计算结果做会计分录并登账。

下面,再通过一个简单的例题说明成本计算的具体程序。

[**例 2-1**]某企业有一个基本生产车间,大量生产甲、乙产品,有供电、运输两个辅助生产车间,供电车间为企业各部门提供动力或照明用电,运输车间仅为企业各部门提供运输服务。该企业采用品种法计算产品成本。辅助生产车间未单独设置“制造费用”明细账。本月初明细账余额如下:“生产成本——基本生产成本——甲产品”借方余额 4 270 元,其中直接材料1 000元,燃料及动力 820,直接人工 1 300 元,制造费用1 150元。生产线上有甲在产品 10 件,本月投产甲产品1 500件,乙产品1 000件,原材料在生产开始时一次投入。管理上要求单独核算废品损失。制造费用按照生产工人工资比例在甲、乙产品之

间进行分配。本月发生以下经济业务：

1.本月生产甲产品耗用A材料2 000公斤、生产乙产品耗用A材料1 200公斤，A材料单位成本65元，基本生产车间一般消耗B材料4 300元；供电车间生产消耗燃料15 000元，车间一般消耗B材料500元；运输车间一般消耗C材料2 720元；行政管理部门日常维修消耗D材料180元；销售部门日常维修消耗D材料200元。

2.本月份职工工资情况见表2-1：

表2-1

项目	甲产品	乙产品	基本车间	供电工人	供电管理	运输工人	运输管理	行政管理	销售人员	合　计
工　资	13 680	9 348	1 710	1 368	912	2 052	1 083	3 420	5 700	39 273

3.本月计提的折旧额见表2-2：

表2-2

项　　目	基本车间	供电车间	运输车间	行政部门	销售部门	合　　计
折旧额	500	650	380	260	243	2 033

4.本月发生的办公费用、差旅费用和其他费用见表2-3：

表2-3

项目	基本车间	供电车间	运输车间	行政部门	销售部门	合　计
办公费	820	480	230	1 850	1 200	4 580
差旅费	1 400	500		2 000	3 500	7 400
低值易耗品摊销	650	300	150	80	105	1 285
其他费用	3 450	118	320	1 500	2 200	7 588
合　计	6 320	1 398	700	5 430	7 005	20 853

设办公费、差旅费和其他费用均以银行存款支付，低值易耗品采用一次摊销法摊销其价值。

5.计提本月应负担的短期借款利息500元。

6.本月辅助生产车间提供的产品及劳务如表 2-4 所示:(辅助生产车间采用直接分配法分配辅助生产成本)

表 2-4

项目	甲产品	乙产品	基本车间	供电车间	运输车间	行政部门	销售部门	合　计
供电车间(度)	51 000	25 000	5 000		12 000	3 500	2 640	99 140
运输车间(吨·公里)			850	400		100	37	1 387

7.本月甲产品产生不可修复废品 5 件,按定额成本计算其废品损失,已知材料费用定额为 90 元,定额工时为 23 小时,小时燃料费用率 3 元,小时工资率 2.50 元,小时制造费用率 3.60 元。残值 40 元已验收入库,应收责任人赔款 50 元。

8.月末,乙产品全部完工,甲产品完工 1 345 件,在产品 160 件,完工程度 50%。

具体核算程序如下:(在以下的登账中将省略总账,只设置明细账)

第一步,设置账户,并将月初余额登记入账(见"生产成本——基本生产成本——甲产品"明细账)。

第二步,对本月发生的经济业务做会计分录并登账(见记账凭证 1～5 号及相关明细账)。

第三步,月末将"辅助生产成本"明细账归集的本期发生额总和按照受益的数量分配给各受益部门,根据计算结果做会计分录并登账(见记账凭证 6～7 号及相关明细账)。

第四步,月末将"制造费用"明细账归集的本期发生额总和分配给本生产部门的不同产品,根据计算结果做会计分录并登账(见记账凭证 8 号及相关明细账)。

第五步,月末计算各种产品发生的废品损失(该企业当月未发生可修复废品),并将"废品损失"明细账归集的本月废品净损失转入该产品"基本生产成本",根据计算结果做会计分录并登账(见记账凭证 9～12 号及相关明细账)。

第六步,月末将"基本生产成本"明细账归集的该产品生产费用在完工产品和在产品之间进行分配,计算出完工产品成本和在产品成本,根据计算结果做会计分录并登账(见记账凭证 13～14 号及相关明细账)。

第七步,月末将期间费用账户本期发生额合计数转入"本年利润"账户(见记账凭证 15 号及相关明细账)。

凭证 2-1　通用记账凭证　　　记字 11/2 号

年　　月　　日

摘　　要	会计科目		金　　额	
	一级科目	明细科目	借方	贷方
本月耗用原材料	基本生产成本	甲产品	130 000	
	基本生产成本	乙产品	78 000	
	制造费用	基本生产车间	4 300	
	辅助生产成本	供电车间	15 500	
	辅助生产成本	运输车间	2 720	
	管理费用	原材料	180	

附件　张

主管:曾建豪　　稽核:钱宇　　登账:刘素　　制单:张三

凭证 2-2　通用记账凭证　　　记字 12/2 号

年　　月　　日

摘　　要	会计科目		金　　额	
	一级科目	明细科目	借方	贷方
本月耗用原材料	销售费用	原材料	200	
	原材料	A		208 000
	原材料	B		4 800
	原材料	C		2 720
	原材料	D		380
	原材料	燃料		15 000

附件　张

主管:曾建豪　　稽核:钱宇　　登账:刘素　　制单:张三

凭证 2-3　通用记账凭证　　　　记字 21/2 号

年　　月　　日

摘　　要	会计科目		金　　额	
	一级科目	明细科目	借方	贷方
计提职工工资	基本生产成本	甲产品	13 680	
	基本生产成本	乙产品	9 348	
	制造费用	基本生产车间	1 710	
	辅助生产成本	供电车间	2 280	
	辅助生产成本	运输车间	3 135	
	管理费用	工资及福利	3 420	

附件　张

主管:曾建豪　　稽核:钱宇　　登账:刘素　　制单:张三

凭证 2-4　通用记账凭证　　　　记字 22/2 号

年　　月　　日

摘　　要	会计科目		金　　额	
	一级科目	明细科目	借方	贷方
计提职工工资	销售费用	工资及福利	5 700	
	应付职工薪酬			39 273
合　计			39 273	39 273

附件　张

主管:曾建豪　　稽核:钱宇　　登账:刘素　　制单:张三

凭证 2-5　通用记账凭证　　　　记字 3 号

年　　月　　日

摘　　要	会计科目		金　　额	
	一级科目	明细科目	借方	贷方
计提折旧	制造费用	基本生产车间	500	
	辅助生产成本	供电车间	650	
	辅助生产成本	运输车间	380	
	管理费用	折旧费	260	
	销售费用	折旧费	243	
	累计折旧			2 033

附件　张

主管：曾建豪　　稽核：钱宇　　登账：刘素　　制单：张三

凭证 2-6　通用记账凭证　　　　记字 41/2 号

年　　月　　日

摘　　要	会计科目		金　　额	
	一级科目	明细科目	借方	贷方
报销杂项费用及	制造费用	基本生产车间	6 320	
耗用低值易耗品	辅助生产成本	供电车间	1 398	
	辅助生产成本	运输车间	700	
	管理费用		5 430	
	销售费用		7 005	
	银行存款			19 568

附件　张

主管：曾建豪　　稽核：钱宇　　登账：刘素　　制单：张三

凭证 2-7　通用记账凭证　　　　记字 42/2 号

年　　月　　日

摘　　要	会计科目		金　　额	
	一级科目	明细科目	借方	贷方
报销杂项费用及	低值易耗品			1 285
耗用低值易耗品				
合　计			20 853	20 853

附件　张

主管:曾建豪　　稽核:钱宇　　登账:刘素　　制单:张三

凭证 2-8　通用记账凭证　　　　记字 5 号

年　　月　　日

摘　　要	会计科目		金　　额	
	一级科目	明细科目	借方	贷方
计提短期借款利息	财务费用	利息	500	
	应付利息			500
合　计			500	500

附件　张

主管:曾建豪　　稽核:钱宇　　登账:刘素　　制单:张三

凭证 2-9　通用记账凭证　　　　记字 6 号

年　　月　　日

摘　　要	会计科目		金　　额	
	一级科目	明细科目	借方	贷方
分配辅助生产成	基本生产成本	甲产品	11 602.50	
本——供电车间	基本生产成本	乙产品	5 687.50	
	制造费用	基本生产车间	1 137.50	
	管理费用	电费	799.90	
	销售费用	电费	600.60	
	辅助生产成本	供电车间		19 828

附件　　张

主管:曾建豪　　　稽核:钱宇　　　登账:刘素　　　制单:张三

19 828/(51 000+25 000+5 000+3 500+2 640)=19 828/87 140=0.2275

甲产品负担电费:51 000×0.2275=11 602.50

乙产品负担电费:25 000×0.2275=5 687.50

基本生产车间负担电费:5 000×0.2275=1 137.50

行政部门负担电费:3 500×0.2275=799.9

销售部门负担电费:2 640×0.2275=600.60

注:(1)因供电车间单位成本(分配率)不能除尽,将差额调整记入管理费用(下同)。

(2)19 828 是"辅助生产成本——供电车间"本月归集的总成本(见"辅助生产成本——供电车间"明细账)

凭证 2-10　通用记账凭证　　　　记字 7 号

年　　月　　日

摘　　要	会计科目		金　　额	
	一级科目	明细科目	借方	贷方
分配辅助生产成	制造费用	基本生产车间	5 972.36	
本——运输车间	管理费用	运输费	702.67	
	销售费用	运输费	259.97	
	辅助生产成本	运输车间		6 935
合　计			6 935	6 935

附件　　张

主管:曾建豪　　　稽核:钱宇　　　登账:刘素　　　制单:张三

6 935/(850＋100＋37)＝6 935/987＝7.0263

基本生产车间负担运输费:850×7.0263＝5 972.36

行政部门负担运输费:100×7.0263＝702.67

销售部门负担运输费:37×7.0263＝259.97

注:(1)因运输车间单位成本(分配率)不能除尽,将差额调整记入管理费用(下同)。

(2)6 935是"辅助生产成本——运输车间"本月归集的总成本(见"辅助生产成本——运输车间"明细账)

以上分配辅助生产成本时,辅助生产车间之间互相提供产品和劳务忽略不计,只将辅助生产成本分配给除辅助生产车间之外其他的受益对象。

凭证 2-11　通用记账凭证　　　记字 8 号

年　　月　　日

摘　　要	会计科目		金　　额	
	一级科目	明细科目	借方	贷方
分配基本生产车	基本生产成本	甲产品	11 845.51	
间——制造费用	基本生产成本	乙产品	8 094.35	
	制造费用	基本生产车间		19 939.86
合　计			19 939.86	19 939.86

附件　张

主管:曾建豪　　　稽核:钱宇　　　登账:刘素　　　制单:张三

制造费用分配率:19 939.86/(13 680＋9 348)＝0.8659

甲产品应负担的制造费用:13 680×0.8659＝11 845.51

乙产品应负担的制造费用:9 348×0.8659＝8 094.35*

注:因制造费用分配率不能除尽,将差额调整计入乙产品成本。

凭证 2-12　通用记账凭证　　　　记字 9 号

年　　月　　日

摘　　要	会计科目		金　　额	
	一级科目	明细科目	借方	贷方
将甲产品不可修	废品损失	基本生产车间——甲产品	659.30	
复废品的生产成本	基本生产成本	甲——材料		450
从基本生产成本中		甲——燃料		69
扣除出来		甲——工资		57.50
		甲——制造费用		82.80
合　计			659.30	659.30

附件　张

主管：曾建豪　　稽核：钱宇　　登账：刘素　　制单：张三

注：甲产品 5 件不可修复废品的成本：原材料：　$90\times5=450$

燃料：　$3\times23=69$

工资：　$2.50\times23=57.50$

制造费用：　$3.60\times23=82.80$

合计：　659.30

凭证 2-13　通用记账凭证　　　　记字 10 号

年　　月　　日

摘　　要	会计科目		金　　额	
	一级科目	明细科目	借方	贷方
甲产品不可修复废	原材料	其他材料	40	
品的残值验收入库	废品损失	基本生产车间——甲产品		40
合　计			40	40

附件　张

主管：曾建豪　　稽核：钱宇　　登账：刘素　　制单：张三

凭证 2-14　通用记账凭证　　　　记字 11 号

年　月　日

摘　　要	会计科目		金　　额	
	一级科目	明细科目	借方	贷方
应收甲产品不可修	其他应收款	某责任人	50	
复废品责任人赔款	废品损失	基本生产车间——甲产品		50
合　计			50	50

附件　张

主管：曾建豪　　稽核：钱宇　　登账：刘素　　制单：张三

凭证 2-15　通用记账凭证　　　　记字 12 号

年　月　日

摘　　要	会计科目		金　　额	
	一级科目	明细科目	借方	贷方
将甲产品不可修复	基本生产成本	甲——废品损失	569.30	
废品的净损失计入	废品损失	基本生产车间——甲产品		569.30
甲产品成本				
合　计			569.30	569.30

附件　张

主管：曾建豪　　稽核：钱宇　　登账：刘素　　制单：张三

凭证 2-16　通用记账凭证　　　　记字 13 号

年　　月　　日

摘　　要	会计科目		金　　额	
	一级科目	明细科目	借方	贷方
乙产品 1 000 件全部	库存商品	乙产品	101 129.85	
完工验收入库	基本生产成本	乙产品		101 129.85
合　计			101 129.85	101 129.85

附件　张

主管:曾建豪　　　稽核:钱宇　　　登账:刘素　　　制单:张三

凭证 2-17　通用记账凭证　　　　记字 14 号

年　　月　　日

摘　　要	会计科目		金　　额	
	一级科目	明细科目	借方	贷方
甲产品完工 1 350 件	库存商品	甲产品	155 172.74	
	基本生产成本	甲产品		155 172.74
合　计			155 172.74	155 172.74

附件　张

主管:曾建豪　　　稽核:钱宇　　　登账:刘素　　　制单:张三

甲产品 1 350 件

完工产品成本:原材料:[130 550/(1 345+160)]×1 345=116 670.93

燃料:[12 353.50/(1 345+160×50%)]×1 345=11 659.97

工资:[14 922.50/(1 345+160×50%)]×1 345=14 084.75

制造费用:[12 912.71/(1 345+160×50%)]×1 345=12 187.79

废品损失:569.30

合计:　　　155 172.74

甲产品 160 件在产品成本:原材料:130 550−116 670.93=13 879.07

燃料:12 353.50−11 659.97=693.53

工资:14 922.50−14 084.75=837.75

制造费用:12 912.71−12 187.79=724.92

合计:　　　16 135.27

凭证 2-18　通用记账凭证　　　记字 15 号

年　　月　　日

摘　要	会计科目		金　额	
	一级科目	明细科目	借方	贷方
将本期期间费用转入本年利润	本年利润		25 301.14	
		销售费用		14 008.57
		管理费用		10 792.57
		财务费用		500
合　计			25 301.14	25 301.14

附件　张

主管:曾建豪　　稽核:钱宇　　登账:刘素　　制单:张三

相关成本、费用明细账如表 2-5:

表 2-5　生产成本——基本生产成本——甲产品

时　间	凭证号	摘　要	原材料	燃料与动力	直接人工	制造费用	废品损失	合　计
略		月初余额	1 000	820	1 300	1 150		4 270
	记字 11/2	略	130 000					130 000
	记字 21/2				13 680			13 680
	记字 6			11 602.50				11 602.5
	记字 8					11 845.51		11 845.51
	记字 9		450	69	57.50	82.8		659.30
	记字 12						569.30	569.30
	合　计		130 550	12 353.50	14 922.50	12 912.71	569.30	171 308.01
	记字 14		116 670.93	11 659.97	14 084.75	12 187.79	569.30	155 172.74
		月末余额	13 879.07	693.53	837.75	724.92		16 135.27

表 2-6　生产成本——基本生产成本——乙产品

时间	凭证号	摘要	原材料	燃料及动力	直接人工	制造费用	废品损失	合　计
略	记字 1 1/2	略	78 000					78 000
	记字 2 1/2				9 348			9 348
	记字 6			5 687.50				5 687.50
	记字 8					8 094.35		8 094.35
	合　计		78 000	5 687.50	9 348	8 094.35		101 129.85
	记字 13		78 000	5 687.50	9 348	8 094.35		101 129.85

表 2-7　制造费用——基本生产车间

凭证号	借　方								贷方
	材料	工资	办公费	差旅费	折旧费	电费	运输费	其他	合计	
记字 1 1/2	4 300								4 300	
记字 2 1/2		1 710							1 710	
记字 3					500				500	
记字 4 1/2			820	1 400				4 100	6 320	
记字 6						1 137.50			1 137.50	
记字 7							5 972.36		5 972.36	
记字 8										19 939.86
小　计	4 300	1 710	820	1 400	500	1 137.50	5 972.36	4 100	19 939.86	19 939.86

表 2-8　生产成本——辅助生产成本——供电车间

时间	凭证号	摘要	直接材料	工资及福利	办公费	差旅费	折旧费	其他	合　计
略	记字 1 1/2	略	15 500						15 500
	记字 2 1/2			2 280					2 280
	记字 3						650		650
	记字 4 1/2				480	500		418	1 398
	小　计		15 500	2 280	480	500	650	418	19 828
	记字 6		15 500	2 280	480	500	650	418	19 828

表 2-9 生产成本——辅助生产成本——运输车间

时间	凭证号	摘要	直接材料	工资及福利	办公费	差旅费	折旧费	其他	合 计
略	记字 1 1/2	略	2 720						2 720
	记字 2 1/2			3 135					3 135
	记字 3						380		380
	记字 4 1/2				230			470	700
	小计		2 720	3 135	230		380	470	6 935
	记字 7		2 720	3 135	230		380	470	6 935

表 2-10 销售费用

时间	凭证号	摘要	借方									贷 方
			材料	工资	办公费	差旅费	折旧费	电 费	运输费	其 他	合 计	
略	记字 1 2/2	略	200								200	
	记字 2 2/2			5 700							5 700	
	记字 3						243				243	
	记字 4 1/2				1 200	3 500				2 305	7 005	
	记字 6							600.60			600.60	
	记字 7								259.97		259.97	
	记字 15											14 008.57
	小 计		200	5 700	1 200	3 500	243	600.60	259.97	2 305	14 008.57	14 008.57

表 2-11 管理费用

时间	凭证号	摘要	借方									贷 方
			材料	工资	办公费	差旅费	折旧费	电 费	运输费	其 他	合 计	
略	记字 1 1/2	略	180								180	
	记字 2 1/2			3 420							3 420	
	记字 3						260				260	
	记字 4 1/2				1 850	2 000				1 580	5 430	
	记字 6							799.90			799.90	
	记字 7								702.67		702.67	
	记字 15											10 792.57
	小 计		180	3 420	1 850	2 000	260	799.90	702.67	1 580	10 792.57	10 792.57

表 2-12 财务费用

时间	凭证号	摘要	借方				贷方
			利息	手续费	汇兑损益	合计	
略	记字 5	略	500			500	
	记字 15						500

表 2-13 废品损失——基本生产车间——甲产品

时间	凭证号	摘要	借方	贷方	余额
略	记字 9		659.30		659.30
	记字 10			40	619.30
	记字 11			50	569.30
	记字 12			569.30	平

"原材料"、"低值易耗品"、"应付利息"、"银行存款"、"累计折旧"、"应付职工薪酬"、"库存商品"等账户省略。

思考题:

1. 成本核算的基本要求是什么?
2. 进行成本核算要做好哪些基础工作?
3. 进行成本核算要正确划分哪些费用界限?
4. 成本核算的具体程序是什么?
5. 成本计算单与成本明细账有何区别?
6. 试区别费用要素与成本项目。
7. 直接费用与直接生产费用有何关系?间接费用与间接生产费用有何关系?

03 第三章 费用要素的核算

第一节　材料费用要素的核算

企业在生产经营过程中耗用的各种材料，包括原料及主要材料、半成品、辅助材料、包装物、低值易耗品、修理用备件等，无论是外购还是自制，都应当根据审核后的领、退料凭证，按照材料的具体用途分配和归集费用。进行材料费用的核算，主要包括材料发出的核算、根据发出材料的具体用途分配材料费用、将其计入产品成本和经营管理费用等。

一、材料发出的原始凭证

材料发出应该根据领料单进行，会计部门应该对领料单进行审核，检查所领材料的种类和用途是否符合规定、数量是否超过定额或计划，只有经过审核的领料单才能据以发料并作为材料发出核算的原始凭证。为了有效地控制材料的领用，节约材料费用，应该尽量采用限额领料单，实行限额领料制度。限额以内的材料根据限额领料单领用，超过限额或变更规定材料的领料，应区别情况进行处理。如果是增加产量而超额领料须经生产计划部门审核批准后，办理追加限额手续；若是生产操作不当而超过限额的领料，应另填领料单，说明原因和责任，经有关部门审批后才能据以领料；若是用另一种材料代替原用材料，也须经有关部门审批后另填领料单据以领料，并填明代用材料的数量，相应减少限额余额。

为了正确计算产品的生产成本，生产所剩余料，应该填制退料单，据以退回仓库。月末生产车间多余的材料退回有两种情况：一是月末多余材料下月不需使用，办理退料手续，填制本月的退料单或红字领料单，以冲减本月领料数，同时将实物退回仓库；二是月末多余材料下月还需继续使用，为了避免本月末交库、下月初又领用的繁杂手续，可以采用“假退料”办法——即材料实物保留在生产车间不动，只是填制一份本月份的退料单，表示该批余料已经退库，同时填制一份下月份的领料单，表示该项余料又作为下月份的领料出库。

二、材料发出的核算

材料发出的日常核算可按实际成本进行，也可以按计划成本进行。

(一)材料发出按实际成本核算

1. 材料发出的计价

(1)个别计价法

个别计价法，也称个别认定法、具体辨认法、分批实际法，其特征是注重所发出材料的实物流转与成本流转之间的联系，逐一辨认各批发出材料和期末材料所属的购进批别，分别按其购入时所确定的单位成本计算各批发出材料和期末结存材料的成本。

采用这种方法一般须具备两个条件：一是材料的批次可以辨认；二是有详细的记录，可了解每批材料的具体情况。这种方法主要适用于能分清批次、品种数量不多、单位成本较高的材料。

个别计价法从理论上讲，能使发出材料的实物流转与成本流转完全一致，也便于确定每批材料盘盈或盘亏的数量，但是这种方法核算的工作量很大，对原材料管理的要求也较高。

(2)先进先出法

先进先出法是以先购入的材料应先发出(销售或耗用)这样一种材料实物流转假设为前提，对发出材料进行计价。采用这种方法，先购入的材料成本在后购入材料成本之前转出，据此确定发出材料和期末材料的成本。

[**例 3-1**]存货发出采用先进先出法例题，资料见表 3-1：

表 3-1

年		凭证号	摘要	收入			发出			结存		
月	日			数量	单价	金额	数量	单价	金额	数量	单价	金额
3	1	略	结存							100	5	500
	5		购入	500	6	3 000				100 500	5 6	500 3 000
	12		发出				100 200	5 6	500 1 200	300	6	1 800
	23		购入	600	7	4 200				300 600	6 7	1 800 4 200
	28		发出				300 100	6 7	1 800 700	500	7	3 500
	31		合计	1 100		7 200	700		4 200	500	7	3 500

先进先出法能对发出材料及时进行计价,可平衡日常核算工作量,避免将材料的计价工作集中到月末进行,而且期末库存材料的价值接近现行成本,成本流与通常情况下的材料实物流趋于一致,计算材料成本不易受主观因素的影响。该方法的缺点主要在于与本期销售收入相配比的成本是按较早期的材料成本计价的,而不是现行成本,当物价上涨时,会虚增利润,增加企业的税收负担,而且,使用该方法计算每批发出的材料成本时可能要用两个或两个以上的单价对发出材料计价,计价工作较为繁杂。

(3)加权平均法

加权平均法,也称全月一次加权平均法,是指以当月全部购进材料数量加上月初材料数量作为权数,去除当月全部购进材料的成本加上月初材料成本,计算出材料的加权平均单位成本,以此为基础计算当月发出材料的成本和期末结存材料的成本的一种方法。

$$\text{材料单位成本}=\frac{\text{月初库存材料实际成本}+\sum\left(\text{本月各批购进材料实际单位成本}\times\text{本月各批购进材料数量}\right)}{\text{月初库存材料数量}+\text{本月各批购进材料数量之和}}$$

本月发出材料的成本＝本月发出材料的数量×材料单位成本

本月月末库存材料成本＝月末库存材料的数量×材料单位成本

[**例 3-2**]存货发出采用加权平均法例题,资料见表 3-2:

表 3-2

年		凭证号	摘要	收　入			发　出			结存		
月	日			数量	单价	金额	数量	单价	金额	数量	单价	金额
3	1	略	结存							100	5	500
	5		购入	500	6	3 000				600		
	12		发出				300			300		
	23		购入	600	7	4 200				900		
	28		发出				400			500		
	31		合计	1 100		7 200	700	6.42	4 494	500	6.42	3 206

本月发出材料加权平均单位成本＝(500＋3 000＋4 200)/(100＋500＋600)＝6.42(元)

本月发出材料总成本＝700×6.42＝4 494(元)

月末结存材料成本＝500×6.42* ＝3 206(元)，或＝500＋3 000＋4 200－4 494＝3 206(元)

＊注：实际上 500×6.42≠3 206，因为 6.42 是未除尽的材料发出单位成本，总之，700×6.42 加上 500×6.42 应当等于(500＋3 000＋4 200)。

加权平均法的加权平均单价于月末一次计算，计算方法简单，也可以简化平时的核算工作量，由于采用经过加权平均的单位成本对发出材料和期末结存材料计价，排除了通过为发出材料选择不同的单位成本人为操纵利润的可能性，而且数据比较客观、一致。但是采用这种方法计算出来的材料成本与其现行成本相比，还存在一定差距。当物价上涨时，加权平均成本低于现行成本，当物价下跌时，加权平均成本高于现行成本，这一方法对材料成本的分配比较折中。此外，采用这种方法平时在材料明细账上不能反映发出材料的成本，不利于加强对材料的日常管理，计价工作集中在月末进行，影响成本计算的及时性。该法通常比较适用于定期盘存制下的材料核算。

(4)移动平均法

移动平均法，也称移动加权平均法，指以每次购进的材料成本加上原有库存材料的成本，除以每次购进材料的数量与原有库存材料数量之和，据以计算加权平均单位成本，作为在下次购进材料前计算各次发出材料成本的依据。

$$材料单位成本=\frac{原有库存材料的实际成本+本次购进材料的实际成本}{原有库存材料的数量+本次购进材料的数量}$$

本次发出材料的成本＝本次发出材料的数量×本次发出材料前材料的单位成本

本月月末库存材料成本＝月末库存材料的数量×本月月末材料单位成本

[**例 3-3**]存货发出采用移动平均法例题,资料见表 3-3:

表 3-3

年		凭证号	摘要	收　　入			发　　出			结存		
月	日			数量	单价	金额	数量	单价	金额	数量	单价	金额
3	1	略	结存							100	5	500
	5		购入	500	6	3 000				600	5.83①	3 500
	12		发出				300	5.83	1 749	300	5.83	1 751②
	23		购入	600	7	4 200				900	6.61③	5 951④
	28		发出				400	6.61	2 644	500	6.61	3 307⑤
	31		合计	1 100		7 200	700		4 393	500	6.61	3 307

注:

5.83①=(500+3 000)/(100+500)=5.83

1751②=(500+3 000)-1 749=1 751

6.61③=(1751+4 200)/(300+600)=6.61

5 951④=1 751+4 200=5 951

3 307⑤=5 951-2 644=3 307

移动加权平均法是一种能比较客观、不易受主观影响的材料计价方法,可随时反映发出材料和期末结存材料的成本,计价工作分散在月内进行,可以减轻月末核算工作量。但是这种方法同加权平均法一样,计算出来的成本与现行成本存在一定的差距,而且,采用这种方法,每购入一批材料就要计算一次加权平均单位成本,日常核算工作量较大,并且该法不适用于实地盘存制。

(5)后进先出法

后进先出法是假定后收进的材料先发出,按最近收进材料的单位成本确定发出材料与期末材料的实际成本。在这种方法下,月末材料通常是按较早的购价确定,而发出材料的成本则按最近一次购入的单位成本计算,若发出材料的数量超过最近一次收进材料的数量,超过部分要依次按上一次购进的单位成本计算。

[**例 3-4**]存货发出采用后进先出法例题,资料见表 3-4:

表 3-4

年		凭证号	摘要	收入			发出			结存		
月	日			数量	单价	金额	数量	单价	金额	数量	单价	金额
3	1	略	结存							100	5	500
	5		购入	500	6	3 000				100 500	5 6	500 3 000
	12		发出				300	6	1 800	100 200	5 6	500 1 200
	23		购入	600	7	4 200				100 200 600	5 6 7	500 1 200 4 200
	28		发出				600 100	7 6	4 200 600	100 100	5 6	500 600
	31		合计	1 100		7 200	1 000		6 600	100 100	5 6	500 600

采用后进先出法，发出材料成本是按最近的成本计价的，在物价持续上涨的情况下，会使发出材料的成本较高，而期末库存材料的成本较低，符合谨慎性要求，并且能将本期收入和成本很好地配比；此外，能对发出材料及时进行计价，可平衡日常核算工作量，避免将材料的计价工作集中到月末进行，成本流动与通常情况下的材料实物流动趋于一致，计算材料成本不易受主观因素的影响。其缺点是：首先，期末材料是按较早期的单位成本计价的，资产负债表不能真实反映财务状况，当物价上涨时，将会严重低估期末结存材料价值，企业为了减少当期利润，可以通过在期末大量采购，以提高当期销售成本，导致人为调节利润，同时，在物价上涨时低估企业利润，也不利于对企业业绩的正确评价。此外，使用该方法计算每批发出的材料成本时可能要用两个或两个以上的单价对发出材料计价，计价工作较为繁杂。

2. 材料发出的核算

在按实际成本进行材料日常核算时，材料入库按材料的实际成本计价，材料发出的计价，根据我国《企业会计准则第 1 号——存货》的规定，企业应当采用个别计价法、先进先出法、加权平均法确定发出材料的单位成本，并按实际发出材料的数量与材料单位成本之积计算发出材料的实际成本。实务中，为了简化登记总账的工作，一般都是在月末根据全部领料凭证汇总编制发料凭证汇总表，根据该汇总表进行材料发出的会计核算，如表 3-5 所示。

表 3-5 发料凭证汇总表

2000 年 8 月

用途	领料部门	发出材料			
		A 材料	B 材料	燃料	合计
甲产品	基本生产车间	78 500	36 850	5 600	120 950
乙产品	基本生产车间	43 600	50 500	2 800	96 900
维护用	基本生产车间	1 500	800	3 200	5 500
生产用	供电车间			50 630	50 630
维护用	机修车间		3 980		3 980
维护用	行政部门	850	540		1 390
合计		124 450	92 670	62 230	279 350

根据上述发料凭证汇总表，做会计分录：

借:基本生产成本——甲产品 120 950
——乙产品 96 900
制造费用——基本生产车间 5 500
辅助生产成本——供电车间 50 630
——机修车间 3 980
管理费用 1 390
贷:原材料——A 材料 124 450
——B 材料 92 670
——燃料 62 230

(二)材料发出按计划成本核算

1. 材料发出的计价

在按计划成本进行材料日常核算的情况下，材料的收入和发出都按材料的计划单位成本计价，材料实际成本和计划成本之间的差异，通过“材料采购”和“材料成本差异”科目进行核算。

(1)“材料采购”账户。“材料采购”账户借方核算材料的实际采购成本，贷方核算已验收入库材料的计划成本，月末将借方合计数与贷方合计数对比的差异，一次结转到“材料成本差异”账户中去。月末借方余额表示在途中材料的实际成本。

(2)“原材料”账户。“原材料”账户借方核算已验收入库材料的计划成本，贷方核算发出材料的计划成本，月末借方余额表示库存材料的计划成本。

(3)“材料成本差异”账户。“材料成本差异”账户核算材料的实际成本与计划成本之间的差异。外购材料入库时，发生的材料成本差异，实际成本大于计划成本的差异，记入该账户的借方；实际成本小于计划成本的差异，记入该账户的贷方。月末，发出材料应当分摊的材料成本差异均在其贷方核算，当实际成本大于计划成本时，在贷方用蓝字转出；当实际成本小于计划成本时，在贷方用红字转出。月末借方余额表示库存材料的实际成本大于计划成本的差异，贷方余额表示库存材料实际成本小于计划成本的差异。

$$\text{本月材料成本差异率}=\frac{\text{月初结存材料的成本差异}+\text{本月验收入库材料的成本差异}}{\text{月初结存材料的计划成本}+\text{本月验收入库材料的计划成本}}$$

$$\text{本月发出材料结转的材料成本差异}=\text{本月发出材料计划成本}\times\text{本月材料成本差异率}$$

[**例 3-5**]路通公司本月初有关存货余额情况为：“原材料”月初结存 1 500 公斤，借方余额 15 750 元；“材料成本差异”月初有借方余额 450 元。本月发生以下与存货有关的业务：

3 日，路通公司购入原材料一批，数量 1 000 公斤，单位买价 11 元，运杂费 800 元，增值税 1 870 元，价税款已通过银行支付，该批材料尚未运达企业，该材料计划单位成本 10.50 元。

8 日，该批材料运达企业，验收入库。

9 日，生产甲产品领用该材料 500 公斤。

12 日，生产车间维护设备领用该材料 20 公斤。

13 日，生产乙产品领用该材料 620 公斤。

根据以上经济业务做会计分录：

3 日，借：材料采购	11 800	
应交税费——应交增值税(进项税额)	1 870	
贷：银行存款		13 670
8 日，借：原材料	10 500	
贷：材料采购		10 500

同时，结转入库材料的成本差异

借：材料成本差异	1 300	
贷：材料采购		1 300

9 日，借：基本生产成本——甲产品(10.50×500)　　5 250
　　贷：原材料　　5 250
12 日，借：制造费用(10.50×20)　　210
　　贷：原材料　　210
13 日，借：基本生产成本——乙产品(10.50×620)　　6 510
　　贷：原材料　　6 510

31 日，月末结转本月发出材料的成本差异

借：基本生产成本——甲产品　　351.75
　　　　　　　　——乙产品　　436.17
　　制造费用　　14.07
　贷：材料成本差异　　801.99

本月材料成本差异率＝(450＋1 300)/(15 750＋10 500)＝6.7%

本月发出材料应结转的材料成本差异总额＝(5 250＋210＋6 510)×6.7%＝801.99(元)

其中：甲产品分摊＝5 250×6.7%＝351.75(元)
　　乙产品分摊＝6 510×6.7%＝436.17(元)
　　基本生产车间分摊＝210×6.7%＝14.07(元)

[例 3-6]承上例，3 日购买的原材料单位买价由 11 元改为 8 元，增值税由 1 870 元改为 1 360 元，其余资料不变，则做以下分录：

3 日，借：材料采购　　8 800
　　　应交税费——应交增值税(进项税额)　　1 360
　　贷：银行存款　　10 160
8 日，借：原材料　　10 500
　　贷：材料采购　　10 500

同时，结转入库材料的成本差异

借：材料采购　　1 700
　贷：材料成本差异　　1 700
9 日，借：基本生产成本——甲产品(10.50×500)　　5 250
　　贷：原材料　　5 250
12 日，借：制造费用(10.50×20)　　210
　　贷：原材料　　210
13 日，借：基本生产成本——乙产品(10.50×620)　　6 510
　　贷：原材料　　6 510

31 日，月末结转本月发出材料的成本差异

借：基本生产成本——甲产品 252

——乙产品 312.48

制造费用 10.08

贷：材料成本差异 574.56

本月材料成本差异率＝(450－1 700)/(15 750＋10 500)＝－4.8％

本月发出材料应结转的材料成本差异总额＝(5 250＋210＋6 510)×(－4.8％)＝－574.56(元)

其中：甲产品分摊＝5 250×(－4.8％)＝－252(元)

乙产品分摊＝6 510×(－4.8％)＝－312.48(元)

基本生产车间分摊＝210×(－4.8％)＝－10.08(元)

三、材料费用的分配

直接用于产品生产、构成产品实体的原材料费用，一般在产品的成本中占有较大的比重，因而根据重要性的要求，在基本生产成本明细账中设有单独的成本项目“原材料”(或直接材料)，通常是按照产品的品种(或成本计算对象)分别领用，如造船耗用的钢材、制作家具耗用的木料等，这时，所耗用的材料属于直接费用，可以直接记入各种产品成本的“原材料”成本项目。有些产品生产过程中不能按照产品的品种(或成本计算对象)分别领用，而是几种产品共同耗用同一种原材料，如某一生产小组同时加工甲、乙零件。消耗同一种原材料，则该消耗的原材料属于间接费用，需要将该费用在各种产品之间进行合理的分配，分别记入各种产品成本的“原材料”成本项目。

原材料费用的分配标准很多，在材料消耗定额比较准确的情况下，可以按照产品的材料定额消耗量比例或材料定额费用的比例分配；若各种产品所共同耗用的材料与产品产量的多少密切相关，可按照产品产量的比例分配材料费用；与此类似，材料费用还可按照产品的重量、体积比例等标准进行分配。

(一)定额比例法

1.定额消耗量比例法

按定额消耗量比例法分配原材料费用，首先，计算出各种产品的原材料定额消耗量；其次，计算单位原材料消耗定额应分配原材料的实际消耗量(即原材料消耗量分配率)；再次，计算出各种产品应分配的原材料实际消耗量；最后，计算出各种产品应当分配的原材料实际费用。

某种产品原材料定额消耗量＝该材料消耗定额×该产品实际产量

原材料消耗量分配率＝原材料实际消耗量/各种产品原材料定额消耗量之和

某种产品应分配的原材料实际消耗量＝该种产品的原材料定额消耗量×原材料消耗量分配率

某种产品应分配的实际原材料费用＝该种产品应分配的原材料实际消耗量×原材料单位成本

[例 3-7]某生产车间生产甲、乙两种产品，共同耗用 A 材料 13 300 公斤，A 材料单位成本 11.65 元，本月投产甲产品 1 000 件，投产乙产品 1 500 件，原材料在生产开始时一次性投入。甲、乙产品的原材料消耗定额分别为 5 公斤、6 公斤。原材料费用分配计算如下：

甲产品原材料定额消耗量＝5×1 000＝5 000(公斤)

乙产品原材料定额消耗量＝6×1 500＝9 000(公斤)

原材料消耗量分配率＝13 300/(5 000＋9 000)＝0.95

甲产品应分配的原材料实际消耗量＝5 000×0.95＝4 750(公斤)

乙产品应分配的原材料实际消耗量＝9 000×0.95＝8 550(公斤)

甲产品应分配的实际原材料费用＝4 750×11.65＝55 337.50(元)

乙产品应分配的实际原材料费用＝8 550×11.65＝99 607.50(元)

做会计分录：

	借方	贷方
借:基本生产成本——甲产品	55 337.50	
——乙产品	99 607.50	
贷:原材料——A 材料		154 945

2.定额费用比例法

按定额费用比例法分配原材料费用，首先，计算出各种产品的原材料定额费用；其次，计算单位原材料费用定额应分配原材料的实际费用(即原材料费用分配率)；最后，计算出各种产品应当分配的原材料实际费用。

某种产品原材料费用定额＝该种产品原材料消耗定额×该种材料计划单价

某种产品原材料定额费用＝该产品材料费用定额×该产品实际产量

原材料费用分配率＝原材料计划成本总额/各种产品原材料定额费用之和

某种产品应分配的原材料费用计划成本＝该种产品的原材料定额费用×原材料费用分配率

某种产品分配的原材料费用应分摊的材料成本差异＝某种产品应分配的原材料费用计划成本×材料成本差异率

[例 3-8]某生产车间生产甲、乙两种产品，共同耗用 A 原材料 13 300 公

斤，A 材料计划单价 12 元，材料成本差异率－2％。本月投产甲产品 1 000 件，投产乙产品 1 500 件，原材料在生产开始时一次性投入。甲、乙产品的原材料消耗定额分别为 5 公斤、6 公斤。原材料费用分配计算如下：

甲产品 A 材料定额费用＝5×12×1 000＝60 000(元)

乙产品 A 材料定额费用＝6×12×1 500＝108 000(元)

A 材料费用分配率＝(13 300×12)/(60 000＋108 000)

＝159 600/168 000＝0.95

甲产品应分配的原材料计划成本总额＝60 000×0.95＝57 000(元)

乙产品应分配的原材料计划成本总额＝108 000×0.95＝102 600(元)

甲产品分配的原材料应分摊的材料成本差异额＝57 000×(－2％)＝－1 140(元)

乙产品分配的原材料应分摊的材料成本差异额＝102 600×(－2％)＝－2 052(元)

做会计分录：

借：基本生产成本——甲产品　　57 000

——乙产品　　102 600

贷：原材料——A 材料　　159 600

借：基本生产成本——甲产品　　[1 140]

——乙产品　　[2 052]

贷：材料成本差异　　[3 192]

(二)重量(体积、产量)比例法

这是一种以产品的重量(体积、产量)为分配标准的分配材料费用的方法。通常情况下，当原材料费用与产品的重量密切相关时——如铸件的生产——原材料费用按产品的重量比例分配；当原材料费用与产品的体积密切相关时——如各种大小容器的生产，原材料费用按产品的体积比例分配；当不同单位产品所耗用的原材料数量(或价值)相等时，原材料费用按产品的产量比例分配。

[例 3-9]某铸造车间本月投产甲、乙铸件，共计耗用生铁 10 812 元，本月投产甲铸件 2 000 个，乙铸件 1 200 个，甲、乙铸件的单位重量分别为 1.5 公斤、0.9 公斤。

甲铸件的总重量＝1.5×2 000＝3 000(公斤)

乙铸件的总重量＝0.9×1 200＝1 080(公斤)

原材料费用分配率＝10 812/(3 000＋1 080)＝2.65(元/公斤)

甲铸件应分配的原材料费用＝2.65×3 000＝7 950(元)

乙铸件应分配的原材料费用＝2.65×1 080＝2 862(元)

做会计分录：

借：基本生产成本——甲铸件　　7 950

　　　　　　　——乙铸件　　2 862

　贷：原材料——生铁　　10 812

[**例 3-10**]某基本生产车间本月投产丙、丁产品，共计耗用 B 材料 6 000 公斤，B 材料单位成本 8.10 元，本月投产丙产品 500 件；丁产品 400 件；原材料在生产开始时一次性投入，已知，单件丙、丁产品所耗用的 B 材料数量相等，将 B 材料费用分配计入丙、丁产品成本。

原材料费用分配率＝6 000×8.10/(500＋400)＝54(元/件)

丙产品应分配的材料费用＝54×500＝27 000(元)

丁产品应分配的材料费用＝54×400＝21 600(元)

做会计分录：

借：基本生产成本——丙产品　　27 000

　　　　　　　——丁产品　　21 600

　贷：原材料——B 材料　　48 600

(三)标准产量比例法(系数比例法)

标准产量比例法是将各种产品的产量按系数折算成标准产量，再按标准产量的比例分配材料费用。在这里，系数是标准产品与各种产品在量上的一种比例关系。一般是在同类产品中选择一种产量较大、生产比较稳定、规格适中的产品作为标准产品，把这种产品的分配标准额定为 1；用其他各种产品的分配标准额与标准产品的分配标准额相比，求出其他产品的分配标准额与标准产品的分配标准额的比率，即系数。分配标准额可以是材料的消耗定额、费用定额，也可以是产品的单位售价或者单位产品的体积、长度或重量等。

[**例 3-11**]某基本生产车间生产甲产品，该产品有三种规格：小号、中号和大号。本月小、中、大号甲产品的投产数量分别为 2 000 件、5 000 件、3 000 件。本月共计耗用 C 材料 173 160 元，原材料在生产开始时一次性投入。小、中、大号甲产品 C 材料消耗定额分别为 8 元、10 元、15 元。按标准产量比例法将 C 材料费用分配计入各种不同规格产品成本，结果见表 3-6。

表 3-6　C 材料费用分配表

产品规格	产量	消耗定额	系数	标准产量	分配率	金额
甲产品(小)	2 000	8	0.8	1 600		24 960
甲产品(中)(标准产品)	5 000	10	1	5 000		78 000
甲产品(大)	3 000	15	1.5	4 500		70 200
合　计	—	—	—	11 100	15.60	173 160

做会计分录：

借:基本生产成本——甲产品(小)　　24 960

——甲产品(中)　　78 000

——甲产品(大)　　70 200

贷:原材料——C 材料　　173 160

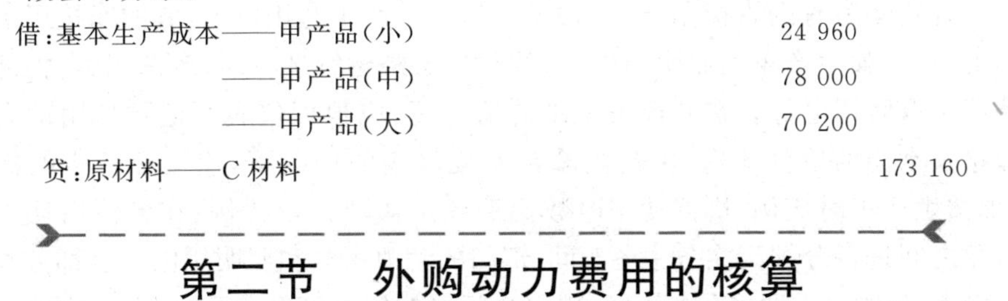

第二节　外购动力费用的核算

一、支付外购动力费用的核算

外购动力费用是指向外部购买的各种动力,如电力、热力等所支付的费用。在付款时,借记“应付账款”科目,贷记“银行存款”科目,月末再按照外购动力的用途及各部门的使用数量分配费用记入各成本、费用账户,借记“基本生产成本”、“辅助生产成本”、“制造费用”、“销售费用”、“管理费用”等,贷记“应付账款”。为什么实务中并没有在付款日直接做借记成本、费用科目,贷记“银行存款”,而要通过“应付账款”科目核算呢？这主要是因为外购动力费用的支付一般并不是在每月末的最后一天,而是在每月下旬的某一天。因而,每月下旬这一天所支付的动力费用是从上月付款日至本月付款日期间的费用。为了正确计算当月的动力费用,不仅要计算、扣除上月付款日至上月末的已付动力费用,而且还要分配、补记当月付款日至当月末的应付未付动力费用,核算工作量较大。通过“应付账款”科目核算可以大大简化核算工作量。在这种核算方法下,“应付账款”科目借方反映本月所付的动力费用,贷方反映本月应付动力费用,由于本月所付动力费用与本月应付动力费用往往不相等,从而出现月末余额:若是借方余额,则为本月支付款大于应付款的多付动力费用,可以抵冲下月应付费用;若是贷方余额,则为本月应付款大于支付款的应付未付动力费用，可以在下月支付。

若每月支付动力费用的日期基本固定，而且每月付款日至月末的应付动力费用相差不多，也可以不通过"应付账款"科目核算，而直接将每月支付的动力费用作为应付动力费用，在付款时直接借记各成本、费用科目，贷记"银行存款"科目。因为在这种情况下，各月付款日至月末的应付动力费用可以相互抵消，不会影响各月动力费用核算的正确性。

二、分配外购动力费用的核算

外购动力有的直接用于产品的生产，如生产工艺用电力；有的间接用于产品的生产，如生产车间照明用电；有的则用于经营管理，如行政部门、销售部门照明和取暖用电等。在有仪表记录的情况下，应根据仪表所记录耗用动力的数量及动力的单价计算，在企业没有安装仪表的情况下，应按照一定的标准（如按生产工时比例、机器功率时数比例或定额消耗量比例）在各使用动力的对象之间进行分配。实务中各车间、部门的动力用电和照明用电一般都分别装有电表，外购电力费用在各车间、部门之间可按用电度数分配，而车间中的动力用电，一般不再按产品分别安装电表，因而车间动力用电费就需要在各种产品之间按产品的生产工时比例、机器功率时数比例、定额耗电比例等进行分配。

$$\text{电力费用分配率}=\frac{\text{全厂电力费用总额}}{\text{全厂耗电度数总和}}$$

某车间、部门耗电费用＝该车间、部门耗电度数×电力费用分配率

$$\text{某车间动力用电费用分配率}=\frac{\text{车间动力用电费用总额}}{\text{该车间各种产品生产工时（机器功率时数、定额消耗量）之和}}$$

某产品动力耗电费用＝该产品生产工时（机器功率时数、定额消耗量）×该车间动力用电费用分配率

直接用于产品生产的动力费用，应借记"基本生产成本"科目；辅助生产车间使用的动力费用，借记"辅助生产成本"；基本生产车间、行政部门、销售部门照明或取暖用动力费用，则分别借记"制造费用"、"管理费用"、"销售费用"等科目，贷记"应付账款"或"银行存款"等科目。

［**例 3-12**］某工业企业本月耗电共计 81 040 度，每度电 0.65 元，基本生产车间生产用电 62 500 度，其中：生产甲产品耗用机器工时 3 600 小时，生产乙产品耗用机器工时 5 760 小时。基本生产车间照明用电 1 080 度，辅助生产车间生产用电 13 400 度，照明用电 560 度，行政部门照明用电 3 000 度，销售部门照明用电 500 度。辅助生产车间有单独设置"制造费用"明细账。

某车间动力耗电费用分配率$=\frac{62\ 500\times 0.65}{3\ 600+5\ 760}=4.34$

甲产品动力费用=4.34×3 600=15 624(元)

乙产品动力费用=4.34×5 760=25 001(元)

注:车间动力耗电费用分配率未能除尽,由此造成的差异全部由乙产品负担。

表 3-7　外购动力费用分配表

2003 年 8 月

耗电部门	用　途	生产工时(小时)	度　数(度)	分配率	金　额(元)
基本生产车间	甲产品	3 600		$\frac{62\ 500\times 0.65}{9\ 360}=4.34$	15 624
	乙产品	5 760			25 001
	小　计	9 360	62 500		40 625
辅助生产车间(供电车间)	生　产		13 400	0.65	8 710
	照　明		560	0.65	364
基本生产车间	照　明		1 080	0.65	702
行政部门	照　明		3 000	0.65	1950
销售部门	照　明		500	0.65	325
合　计			81 040	0.65	52 676

做会计分录:

借:基本生产成本——甲产品　　15 624

　　　　　　　——乙产品　　25 001

　辅助生产成本——供电车间　　8 710

　制造费用——基本生产车间　　702

　　　　　——供电车间　　364

　管理费用　　1 950

　销售费用　　325

　贷:应付账款——供电公司　　52 676

第三节　工资及福利费用要素的核算

一、工资与职工福利费的内容

(一)工资总额的构成

根据国家统计局令第1号,1990年1月1日开始施行的《关于工资总额组成的规定》,工资总额是指各单位在一定时期内直接支付给本单位全部职工的劳动报酬总额。

工资总额由下列六个部分组成:

1.计时工资。计时工资是指按计时工资标准(包括地区生活费补贴)和工作时间支付给个人的劳动报酬。包括:(1)对已做工作按计时工资标准支付的工资;(2)实行结构工资制的单位支付给职工的基础工资和职务(岗位)工资;(3)新参加工作职工的见习工资(学徒的生活费);(4)运动员体育津贴。

2.计件工资。计件工资是指对已做工作按计件单价支付的劳动报酬。包括:(1)实行超额累进计件、直接无限计件、限额计件、超定额计件等工资制,按劳动部门或主管部门批准的定额和计件单价支付给个人的工资;(2)按工作任务包干方法支付给个人的工资;(3)按营业额提成或利润提成办法支付给个人的工资。

3.奖金。奖金是指支付给职工的超额劳动报酬和增收节支的劳动报酬。包括:(1)生产奖;(2)节约奖;(3)劳动竞赛奖;(4)机关、事业单位的奖励工资;(5)其他奖金。

4.津贴和补贴。津贴和补贴是指为了补偿职工特殊或额外的劳动消耗和因其他特殊原因支付给职工的津贴,以及为了保证职工工资水平不受物价影响支付给职工的物价补贴。(1)津贴包括:补偿职工特殊或额外劳动消耗的津贴、保健性津贴、技术性津贴、年功性津贴及其他津贴;(2)物价补贴包括:为保证职工工资水平不受物价上涨或变动影响而支付的各种补贴。

5.加班加点工资。加班加点工资是指按规定支付的加班工资和加点工资。

6.特殊情况下支付的工资。特殊情况下支付的工资包括:(1)根据国家法律、法规和政策规定,因病、工伤、产假、计划生育假、婚丧假、事假、探亲假、定期休假、停工学习、执行国家或社会义务等原因按计时工资标准或计时工资标准的一定比例支付的工资;(2)附加工资、保留工资。

此外，根据财政部2009年11月12日颁布的财企[2009]242号《关于企业加强职工福利费财务管理的通知》，企业为职工提供的交通、住房、通讯待遇，已经实行货币化改革的，按月按标准发放或支付的住房补贴、交通补贴或者车改补贴、通讯补贴，以及企业给职工发放的节日补助、未统一供餐而按月发放的午餐费补贴应当纳入工资总额，并逐步将职工福利纳入职工工资总额管理。

(二)职工福利费的内容

根据财政部2009年11月12日颁布的财企[2009]242号《关于企业加强职工福利费财务管理的通知》有关职工福利的规定：企业职工福利费是指企业为职工提供的除职工工资、奖金、津贴、纳入工资总额管理的补贴、职工教育经费、社会保险费和补充养老保险费(年金)、补充医疗保险费及住房公积金以外的福利待遇支出，包括发放给职工或为职工支付的以下各项现金补贴和非货币性集体福利：

1. 为职工卫生保健、生活等发放或支付的各项现金补贴和非货币性福利，包括职工因公外地就医费用、暂未实行医疗统筹企业职工医疗费用、职工供养直系亲属医疗补贴、职工疗养费用、自办职工食堂经费补贴或未办职工食堂统一供应午餐支出、符合国家有关财务规定的供暖费补贴、防暑降温费等。

2. 企业尚未分离的内设集体福利部门所发生的设备、设施和人员费用，包括职工食堂、职工浴室、理发室、医务所、托儿所、疗养院、集体宿舍等集体福利部门设备、设施的折旧、维修保养费用以及集体福利部门工作人员的工资薪金、社会保险费、住房公积金、劳务费等人工费用。

3. 职工困难补助，或者企业统筹建立和管理的专门用于帮助、救济困难职工的基金支出。

4. 离退休人员统筹外费用，包括离休人员的医疗费及离退休人员其他统筹外费用。企业重组涉及的离退休人员统筹外费用，按照《财政部关于企业重组有关职工安置费用财务管理问题的通知》(财企[2009]117号)执行。国家另有规定的，从其规定。

5. 按规定发生的其他职工福利费，包括丧葬补助费、抚恤费、职工异地安家费、独生子女费、探亲假路费，以及符合企业职工福利费定义但没有包括在本通知各条款项目中的其他支出。

二、工资费用的原始记录

进行工资费用的核算，必须有一定的原始记录作为依据。不同的工资制度所依据的原始记录不同。计时工资制度下，应以考勤记录中的工作时间记录为依据；计件工资制度下，应以产量记录中的产品数量和质量记录为依据。

(一)考勤记录

考勤记录是登记出勤和缺勤时间和情况的原始记录。企业考勤记录要如实反映职工的出勤日数和事假、病假、旷工、迟到、早退、加班加点等情况。考勤记录可以根据企业的具体情况采用考勤簿、考勤号牌、考勤卡片或考勤钟等方式。

考勤簿一般按部门或生产班组设置，由部门(或生产班组)考勤员根据职工出勤情况逐日登记。

考勤号牌的做法是为每一位职工设置一块考勤号牌，职工上班时挂出自己的考勤号牌，考勤员根据号牌来确定职工的出勤和缺勤以及迟到、早退等情况。这种方法一般用于各部门有专职的考勤员情况下，而且职工的出勤与缺勤以及迟到、早退等情况通常仍在考勤簿中登记。

用考勤卡片方式考勤，是在职工上班时将自己的考勤卡片从原来放在考勤板上的小插袋内取出，交给专职考勤员；考勤员根据收到的考勤卡片和留在考勤小插袋内的考勤卡片来确定职工的出勤和缺勤情况，并登记入考勤卡片内。

用考勤钟方式考勤，要求职工在上、下班时自行将考勤卡片插入考勤钟内，打印上自己的上、下班时间。

对于上述各种考勤记录，考勤员应该在月底将其经过车间、部门负责人检查、签章以后送交人事部门审核。经过人事部门审核的考勤记录，即可据以计算每一职工的工资。

(二)产量记录

产量记录是登记工人或生产小组在出勤时间内完成产品的数量、质量和生产产品所用工时数量的原始记录。它不仅可以为计算计件工资费用提供原始依据，而且还为在各种产品之间分配与工时有关的费用提供合理的依据。由于在产量记录中不仅登记有实物产量和实用工时，而且登记有每件产品的工时定额和按实物产量和工时定额计算的定额工时，因而它还是统计每种产品实物产量和各种产品按定额工时反映的综合产量的依据，根据产量记录能监督生产计划和工时定额执行情况，考核劳动生产率水平。由于生产企业性质不同，企业内部不同生产车间的工艺过程和生产组织的特点不同，其格式和登记程序也不完全相同。以机械工业企业为例，其产量记录一般有：工作通知单、工序进程单和工作班产量记录。

1. 工作通知单。工作通知单也称工作票、工票、派工票。它是根据生产作业计划的安排以每个工人或生产小组从事的工作为对象来设置的，用以分派生产任务，并记录其产量和工时的原始记录。其格式通常设置如表 3-8 所示：

表 3-8 工作通知单

车间：

班组： 开单日期： 年 月 日 姓名： 等级： 编号

产品号或订单号	零件名称	工序	机床号	工作等级	计量单位	计件单位	生产任务			生产任务完成情况										废品通知单号	工资
							数量	时间定额		开工时间	完工时间	实用工时	交验数	合格数	返修数	工废数	料废数	缺少数	检验员		
								工时定额	定额工时												

2. 工序进程单。工序进程单即加工路线单或跟单，它是以加工产品为对象开设，并在加工过程中伴随着加工产品的加工进程，在单内顺序登记每道工序的实际产量和实用工时以及工序间零件的交接数量的原始记录。

表 3-9 工序进程单

车间：3 编号：288 签发日期：×年 6 月 9 日

产品型号或订单号				零件			投入材料或半成品										
				编号	名称	计量单位	编号		名称		计量单位				数量		
802				3 182	底盘	件	3 182		毛坯		件				30		
工序		机床编号	工作等级	工时定额(分)	转入数量	加工日期	工人			实用工时(分)	交验结果						
编号	名称						编号	姓名	等级		合格数量	定额工时	退修数量	工废数量	料废数量	短缺数量	检验人员
1	车	301	4	10	30	6.9	305	张华	4	310	28	280		2			李明
2	车	312	5	10	28	6.9	312	吴风	5	300	27	270		1			韦亮
3	铣	322	5	5	27	6.10	318	罗达	5	130	25	125		2			宋欣

3.工作班产量记录。工作班产量记录简称生产班报告。它按班组设置，反映一个班组在工作班(一般为8小时)内生产产品的数量和工时数量的原始记录。该原始记录是由检验员根据送检的产品数量进行验收后登记的，它是计算计件工资和产品成本的依据。其格式一般如下：

表3-10 工作班产量和工时记录

车间:3

小组:1　　　　编号:040812

班别:2　　　　日期:×年8月5日　　　　检验人员:章晗

工人			工序进程单号	产品型号或订单号	零件		工序名称	投入加工数量	检验结果					工时			计件工资单价	工资		
工号	姓名	工资率			编号	名称			合格数量	退修数量	工废数量	料废数量	短缺数量	工时定额(分)	定额工时	实用工时		合格品	料废品	合计
305	刘培	2	295	801	36	支架	车	40	38		2			12	7:36	8:00	0.4	15.20		15.20
306	钱诚	2	296	805	47	底盘	车	40	39			1		10	6:30	6:10	0.33	12.87	0.33	13.20

此外，还有停工单和废品通知单。停工单上反映停工时间和停工原因，用于计算计件工资制度下的停工工资。废品通知单是记录废品数量和废品产生的原因，并用于计算计件工资制度下的废品工资。

会计部门应该对产量记录进行审核。根据经过审核的产量记录提供的每个工人或小组的合格产品产量和料废数量，按照计件单价计算每一工人或小组的计件工资。工废是工人操作不当造成的，不应当计算计件工资。计件工资可以按产品产量和计件单价计算，当某一零部件需要由小组成员协作、共同完成时，一般应按小组完成的定额工时计算小组计件工资，在小组内再按各工人等级分配小组计件工资。同时可根据上述产量记录提供的各种产品的计件工资额，计算各种产品应负担的工资费用。

三、工资的计算

计算和支付工资，并按其用途分配工资费用，是工资费用核算的主要内容。工业企业可以根据具体情况采用各种不同的工资制度。其中最基本的工资制度是计时工资制度和计件工资制度。

(一)计时工资的计算

职工的计时工资,是根据考勤记录登记的职工出缺勤日数,按每人的工资等级、工资标准以及其他有关规定计算的。工资标准按其计算的时间不同,有按月计算的月薪,按日计算的日薪或按小时计算的小时工资。一般企业聘用的职工的计时工资按月薪计算,临时聘用的职工的计时工资可按日薪计算,也可按小时工资计算。采用月薪制,无论大月小月、休假日与节假日多少,各月的标准工资是相同的,职工只要出全勤,就可以得到固定的月标准工资,若有缺勤,缺勤工资应从全勤月标准工资中扣除。但由于每个职工每月出勤、缺勤情况不同,为了按照职工出勤或缺勤日数计算应付职工的月工资,还应根据月标准工资计算日工资率,即每日的平均工资额。又由于各月日历日数不同,有的月份有30日,有的月份31日,2月份只有28日或29日,因而,同一职工各月的日工资率也不尽相同。在实际工作中,为了简化日工资的计算工作,日工资率一般可选择以下三种方法之一计算:

(1)每月固定按30日计算日工资率。即以月标准工资除以30日,算出每月的日工资率;采用该方法计算日工资率的特点是:假设每月无论月大月小均是30天,月标准工资与当月每一天进行配比,因此,双休日、法定节假日照付工资,缺勤期间的节假日和双休日照扣工资。

(2)每月固定按20.83日计算日工资率。每月固定按年日历日数365日减去法定节假日和每星期的休息日,再除以12个月算出月平均工作日数计算,以月标准工资除以该月平均工作日数从而算出每月的日工资率。目前,按有关规定我国全年有11个法定节假日(元旦1天,春节3天,五一国际劳动节1天,国庆3天清明、端午、中秋各1天)、104个双休日,月平均工作日数为(365－11－104)÷12＝20.83(日)。因此每月的日工资率计算为:月标准工资÷20.83日。采用该方法计算出的日工资率长期固定不变,由于月标准工资和职工实际上班日数相配比,因此,法定节假日和双休日不付工资,缺勤期间的节假日、双休日不扣工资,出满勤者满工资。

(3)按月实际制度日数计算日工资率。即以月标准工资除以月实际制度日数,算出每月的日工资率。月实际制度日数＝该月实际日历日数－该月节假日和双休日。采用该方法计算的日工资率每月不同,由于月标准工资和职工实际上班日数相配比,因此,法定节假日、双休日不付工资,缺勤期间的节假日、双休日不扣工资。这种方法计算出的日工资率最接近实际,但由于不同月份的实际制度日数不一定相同，每月都要计算一次日工资率，因此，实际应用起来显得较为繁琐。

此外，应付的月工资额既可以按日工资率乘以出勤日数计算，也可以按月标准工资扣除缺勤工资（即日工资率乘以缺勤日数）计算。因此，应付月工资额一般有六种计算方法：(1)按 30 日计算日工资率，按出勤日数计算月工资额；(2)按 30 日计算日工资率，按缺勤日数扣月工资；(3)按 20.83 日计算日工资率，按出勤日数计算月工资额；(4)按 20.83 日计算日工资率，按缺勤日数扣月工资；(5)按月实际制度日数计算日工资率，按出勤日数计算月工资额；(6)按月实际制度日数计算日工资率，按缺勤日数扣月工资。

[例 3-13]某工业企业某职工的月标准工资为 900 元，3 月份 31 日，本月份有休息日 8 日，该职工请事假 5 日（其中含休息日 2 日），请病假 2 日，病假工资按工资标准的 80%计算。

按上述六种方法分别计算该职工 3 月份应得工资额：

(1)按 30 日计算日工资率，按出勤日数计算月工资额

$$日工资率=\frac{900}{30}=30(元/日)$$

应算出勤工资额＝30×(31－5－2)＝30×24＝720(元)

应算病假工资额＝30×2×80%＝48(元)

应付月工资额＝720＋48＝768(元)

(2)按 30 日计算日工资率，按缺勤日数扣月工资

应扣缺勤事假工资额＝30×5＝150(元)

应扣缺勤病假工资额＝30×2×20%＝12(元)

应付月工资额＝900－150－12＝738(元)

(3)按 20.83 日计算日工资率，按出勤日数计算月工资额

$$日工资率=\frac{900}{20.83}=43.21(元/日)$$

应算出勤工资额＝43.21×(31－8－3－2)＝43.21×18＝777.78(元)*

应算病假工资额＝43.21×2×80%＝69.14(元)

应付月工资额＝777.78＋69.14＝846.92(元)

*注：在按照 20.83 日计算日工资率情况下，按出勤日数计算月工资额中出勤日数 18 日，系全月 31 日，减去休息日 8 日，病假 2 日，事假 3 日计算得出。事假本为 5 日，因包含有星期休假 2 日，这 2 日已包含在扣除的休息日 8 日中，因此，事假只应扣除 3 日。

(4)按 20.83 日计算日工资率,按缺勤日数扣月工资

应扣缺勤事假工资额＝43.21×3＝129.63(元)

应扣缺勤病假工资额＝43.21×2×20％＝17.28(元)

应付月工资额＝900－129.63－17.28＝753.09(元)

(5)按月实际制度日数计算日工资率,按出勤日数计算月工资额

3 月份有 31 日,有休息日 8 日,则该月的制度工作日为 23 日。

$$日工资率=\frac{900}{23}=39.13(元/日)$$

应算出勤工资额＝39.13×18＝704.34(元)

应算病假工资额＝39.13×2×80％＝62.61(元)

应付月工资额＝704.34＋62.61＝766.95(元)

(6)按月实际制度日数计算日工资率,按缺勤日数扣月工资

应扣缺勤事假工资额＝39.13×3＝117.39(元)

应扣缺勤病假工资额＝39.13×2×20％＝15.65(元)

应付月工资额＝900－117.39－15.65＝766.96(元)

从例 3-13 应付职工月工资额的不同计算方法可以看出:

1.当按 30 日计算工工资率时,按出勤日数计算应付职工月工资与按缺勤日数扣工资法计算应付职工月工资的计算结果不一样。前者比后者多算 30 元,即一日的工资额。这是因为,作为计算日工资率依据的日数(30 日)与 3 月份日历日数(31 日)不同。按出勤日数计算应付职工月工资,是以 31 日为基础计算的,而按缺勤日数扣工资法计算应付职工月工资,是以 30 日为基础扣算的。两者相差一日,应付职工月工资也就相差一日的工资额。若计算小月(30 日)的月份,作为计算日工资率依据的日数与月份日历日数相等,则两者计算结果应当相同。

2.当按 20.83 日计算工资率时,按出勤日数计算应付职工月工资与按缺勤日数扣工资法计算应付职工月工资的计算结果也不一样。前者比后者多算 93.83 元,即 2.17 日的工资额。这是因为,3 月份的法定工作日数是 23 (31－8)日,按出勤日数计算应付职工月工资是以法定工作日数为基础计算的(出勤 18 日、病假 2 日、事假 3 日,共计 23 日),而按缺勤日数扣工资法计算应付职工月工资是按 20.83 日为基础扣算的[900－129.63(事假工资)－17.28 病假工资,而月标准工资 900 元为 20.83 日与日工资率的乘

积]。两者相差2.17日(23－20.83),应付职工月工资也就相差2.17日的工资额。

3.当按月实际制度工作日数计算日工资率时,按出勤日数计算应付职工月工资额与按缺勤日数扣工资法计算应付职工月工资额的计算结果一样。因为两者都是按当月的实际制度工作日计算日工资率,按出勤日数计算应付职工月工资是以当月实际制度工作日数为基础计算的,按缺勤日数扣工资法计算应付职工月工资也是以当月实际制度工作日数为基础扣算的。

计算计时工资的上述六种方法,各有利弊。按20.83日计算日工资率与按当月实际制度日数计算日工资率,均是节假日不计算工资,更能体现按劳分配的原则。但按20.83日计算日工资率方法下,由于每月法定工作日数都是整数,按出勤日数计算应付职工月工资额和按缺勤日数扣工资法计算应付职工月工资额,则至少要相差0.17日的工资额;按当月实际制度工作日数计算工资率则不论是按出勤日数计算应付职工月工资额还是按缺勤日数扣工资法计算应付职工月工资额,两者计算结果总是相等,不会引起不必要的麻烦。但采用该方法必须每月计算一次日工资率。

(二)计件工资的计算

1.个人计件工资的计算

应付工人的计件工资,是根据产量记录中登记的每一工人的产品产量,乘以规定的计件单价计算的。其计算公式为:

$$应付工人计件工资 = \sum[(合格品数量+料废数量)\times 计件单价]$$

式中,料废数量是指因材料质量不合格造成的废品数量,不是由于工人本人过失造成的,因而应照付给工人工资。与之相对应的是工废数量,它是由于工人本人过失造成的废品数量,工废数量不应支付工人工资,有的还应在查明责任原因后向责任人索赔。

[例3-14]张明本月加工A零件750个,B零件400个,经验收,A零件合格品746个,料废3个,工废1个,B零件合格品395个,料废2个,工废3个。A、B零件的计件单价分别为1元、1.25元。

$$应付张明本月计件工资 = (746+3)\times 1+(395+2)\times 1.25 = 1\ 245.25(元)$$

由于产品(或零件)的计件单价是根据工人生产单位产品(或零件)所需要的工时定额和小时工资率相乘计算求出的。在核定工时定额时,对于在加工中要求技术不高的零件，可以制订较低的工时定额，对于在加工中技术要求较高的零件，可以制订较高的工时定额，在全厂小时工资率统一的情况下，在加工中要求技术不高的零件，其计件工资的单价也就不如加工中要求有较高技术的零件的计件工资单价那样高了。因而，为了简化计件工资的计算工作，也可以根据每一工人本月完成的定额工时总数和小时工资率计算计件工资。

[例 3-15]李颂本月加工 A、B 两种零件，A 零件的工时定额为 24 分钟，B 零件的工时定额为 36 分钟。该厂小时工资率 6 元。本月李颂加工 A 零件 265 个，其中合格品 264 个，料废 1 个；加工 B 零件 180 个，其中合格品 177 个，料废 2 个，工废 1 个。

$$\text{应付李颂本月计件工资}=\left[(264+1)\times\frac{24}{60}+(177+2)\times\frac{36}{60}\right]\times 6=1\ 280.40(\text{元})$$

2.集体计件工资的计算

集体计件工资的计算可分两步进行。首先按生产小组等集体共同生产的产品产量（合格品和料废产品的数量之和）和计件单价计算出小组等集体的计件工资；然后，将该计件工资在小组等集体内部各成员之间进行分配。由于工人的工资标准一般能体现工人劳动的质量和技术水平，出勤日数一般能体现工人的劳动数量，因而，集体计件工资在集体内各成员之间的分配就通常以成员的工资标准和出勤日数的乘积为比例进行分配。

[例 3-16]基本生产车间第三生产小组 6 月份加工丁部件 65 个，丁部件工时定额为 12 小时，该厂小时工资率 6 小时，该生产小组由赵靓、王丰、许冰组成。各成员技术等级及 6 月份出勤情况如表 3-11：

表 3-11

姓名	等级	月标准工资	事假日数	病假日数	病假工资支付率
赵靓	3	900		1	80%
王丰	4	1 125	2		90%
许冰	4	1 125	1	2	90%

(1)首先，计算小组集体计件工资：

12×65×6=4 680(元)

(2)计算小组集体计件工资内部分配标准(按30日计算日工资率,按出勤日数计算月工资额):

$$应付赵靓标准工资=\frac{900}{30}\times29+\frac{900}{30}\times1\times80\%=870+24=894(元)$$

$$应付王丰标准工资=\frac{1\ 125}{30}\times28=1\ 050(元)$$

$$应付许冰标准工资=\frac{1\ 125}{30}\times27+\frac{1\ 125}{30}\times2\times90\%=1\ 080(元)$$

(3)第三小组集体计件工资在小组内各成员之间进行分配,结果如表3-12所示:

表 3-12

姓　　名	分配标准	分配率	实际应付工资额
赵靓	894		1 383.57
王丰	1 050		1 625
许冰	1 080		1 671.43
合计	3 024	1.547 619 047 61	4 680

工资总额中的各种奖金、津贴、补贴、加班加点工资以及特殊情况下支付的工资,应根据有关原始记录或有关证明,按照国家和企业规定的支付标准计算。

四、工资结算和支付的核算

通过上述计算,应付职工工资额可以用下列公式表示:

$$应付工资额=计时工资+计件工资+加班加点工资+计入工资总额的奖金+工资性津贴+非工作时间的工资$$

计算出的应付工资额,往往不等于实发工资额。因为在实际工作中,企业在向职工支付工资时,通常随同支付某些福利费和交通补助等代发款项,并要扣除职工应付的各种社会保险金如待业保险金、医疗保险金、住房公积金等,还有房租、水电费等代扣款项。会计部门应根据每人的应付工资额和有关部门送来的扣款通知单所列的各项代扣款,计算每人的实发工资额。其计算公式为:

实发工资＝应付工资＋各种非工资性社会补贴－代垫代扣款项

根据上述计算，编制工资结算凭证，据以进行工资结算的核算。工资结算凭证通常采用工资结算单的形式，有些采用工资结算卡片的形式。

工资结算单，也称工资单，通常按车间、部门编制，每月一张，单内按职工姓名填列应付工资、代发款项、代扣款项和实发金额。该单一般一式三份：一份按职工姓名裁成“工资条”，连同工资一起发给职工；一份作为劳动工资部门进行劳动工资统计的依据；一份经过职工签收后，作为工资结算和支付的凭证。

工资结算卡片的格式及登记的内容与工资结算单基本一致，其开设方式是每个职工每年一张，职工领取工资后，在工资卡片上签收，然后，由财会部门收回卡片保存。

为了汇总反映各车间、部门和整个企业的工资结算情况，并进行工资结算的总分类核算，还应根据各车间、部门的工资结算单，以及应计入营业外支出的全厂长期病假人员工资的结算单等资料，编制一张工资结算汇总表。工资结算汇总表按各车间、部门、企业人员类别分行列示，并按应付工资、代发款项、代扣款项和实发金额分列反映。其表格格式可设计如表 3-13 所示。

表 3-13　工资结算汇总表

年　　月　　　　单位:元

车间或部门	人员类别	应付工资						代发款项			代扣工资					实发工资
		标准工资	各种奖金	副食津贴	工资性津贴	缺勤扣款	合计	福利补助费	交通补助费	合计	待业保险费	医疗保险费	养老保险费	住房公积金	合计	
第一车间	生产工人	6 000	900	700	120	50	7 670	1 200	60	1 260	77	153	614	767	1 611	7 319
	管理人员	1 000	100	110	25		1 235	100	5	105	12	25	99	124	260	1 080
第二车间	生产工人	4 500	675	500	90	120	5 645	1 000	50	1 050	56	113	452	565	1 186	5 509
	管理人员	900	90	105	20	20	1 095	100	5	105	11	22	88	110	231	969
小　计		12 400	1 765	1 415	255	190	15 645	2 400	120	2 520	156	313	1 253	1 566	3 288	14 877
供电车间	生产工人	2 000	360	300	40	10	2 690	400	20	420	27	54	215	269	565	2 545
	管理人员	800	88	95	18		1 001	100	5	105	10	20	80	100	210	896

续表

车间或部门	人员类别	应付工资						代发款项			代扣工资					实发工资
		标准工资	各种奖金	副食津贴	工资性津贴	缺勤扣款	合计	福利补助费	交通补助费	合计	待业保险费	医疗保险费	养老保险费	住房公积金	合计	
小　计		2 800	448	395	58	10	3 691	500	25	525	37	74	296	369	775	3 441
厂　部		3 000	300	380	60	40	3 700	300	15	315	37	74	296	370	777	3 238
销售部门		5 000	1 000	500	70		6 570	400	100	500	66	131	526	657	1 380	5 690
合　　计		23 200	3 513	2 690	443	240	29 606	3 600	260	3 860	296	592	2 370	2 962	6 220	27 246

为了总括反映企业工资的结算、支付和工资费用的分配情况，监督企业工资总额计划的执行情况，应设置“应付职工薪酬”科目进行核算。凡是应付给职工的各种薪酬如职工工资、奖金、津贴和补贴，职工福利费，医疗保险费、养老保险费、失业保险费、工伤保险费和生育保险费等社会保险，住房公积金，工会经费和职工教育经费，非货币性福利，因解除与职工的劳动关系给予的补偿以及其他与获得职工提供的服务相关的支出等，不论是否在当月支付，均应通过该科目进行核算。

每月支付工资时，根据实发工资额借记“应付职工薪酬”科目，贷记“库存现金”或“银行存款”科目；根据代扣款项金额，借记“应付职工薪酬”科目，贷记“银行存款”、“其他应付款”科目。在以现金支付工资的情况下，对于超过工资发放期限而尚未发出的待领工资，应抄列清单或另编制待领工资明细表，查明未领的原因，及时将未领的工资交存银行，不得留用。通过上述核算，“应付职工薪酬”科目的借方发生额合计数，即企业实际工资总额，与计划工资总额相比较，就可分析和考核工资总额计划的执行情况。月末进行工资费用分配时，应该根据工资费用的分配凭证，按照工资费用的用途，借记有关的成本、费用等科目，贷记“应付职工薪酬”科目。

[**例 3-17**]根据表 3-13“工资结算汇总表”进行有关工资结算和支付的会计核算。（设该企业以发放现金的形式支付职工工资）

企业根据“工资结算汇总表”中所列实发工资 27 246 元，开出现金支票，向银行提取准备发放工资和代发款项的现金：

借：库存现金　　27 246

　贷：银行存款　　27 246

根据“工资结算汇总表”中所列各车间、部门实发工资金额 27 246 元，将现金发给各车间、部门负责发放工资的人员发放工资：

借:应付职工薪酬　　27 246

　贷:库存现金　　27 246

根据"工资结算汇总表"中所列代扣款项 6 220 元进行转账,将应付工资转为其他应付款:

借:应付职工薪酬　　6 220

　贷:其他应付款　　6 220

假设,第一车间工人张华因出差本月工资 508 元尚未领取,第一车间负责发放工资人员应编制待领工资明细表,将张华未领工资 508 元交回给会计部门,转为其他应付款:

借:库存现金　　508

　贷:其他应付款　　508

张华出差回来领取工资时:

借:其他应付款　　508

　贷:库存现金　　508

开出转账支票,将代扣款项支付给各社会保障部门:

借:其他应付款　　6 220

　贷:银行存款　　6 220

五、职工薪酬分配的核算

(一)工资总额和职工薪酬的区别

工资总额通常是按照国家统计局《关于工资总额组成的规定》(1990 年第 1 号令)颁布的标准计算,其内容在本节工资总额的构成部分已详细列出。企业根据相关法规、条例应为职工缴纳的"五险一金"通常是根据该工资总额的一定比例计算的。如《失业保险条例》规定:城镇企业事业单位按照本单位工资总额的 2%缴纳失业保险费。城镇企业事业单位职工按照本人工资的 1%缴纳失业保险费。《国务院关于完善企业职工基本养老保险制度的决定》规定从 2006 年 1 月 1 日起,企业缴费比例达到 20%,个人缴费比例为本人缴费工资的 8%,缴费工资最高不能高于上年度本市社会平均工资的 300%(俗称保底数)。纳入职工缴费工资基数的职工的工资收入包括:计时工资(标准工资)、计件工资、提成工资、奖金和各项津贴、补贴等。《国务院关于建立城镇职工基本医疗保险制度的决定》(国发[1998]44 号规定)规定,基本医疗保险费用由用人单位和职工共同交纳。用人单位缴费费率应控制在职工工资总额的 6%左右,职工缴费费率一般为本人工资收入的 2%。随着经济发展,用人单位和职工缴费率可作相应调整。此外,劳动和社会保障部、财政部、卫生部、国家安监局《关于工伤保险费率问题的通知》规定：用人单位应当按时缴纳工伤保险费，职工个人不缴纳工伤保险费。用人单位缴纳工伤保险费的数额为本单位职工工资总额乘以单位缴费费率之积。费率为0.5%、1%、2%不等。《国务院关于修改〈住房公积金管理条例〉的决定》规定：职工住房公积金的月缴存额为职工本人上一年度月平均工资乘以职工住房公积金缴存比例。单位为职工缴存的住房公积金的月缴存额为职工本人上一年度月平均工资乘以单位住房公积金缴存比例。缴存比例为5%～10%。根据《中华人民共和国工会法》规定：建立工会组织的企业、事业单位、机关按每月全部职工工资总额的2%向工会拨缴经费。财政部通过通知形式规定企业职工教育经费按企业职工工资总额扣除各种奖金（包括超过标准工资的计件工资、浮动工资、提成工资等）后的1.5%提取。

职工薪酬，根据《企业会计准则第9号——职工薪酬》的界定，是指企业为获得职工提供的服务而给予各种形式的报酬以及其他相关支出。职工薪酬包括：

（1）职工工资、奖金、津贴和补贴；

（2）职工福利费；

（3）医疗保险费、养老保险费、失业保险费、工伤保险费和生育保险费等社会保险费；

（4）住房公积金；

（5）工会经费和职工教育经费；

（6）非货币性福利；

（7）因解除与职工的劳动关系给予的补偿；

（8）其他与获得职工提供的服务相关的支出。

根据该准则第4条的规定，企业应当在职工为其提供服务的会计期间，将应付的职工薪酬确认为负债，除因解除与职工的劳动关系给予的补偿外，应当根据职工提供服务的受益对象，分别情况处理：应由生产产品、提供劳务负担的职工薪酬，计入产品成本或劳务成本。应由在建工程、无形资产负担的职工薪酬，计入建造固定资产或无形资产成本。其他的职工薪酬，计入当期损益。

（二）职工薪酬分配的核算

每月月末，企业应在汇总各部门工资的基础上，按受益对象将其分配计入成本、费用。分配工资费用时，首先要分清费用的列支渠道，即确定工资费用的分配对象，哪些工资费用能计入产品成本或在建工程成本，哪些工资费用计入经营管理费用；其次要分清生产工人的工资是直接计入费用还是间接计入费用，对间接计入费用如何分配计入各种产品成本。

1.基本生产车间生产工人的工资费用，应直接计入或分配计入基本生产成本明细账的“工资及福利”成本项目中。在计件工资形式下，由于基本生产车间生产工人的计件工资，等于各种合格品和料废产品的产量乘以计件单价所得，与产品产量直接相关，因此，可以直接计入各有关产品成本明细账的“工资及福利”成本项目。而基本生产工人的奖金、津贴、补贴等一般属于间接计入费用，应按照一定的标准分配计入有关产品成本，通常按照直接计入的生产工人工资的比例进行分配。在计时工资形式下，如果该车间只生产一种产品，那么，这项工资费用可直接计入基本生产成本明细账的“工资及福利”成本项目，如果该车间生产两种或两种以上的产品，则应将基本生产车间的生产工人工资按照各种产品工时比例进行分配后，再计入各该产品基本生产成本明细账的“工资及福利”成本项目。分配计算公式如下：

$$生产工人工资分配率=\frac{生产工人工资总额}{各种产品所耗生产工时之和}$$

某种产品应分配的生产工人工资＝该种产品生产工时×生产工人工资分配率

按照产品的生产工时比例分配生产工人工资费用，能够将产品所分配的工资费用与劳动生产率联系起来。某种产品如果单位产品耗用的生产工时减少了，说明劳动生产率提高了，其所分配的工资费用就应减少；相反，某种产品如果单位产品耗用的生产工时增加了，说明劳动生产率降低了，其所分配的工资费用就应增加。因此，按照产品生产工时比例分配工资费用比较合理。产品的生产工时，既可以是生产产品所耗用的实际工时，如果实际生产工时数据取得比较困难，也可以采用定额工时，按照定额工时的比例分配工资费用。

某种产品的定额工时＝该种产品实际产量×该种产品工时定额

$$生产工人工资费用分配率=\frac{生产工人工资总额}{各种产品所耗定额工时之和}$$

某种产品应分配的生产工人工资费用＝该种产品定额工时×生产工人工资费用分配率

[例3-18]根据表3-13“工资结算汇总表”数据，假定第一车间生产A、B两种产品，生产A产品实际耗用生产工时1 000小时，生产B产品实际耗用生产工时534小时。将第一车间生产工人工资费用按照生产工时比例分配计入A、B产品成本之中。

$$生产工人工资费用分配率=\frac{7\ 670}{1\ 000+534}=5$$

A产品应分配的生产工人工资费用=1 000×5=5 000(元)

B产品应分配的生产工人工资费用=534×5=2 670(元)

[**例 3-19**]根据表 3-13“工资结算汇总表”数据，假定第二车间生产甲、乙两种产品，本月投产甲产品 500 件，乙产品 450 件，均全部完工。甲、乙产品工时定额分别为 4 小时、6 小时。将第二车间生产工人工资费用按照定额工时比例分配计入甲、乙产品成本之中。

甲产品定额工时=500×4=2 000(小时)

乙产品定额工时=450×6=2 700(小时)

$$生产工人工资费用分配率=\frac{5\ 645}{2\ 000+2\ 700}=1.201\ 1$$

甲产品应分配的生产工人工资费用=2 000×1.201 1=2 402.20(元)

乙产品应分配的生产工人工资费用=2 700×1.201 1=3 242.80(元)

2. 基本生产车间管理人员的工资费用应计入制造费用明细账的“工资”费用项目中。

3. 辅助生产车间人员的工资费用，原则上可比照基本生产车间进行处理。但由于辅助生产车间规模一般比较小，生产的产品或提供的劳务单一，通常简化处理，不设置“制造费用”明细账，因此，辅助生产车间生产工人与车间管理人员的工资费用全部计入“辅助生产成本”明细账的“工资及福利”成本项目。

4. 行政管理部门人员的工资费用，应计入“管理费用”明细账的“工资”费用项目中。

5. 企业专设销售部门的，其人员的工资费用，应计入“销售费用”明细账的“工资”费用项目中。

6. 研发人员的工资费用，应计入“研发支出”明细账的“工资”费用项目中；因解除与职工的劳动关系给予的补偿，应计入“管理费用”明细账的“工资”费用项目中。

7. 企业支付的职工福利费按照职工提供服务的受益对象直接作为成本(费用)列支。

8. 企业依法为职工支付基本医疗、基本养老、失业、工伤等社会保险费，企业为职工缴纳住房公积金，所需费用按照职工提供服务的受益对象直接作为成本(费用)列支。

9.企业计提并缴纳的工会经费、企业支付的职工教育经费按照职工提供服务的受益对象直接作为成本(费用)列支。

[**例 3-20**]根据表 3-13“工资结算汇总表”数据,编制计提工资的会计分录。

借:基本生产成本——第一车间——A 产品　　5 000
　　　　　　　　　　　　　——B 产品　　2 670
　　　　　　　——第二车间——甲产品　　2 402.20
　　　　　　　　　　　　　——乙产品　　3 242.80
　制造费用——第一车间　　1 235
　　　　　——第二车间　　1 095
　辅助生产成本——供电车间　　3 691
　管理费用　　3 700
　销售费用　　6 570
　贷:应付职工薪酬——工资　　29 606

同时,将实际支付的福利费和交通费补贴等职工薪酬计入当期成本(费用)。

借:基本生产成本——第一车间　　1 260
　　　　　　　——第二车间　　1 050
　制造费用——第一车间　　105
　　　　　——第二车间　　105
　辅助生产成本——供电车间　　525
　管理费用　　315
　销售费用　　500
　贷:应付职工薪酬——福利费　　3 860

[**例 3-21**]根据表 3-13“工资结算汇总表”数据,编制计提“五险一金”的会计分录。

借:基本生产成本——第一车间　　2 991.30
　　　　　　　——第二车间　　2 201.55
　制造费用——第一车间　　481.65
　　　　　——第二车间　　427.05
　辅助生产成本——供电车间　　1 439.49
　管理费用　　1 443
　销售费用　　2 562.30
　贷:应付职工薪酬——社会保险费　　8 585.74
　　　　　　　　——住房公积金　　2 960.60

注:上述计提按照应付工资总额的 2%计提失业保险费、按照 20%计提养老保险费、按照 6%计提医疗保险费、按照 1%计提工伤保险费、按照 10%计提住房公积金(生育保险计提略)。计入基本生产成本的职工薪酬也应当按照生产工人工资比例分配计入到不同

产品成本中，此处不再具体计算分配。

第四节 低值易耗品及包装物的核算

一、低值易耗品的核算

低值易耗品是指不能作为固定资产的各种用具物品，如工具、管理用具、玻璃器皿，以及在经营过程中周转使用的包装容器等。

低值易耗品的收入、发出、摊销和结存的核算，可通过“周转材料——低值易耗品”账户进行，也可直接设置一级账“低值易耗品”账户进行。低值易耗品在收入时，其核算可比照“原材料”收入一样处理，低值易耗品在发出时，应将其价值摊销计入相关的成本、费用，其摊销方法可有以下几种。

(一)一次摊销法

采用一次摊销法，在领用低值易耗品时，将其价值一次全部计入相关成本、费用。若低值易耗品采用计划成本核算，则在领用月份的月末再分摊差异；报废时，若有残值，则应冲减有关成本、费用。

[**例 3-22**]某基本生产车间本月领用低值易耗品一批，计划成本 1 500 元，材料成本差异率为−2%，同时，本月报废一批上月领用的低值易耗品，其计划成本为 600 元，回收残料价值 80 元。做会计分录如下：

(1)领用时将其价值一次全部计入成本。

借：制造费用　　1 500

　贷：低值易耗品　　1 500

(2)月末，分摊材料成本差异。

借：制造费用　　[30]

　贷：材料成本差异　　[30]

(3)报废上月领用的低值易耗品。

借：原材料　　80

　贷：制造费用　　80

一次摊销法核算简便，但这种方法可能会使各月成本负担不合理，因此，该方法一般只适用于单位价值比较低，使用期限较短或很容易破损的低值易耗品。

（二）分期摊销法

采用分期摊销法，在领用低值易耗品时，根据其使用期限的长短将其价值转作待摊费用（估计使用期限在一年以内）或长期待摊费用（估计使用期限超过一年），然后平均摊销，分月计入相关成本、费用。若低值易耗品采用计划成本核算，也应在领用月份的月末再分摊差异；报废时，若有残值，也应冲减有关成本、费用。

[**例 3-23**]某工业企业销售部门本月领用低值易耗品一批，计划成本 1 500 元，材料成本差异率为－2%，估计该批低值易耗品可使用 5 个月，同时，本月报废一批上月领用的低值易耗品，其计划成本为 600 元，回收残料价值 80 元。做会计分录如下：

（1）领用时根据其使用期限的长短将其价值转作待摊费用。

借：待摊费用　　1 500

　贷：低值易耗品　　1 500

（2）月末，分摊材料成本差异。

借：待摊费用　　30

　贷：材料成本差异　　30

同时，摊销应由本月分摊的低值易耗品价值。

借：销售费用　　294

　贷：待摊费用　　294

注：应由本月成本分摊的低值易耗品价值＝(1 500－30)÷5＝294

（3）报废上月领用的低值易耗品。

借：原材料　　80

　贷：销售费用　　80

分期摊销法可使各月成本、费用负担比较合理，但该方法由于要分多期摊销低值易耗品的价值，因而核算工作量较大。一般适用于单位价值较高、使用期限较长的低值易耗品或者虽然单位价值不高、使用期限不长，但一次领用数量较多的低值易耗品。

采用上述两种方法，低值易耗品一旦发出，其价值就从账面上转出，成为账外财产，不利于加强对实物的监督，较易发生弊端，因此，必须设置备查账簿加以登记。

（三）五五摊销法

采用五五摊销法，在领用低值易耗品时摊销其价值的一半，报废时再摊销其价值的另一半。为了核算在库、在用低值易耗品的价值和低值易耗品的摊余价值，应在“低值易耗品”总账科目下分设“在库低值易耗品”、“在用低值易耗品”和“低值易耗品摊销”三个二级科目。“在库低值易耗品”二级科目又可按低值易耗品的品种、规格设置三级科目，“在用低值易耗品”二级科目一般按使用的车间和部门以低值易耗品的种类进行三级、四级核算。“低值易耗品摊销”二级科目用来登记低值易耗品已摊销的价值，其性质为“低值易耗品”的备抵科目，“低值易耗品”其余二级账余额之和减去“低值易耗品摊销”二级账余额，即为低值易耗品净值。若低值易耗品采用计划成本核算，也应在领用月份的月末再分摊差异，报废时，若有残值，也应冲减有关成本、费用。

[**例 3-24**]某工业企业行政管理部门本月领用管理用具一批，计划成本4 000元，材料成本差异率为－2%。同时，本月报废一批上月领用的低值易耗品，其计划成本为 1 600 元，回收残料价值 180 元。采用五五摊销法应做会计分录如下：

(1)领用管理用具时，将管理用具由在库转为在用。

借:低值易耗品——在用低值易耗品　　4 000

　贷:低值易耗品——在库低值易耗品　　4 000

同时，摊销其价值的一半。

借:管理费用　　2 000

　贷:低值易耗品——低值易耗品摊销　　2000

(2)摊销报废管理用具的价值的一半。

借:管理费用　　800

　贷:低值易耗品——低值易耗品摊销　　800

同时，残料入库。

借:原材料　　180

　贷:管理费用　　180

注销报废的管理用具的价值。

借:低值易耗品——低值易耗品摊销　　1 600

　贷:低值易耗品——在用低值易耗品　　1 600

(3)月末，结转本月发出低值易耗品差异。

借:管理费用　　80

　贷:材料成本差异　　80

五五摊销法能够对在用低值易耗品实行价值监督，在各月成本、费用负担的合理程度和核算工作量方面，都介于一次摊销法和分次摊销法之间。该方法一般适用于每月领用和报废的数量比较均衡，各月摊销额相差不多的低值易耗品。

二、包装物的核算

包装物是指为了包装本企业产品而储备的各种包装容器，如桶、箱、瓶、坛、袋等。包括：生产过程中用于包装产品作为产品组成部分的包装物、随同商品出售而不单独计价的包装物、随同商品出售而单独计价的包装物、出租或出借给购买单位使用的包装物。

各种包装材料，如纸、绳、铁丝、铁皮等，应在“原材料”科目内核算；用于储存和保管商品、材料而不对外出售的包装物，应按价值大小和使用年限长短，分别在“固定资产”或“低值易耗品”科目核算。包装物数量不大的企业，可以将包装物并入“原材料”科目内核算。单独列作企业商品产品的自制包装物，应作为库存商品处理，不在“包装物”科目内核算。

购入、自制、委托外单位加工完成验收入库的包装物、企业接受的债务人以非现金资产抵偿债务方式取得的包装物、非货币性资产交换取得的包装物等，以及对包装物的清查盘点，均可比照“原材料”科目的相关规定进行会计处理。其核算也与原材料一样，既可以按实际成本进行，也可以按计划成本进行。

生产过程中领用包装物，用于包装产品作为产品的组成部分，借记“生产成本”科目，贷记“包装物”科目；领用随同商品出售但不单独计价的包装物，借记“销售费用”科目，贷记“包装物”科目；领用随同商品出售并单独计价的包装物，借记“其他业务成本”科目，贷记“包装物”科目。

[例 3-25]某工业企业生产 A 产品需要使用甲包装物包装，并且，该包装物构成了产品的组成部分。甲包装物单位成本 15 元，本月生产产品领用甲包装物 500 个。

借：生产成本——基本生产成本——A 产品	7 500	
贷：包装物——甲包装物		7 500

[例 3-26]某工业企业生产产品需要使用乙包装物包装，该包装物随同产品出售而不单独计价。乙包装物计划单位成本 20 元，材料成本差异率－2%。本月生产产品领用乙包装物 800 个。

借：销售费用	16 000	
贷：包装物——乙包装物		16 000
借：销售费用	320	
贷：材料成本差异——包装物成本差异		320

出租、出借包装物，若价值比较低，使用期限较短，在第一次领用新包装物时，即应结转成本，借记“其他业务成本”科目（出租包装物），借记“销售费用”科目（出借包装物），贷记“包装物”科目。以后收回已使用过的出租、出借包装物，应加强实物管理，并在备查簿上进行登记。

出租、出借包装物频繁、数量多、金额大的企业，出租、出借包装物的成本，也可以采用五五摊销法、净值摊销法等方法计算出租、出借包装物的摊销价值，在这种情况下，本科目应设置“库存未用包装物”、“库存已用包装物”、“出租包装物”、“出借包装物”、“包装物摊销”五个明细科目。

（一）五五摊销法

出租、出借包装物价值摊销的五五摊销法与低值易耗品五五摊销法的原理基本相同，在第一次领用新包装物时，摊销其价值的一半，若包装物按计划成本核算，则同时还应结转材料成本差异；包装物报废时再摊销其价值的一半。与低值易耗品五五摊销法不同的是，为了分别核算库存未用、库存已用和出租、出借包装物以及包装物的摊销价值，还应在“包装物”总账科目下，分设“库存未用包装物”、“库存已用包装物”、“出租包装物”、“出借包装物”、“包装物摊销”等五个二级科目。

企业出租（出借）库存未用过的包装物时，借记“包装物——出租（出借）包装物”科目，贷记“包装物——库存未用包装物”科目；同时摊销出租（出借）新包装物的一半价值，借记“其他业务成本（销售费用）”科目，贷记“包装物——包装物摊销”科目；分配出租（出借）新包装物应负担的成本差异时，借记“其他业务成本（销售费用）”科目，贷记“材料成本差异——包装物成本差异”科目（超支差异用蓝字，节约差异用红字）；收回出借的包装物时，借记“包装物——库存已用包装物”科目，贷记“包装物——出租（出借）包装物”科目；对出租（出借）包装物进行修理，发生修理费用时，借记“其他业务成本（销售费用）”科目，贷记“银行存款”等科目；出租（出借）库存已用过的包装物时，借记“包装物——出租（出借）包装物”科目，贷记“包装物——库存已用包装物”科目；出租（出借）包装物报废，摊销其另一半价值时，借记“其他业务成本（销售费用）”科目，贷记“包装物——包装物摊销”科目；报废包装物的残料计价入库时，借记“原材料”等科目，贷记“其他业务成本（销售费用）”科目；注销报废的出租（出借）包装物时，借记“包装物——包装物摊销”科目，贷记“包装物——出租（出借）包装物”科目。

[例 3-27]某工业企业采用五五摊销法摊销出租、出借包装物的价值，包装物按计划成本法核算。本月有关包装物的经济业务如下：出租给甲企业全

新A包装物40个，已使用过的A包装物60个，收取押金2 500元，租金200元。出借给乙企业全新A包装物30个，A包装物计划单价25元，包装物的成本差异率为4%。本月收回上月出借给丙企业的A包装物60个，验收入库时，发现其中有23个报废，10个破损，对该破损的包装物进行修理，发生修理费20元，用现金支付，报废的包装物残值约50元，也已入库。相关会计分录如下：

(1)发出包装物给甲企业。

	借方	贷方
借:包装物——出租包装物	2 500	
贷:包装物——库存未用包装物		1 000
——库存已用包装物		1 500

(2)收取押金。

	借方	贷方
借:银行存款	2 500	
贷:其他应付款——甲企业		2 500

(3)收取租金。

	借方	贷方
借:现金	200	
贷:其他业务收入		200

(4)发出包装物给乙企业。

	借方	贷方
借:包装物——出借包装物	750	
贷:包装物——库存未用包装物		750

(5)摊销发出的全新包装物一半的价值。

	借方	贷方
借:其他业务成本	500	
销售费用	375	
贷:包装物——包装物摊销		875

(6)月末结转发出全新的包装物的成本差异。

	借方	贷方
借:其他业务成本	40	
销售费用	30	
贷:材料成本差异——包装物成本差异		70

(7)收回上月出借给丙企业的包装物。

	借方	贷方
借:包装物——库存已用包装物	925	
贷:包装物——出借包装物		925

(8)对破损的包装物进行修理。

	借方	贷方
借:销售费用	20	
贷:库存现金		20

(9)报废23个包装物。

	借方	贷方
借:销售费用(23个×25元/个×50%=287.50元)	287.50	
贷:包装物——包装物摊销		287.50

借:包装物——包装物摊销(23 个×25 元/个=575 元)　　575

　　贷:包装物——出借包装物　　575

(10)报废的包装物残值入库。

借:原材料——其他材料　　50

　　贷:销售费用　　50

(二)净值摊销法

净值摊销法是指出租、出借包装物的每月摊销额根据包装物的净值(包装物的原值减去累计摊销额以后的余额)乘以规定的摊销率计算。采用该方法,应设立的会计科目与五五摊销法基本相同。包装物总账科目下设置"出租包装物"、"出借包装物"、"库存已用包装物"、"库存未用包装物"、"包装物库存已用摊销"、"包装物出租摊销"、"包装物出借摊销"等二级账。

为了简化核算工作,出租、出借包装物的摊销额不是按照包装物的品种计算,而是按照全部出租、出借包装物综合计算。出租、出借库存已用包装物时,应将该批库存已用包装物的累计摊销额转入出租、出借包装物的累计摊销额,出租、出借包装物退回企业仓库作为库存已用包装物时,也应将出租、出借包装物的累计摊销额转入库存已用包装物的累计摊销额。月末,根据出租、出借包装物的原值减去出租、出借包装物累计摊销额即计算出出租、出借包装物的净值,根据出租、出借包装物净值乘以规定的摊销率,计算出出租、出借包装物本月应摊销的金额,做借记"其他业务成本"(出租包装物)、"销售费用"(出借包装物),贷记"包装物——包装物出租摊销"、"包装物——包装物出借摊销"。由于发出或退回包装物的新旧程度不同,在结转包装物摊销额时,如果按每件包装物具体计算其累计摊销额,工作量太大,因而,为了简化核算工作,一律按平均新度,即按原值的 50%计算包装物的累计摊销额。在包装物报废时,也不具体计算其累计摊销额,而是假定该包装物的价值已全部摊销,以其原值减去残料价值后的余额,作为其累计摊销额进行注销。

[例 3-28]月初,"包装物——出借包装物"借方余额 3 000 元,"包装物——包装物出借摊销"贷方余额 1 700 元。本月又出借库存全新的包装物 80 个,计划单价 50 元,包装物材料成本差异率为-2%。借用包装物单位本月退回其借用的包装物 50 个,其中 15 个报废,残值 150 元,包装物摊销率 20%。做相关会计分录如下:

(1)出借全新包装物。

借:包装物——出借包装物　　4 000

　　贷:包装物——库存未用包装物　　4 000

注:本例中,如果出借的是库存已用的包装物,则还要将库存已用包装物的累计摊销额转入包装物出借摊销。做会计分录:

借:包装物——库存已用包装物摊销　　2 000

　贷:包装物——包装物出借摊销　　2 000

(2)退回包装物,其中35个验收入库。

借:包装物——库存已用包装物　　1 750

　贷:包装物——出借包装物　　1 750

(3)将退回包装物的累计摊销额转入(按原值50%计算其累计摊销额875=1 750×50%)。

借:包装物——包装物出借摊销　　875

　贷:包装物——库存已用包装物摊销　　875

(4)退回包装物,其中15个报废,假定报废的包装物价值已全部摊销完毕。

借:原材料　　150

　包装物——包装物出借摊销　　600

　贷:包装物——出借包装物　　750

(5)月末,计算出借包装物净值并按净值和规定的摊销率计算摊销额。

出借包装物原值=3 000+4 000−1 750−750=4 500(元)

包装物出借摊销=1 700−875−600=225(元)

出借包装物净值=4 500−225=4 275(元)

本月出借包装物应摊销的价值=4 275×20%=855(元)

借:销售费用　　855

　贷:包装物——包装物出借摊销　　855

(6)月末,结转材料成本差异

借:销售费用　　80

　贷:材料成本差异——包装物成本差异　　80

采用净值摊销法摊销包装物价值时,如果某月出租或出借包装物,而月末都退回,这样,月末"包装物——出租(出借)包装物"余额为零,本月包装物摊销的价值为零,这显然不符合实际情况,因此,该方法一般适用于包装物品种多,出租、出借比较频繁的企业。

包装物和低值易耗品都是属于企业的周转材料。所谓周转材料,是指企业能多次使用,逐渐转移其价值但仍保持原有形态不确认为固定资产的材料。根据我国《〈企业会计准则第1号——存货〉应用指南》的规定,企业包装物和低值易耗品应当采用一次转销法或者五五摊销法进行摊销,企业(建造承包商)的钢模板、木模板、脚手架和其他周转材料等,可以采用一次转销法、五五摊销法或者分次摊销法进行摊销。

第五节 折旧费用的核算

固定资产在长期的使用过程中,价值会随着固定资产的损耗而逐渐减少。固定资产由于损耗而减少的价值就是固定资产的折旧。固定资产折旧应该作为折旧费用计入产品成本和经营管理费用。

一、计提折旧的范围

企业在计提折旧时应当根据固定资产的性质和使用情况,合理地确定固定资产的使用寿命和预计净残值,并根据与固定资产有关的经济利益的预期实现方式,合理选择固定资产折旧方法。企业应当结合本单位的实际情况,制定固定资产目录,包括每类或每项固定资产的使用寿命、预计净残值、折旧方法等并编制成册,经股东大会或董事会、或经理(厂长)会议或类似机构批准,作为计提折旧的依据。同时,按照法律、行政法规的规定报送有关各方备案,并备置于企业所在地,以供投资者等有关各方查阅。企业已经确定并对外报送,或备置于企业所在地的有关固定资产预计使用年限和预计净残值、折旧方法等,一经确定不得随意变更,如需变更,仍然应当按照上述程序,经批准后报送有关各方备案,并在会计报表附注中予以说明。

除下列情况外,企业应对所有固定资产计提折旧:

(1)已提足折旧仍继续使用的固定资产;

(2)按规定单独作价作为固定资产入账的土地。

已达到预定可使用状态的固定资产,无论是否交付使用,尚未办理竣工决算的,应按估计价值确认为固定资产,并计提折旧,待办理了竣工决算手续后,再按照实际成本调整原来的暂估价值,但不需要调整原已计提的折旧额。

企业对固定资产进行更新改造时,应将更新改造的固定资产的账面价值转入在建工程,在建工程不计提折旧;因进行大修理而停用的固定资产计提的折旧计入当期成本或费用。

二、固定资产折旧的计算

计算固定资产折旧,必须确定固定资产应计折旧额。固定资产在全部使用年限内的应计折旧额，并不是固定资产的全部原值。这是因为，固定资产在报废清理时还有残值收入，清理中也会发生一些清理费用，固定资产的残值收入一般会大于清理费用，因此，残值收入减清理费用后的净残值一般大于零，固定资产应计折旧额应当是固定资产原值减去预计净残值以后的金额。已计提减值准备的固定资产，还应当扣除已计提的固定资产减值准备累计金额。为了简便地确定净残值，一般按照固定资产原值的3%～5%确定净残值率，净残值率低于3%或高于5%的，可由企业自主确定，并报主管财政机关备案。有关计算公式如下：

$$预计净残值率=\frac{预计净残值}{固定资产原值}=\frac{预计残值收入-预计清理费用}{固定资产原值}\times 100\%$$

$$固定资产预计净残值=固定资产原值\times 预计净残值率$$

$$固定资产应计折旧额=固定资产原值-固定资产预计净残值-固定资产减值准备累计金额$$

[例3-29]某工业企业某项固定资产原值为180 000，预计报废时将取得残值收入6 090元，预计将发生清理费用600元。

$$预计净残值率=\frac{6\ 090-600}{180\ 000}\times 100\%=3.05\%$$

$$固定资产预计净残值=180\ 000\times 3.05\%=5\ 490$$

$$或=6\ 090-600=5\ 490(元)$$

$$固定资产应计折旧额=180\ 000-5\ 490$$

$$或=180\ 000\times(1-3.05\%)=174\ 510(元)$$

企业应当根据固定资产所含经济利益预期实现方式选择折旧方法，可选用的方法包括年限平均法、工作量法、双倍余额递减法和年数总和法等。企业固定资产折旧方法一般采用年限平均法。企业专业车队的客运、货运汽车，大型设备，可以采用工作量法。在国民经济中具有重要地位、技术进步快的电子生产企业、船舶工业企业、生产“母机”的机械企业、飞机制造企业、汽车制造企业、化工生产企业和医药生产企业以及其他经财政部批准的特殊行业的企业，其机器设备可以采用双倍余额递减法或者年数总和法。

(一)年限平均法

年限平均法又称直线法，是将固定资产的应计折旧额均衡地分摊到固定资产预计使用寿命内的一种方法。采用这种方法计算的每期折旧额均是等额的。计算公式如下：

$$年折旧率=\frac{1-预计净残值率}{折旧年限}\times 100\%$$

月折旧率＝年折旧率÷12

月折旧额＝固定资产原值×月折旧率

[例 3-30]某工业企业某项固定资产的原值为 250 000 元，预计净残值率为 5%，折旧年限规定为 8 年。其折旧率和每月折旧额计算如下：

$$该项固定资产年折旧率=\frac{1-5\%}{8}=11.875\%$$

该项固定资产年折旧额＝250 000×11.875%＝29 687.50(元)

该项固定资产月折旧率＝11.875%÷12＝0.99%

该项固定资产月折旧额＝250 000×0.99%＝2 475(元)

（二）工作量法

工作量法，是根据实际工作量计提固定资产折旧额的一种方法。计算公式如下：

$$单位工作量折旧额=\frac{原值\times(1-预计净残值率)}{预计总工作量}$$

某项固定资产月折旧额＝该项固定资产当月工作量×单位工作量折旧额

1.按照行驶里程计算折旧的公式：

$$单位里程折旧额=\frac{原值\times(1-预计净残值率)}{总行驶里程}$$

某项固定资产月折旧额＝该项固定资产当月行驶里程×单位里程折旧额

2.按照工作小时计算折旧的公式：

$$每工作小时折旧额=\frac{原值\times(1-预计净残值率)}{总工作小时}$$

某项固定资产月折旧额＝该项固定资产当月工作小时×每工作小时折旧额

[例 3-31]某工业企业货运汽车一辆，原价 70 000 元，规定的净残值率 3%，预计行驶 50 万公里。本月实际行驶 3 000 公里。本月份该辆汽车的折旧额计算如下：

$$单位里程折旧额=\frac{70\ 000\times(1-3\%)}{500\ 000}=0.1358(元/公里)$$

本月应计提折旧额＝0.1358×3 000＝407.40(元)

（三）双倍余额递减法

双倍余额递减法，是在不考虑固定资产预计净残值的情况下，根据每年年初固定资产净值和双倍的直线法折旧率计算固定资产折旧额的一种方法。应用这种方法计算折旧额时，由于每年年初固定资产净值没有扣除预计净残值，所以在计算固定资产折旧额时，应在其折旧年限到期前两年内，将固定资产的净值扣除预计净残值后的余额平均摊销。计算公式如下：

$$年折旧率=\frac{2}{折旧年限}\times100\%$$

月折旧率＝年折旧率÷12

月折旧额＝固定资产账面净值×月折旧率

[例 3-32]某工业企业有一台机械设备采用双倍余额递减法计提折旧，该设备原价 150 000 元，预计净残值率为 3%，预计使用年限 5 年。每年应计提折旧额计算如下：

$$年折旧率=\frac{2}{5}\times100\%=40\%$$

预计净残值＝150 000×3%＝4 500(元)

表 3-14　折旧计算表(双倍余额递减法)

年次	年初账面净值(元)	折旧率	折旧额(元)	累计折旧额(元)	期末账面净值(元)
1	150 000	40%	60 000	60 000	90 000
2	90 000	40%	36 000	96 000	54 000
3	54 000	40%	21 600	117 600	32 400
4	32 400	—	13 950	131 550	18 450
5	18 450	—	13 950	145 500	4 500

注：第四年和第五年的折旧额计算过程为：$\frac{32\ 400-4\ 500}{2}=13\ 950$

(四)年数总和法

年数总和法，又称合计年限法，是将固定资产的原价减去预计净残值后的余额，乘以一个以固定资产尚可使用寿命年数为分子，以预计使用寿命逐年数字之和为分母的逐年递减的分数计算每年的折旧额。折旧率和折旧额的计算公式如下：

$$年折旧率=\frac{尚可使用寿命年数}{预计使用寿命的逐年数字之和}\times100\%$$

月折旧率＝年折旧率÷12

月折旧额＝(固定资产原值－预计净残值)×月折旧率

[例 3-33]资料同例 3-33，采用年数总和法计算每年应计提折旧额如下：

$$第一年折旧率=\frac{5-0}{1+2+3+4+5}=\frac{5}{15}$$

$$第二年折旧率=\frac{5-1}{1+2+3+4+5}=\frac{4}{15}$$

$$第三年折旧率=\frac{5-2}{1+2+3+4+5}=\frac{3}{15}$$

$$第四年折旧率=\frac{5-3}{1+2+3+4+5}=\frac{2}{15}$$

$$第五年折旧率=\frac{5-4}{1+2+3+4+5}=\frac{1}{15}$$

表 3-15　各年折旧额计算表(年数总和法)

年份	原值－预计净残值（元）	年折旧率	各年折旧额（元）	累计折旧额（元）	期末账面净值（元）
1	145 500	5/15	48 500	48 500	101 500
2	145 500	4/15	38 800	87 300	62 700
3	145 500	3/15	29 100	116 400	33 600
4	145 500	2/15	19 400	135 800	14 200
5	145 500	1/15	9 700	145 500	4 500

企业应当按月计提折旧，为了简化折旧的计算工作，一般当月增加的固定资产，当月不提折旧，从下月起计提折旧；当月减少的固定资产，当月照提折旧，从下月起不提折旧。固定资产提足折旧后，不管能否继续使用，均不再提取折旧；提前报废的固定资产，也不再补提折旧。

本月应提折旧额＝上月计提折旧额＋上月增加固定资产应计提的折旧额－上月减少固定资产应计提的折旧额

三、折旧费用分配的核算

企业在实际计提固定资产折旧时，应当根据用途计入相关资产的成本或者当期损益，借记“在建工程”、“制造费用”、“管理费用”、“销售费用”等科目，贷记“累计折旧”科目。比如，企业自行建造固定资产过程中所使用的固定资产，其计提折旧应计入在建工程的成本，并最终形成另一项固定资产的成本；企业基本生产车间所使用的固定资产，其计提折旧应计入制造费用，并最终计入所生产的产品成本；企业管理部门所使用的固定资产，其计提折旧应计入管理费用；企业销售部门所使用的固定资产，其计提折旧应计入销售费用。

[**例 3-34**]某工业企业经计算，本月各车间、部门应计提折旧额如下（辅助生产车间未单独设置“制造费用”明细账）：

单位：元

	基本生产车间	供电车间	机修车间	行政部门	销售部门	出租	合　计
本月应计提折旧额	5 450	3 310	2 400	3 000	650	300	15 110

做会计分录：

借：制造费用——基本生产车间　5 450
　辅助生产成本——供电车间　3 310
　　　　　　——机修车间　2 400
　管理费用　3 000
　销售费用　650
　其他业务成本　300
　贷：累计折旧　15 110

第六节　利息费用、税金和其他费用的核算

一、利息费用的核算

利息费用不是产品成本的组成部分，而是经营管理费用中财务费用的一个费用项目。

利息费用一般按季结算支付。为了正确划分各个月份的费用界限，季内各月应付的利息应按利息费用的季度分月预提，并于季末实际支付时冲减预提的利息费用。实际支付的利息费用与预提的利息费用的差额，调整计入季末月份的财务费用。为了简化核算，季末月份也可以不预提利息费用，而以季末实际支付的利息费用减去前两个月预提的利息费用以后的差额，直接计入财务费用。若本季度利息费用数额不大，为了简化核算工作，也可以不预提处理，而在季末实际支付时全部计入当月的财务费用。

[**例 3-35**]某工业企业的利息费用较大，采用按月预提、季末结算办法核算。该企业每月按计划预提利息 1 200 元，季末接银行通知，结算全季利息 3 750 元。有关的会计分录如下：

(1)季度中每个月预提 1 200 元利息。

借:财务费用 1 200

  贷:应付利息 1 200

(2)季度末支付利息。

借:应付利息 3 750

  贷:银行存款 3 750

(3)季度末将预提利息费用与实际支付利息的差额调整计入“财务费用”。

借:财务费用 150

  贷:应付利息 150

也可以在季度中前两个月预提利息费用,第三个月不预提利息,待季度末实际支付利息时做会计分录:

借:应付利息 2 400

  财务费用 1 350

  贷:银行存款 3 750

若借款企业是一个大型企业,3 750 元的费用对于该企业来说是一笔很小的费用,也可以直接在季末做会计分录:

借:财务费用 3 750

  贷:银行存款 3 750

企业取得的存款利息收入应当抵减利息费用。如上例中,假设该企业本期有利息收入 354 元,应做会计分录:

借:银行存款 354

  贷:财务费用 354

二、税金的核算

要素费用中的税金,也不是产品成本的组成部分,而是特指应计入管理费用的各项税金,具体包括房产税、车船使用税、土地使用税、印花税等。

在这些税金中,有的税金需要预先计算应交金额,然后交纳,如房产税、车船使用税和土地使用税。这些税金应该通过“应交税费”科目核算。计算出应交税费时,应借记“管理费用”科目,贷记“应交税费”科目;在交纳税金时,应借记“应交税费”科目,贷记“银行存款”科目。

有些税金,如印花税,可用银行存款等货币资金直接交纳(购买)。如企业购买印花税票。购买时,直接借记“管理费用”科目,贷记“现金”或“银行存款”。

[**例 3-36**]某工业企业本月份购买印花税票 50 元。做会计分录如下:

借:管理费用　　50
　贷:库存现金　　50

三、其他费用的核算

要素费用中的其他费用,是指除了前面所述各要素费用以外的费用,包括修理费、差旅费、邮电费、保险费、劳动保护费、租赁费、印刷费、图书资料报刊订购费、办公费、技术转让费、运输费、业务招待费、试验检验费、排污费、交通费、职工教育经费、工会经费、职工技术培训费等。这些费用有的是产品成本的组成部分,有的则是经营管理费用的组成部分。应该在这些费用发生时按照发生的车间、部门和用途,分别借记"制造费用"、"管理费用"、"销售费用"等科目,贷记"银行存款"、"现金"等科目。

[例 3-37]某工业企业某日以银行存款支付业务招待费、邮电费、排污费、交通费等共计 5 034 元,其中:基本生产车间发生 150 元,行政部门发生 3 845 元,销售部门发生 1 039 元。应做会计分录如下:

借:制造费用——基本生产车间　　150
　管理费用　　3 845
　销售费用　　1 039
　贷:银行存款　　5 034

注:本例中为了简化核算,将发生的各项费用汇总编制一个会计分录,实务中付款业务发生后,应该逐笔编制会计分录并记账。

[例 3-38]某工业企业以银行存款支付本月发生的行政部门设备大修理费用共计 37 800 元,估计大修后 3 年内不必再进行修理。做会计分录如下:

借:管理费用——修理费　　37 800
　贷:银行存款　　37 800

[例 3-39]某工厂预计五年后将对某一大型设备进行大修理,估计将发生大修理费用 30 000 元。五年后对该设备进行大修,实际支付给修理公司修理费 34 500 元。做出该设备大修理相关的会计分录。

五年后实际支付大修理费用 34 500 元,做会计分录:

借:管理费用——修理费　　34 500
　贷:银行存款　　34 500

根据《〈企业会计准则第 4 号——固定资产〉应用指南》,固定资产的大修理费用和日常修理费用应当在发生时计入当期管理费用。不得采用预提或待摊方式处理。但是,现行的《企业会计制度》仍然可以将固定资产的修理费用通过待摊和预提方法处理。

思考题：

1.材料费用按照标准产量比例法分配与其他分配方法有无关联？为什么？

2.支付电费的账务处理为什么要通过“应付账款”核算？

3.工资总额的计算依据是什么？它包括哪些内容？

4.直接计入管理费用的税金有哪些？

5.固定资产的修理费用如何处理？

04 第四章 辅助生产费用的核算

第一节 辅助生产费用的归集

一、辅助生产的含义

辅助生产是指为基本生产车间、企业行政管理部门、销售部门等其他部门服务而进行的产品生产和劳务供应。其中有的只生产一种产品或提供一种劳务,如供电、供水、供汽、供风、运输等辅助生产;有的则生产多种产品或提供多种劳务,如从事工具、模具、修理用备件的制造,以及机器设备的修理等辅助生产。辅助生产提供的产品和劳务,有时也对外销售,但这不是辅助生产的主要任务,辅助生产应当主要是为本企业服务。

辅助生产产品和劳务所耗费的各种生产费用即构成这些产品和劳务的成本。但是,对于耗用这些辅助生产产品和劳务的车间、部门来说,这些辅助生产产品和劳务的成本又是一种费用,即辅助生产费用,因此,辅助生产产品和劳务成本的高低,对于基本生产产品成本和经营管理费用的水平有着很大的影响,同时,从成本计算的具体程序来说,只有完成辅助生产成本费用的核算后,才能计算基本生产的产品成本。因此,正确、及时组织辅助生产费用的核算,对于节约费用、降低成本有着重要的意义。

二、辅助生产费用的归集

辅助生产费用的归集和分配是通过“生产成本”总账科目的“辅助生产成本”明细科目进行的。该科目同“基本生产成本”科目一样,是“生产成本”总账科目的二级科目。有时,也将“辅助生产成本”当作总账科目使用,但在编制资产负债表时，仍应将“辅助生产成本”归入“生产成本”总账。“辅助生产成本”一般应按车间和产品设立明细账，账中按照成本项目设立专栏。对于直接用于辅助生产产品或提供劳务的费用，应记入“辅助生产成本”的借方，对于单独设置了“制造费用”明细账的辅助生产车间，发生的间接费用，则先记入“制造费用——辅助生产车间”科目的借方进行归集，待月末从其贷方直接或分配转入“辅助生产成本”科目的借方，计算辅助生产的产品或劳务的成本。那些不对外提供产品因而不需要按照规定的成本项目计算产品成本、编制产品成本报表，或由于辅助生产车间规模很小、制造费用很少而没有单独设置“制造费用”明细账的辅助生产车间，在计算辅助生产成本时，可以将产品的成本项目与制造费用的费用项目结合起来，设立简化的项目，直接在“辅助生产成本”科目中归集该辅助生产车间所发生的直接费用和间接费用（第二章论述成本计算的具体程序中的例题即为辅助生产车间未单独设置“制造费用”明细账的方法）。辅助生产完工的产品或劳务经过分配以后从“辅助生产成本”科目的贷方转出。该科目的余额为辅助生产的在产品成本。

第二节　辅助生产费用的分配

归集在“辅助生产成本”科目及其明细科目借方的辅助生产费用，由于辅助生产车间所生产产品和劳务的种类不同，其费用结转和分配的程序也不同：生产工具、模具和修理用备件的辅助生产车间，在工具、模具、修理用备件完工入库时，将其成本从“辅助生产成本”账户的贷方转入“低值易耗品”、“原材料”等账户的借方，借记“低值易耗品”、“原材料”等账户，贷记“辅助生产成本”账户。以后，各车间、部门领用工、模具、修理用备件时，再从“低值易耗品”、“原材料”等账户的贷方，根据其用途转入“制造费用”、“管理费用”、“销售费用”、“在建工程”等账户的借方。借记“制造费用”、“管理费用”、“销售费用”、“在建工程”等账户，贷记“低值易耗品”、“原材料”等账户。动力、蒸汽、供水、机修和运输等车间生产和提供的电、汽、水、修理和运输等产品和劳务所发生的费用，则要在各受益单位之间按照所耗数量或其他比例进行分配。分配时，应从“辅助生产成本”账户的贷方转入“基本生产成本”、“制造费用”、“管理费用”、“销售费用”、“在建工程”科目的借方，借记“基本生产成本”、“制造费用”、“管理费用”、“销售费用”、“在建工程”等科目，贷记“辅助生产成本”科目。

辅助生产提供的产品和劳务，主要是为基本生产车间等服务的，但有些辅助生产车间之间，也有相互提供产品和劳务的情况，如供电车间需要机修车间为其提供维修设备的服务，机修车间也需要供电车间为其提供动力或照明用电。为了正确计算辅助生产产品和劳务成本，在分配辅助生产费用时，就也应考虑到各辅助生产车间之间互相提供产品和劳务的费用的分配。一般应首先在各辅助生产车间之间进行费用的交互分配，然后才对辅助生产车间以外的各受益对象分配费用。

辅助生产费用的分配，通常采用的分配方法有直接分配法、交互分配法、顺序分配法、计划成本分配法、代数分配法。

一、直接分配法

直接分配法，是指虽然辅助生产车间之间存在互相提供产品和劳务的情况，但是在分配辅助生产费用时并不考虑各辅助生产车间之间相互提供产品和劳务的情况，而是将各种辅助生产成本直接分配给除辅助生产车间以外的各受益对象。

[**例 4-1**]某工业企业有一个基本生产车间，生产丁产品，有供电和供水两个辅助生产车间。月末，辅助生产费用分配前供电车间共计归集了辅助生产费用 28 800 元，供水车间共计归集了辅助生产费用 16 500 元(辅助生产车间未单独设置“制造费用”明细账)。其供应的对象和数量如表 4-1 所示：

表 4-1

受益单位	用　途	耗电(度)	耗水(吨)
基本生产车间	丁产品耗用	42 000	
	车间一般耗用	3 000	2 800
供电车间	车间一般耗用		825
供水车间	生产耗用及一般耗用	9 600	
行政管理部门	一般耗用	2 000	300
销售部门	一般耗用	1 000	200
合　计		57 600	4 125

计算过程如下：

(1)分配供电车间的生产费用

$$辅助生产费用分配率=\frac{28\ 800}{57\ 600-9\ 600}=0.6(元/度)$$

丁产品应负担的电费＝0.6×42 000＝25 200(元)

基本生产车间应负担的电费＝0.6×3 000＝1 800(元)

行政管理部门应负担的电费＝0.6×2 000＝1 200(元)

销售部门应负担的电费＝0.6×1 000＝600(元)

做会计分录：

借：基本生产成本——丁产品　　25 200

　　制造费用——基本生产车间　　1 800

　　管理费用　　1 200

　　销售费用　　600

　贷：辅助生产成本——供电车间　　28 800

（2）分配供水车间的生产费用

$$辅助生产费用水率=\frac{16\ 500}{4\ 125-825}=5（元/工时）$$

基本生产车间应负担的水费＝5×2 800＝14 000（元）

行政管理部门应负担的水费＝5×300＝1 500（元）

销售部门应负担的水费＝5×200＝1 000（元）

做会计分录：

借：制造费用——基本生产车间　　14 000

　　管理费用　　1 500

　　销售费用　　1 000

　贷：辅助生产成本——供水车间　　16 500

以上计算过程也可以通过设计成表格的方式来反映。

表 4-2　辅助生产费用分配表（直接分配法）

200×年×月

项　　目		供电车间	供水车间	合　　计
待分配辅助生产费用		28 800	16 500	45 300
供应辅助生产车间以外单位的劳务数量		48 000	3 300	×
费用分配率		0.6	5	×
基本生产车间——丁产品	数　量	42 000	×	×
	金　额	25 200	×	25 200
基本生产车间	数　量	3 000	2 800	×
	金　额	1 800	14 000	15 800
行政管理部门	数　量	2 000	300	×
	金　额	1 200	1 500	2 700
销售部门	数　量	1 000	200	×
	金　额	600	1 000	1 600
合　　计		28 800	16 500	45 300

采用直接分配法分配辅助生产费用，各辅助生产车间的费用只是进行对外(除辅助生产车间之外其余的受益对象)分配，分配一次，计算简便。但由于各辅助生产车间之间互相提供的产品和劳务忽略不计，如上例中，供电车间对外分配的费用 28 800 元就没有包括其应负担的 825 吨的用水成本，供水车间对外分配的费用 16 500 元没有包括其应负担的 9 600 度电的成本，因而分配结果不够正确。一般在辅助生产车间之间相互提供的产品和劳务不多，不进行费用的交互分配对辅助生产费用和企业产品成本影响不大的情况下采用。

二、顺序分配法

顺序分配法是指各辅助生产车间之间的费用分配是按照受益金额多少的顺序依次排列，受益金额少的排在前，先将费用分配给排在其后的辅助生产车间及外部受益对象，受益金额多的排在后面，后将费用分配给排在其后的辅助生产车间及外部受益对象。将排在后面的辅助生产车间费用进行分配时，应在原发生的费用基础上加上排在前面的辅助生产车间分配转入的费用。

[**例 4-2**]同例 4-1 资料，采用顺序分配法分配辅助生产费用。

(1)首先，估算各辅助生产车间的受益金额，比较大小，以排列顺序。

供水车间应负担的耗电费用：$9\ 600\times\frac{28\ 800}{57\ 600}=4\ 800$(元)

供电车间应负担的耗水费用：$825\times\frac{16\ 500}{4\ 125}=3\ 300$(元)

可见，供电车间受益少，排在前；机修车间受益多，排在后。

(2)按排定的顺序分别分配供电车间费用和机修车间的费用。

①分配供电车间的费用。

供电车间费用分配率$=\frac{28\ 800}{57\ 600}=0.50$

丁产品应负担的电费$=0.50\times42\ 000=21\ 000$(元)

基本生产车间应负担的电费$=0.50\times3\ 000=1\ 500$(元)

供水车间应负担的电费$=0.50\times9\ 600=4\ 800$(元)

行政管理部门应负担的电费$=0.50\times2\ 000=1\ 000$(元)

销售部门应负担的电费$=0.50\times1\ 000=500$(元)

做会计分录：

借:基本生产成本——丁产品　　21 000

　制造费用——基本生产车间　　1 500

　辅助生产成本——供水车间　　4 800

　管理费用　　1 000

　销售费用　　500

　贷:辅助生产成本——供电车间　　28 800

②分配供水车间的费用。

$$供水车间费用分配率=\frac{16\ 500+4\ 800}{4\ 125-825}=6.45$$

基本生产车间应负担的耗水费用=6.45×2 800=18 060(元)

行政管理部门应负担的耗水费用=6.45×300=1 950*(元)

销售部门应负担的耗水费用=6.45×200=1 290(元)

*注:行政管理部门应负担的耗水费用1 950元包含了因供水车间费用分配率未除尽的差异额。1 950=(16 500+4 800)-18 060-1 290

做会计分录:

借:制造费用——基本生产车间　　18 060

　管理费用　　1 950

　销售费用　　1 290

　贷:辅助生产成本——供水车间　　21 300

采用顺序分配法,各辅助生产车间的费用也只分配一次,计算简单。由于该方法是按照受益金额多少的顺序依次排列,受益金额少的排在前,先将费用分配给排在其后的辅助生产车间及外部受益对象;受益金额多的排在后面,后将费用分配给排在其后的辅助生产车间及外部受益对象。这使得排在后面的受益多的辅助生产车间费用归集较全,符合会计信息重要性的要求,该方法的分配结果正确性也比直接分配法有所提高。但由于排在前面的辅助生产车间不负担排在后面的辅助生产车间的费用,正确性仍然会受到影响。

该方法一般只适用于各辅助生产车间之间相互受益具有明显差异的企业。

三、交互分配法

交互分配法是对各辅助生产车间的费用进行两次分配。首先根据各辅助生产车间相互提供的产品和劳务的数量和交互分配前的费用分配率在各辅助生产车间之间进行交互分配,然后将各辅助生产车间交互分配后的实际费用(即交互分配前的费用加上交互分配转入的费用减去交互分配转出的费用)再对外("外"指辅助生产车间以外的受益对象)分配。

[**例 4-3**]资料同例 4-1，采用交互分配法计算分配辅助生产费用。

(1)进行内部交互分配。

$$供水车间应负担的耗电费用=9\ 600\times\frac{28\ 800}{57\ 600}=4\ 800(元)$$

$$供电车间应负担的耗水费用=825\times\frac{16\ 500}{4\ 125}=3\ 300(元)$$

做会计分录：

借：辅助生产成本——供水车间　　4 800

　贷：辅助生产成本——供电车间　　4 800

借：辅助生产成本——供电车间　　3 300

　贷：辅助生产成本——供水车间　　3 300

(2)对外分配。

供电车间对外待分配的费用＝28 800＋3 300－4 800＝27 300(元)

供水车间对外待分配的费用＝16 500＋4 800－3 300＝18 000(元)

①对外分配供电车间费用。

$$供电车间对外分配费用率=\frac{27\ 300}{57\ 600-9\ 600}=0.568\ 75$$

丁产品应负担的电费＝0.568 75×42 000＝23 887.50(元)

基本生产车间应负担的电费＝0.568 75×3 000＝1 706.25(元)

行政管理部门应负担的电费＝0.568 75×2 000＝1 137.50(元)

销售部门应负担的电费＝0.568 75×1 000＝568.75(元)

做会计分录：

借：基本生产成本——丁产品　　23 887.50

　制造费用——基本生产车间　　1 706.25

　管理费用　　1 137.50

　销售费用　　568.75

　贷：辅助生产成本——供电车间　　27 300

②对外分配供水车间费用。

$$供水车间对外分配费用率=\frac{18\ 000}{4\ 125-825}=5.45$$

基本生产车间应负担的水费＝5.45×2 800＝15 260(元)

行政管理部门应负担的水费＝5.45×300＝1 650(元)*

销售部门应负担的水费＝5.45×200＝1 090(元)

做会计分录：

借:制造费用——基本生产车间　　15 260
　管理费用　　1 650
　销售费用　　1 090
　贷:辅助生产成本——供水车间　　18 000

*注:由于费用分配率未除尽而形成的差异额一般全部计入“管理费用”,该例中行政管理部门应负担的水费 1 650 中包含了该差异。1 650=18 000-15 260-1 090。

以上计算过程也可以通过设计成表格的方式来反映,如表 4-3 所示:

表 4-3　辅助生产费用分配表(交互分配法)

×年×月

项目			交互分配			对外分配		
辅助生产车间名称			供电	供水	合计	供电	供水	合计
待分配费用			28 800	16 500		27 300	18 000	45 300
劳务供应数量总额			57 600	4 125		48 000	3 300	
费用分配率			0.50	4		0.56875	5.45	
辅助生产车间	供电车间	数量		825				
		金额		3 300	3 300			
	供水车间	数量	9 600					
		金额	4 800		4 800			
	金额小计		4 800	3 300	8 100			
基本生产车间——丁产品		数量				42 000		
		金额				23 887.50		23 887.50
基本生产车间		数量				3 000	2 800	
		金额				1 706.25	15 260	16 966.25
行政管理部门		数量				2 000	300	
		金额				1 137.50	1 650	2 787.50
销售部门		数量				1 000	200	
		金额				568.75	1 090	1 658.75
分配金额合计						27 300	18 000	45 300

交互分配法由于对辅助生产车间内部相互提供产品和劳务进行了交互分配,因而提高了分配结果的正确性,但由于每一个辅助生产车间的费用都要进

行内部交互分配和对外分配两个过程，进行两次分配，因而计算工作量有所增大，若辅助生产车间数量较多，有三个甚至四个辅助生产车间，则计算分配的工作量更大。而且，采用该方法交互分配时的费用分配率是根据交互分配前的待分配费用计算的，仍然不是各该辅助生产车间的实际单位成本，因此分配结果也只具有相对的正确性。因而该方法一般适用于各辅助生产车间之间相互提供产品和劳务较多的企业。

四、计划成本分配法

计划成本分配法，是指辅助生产车间为各受益部门提供的产品和劳务，都按该产品和劳务的计划单位成本进行分配，辅助生产车间实际发生的费用（辅助生产原待分配费用加上辅助生产内部按计划成本交互分配转入的费用）与按计划单位成本分配转出的成本之间的差额，即辅助生产产品和劳务的成本差异，再分配给辅助生产以外的各受益对象负担。为了简化核算，也可以全部计入管理费用。

[例 4-4]资料同例 4-1，再补充资料：供电车间计划单位成本为 0.45 元/度，供水车间计划单位成本为 5.25 元/吨。

（1）按计划单位成本将供电车间费用分配给各受益部门。

丁产品应负担的电费＝0.45×42 000＝18 900（元）

基本生产车间应负担的电费＝0.45×3 000＝1 350（元）

供水车间应负担的电费＝0.45×9 600＝4 320（元）

行政管理部门应负担的电费＝0.45×2 000＝900（元）

销售部门应负担的电费＝0.45×1 000＝450（元）

做会计分录：

借：基本生产成本——丁产品	18 900	
制造费用——基本生产车间	1 350	
辅助生产成本——供水车间	4 320	
管理费用	900	
销售费用	450	
贷：辅助生产成本——供电车间		25 920

（2）按计划单位成本将供水车间费用分配给各受益部门。

基本生产车间应负担的耗水费用＝5.25×2 800＝14 700（元）

供电车间应负担的耗水费用＝5.25×825＝4 331.25（元）

行政管理部门应负担的耗水费用＝5.25×300＝1 575（元）

销售部门应负担的耗水费用＝5.25×200＝1 050(元)

做会计分录：

借:制造费用——基本生产车间　　14 700
　辅助生产成本——供电车间　　4 331.25
　管理费用　　1 575
　销售费用　　1 050
　贷:辅助生产成本——供水车间　　21 656.25

(3)将供电车间和供水车间实际费用与按计划单位费用分配转出的成本之间的差额全部计入管理费用：

辅助生产成本——供电车间

借方项目	金额	贷方项目	金额
待分配费用	28 800	按计划成本转出	25 920
按计划成本转入耗水费用	4 331.25	成本差异	7 211.25
合计	33 131.25	合计	33 131.25

辅助生产成本——供水车间

借方项目	金额	贷方项目	金额
待分配费用	16 500	按计划成本转出	21 656.25
按计划成本转入耗电费用	4 320		
成本差异	836.25		
合计	21 656.25	合计	21 656.25

做会计分录：

借:管理费用　　7 211.25
　贷:辅助生产成本——供电车间　　7 211.25
借:辅助生产成本——供水车间　　836.25
　贷:管理费用　　836.25

采用计划成本分配法，由于辅助生产车间的产品和劳务的计划单位成本是现有的资料，不必单独计算费用分配率，只要有各受益单位耗用辅助生产车间的产品和劳务量，便可进行分配，简化了计算工作。通过辅助生产成本差异的计算，能反映和考核辅助生产费用计划的执行情况。由于辅助生产的成本差异一般全部计入管理费用，各受益单位所负担的辅助生产产品和劳务费用都不包括辅助生产成本差异因素(即客观的“价格差异”因素)，便于考核和分析各受益单位的经济责任。但是，采用该方法辅助生产劳务的计划单位成本必须比较正确，否则会影响分配结果的准确性。

该方法一般适用于有比较准确的计划成本资料的企业。

五、代数分配法

代数分配法，是运用代数中多元一次方程的原理，先计算出各辅助生产车间产品和劳务的实际单位成本，然后根据该单位成本和各受益单位耗用辅助生产产品和劳务的数量计算分配辅助生产费用的一种方法。设立多元一次方程式时,应注意:①每个辅助生产车间设立一个方程式;②方程式按照某辅助生产车间投入生产的总费用应当等于产出产品或劳务的总成本思路来设立。

[例 4-5]资料同例 4-1。设供电车间和供水车间产品和劳务的单位成本分别为 X、Y。

$$\begin{cases}28\ 800+825Y=57\ 600X\\16\ 500+9\ 600X=4\ 125Y\end{cases}$$

$$解得:\begin{cases}X=0.517\ 650\ 86\\Y=5.341\ 692\ 9\end{cases}$$

(1)分配供电车间成本。

丁产品应负担的电费=0.5765086×42 000=24 213.36(元)

基本生产车间应负担的电费=0.5765086×3 000=1 729.53(元)

供水车间应负担的电费=0.5765086×9 600=5 534.48(元)

行政管理部门应负担的电费=0.5765086×2 000=1 153.02(元)

销售部门应负担的电费=0.5765086×1 000=576.51(元)

做会计分录:

借:基本生产成本——丁产品　　24 213.36
　制造费用——基本生产车间　　1 729.53
　辅助生产成本——供水车间　　5 534.48
　管理费用　　1 153.02
　销售费用　　576.51
　贷:辅助生产成本——供电车间　　33 206.90

(2)分配供水车间成本。

基本生产车间应负担的耗水费用=5.341 692 9×2 800=14 956.74(元)

供电车间应负担的耗水费用=5.341 692 9×825=4 406.90(元)

行政管理部门应负担的耗水费用=5.341 692 9×300=1 602.50(元)

销售部门应负担的耗水费用=5.341 692 9×200=1 068.34(元)

做会计分录:

借:制造费用——基本生产车间　　14 956.74
　辅助生产成本——供电车间　　4 406.90
　管理费用　　1 602.50
　销售费用　　1 068.34
　贷:辅助生产成本——供水车间　　22 034.48

辅助生产成本——供电车间

借方	贷方
待分配费用 28 800 接受维修所分摊的耗水成本 4 406.90	分配出去的成本 33 206.90
合计： 33 206.90	合计： 33 206.90

辅助生产成本——供水车间

借方	贷方
待分配的费用 16 500 耗用电力所分摊的电费 5 534.48	分配出去的成本 22 034.48
合计： 22 034.48	合计： 22 034.48

代数分配法是最科学的方法，其分配结果也最正确。但在分配以前要解联立方程，若辅助生产车间较多时，未知数较多，计算复杂，因而这种方法一般适用于实施了会计电算化的企业。

思考题：

1.如果辅助生产车间设置了“制造费用”明细账，成本核算具体程序是什么？

2.辅助生产费用的直接分配法的核算原理是什么？适用于何种情况？

3.辅助生产费用的交互分配法的核算原理是什么？适用于何种情况？

4.辅助生产费用的计划成本分配法和代数分配法的异同是什么？

5.辅助生产费用的顺序分配法适用于何种情况？

05 第五章 制造费用的核算

第一节 制造费用的归集

一、制造费用的内容

制造费用是指工业企业各生产单位为组织和管理生产而发生的各项间接费用。

制造费用大部分是间接用于产品生产的费用，如机物料消耗，车间生产用房屋及建筑物的折旧费、保险费和租赁费，车间照明用电费，日常用水费，劳动保护费，取暖费，运输费，以及季节性停工和生产用固定资产大修理期间的停工损失等。

此外，制造费用还包括车间用于组织和管理生产的费用。如，车间管理人员工资及福利费，车间管理用房屋和设备的折旧费、保险费和租赁费，车间管理用具摊销，车间照明电费、日常用水费、取暖费、差旅费和办公费等。

制造费用的绝大部分是在各生产部门发生的，但也有可能有一部分是集中在企业的行政管理部门如厂部或总厂发生的，如设计制图费和试验检验费等，这一部分制造费用应由厂部或总厂统一进行归集，但应在全厂或整个总厂的各种产品之间进行分配，计入各该产品的成本。

在企业的组织机构分为车间、分厂和总厂这些层次的情况下，分厂发生的制造费用也应比照车间发生的制造费用进行分配，在生产一种产品时，直接计入该分厂该种产品的成本；在生产多种产品时，采用适当的方法分配计入该分厂各种产品的成本中。

二、制造费用的归集

制造费用的归集和分配都是通过“制造费用”账户进行的。该账户属于集合分配账户,借方归集本期实际发生的制造费用,贷方反映分配出去的制造费用,除季节性企业外,月末一般无余额。该账户一般按照车间设置二级账,在二级账户下再按费用项目设置三级账,如表 5-1 所示。

表 5-1　制造费用——基本生产车间明细账

年		凭证号	摘要	机物料	工资	福利费	差旅费	折旧费	租赁费	保险费	低耗品摊销	办公费	其他	合计
月	日													

制造费用明细账所设置的费用项目一般有:机物料消耗、工资、福利费、折旧费、租赁(不包括融资租赁)费、保险费、低值易耗品摊销、水电费、取暖费、运输费、劳动保护费、办公费、差旅费、季节性和修理期间的停工损失等。企业也可根据各项费用比重的大小和管理上的要求,对以上费用项目进行合并或细分或另行设置其他费用项目。但为了便于各期制造费用资料的可比性,企业制造费用项目一经确定,不应任意变更。

生产车间发生制造费用时,借记“制造费用”科目,贷记“银行存款”、“库存现金”、“原材料”、“低值易耗品”、“待摊费用”、“应付职工薪酬”、“累计折旧”等科目。

第二节　制造费用的分配

制造费用的分配方法很多,根据《企业会计制度》规定,采用的方法有:按生产工人工资比例分配法、按生产工人工时比例分配法、按机器工时比例分配法、按耗用原材料的数量或成本比例分配法、按直接成本(原材料、燃料、动力、工人工资)比例分配法、按产品产量比例分配法和年度计划分配率法。分配方法一经确定,不得随意变更。如需变更,应当在会计报表附注中予以说明。

一、生产工人工时比例分配法

该方法简称生产工时比例法，是按照某车间各种产品所耗用生产工人实际工时的比例分配制造费用的方法。其计算公式如下：

$$某车间制造费用分配率=\frac{该车间制造费用总额}{该车间各种产品生产工时总数}$$

$$某种产品应分配的制造费用=该产品生产工时\times该车间制造费用分配率$$

按照生产工时比例分配制造费用，能将劳动生产率与产品负担的费用水平联系起来，分配结果比较合理。因为劳动生产率越高，单位产品所耗用的生产工时越少，单位产品负担的制造费用越少，单位产品的成本则越低。采用该方法分配制造费用，应当做好生产工时的记录和核算等基础工作，以保证生产工时的正确、可靠，而且对于分析和考核劳动生产率水平、加强生产管理和劳动管理也有着重要的意义。

若产品的工时定额制定比较准确，制造费用也可以按生产工人定额工时比例分配。

二、生产工人工资比例分配法

该方法简称生产工资比例法，是按照计入各种产品成本的生产工人实际工资的比例分配制造费用的方法。计算公式如下：

$$某车间制造费用分配率=\frac{该车间制造费用总额}{该车间生产工人工资总额}$$

$$某种产品应分配的制造费用=该种产品生产工人工资\times该车间制造费用分配率$$

由于工资费用分配表中有现成的生产工人工资的资料，所以该分配方法核算工作很简便。但这种方法只适用于该车间各种产品生产机械化程度大致相同的情况，否则将影响制造费用分配的合理性。这是因为，同一生产车间若既生产机械化程度高的产品，也生产机械化程度不高的产品，对于机械化程度高的产品来说，由于工资费用少，分配的制造费用也就少；而机械化程度不高的产品，其工资费用多，分配的制造费用也就多，而制造费用中包含着不少与机械设备使用有关的费用，如机械设备的折旧费、保险费、租赁费等。产品生产的机械化程度高本应多负担这些费用，而不是应该少负担这些费用。若生产工人工资是按照生产工时比例分配，那么，按照生产工人工资比例分配制造费用，实际上也就是按生产工时比例分配制造费用。

三、机器工时比例分配法

机器工时比例分配法是按照各种产品所用机器设备的运转工作时数作为分配标准分配制造费用的方法。其计算公式如下：

$$某车间制造费用分配率=\frac{该车间制造费用总额}{该车间机器工时总数}$$

某种产品应负担的制造费用＝该产品机器工时数×该车间制造费用分配率

该方法适用于机械化程度较高的车间。因为在这种车间的制造费用中，与机器设备使用有关的费用比重较大，而这一部分费用与机器设备运转的时间有着密切的关系。采用该方法，必须具备各种产品所用机器工时的原始记录。

若车间中存在着各种不同类型的机器设备，而且其使用费用大小悬殊，为了提高制造费用分配的合理性，可将机器设备进行分类，按其类别确定机器工时系数、用工时系数折算出标准机器工时，再按标准机器工时分配制造费用。

[**例 5-1**]某车间本月发生制造费用 15 698 元，该车间有甲、乙两类机器设备，根据甲、乙两类设备的使用费用确定甲、乙设备工时系数为 1.8∶1。甲设备加工 A、B 产品，乙设备加工 C 产品。本月甲设备加工 A 产品耗用工时 3 000，加工 B 产品耗用工时 3 500，乙设备加工 C 产品耗用工时 5 000。按机器工时比例分配制造费用。

该题可通过列表计算各种产品应分配的制造费用，如表 5-2 所示：

表 5-2　制造费用分配表

×年×月×日

产品名称	机器工时	工时系数	标准机器工时	分配率	应分配的制造费用
A	3 000	1.8	5 400		5 076
B	3 500	1.8	6 300		5 922
C	5 000	1	5 000		4 700
合　计			16 700	0.94	15 698

做会计分录：

借：基本生产成本——A 产品　　5 076

　　　　　　　　——B 产品　　5 922

　　　　　　　　——C 产品　　4 700

　贷：制造费用　　15 698

为了提高制造费用分配结果的正确性，在增加核算工作量不多的情况下，也可以将制造费用按照性质和用途进行分类，不同性质的制造费用采用不同的分配方法。如可以将制造费用分为与机器设备有关的费用和由组织、管理生产而发生的费用两类，前者按机器工时比例分配，后者按生产工时比例分配。

四、按耗用原材料的数量或成本比例分配法

该方法是以各种产品所耗用的原料及主要材料的数量或成本的比例为标准来分配制造费用。其计算公式如下：

$$某车间制造费用分配率=\frac{该车间制造费用总额}{该车间原料及主要材料数量或成本总额}$$

$$\begin{matrix}某产品应负担\\的制造费用\end{matrix}=\begin{matrix}该种产品耗用的原料\\及主要材料数量或成本\end{matrix}\times\begin{matrix}该车间制造\\费用分配率\end{matrix}$$

该方法一般适用于同一车间各种产品使用同一种类的原料及主要材料，而且制造费用中大部分是由于处理原料及主要材料而发生的，如食品加工企业的制造费用中原料及主要材料的搬运、整理费用就占有很大的比重，可采用该方法分配制造费用。

五、按直接成本(原材料、燃料、动力、工人工资及福利费之和)比例分配法

该方法是以计入各种产品的直接成本的比例作为标准来分配制造费用。计算公式如下：

$$某车间制造费用分配率=\frac{该车间制造费用总额}{该车间直接成本总额}$$

$$某产品应负担的制造费用=\begin{matrix}该种产品耗用\\的直接成本总额\end{matrix}\times\begin{matrix}该车间制造\\费用分配率\end{matrix}$$

[**例 5-2**]某生产车间本月发生制造费用 8 670 元，该车间生产甲、乙两种产品。经查，A、B 产品基本生产成本明细账如表 5-3 和表 5-4 所示：

表 5-3　基本生产成本——甲产品

时间	凭证号	摘　要	原材料	燃料及动力	工资及福利	制造费用	合计
8.30	略	本月小计	12 000	5 400	4 500		

表 5-4　基本生产成本——乙产品

时间	凭证号	摘　要	原材料	燃料及动力	工资及福利	制造费用	合计
8.30	略	本月小计	8 000	3 200	6 000		

甲产品直接成本＝12 000＋5 400＋4 500＝21 900(元)

乙产品直接成本＝8 000＋3 200＋6 000＝17 200(元)

$$本车间制造费用分配率=\frac{8\ 670}{21\ 900+17\ 200}=0.221\ 7$$

甲产品应负担的制造费用＝0.2217×21 900＝4 855.23(元)

乙产品应负担的制造费用＝0.2217×17 200＝3 814.77(元)

做会计分录：

借:基本生产成本——甲产品　　4 855.23

　　　　　　　——乙产品　　3 814.77

　贷:制造费用　　8 670

注:乙产品应负担的制造费用 3 814.77 包含了因制造费用分配率未除尽所形成的差额。

分配后,基本生产成本明细账所归集的生产费用如表 5-5 和表 5-6 所示:

表 5-5　基本生产成本——甲产品

时间	凭证号	摘　要	原材料	燃料及动力	工资及福利	制造费用	合　计
8.30	略	本月小计	12 000	5 400	4 500	4 855.23	26 755.23

表 5-6　基本生产成本——乙产品

时间	凭证号	摘　要	原材料	燃料及动力	工资及福利	制造费用	合　计
8.30	略	本月小计	8 000	3 200	6 000	3 814.77	21 014.77

直接成本比例分配法是以产品的直接成本与制造费用的发生有关系为前提,并且各项直接成本对制造费用的影响程度必须大体一致,否则,分配的结果将会不合理。

六、按产品产量比例分配法

按产品产量比例分配法是以各种产品的产量作为标准分配制造费用。当系列产品(即同一产品类别内各不同品种的产品或同一产品品种内各不同规格型号的产品)之间分配制造费用时,则应当将类内不同品种的产品或同一产品品种内各不同规格型号的产品折算为标准产品后,再按照标准产量比例分配制造费用。

[**例 5-3**]某生产车间生产甲产品,该产品有五种不同的规格,其编号分别是 401、402、403、404、405,五种不同规格的甲产品产量分别为 4 000、3 500、

3 000、3 800、4 200，本月该生产车间实际发生制造费用 56 211.50 元。要求将本月份的制造费用分配计入不同型号的产品成本中。

该例题中按照产品产量比例分配制造费用时，应以中间型号或产量大、生产比较稳定的产品作为标准产品，将其单位系数定位 1，将其他型号的产品折算为标准产品，再按标准产量比例分配，确定单位系数的标准可以是材料消耗定额、费用定额、也可以是产品的单位售价或体积、长度和重量等。如表 5-7 所示。

表 5-7　制造费用分配表

产品规格	实际产量	单位系数	标准产量	分配率	应分配的制造费用金额
401	4 000	1.2	4 800		14 640
402	3 500	1.1	3 850		11 742.50
403	3 000	1	3 000		9 150
404	3 800	0.9	3 420		10 431
405	4 200	0.8	3 360		10 248
合　计			18 430	3.05	56 211.50

做会计分录：

借：基本生产成本——甲 401　　14 640
　　　　　　　　——甲 402　　11 742.50
　　　　　　　　——甲 403　　9 150
　　　　　　　　——甲 404　　10 431
　　　　　　　　——甲 405　　10 248
　贷：制造费用　　56 211.50

七、计划分配率法

计划分配率法是根据企业正常生产经营条件下的年度制造费用计划数和全年计划产量的定额标准（可以是定额工时、工人定额工资费用等，通常用定额工时）计算制造费用的年度计划分配率，再根据年度计划分配率分配制造费用的方法。其计算公式如下：

$$\text{制造费用年度计划分配率}=\frac{\text{该车间年度制造费用计划总额}}{\text{该车间年度各种产品计划产量下的定额工时之和}}$$

$$\text{某月某种产品应负担的制造费用}=\text{该月该种产品实际产量的定额工时}\times\text{制造费用年度计划分配率}$$

采用计划分配率法不管各月实际发生的制造费用是多少，每月各种产品应负担的制造费用都按年度计划分配率分配。但在年度内若发现全年的制造费用实际数、产品的实际产量与预算数、计划产量相差较大时，应及时调整计划分配率。

[例 5-4]某车间全年计划制造费用为 86 800 元，计划全年生产甲产品 3 000件，乙产品 2 200 件，甲、乙产品的工时定额分别为 8 小时、5 小时。该车间 1 月份实际发生制造费用 8 500 元，实际生产甲产品 230 件，乙产品 200 件。该车间 2 月份实际发生制造费用 7 095 元，实际生产甲产品 300 件，乙产品 220 件。设各月甲、乙产品均全部完工。分配 1、2 月份的制造费用。

甲产品全年计划产量下的定额工时＝8×3 000＝24 000(小时)

乙产品全年计划产量下的定额工时＝5×2 200＝11 000(小时)

$$\text{该车间制造费用年度计划分配率}=\frac{86\ 800}{24\ 000+11\ 000}=2.48(\text{元/小时})$$

1 月份甲产品实际产量下的定额工时＝8×230＝1 840(小时)

1 月份乙产品实际产量下的定额工时＝5×200＝1 000(小时)

1 月份甲产品应负担的制造费用＝2.48×1 840＝4 563.2(元)

1 月份乙产品应负担的制造费用＝2.48×1 000＝2 480(元)

做会计分录：

借:基本生产成本——甲产品　　　4 563.20

　　　　　　　——乙产品　　　2 480

　贷:制造费用　　　　　　　　　　7 043.20

表 5-8　制造费用

1 月份发生:8 500	1 月份分配转出:7 043.20
1 月末余额:1 456.80	

2 月份甲产品实际产量下的定额工时＝8×300＝2 400(小时)

2 月份乙产品实际产量下的定额工时＝5×220＝1 100(小时)

2 月份甲产品应负担的制造费用＝2.48×2 400＝5 952(元)

2 月份乙产品应负担的制造费用＝2.48×1 100＝2 728(元)

做会计分录：

借:基本生产成本——甲产品　　　5 952

　　　　　　　——乙产品　　　2 728

　贷:制造费用　　　　　　　　　　8 680

表 5-9　制造费用

2 月初余额:1 456.80	
2 月份发生:7 095	2 月份分配转出:8 680
	2 月末余额:128.20

该车间 1 月份的实际制造费用 8 500 元(即制造费用的借方发生额),大于按该月实际产量和年度计划分配率分配转出的制造费用 7 043.20 元(即制造费用的贷方发生额),2 月份的实际制造费用 7 095 元,再加上上月未分配完的制造费用,仍然小于按该月实际产量和年度计划分配率分配转出的制造费用 8 680 元。因此,采用这种分配方法时,制造费用账户不仅可能有月末余额,而且既可能有借方余额,也可能有贷方余额。借方余额表示实际制造费用超过按计划分配率分配计入产品成本的费用,等待以后期间再分配摊销计入产品成本,属于待摊费用;贷方余额表示实际制造费用低于按照计划分配率分配计入产品成本的费用,说明按照年度计划分配率多分配计入产品成本,属于预提费用。年度终了,会计年度结束,制造费用全年实际发生数与分配数的差额,除其中属于为明年开工生产做准备的可留待明年分配外,其余都应当在本年内调整产品成本。发生数大于分配数的差额,借记“生产成本——基本生产成本”科目,贷记“制造费用”科目;实际发生数小于分配数的差额,用红字登记。

[例 5-5]继续例 5-4,设该车间 12 月初制造费用贷方余额 178 元,该车间 12 月份实际发生制造费用 8 205 元,实际生产甲产品 240 件,乙产品 215 件。

12 月份甲产品实际产量下的定额工时＝8×240＝1 920(小时)

12 月份乙产品实际产量下的定额工时＝5×215＝1 075(小时)

12 月份甲产品应负担的制造费用＝2.48×1 920＝4 761.60(元)

12 月份乙产品应负担的制造费用＝2.48×1 075＝2 666(元)

做会计分录:

借:基本生产成本——甲产品　　4 761.60

　　　　　　　　——乙产品　　2 666

　贷:制造费用　　7 427.6

将制造费用按年度计划分配率分配完后,年末制造费用有借方余额,599.40 元(－178＋8 205－7 427.60)表明本年实际发生的制造费用大于按年度计划分配率分配转出的制造费用,说明本年按年度计划分配率分配制造费用计入产品成本时,少分配了制造费用,因而应当在年底补分配计入产品成本。

$$年末制造费用分配率=\frac{599.40}{4\ 761.60+2\ 666}=0.0807$$

12 月末甲产品应再负担的制造费用=0.0807×4 761.60=384.26(元)

12 月末乙产品应再负担的制造费用=0.0807×2 666=215.14(元)

做会计分录：

借:基本生产成本——甲产品　　384.26

　　　　　　　——乙产品　　215.14

　贷:制造费用　　599.40

表 5-10　制造费用

	12 月初余额:178
12 月份发生:8 205 12 月末余额:599.40	12 月份分配转出:7 427.60 12 月份补充分配转出:599.40
余额结平	

若例 5-5 中 12 月份将制造费用按年度计划分配率分配完后，年末制造费用是贷方余额 599.40，表明本年实际发生的制造费用小于按年度计划分配率分配转出的制造费用，说明本年按年度计划分配率分配制造费用计入产品成本时，多分配了制造费用，因而应当在年底冲减产品成本。则做会计分录：

借:基本生产成本——甲产品　　384.26

　　　　　　　——乙产品　　215.14

　贷:制造费用　　599.40

这种分配方法适用于季节性生产企业，因为企业每月发生的制造费用有很大一部分是属于固定费用，不随产量的增减变动而变动，而在季节性生产企业，生产淡季和旺季的产量却相差悬殊，若采用前几种方法分配制造费用，将本月实际发生的制造费用全部分配计入当月产品成本，在生产旺季，各月产量很高，制造费用基本保持不变，单位产品分摊的制造费用就低；在生产淡季，各月产量很少，当制造费用基本保持不变时，单位产品分摊的制造费用就高。这样，在一年之内，各月单位产品成本中的制造费用将忽高忽低，而这并不是由于生产车间工作本身引起的。采用年度计划分配率法，某种产品应当负担的制造费用只要按照预定的制造费用年度计划分配率乘以该产品本月实际产量的定额工时即可，单位产品的工时定额保持不变，则单位产品所分摊的制造费用也就保持不变，因而该方法不但核算简单，还可以按旬或按日提供产品成本预测所需要的产品应分配的制造费用资料，有利于产品成本的日常控制。但是,采用该方法同时要求有较高的计划管理工作水平,否则年度制造费用计划数脱离实际数太大,会影响企业成本计算的正确性。

思考题:

1.制造费用明细账为什么要设置成多栏式?有何作用?

2.工业企业该如何选择分配制造费用的方法?

3.按照年度计划分配率分配制造费用为什么适用于季节性生产企业?该分配方法有何特点?

4.按照年度计划分配率分配制造费用,年末时如果制造费用有贷方余额表示什么经济含义?该如何处理?

5.能将劳动生产率与产品负担的制造费用水平联系起来的制造费用分配方法是什么?

06 第六章 废品损失和停工损失的核算

第一节 概述

在管理上要求单独反映和控制生产过程中废品损失的工业企业，在进行成本和费用的核算时，还应进行废品损失的核算。

生产中的废品是指不符合规定的技术标准，不能按照原定用途使用，或者需要经过加工修理后才能按原定用途使用的在产品、半成品和产成品等。不论是在生产过程中发现的还是入库以后发现的，只要是由于生产原因造成的，都包括在废品之内。但以下情况不包括在废品范围内：入库时是合格品，但由于保管不善等原因而发生的损坏变质，属于管理上的问题，应作为管理费用处理，不作为废品损失处理；质量虽不符合规定标准，但经检验部门鉴定，不需要返修而可以降价出售的不合格品（等级品），其成本与合格品的成本相同，其售价低于合格品售价所发生的降价损失应在计算销售损益时体现，也不应作为废品损失处理；实行包退、包修、包换的"三包"企业，其产品出售后发现的废品所发生的一切损失，应计入管理费用，不作为废品损失处理。

废品按其产生的原因不同，可分为料废和工废两类。料废是由于送来加工的原材料或半成品的质量不符合要求所造成的废品，责任应该由材料采购部门或上一工序的操作工人承担，不属于本工序操作工人的责任；工废是由于本工序工人操作上的原因造成的废品，属于本工序操作工人的责任。

废品按能否修复分为可修复废品和不可修复废品。可修复废品指技术上可修复，且经济上合算的废品。不可修复废品指技术上不可修复，或技术上可修复但经济上不合算的废品。

废品损失是指在生产过程中发现的和入库后发现的各种废品的报废损失

和修复费用。废品的报废损失，是指不可修复的废品的实际成本减去回收残料价值后的损失。废品的报废损失再扣除应收的赔款，就是废品净损失。废品的修复费用，是指可以修复的废品在返修过程中所发生的修理费用。应由造成废品的过失人负担的赔款，应从废品损失中减去。

产生废品，不仅会减少产量，影响生产计划的完成，同时会提高产品成本，因此必须建立、健全生产责任制度，严格执行技术操作规程，把好产品质量检验关，质量检验部门发现废品时，应及时填制废品通知单，列明废品的种类、数量、产生废品的原因和过失人等，以便分析原因，采取措施，努力减少和消灭废品。

为了单独核算废品损失，可以设置"废品损失"科目，在"废品损失"科目下再按基本生产车间分别产品品种设置明细账。该科目的借方核算不可修复废品的生产成本和可修复废品的修复费用，贷方核算废品残料的回收价值和应收的赔款，该科目借方发生额大于贷方发生额的差额，就是废品净损失，应计入同种产品的完工成本负担。该科目月末没有余额。

基本生产车间可以单独核算废品损失，也可以不单独核算废品损失，辅助生产车间由于规模一般不大，为了简化核算工作，都不单独核算废品损失。

第二节　废品损失的核算

一、不可修复废品损失的核算

在计算不可修复的废品净损失金额时，应先计算不可修复废品报废时已经发生的生产成本，然后扣除残值收入和应收赔款。

不可修复废品的生产成本既可按废品所耗实际费用计算，也可按废品所耗定额费用计算。

（一）按所耗实际费用计算不可修复废品的生产成本核算废品损失

由于不可修复的废品在报废以前，其发生的各项生产费用是同合格品一起计算的，因而要将废品报废以前与合格品一起计算的各项费用采用适当的方法，在合格品与不可修复废品之间进行分配，计算出不可修复废品的实际生产成本，并将该实际生产成本由"基本生产成本"账户贷方转入"废品损失"账户的借方。

[**例 6-1**]某工业企业基本生产车间本月投产甲产品 1 000 件，并全部完工，验收入库时发现不可修复的废品有 25 件，合格品 975 件。本月月初"基本

生产成本——甲产品”无余额，本月实际发生生产费用 250 000 元，其中：原材料105 000元，工资及福利 80 000 元，制造费用 65 000 元。25 件不可修复废品回收残料价值 200 元，应由责任人赔偿 250 元。“基本生产成本”账户资料如表 6-1 所示：

表 6-1　生产成本——基本生产成本——甲产品

时间	凭证号	摘要	原材料	工资及福利	制造费用	废品损失	合　计
略	略	生产领料	105 000				105 000
		分配职工工资及福利		80 000			80 000
		分配制造费用			65 000		65 000

由于该例题中，合格品和不可修复的废品均全部完工，因此，一件合格品和一件不可修复的废品的生产成本相等，只要将生产费用按产品数量比例在合格品与不可修复废品之间进行分配即可计算出不可修复废品的生产成本。

首先，计算不可修复废品生产成本。

$$原材料=\frac{105\ 000}{1\ 000}\times25=2\ 625(元)$$

$$工资及福利=\frac{80\ 000}{1\ 000}\times25=2\ 000(元)$$

$$制造费用=\frac{65\ 000}{1\ 000}\times25=1\ 625(元)$$

合计：　　6 250(元)

然后，根据计算结果做会计分录。

(1)根据计算结果，将不可修复废品的生产成本转入“废品损失”。做会计分录：

借：废品损失——基本生产车间——甲产品　　6 250
　贷：基本生产成本——甲产品——原材料　　2 625
　　　　——工资及福利　　2 000
　　　　——制造费用　　1 625

(2)25 件不可修复废品回收残料入库，做会计分录：

借：原材料——其他材料　　200
　贷：废品损失——基本生产车间——甲产品　　200

(3)应由责任人赔偿 250 元，做会计分录：

借:其他应收款　　250

　贷:废品损失——基本生产车间——甲产品　　250

(4)将不可修复废品净损失再转入产品成本,做会计分录:

借:基本生产成本——甲产品——废品损失　　5 800

　贷:废品损失——基本生产车间——甲产品　　5 800

有关明细账记录资料如表6-2和表6-3所示:

表6-2　生产成本——基本生产成本——甲产品

时间	凭证号	摘　要	原材料	工资及福利	制造费用	废品损失	合　计
略	略	生产领料	105 000				105 000
		分配职工工资及福利		80 000			80 000
		分配制造费用			65 000		65 000
		小　计	105 000	80 000	65 000		250 000
		将不可修复废品生产成本转出	2 625	2 000	1 625		6 250
		将不可修复废品净损失转入				5 800	5 800
		合计	102 375	78 000	63 375	5 800	249 550

表6-3　废品损失——基本生产车间——甲产品

时间	凭证号	摘　要	借方	贷方	余额
略	略	将不可修复的甲产品生产成本转入	6 250		6 250
		回收残料,减少废品损失		200	6 050
		应收责任人赔款,减少废品损失		250	5 800
		将废品净损失转回计入甲产品成本		5 800	平
		本月合计	6 250	6 250	平

由于1 000件甲产品全部完工,但其中合格品只有975件,因此,合格品的单位成本为255.95元(249 550÷975=255.95)。

从例6-1中可看出:

1.进行废品损失核算之前,基本生产成本总额为250 000元,进行废品损失核算后,基本生产成本总额为249 550,减少450元,这并不意味着甲产品成本由于发生了废品反而降低了，这是因为回收了 450 元，所以总成本降低了 450 元，但由于产生了不可修复的废品，使合格品减少了 25 个，因而合格品的单位成本不是降低，而是提高了。

2. 进行废品损失核算之前，甲产品的成本构成是：总成本 250 000 元，其中，原材料 105 000 元，占总成本的 42%；工资及福利 80 000 元，占总成本的 32%；制造费用 65 000 元，占总成本的 26%。通过废品损失的核算，甲产品的成本构成发生了变化：总成本 249 550 元，其中，原材料 102 375 元，约占总成本的 41.02%；工资及福利 78 000 元，约占总成本的 31.25%；制造费用63 375 元，约占总成本的 25.40%；废品损失 5 800 元，约占总成本的 2.33%。

3. 进行废品损失核算之前，原材料、工资及福利、制造费用等成本项目的合计数是该基本生产车间加工甲产品所耗费的总的原材料、工资及福利、制造费用，既包括合格品所耗费的生产费用，也包括废品所耗费的生产费用。如原材料成本项目 105 000 元，表明本月份该基本生产车间生产 1 000 件甲产品（含 975 件合格品和 25 件不可修复的废品）共计耗用了价值 105 000 元的原材料；进行废品损失核算之后，原材料、工资及福利、制造费用等成本项目的合计数则反映生产合格品所耗费的生产费用，而废品损失成本项目则反映不可修复的废品的生产成本。如原材料成本项目最后的合计数是 102 375，表明该基本生产车间生产 975 件合格品所耗费的原材料是102 375元，废品损失成本项目的合计数是 5 800 元，表明 25 件不可修复的废品共计耗费各种生产费用 5 800 元。

4. "废品损失"账户月末无余额。在进行废品损失的核算中所使用的"废品损失"账户是一个过渡性的账户。借方归集基本生产车间不可修复废品的生产成本和可修复废品的修复费用，如果有回收残料和向责任人索赔，则残料的回收价值和应收的赔款从"废品损失"账户的贷方冲减损失，期末将本期借方发生额大于贷方发生额的差额即废品净损失也从贷方转出，转出后该账户没有余额。

废品损失的核算也可以不设置"废品损失"账户，直接在"基本生产成本"账户中通过"废品损失"成本项目进行核算。

[例 6-2]某工业企业基本生产车间生产乙产品 500 件，生产过程中发现其中有 20 件不可修复的废品，该产品基本生产成本账户所登记的本月发生总的生产费用为 120 500 元，其中：原材料 48 000 元，工资及福利 32 500 元，制造费用 40 000 元。原材料的投料方式为在生产开始时一次性投入，其余费用陆续发生。本月共计耗用生产工时 1 000 小时，其中不可修复废品花费了工时

30 小时。不可修复的废品回收残料价值 300 元，应收责任人赔款 400 元。

由于原材料的投料方式是在生产开始时一次性投入，在以后的加工过程中无须再投入原材料，因而无论乙产品有无完工、无论乙在产品分布在哪一道生产工序，每一件乙产品所包含的原材料费用都是相等的，因而原材料费用应按合格品数量和不可修复废品数量的比例进行分配。工资及福利和制造费用则随着加工程度的不断加深，所投入的生产工时不断增加，产品中所包含的工资及福利和制造费用也越来越多，因此该费用与生产工时联系紧密，应按所耗费的工时比例在合格品与不可修复的废品之间进行分配。

首先，计算 20 件不可修复的废品乙产品生产成本。

$$原材料=\frac{48\ 000}{500}\times 20=1\ 920(元)$$

$$工资及福利=\frac{32\ 500}{1\ 000}\times 30=975(元)$$

$$制造费用=\frac{40\ 000}{1\ 000}\times 30=1\ 200(元)$$

合计：　　　　4 095(元)

不可修复废品报废损失＝4 095－300＝3 795(元)

不可修复废品净损失＝3 795－400＝3 395(元)

然后，根据计算结果做会计分录。

(1)根据计算结果，将不可修复废品的生产成本转入“废品损失”。做会计分录：

借:基本生产成本——基本生产车间——乙产品——废品损失　4 095

　贷:基本生产成本——乙产品——原材料　1 920

　　——工资及福利　975

　　——制造费用　1 200

(2)20 件不可修复废品回收残料入库，做会计分录：

借:原材料——其他材料　300

　贷:基本生产成本——基本生产车间——乙产品——废品损失　300

(3)应由责任人赔偿 400 元，做会计分录：

借:其他应收款　400

　贷:基本生产成本——基本生产车间——乙产品——废品损失　400

此时，不必再做将不可修复废品净损失再转入产品成本的会计分录了。因为废品损失的核算本来就都是在“基本生产成本”账户中进行的。上述账户处理的登账过程见“基本生产成本”明细账，见表 6-4。

表 6-4 生产成本——基本生产成本——乙产品

时间	凭证号	摘 要	原材料	工资及福利	制造费用	废品损失	合计
略	略	生产领料	48 000				48 000
		分配职工工资并计提福利		32 500			32 500
		分配制造费用			40 000		40 000
		小 计	48 000	32 500	40 000		120 500
		将不可修复废品的生产成本转入废品损失	1 920	975	1 200	4 095	0
		残料回收入库				300	300
		应收责任人赔偿				400	400
		合 计	46 080	31 525	38 800	3 395	119 800

(二)按所耗定额费用计算不可修复废品的生产成本核算废品损失

按所耗定额费用计算不可修复废品的生产成本时,不可修复废品的生产成本系按废品的数量和各项费用定额计算,而不考虑实际发生的生产费用数额。

[例 6-3]某工业企业基本生产车间在生产甲产品的过程中,产生了不可修复的废品 40 件,已知原材料费用定额为 50 元,已完成的定额工时 320 小时,每小时的费用率为:工资及福利 2.65 元,制造费用 4.80 元。回收残料价值 150 元,应由责任人赔偿 300 元。

首先,按所耗定额费用计算不可修复废品的生产成本。

原材料=50×40=2 000(元)

工资及福利=320×2.65=848(元)

制造费用=320×4.80=1 536(元)

合计: 4 384(元)

不可修复废品报废损失=4 384-150=4 234(元)

不可修复废品净损失=4 234-300=3 934(元)

然后,根据计算结果做会计分录。

(1)根据计算结果,将不可修复废品的生产成本转入“废品损失”。做会计分录:

借:废品损失——基本生产车间——甲产品 4 384

贷:基本生产成本——甲产品——原材料 2 000

——工资及福利 848

——制造费用 1 536

(2)40 件不可修复废品回收残料入库,做会计分录:

借:原材料——其他材料 150

　贷:废品损失——基本生产车间——甲产品 150

(3)应由责任人赔偿 300 元,做会计分录:

借:其他应收款 300

　贷:废品损失——基本生产车间——甲产品 300

(4)将不可修复废品净损失再转入产品成本,做会计分录:

借:基本生产成本——甲产品——废品损失 3 934

　贷:废品损失——基本生产车间——甲产品 3 934

二、可修复废品损失的核算

可修复废品返修以前发生的生产费用,不是废品损失,因而不必计算可修复废品的生产成本并将其转出,只要根据返修中实际发生的各种费用记入"废品损失"账户的借方,若有回收残料和应收的赔款,应作为废品损失的减少,从"废品损失"账户的贷方转入"原材料"、"其他应收款"等账户的借方。可修复废品的修复费用减去回收的残料价值和应收赔款后的废品净损失,月末也应计入产品成本,转入"基本生产成本"账户的借方。

[例 6-4]某工业企业基本生产车间生产乙产品,本月在生产中产生了可修复的废品 12 件,对该废品进行修复时,领用 A 材料 24 公斤,每公斤单位成本 21 元,修复共计耗用工时 45 小时,每小时工资费用率为 2.48 元,制造费用率为 3.65 元。回收残料价值 30 元,应收责任人赔款 50 元。

首先,计算可修复废品的修复费用。

原材料＝21×24＝504(元)

工资及福利＝2.48×45＝111.60(元)

制造费用＝3.65×45＝164.25(元)

合计: 779.85(元)

可修复废品净损失＝779.85－30－50＝699.85(元)

然后,根据计算结果做会计分录。

(1)将可修复废品的修复费用记入"废品损失",做会计分录:

借:废品损失——基本生产车间——乙产品 779.85

　贷:原材料——A 材料 504

　　应付职工薪酬 111.60

　　制造费用 164.25

(2)回收残料,做会计分录:

借:原材料——其他材料　　30

　贷:废品损失——基本生产车间——乙产品　　30

(3)应收责任人赔款,做会计分录:

借:其他应收款　　50

　贷:废品损失——基本生产车间——乙产品　　50

(4)将可修复废品净损失转入同种产品成本,做会计分录:

借:基本生产成本——乙产品——废品损失　　699.85

　贷:废品损失——基本生产车间——乙产品　　699.85

若企业不单独核算废品损失,则不必设置"废品损失"账户,也不必在"基本生产成本"明细账中设置"废品损失"成本项目,只在回收残料和应收责任人赔款时,冲减基本生产成本,借记"原材料"、"其他应收款"等,贷记"基本生产成本"。

[例 6-5]某工业企业基本生产车间本月投产甲产品 1 000 件,并全部完工,验收入库时发现不可修复的废品有 25 件,合格品 975 件。本月月初"基本生产成本——甲产品"无余额,本月实际发生生产费用 250 000 元,其中:原材料 105 000 元,工资及福利 80 000 元,制造费用 65 000 元。25 件不可修复废品回收残料价值 200 元,应由责任人赔偿 250 元。"基本生产成本"账户资料如表 6-5 所示:

表 6-5　生产成本——基本生产成本——甲产品

时间	凭证号	摘　　要	原材料	工资及福利	制造费用	废品损失	合　计
略	略	生产领料	105 000				105 000
		分配职工工资并计提福利		80 000			80 000
		分配制造费用			65 000		65 000

若该例中企业不要求单独核算废品损失。则,相关的会计分录如下。

(1)25 件不可修复废品回收残料入库,做会计分录:

借:原材料——其他材料　　200

　贷:基本生产成本——甲产品——原材料　　200

(2)应由责任人赔偿 250 元,做会计分录:

借:其他应收款　　250

　贷:基本生产成本——甲产品——工资及福利　　250

基本生产成本明细账记录资料如表 6-6 所示:(不必设置"废品损失"成本项目)

表 6-6　生产成本——基本生产成本——甲产品

时间	凭证号	摘要	原材料	工资及福利	制造费用	合　计
略	略	生产领料	105 000			105 000
		分配职工工资及福利		80 000		80 000
		分配制造费用			65 000	65 000
		小计	105 000	80 000	65 000	250 000
		回收残料，冲减基本生产成本	200			
		应收责任人赔款		250		
		合计	104 800	79 750	65 000	249 550

本例没有单独核算废品损失，与单独核算废品损失相比，合格品的总成本和单位成本保持不变，总成本仍然是 249 550，单位成本也仍然是 255.95 元(249 550÷975＝255.95)。但基本生产成本明细账的成本项目反映的内容不同，如原材料成本项目，最后的合计数 104 800 元，表明本月生产 1 000 件甲产品共计耗用原材料 104 800 元，既包含了 975 件合格品所耗用的原材料费用，也包含了 25 件不可修复废品所耗用的原材料费用。因此该方法虽然核算简便，但没有对废品损失进行单独的反映，因而会对废品损失的分析和控制产生不利的影响。

第三节　停工损失的核算

一、停工损失的含义

停工损失是指基本生产车间或车间内某个班组由于停电、待料、机器设备发生故障或进行大修理、发生非常灾害以及计划减产等而停工，在停工期间发生的各项费用，它包括停工期内所支付的生产工人工资和福利费、耗用的燃料和动力，以及应负担的制造费用。

企业发生停工的原因很多，由于自然灾害等引起的非正常停工损失，应计入营业外支出；其余停工损失如固定资产修理期间的停工损失，应计入产品成本；若停工损失能获得赔偿，则应该索赔，以冲减损失。

季节性生产企业在停工期间的费用，不作为停工损失核算，而在“制造费用”账户中进行核算，由开工期内的生产成本负担(具体核算见“第五章制造费用的核算”年度计划分配率法)。

企业停工时间有长有短，短则几分钟，长则超过一个月；范围也有大有小，从某台机器设备、某个生产班组、车间到全厂。为了简化核算工作，对于停工不满一个工作日的，一般不计算停工损失。

辅助生产车间由于规模一般不大，为了简化核算，一般不单独核算停工损失。

二、停工损失的核算

为了单独核算停工损失，可设置“停工损失”账户，并在基本生产成本明细账中单独设立“停工损失”成本项目。

“停工损失”总账下一般按生产车间设立二级明细账，再按成本项目设立三级明细账。停工期间发生的应该计入停工损失的各项费用，在该账户的借方归集，借记“停工损失”科目，贷记“应付职工薪酬”、“制造费用”等账户。能取得赔偿的部分应冲减损失，应从“停工损失”账户的贷方转出，借记“其他应收款”账户，贷记“停工损失”账户。经查明原因后，应计入营业外支出的损失，借记“营业外支出”账户，贷记“停工损失”账户。对于应计入产品成本的停工损失，若停工的车间只生产一种产品，则将停工净损失(停工期间发生的各项费用减去能取得赔偿的部分)直接记入该种产品成本明细账的“停工损失”成本项目；若停工的车间生产多种产品，则应采用适当的方法将停工净损失分配记入该车间各种产品成本明细账的“停工损失”成本项目，月末“停工损失”账户应无余额。

[**例 6-6**]某基本生产车间生产甲产品，要求单独核算停工损失，本月因某机器设备发生故障而停工 48 小时，已知该车间小时制造费用率为 5.50 元，应支付给生产工人工资及福利费 456 元。经查明，机器设备故障系工人违规操作造成，责成该责任人赔偿损失 200 元。

首先，计算停工损失。

应负担的制造费用＝5.50×48＝264(元)

应支付给生产工人的工资及福利费＝456(元)

合计：720(元)

然后，根据计算结果做会计分录。

(1)将本月停工损失记入“停工损失”账户。

借:停工损失——基本生产车间　　720
　贷:应付职工薪酬　　456
　　制造费用　　264

(2)将能取得的赔偿部分冲减车间的停工损失。

借:其他应收款　　200
　贷:停工损失——基本生产车间　　200

(3)将停工净损失转入该车间产品成本。

借:基本生产成本——基本生产车间——甲产品(停工损失)　　520
　贷:停工损失——基本生产车间　　520

基本生产成本及停工损失明细账可登记如表 6-7 和表 6-8 所示:

表 6-7　生产成本——基本生产成本——甲产品

时间	凭证号	摘　要	原材料	工资及福利	制造费用	废品损失	停工损失	合计
略	3#	将停工净损失转入产品成本	(略)	(略)	(略)	(略)	520	520

表 6-8　停工损失——基本生产车间

时间	凭证号	摘　要	借　方			贷方	余额
			工资及福利	制造费用	合计		
略	1#	计算本月停工损失	456	264	720		720
	2#	索赔部分冲减损失				200	520
	3#	将停工净损失转入产品成本				520	平

不单独核算停工损失的企业,不设立“停工损失”总账,也不在基本生产成本明细账中开设“停工损失”成本项目。停工期间发生的属于停工损失的各种费用,直接记入“制造费用”或“营业外支出”等科目。这样核算很简便,但不利于对停工损失的分析和控制。

[**例 6-7**]某工业企业不单独核算停工损失。本月由于机器设备大修理,第一基本生产车间停工 72 小时,该车间生产工人小时工资率 2.80 元,机器设备小时折旧率 3.60 元。停工期间,应当进行的会计核算如下:

借:制造费用——工资　　201.60
　　　　——折旧费　　259.20
　贷:应付职工薪酬　　201.60
　　累计折旧　　259.20

制造费用明细账如表 6-9：

表 6-9　制造费用——基本生产车间

时间	凭证号	借方								
		材料	工资	办公费	差旅费	折旧费	电费	维修费	其他	合计
略	略		201.6			259.2				460.80

思考题：

1.如何判断可修复废品和不可修复废品？

2.可修复废品和不可修复废品的损失如何计算？

3.不可修复废品的生产成本有哪几种计算方式？

4.辅助生产车间是否需要单独核算停工损失？为什么？

5.停工损失包含的内容有哪些？

6.管理上不要求单独核算废品损失与管理上要求单独核算废品损失在会计处理方法上有何不同？

07 第七章 生产费用在完工产品与在产品之间分配的核算

第一节　在产品概述

一、在产品概念

工业企业的在产品有广义和狭义之分。广义在产品是指没有完成全部生产过程、不能作为商品销售的产品，包括正在生产车间加工或装配中的在产品(含正在返修的废品)和已经完成一个或几个生产步骤、但还需继续加工的半成品；尚未办理入库的完工产成品和等待返修的废品。若自制半成品能对外销售，则属于商品产品，验收入库后不能作为在产品核算。狭义的在产品是就某一车间或某一生产步骤来说的，仅仅指正在车间中加工或装配中的零件、部件和半成品，以及正处在修复过程中的废品，本车间或本步骤已经完工的半成品不包括在内。本章所述在产品指狭义的在产品。

二、在产品的收发结存手续

确定在产品结存的数量，应同时具备核算资料和实际盘点资料。企业一方面要根据在产品在各车间(步骤)的交接凭证做好在产品收发结存的日常明细核算工作，在基本生产成本明细账中登记各车间(步骤)的在产品的数量，另一方面要做好在产品的清查工作。

生产车间在产品收发结存的日常明细核算，通常是通过在产品收发结存账进行的。由于它通常是在操作的工作台上进行登记的，所以，在实际工作中，这种账簿也叫在产品台账，应分别车间并按照产品的品种名称和规格设立，以便用来反映车间各种在产品的转入、转出和结存的数量。根据生产特点和管理上的要求，有的还应进一步按照加工工序组织在产品的数量核算。在产品收发结存明细账可设置如表 7-1 所示：

表 7-1 在产品收发明细账

零部件名称、编号：1103　　属于甲产品　　加工车间：第一车间　计量单位：个

时间	凭证号	收入数量	转出数量				结存数量					签章
			合格品	废品			完工	未完工				
				工废	料废	合计		Ⅰ工序	Ⅱ工序	Ⅲ工序	合计	
8.1								20	5	12	37	张三
8.1	801/802	50	45				2	8	16	16	42	张三
8.3	807/808	100	108	2		2	3	4	10	15	32	张三

各车间应认真做好在产品的计量、验收和交接工作，并填制相应的原始凭证，单随物移。如，在产品内部转移时，应填制在产品内部转移凭证，注明移送在产品的名称、规格、数量、转入转出车间名称，并由经手人签名；自制半成品进出仓库时，应填制自制半成品入库单和出库单；发生在产品盘亏、毁损和报废时，应填制相应的短缺单和报废单并查明原因，明确责任。这些都是属于工业企业应做好的基础工作。它对于正确计算产品成本，加强生产管理，有效控制在产品流转具有重要意义。

三、在产品的清查及账务处理

为了核实在产品的数量，确保在产品账实相符，企业必须认真做好在产品的清查工作。在产品应定期进行清查，也可以不定期进行轮流清查。每月月末结账前应清查一次在产品，以便取得在产品的实际盘存资料，用来计算产品成本。清查后，应根据盘点结果和账面资料编制在产品盘盈盘亏报告表，填明在产品的账面数、实存数和盘盈盘亏数，以及盘盈盘亏的原因及处理意见等。对于毁损的在产品，若可以回收利用，还应登记残值。

成本核算人员应对在产品盘盈盘亏报告表进行认真审核，并报经主管部门审批，根据清查结果进行账务处理。处理时几种情况如下。

发生在产品盘盈时：

借:基本生产成本

贷:待处理财产损溢——待处理流动资产损溢

经批准后予以转销:

借:待处理财产损溢——待处理流动资产损溢

贷:管理费用

在产品发生盘亏和毁损时:

借:待处理财产损溢——待处理流动资产损溢

贷:基本生产成本

毁损在产品的残料入库,应冲减损失:

借:原材料

贷:待处理财产损溢——待处理流动资产损溢

经过审批进行处理时,在产品盘亏和毁损冲减入库残料价值后的净损失转销有以下几种情况:

应由过失人或保险公司赔偿损失:

借:其他应收款

贷:待处理财产损溢——待处理流动资产损溢

由于意外灾害造成的非常损失:

借:营业外支出

贷:待处理财产损溢——待处理流动资产损溢

由于管理不善造成的损失:

借:管理费用

贷:待处理财产损溢——待处理流动资产损溢

[**例 7-1**]某生产车间经盘点,发现盘亏甲在产品 30 个,价值共计 1 500 元,经查明,应由过失人赔偿 300 元,残料入库价值 105 元。做会计分录如下:

(1)在产品发生盘亏和毁损时:

借:待处理财产损溢——待处理流动资产损溢	1 500	
贷:基本生产成本		1 500

(2)毁损在产品的残料入库,应冲减损失:

借:原材料	105	
贷:待处理财产损溢——待处理流动资产损溢		105

(3)应由过失人或保险公司赔偿损失:

借:其他应收款	300	
贷:待处理财产损溢——待处理流动资产损溢		300

(4)将净损失转销：

借：管理费用　　1 095

　贷：待处理财产损溢——待处理流动资产损溢　　1 095

若在产品的盘亏盘盈是由于没有办理领料或交接手续，或者由于某种产品的零件被另一种产品挪用，则应补办手续，及时转账更正。

[例 7-2]若例 7-1 盘亏的 30 个甲在产品是由于没有办理交接手续而直接入库，则应补办交接手续，填制自制半成品入库单，并做会计分录如下：

借：自制半成品　　1 500

　贷：基本生产成本　　1 500

企业清查的在产品的损溢，应于期末前查明原因，并根据企业的管理权限，经股东大会或董事会，或经理(厂长)会议或类似机构批准后，在期末结账前处理完毕。

如清查的在产品损溢，在期末结账前尚未经批准的，在对外提供财务会计报告时，先按上述规定进行处理，并在会计报表附注中作出说明；若期后批准处理的金额与已处理的金额不一致的，调整会计报表相关项目的年初数。

第二节　生产费用在完工产品和在产品之间的分配及核算

月末，在产品数量与本月完工产成品数量之间存在着下述关系：

月初在产品数量＋本月投产数量＝本月完工产成品数量＋月末在产品数量

上述公式转换为价值量反映，即为：

月初在产品成本＋本月生产费用＝本月完工产成品成本＋月末在产品成本

要将月初在产品成本与本月生产费用之和既合理又简便地在本月完工产成品和月末在产品之间分配，可以将上述计算公式通过移项，得出计算本月完工产成品成本的计算公式，即“本月完工产成品成本＝月初在产品成本＋本月生产费用－月末在产品成本”。根据此公式，月初在产品成本、本月生产费用是已知量，基本生产成本明细账中本月累计数即为月初在产品成本与本月生产费用之和。只要计算出月末在产品成本，即可确定完工产成品成本。通常情况下,企业应根据月末在产品数量的多少、各月间在产品数量变化的大小、产品成本中各成本项目比重的大小以及各项定额制定的准确性和定额管理基础的好坏等具体条件来选择适当的方法计算出月末在产品成本,从而确定完工产品成本。

通常采用的方法有:在产品不计算成本法、在产品按年初固定成本计价法、在产品按所耗原材料费用计价法、约当产量比例法、在产品按完工产成品成本计价法、在产品按定额成本计价法和定额比例法。

一、在产品不计算成本法

采用该方法,虽然月末有在产品,但不计算其成本。根据"本月完工产成品成本=月初在产品成本+本月生产费用-月末在产品成本"公式,各月在产品不计算成本,即月末在产品成本为零,即本月完工产成品成本=月初在产品成本+本月生产费用,又由于月初在产品成本即上月月末在产品成本,其成本也为零,则"本月完工产成品成本=本月生产费用"。该方法一般适用于各月末在产品数量均很少的情况。因为,如果各月末在产品数量均很少,各月末在产品数量相差就不会大,或几乎相等,说明各月投产的数量几乎全部完工了。所以,可以认为"本月完工产成品成本=本月生产费用"。再者,各月末在产品数量很少,则在产品成本金额也很小,根据会计信息质量重要性的要求,为了简化产品成本计算工作,可以不计算在产品成本。如煤炭工业,由于采煤的工作面小,在产品数量很少,月末在产品可以不计算成本。又如食品工业,由于生产周期短,月末即使有在产品,数量也很少,月末在产品也可以不计算成本。

二、在产品按年初固定成本计价法

采用该方法,各月末在产品均按年初的在产品成本计价,固定不变。年初的在产品成本即每年 1 月 1 日的余额,即上年底 12 月 31 日的在产品余额。每月在产品月初余额即等于在产品月末余额,因此,根据"本月完工产成品成本=月初在产品成本+本月生产费用-月末在产品成本"公式,由于"月初在产品成本=月末在产品成本",得出"本月完工产成品成本=本月生产费用"。但是,该方法要求年终时,应根据实际盘点数重新调整计算确定在产品成本,作为下一年度的各月在产品的固定成本,以免时间太长,在产品的固定成本与实际成本相差太大,影响产品成本计算的正确性。该方法一般适用于各月末在产品数量较多,且各月末在产品数量变化不大的情况。这是因为,如果月末的在产品数量不是很少，而是较大，若仍然不计算在产品成本，会导致成本核算反映的在产品资金占用与实际情况相差太大，这些在产品不计价入账，形成账外财产，不利于加强对企业财产物资的管理，因而必须从账面上反映月末在产品成本。又由于各月末在产品数量变化不大，因而月初、月末在产品成本的差额仍然不大，算不算各月在产品成本的差额对于完工产品成本的影响仍然不大，因而每月末在产品成本可以固定不变。如炼铁工业和化工企业的产品，由于高炉和化学反应装置的容积固定，各月末在产品数量都比较稳定，采用该方法，可以大大简化期末成本计算的工作量。

三、在产品按所耗原材料费用计价法

采用该方法，月末在产品只计算其所耗用的原材料成本，而不计算所耗用的工资及福利、燃料及动力、制造费用等其他成本。

该方法一般适用于各月末在产品数量较大，各月在产品数量波动也较大，但仅原材料成本在产品成本中所占比重较大的情况。这是因为各月末在产品数量较大，月末在产品成本就不能忽略不计，不能采用“在产品不计算成本法”；因为各月在产品数量波动也较大，各月末在产品成本就不会基本相等，不能采用“在产品按年初固定成本计价法”，必须具体计算各月月末在产品的成本，由于该种产品的原材料成本比重较大，工资及福利、燃料及动力、制造费用等其他成本较小，各月初和月末在产品的其他成本基本上可以相互抵消。因而，为了简化计算工作，在产品可以不计算除原材料以外的其他加工成本。这时，月初在产品成本（只含在产品原材料成本）加上本月发生的生产费用之和减去月末在产品的原材料成本，就是该种完工产品的成本。如纺织、造纸、酿酒等工业的产品，原材料成本比重较大，可以采用该方法计算产品成本，此外，石制品加工企业，当石制品的在产品处于加工前期时，其在产品也可以只计算其所耗的原材料成本。

[例 7-3]某企业生产甲产品，该产品原材料成本在产品成本中所占比重较大，采用在产品按所耗原材料成本计价法将生产费用在完工产品和在产品之间进行分配。甲产品月初在产品成本（原材料费用）为 5 800 元，本月发生生产费用 40 550 元，其中原材料 29 000 元，工资及福利 3 950 元，制造费用 7 600元。本月完工 92 件，在产品 28 件。甲产品生产中原材料的投料方式为在生产开始时一次性投入，其他费用陆续发生。计算过程如下：

由于原材料的投料方式为在生产开始时一次性投入，因而每一件甲产品无论有无完工，所耗用的原材料费用都是相等的，可以将原材料费用按完工产

品和在产品的数量比例分配。计算28件在产品所耗用的原材料费用为：

$$原材料费用分配率=\frac{5\ 800+29\ 000}{92+28}=290$$

在产品所耗用的原材料费用=290×28=8 120(元)

完工产品成本=5 800+(29 000+3 950+7 600)-8 120=38 230(元)

根据以上计算结果,做会计分录：

借:库存商品——甲产品　　38 230

　贷:基本生产成本——甲产品——原材料　　26 680

　　　　　　　　　　　　　——工资及福利　　3 950

　　　　　　　　　　　　　——制造费用　　7 600

基本生产成本明细账如表7-2所示：

表7-2　生产成本——基本生产成本——甲产品

时间	凭证号	摘要	原材料	工资及福利	制造费用	合计
略	略	月初余额	5 800			5 800
	略	本月发生	29 000	3 950	7 600	40 550
		合　计	34 800	3 950	7 600	46 350
		完工转出	26 680	3 950	7 600	38 230
		月末余额	8 120			8 120

四、约当产量比例法

采用该方法,将月末在产品的数量按照其投料程度或完工程度折算为相当于产成品的数量,即约当产量,然后,将本月生产费用累计数分成本项目按照完工产品产量和在产品约当产量的比例分配计算完工产品成本和在产品成本。采用该方法,在产品既要计算所耗的原材料费用,又要计算工资及福利、燃料及动力、制造费用等其他费用。这种方法一般适用于月末在产品数量较大,各月末在产品数量波动也较大,且产品成本中各成本项目所占的比重相差不大的情况。该方法的计算简单,基本上只是按照产量比例分配各成本项目,主要内容是如何计算在产品的约当产量。

1.在产品关于"原材料"成本项目约当产量的计算及生产费用的分配

原材料的投料方式有三种:在生产开始时一次性投入,在每道工序开始时一次性投入和陆续投入。不同的投料方式,在产品约当产量的计算有所不同：

(1)原材料在生产开始时一次性投入方式。

当原材料在生产开始时一次性投入，即意味着在产品以后的加工过程中不再投入原材料，因此，该产品无论加工到什么程度，无论有无完工，每一件产品所耗用的原材料是相等的，在产品的数量即等于其约当产量。因而可以将原材料费用按照产成品数量和在产品数量比例分配。

[**例 7-4**]某基本生产车间生产乙产品，基本生产成本月初余额(即月初在产品成本)为 20 000 元，其中原材料 6 000 元，工资及福利 8 500 元，制造费用 5 500元。本月投入生产费用 89 690 元，其中原材料 25 440 元，工资及福利 35 600元，制造费用 28 650 元。本月完工产成品 109 件，月末在产品 22 件。设原材料在生产开始时一次性投入。

22 件在产品关于“原材料”成本项目的约当产量为 22 件。

原材料费用在完工产品和在产品之间按照产量比例进行分配：

$$原材料费用分配率=\frac{6\ 000+25\ 440}{22+109}=240$$

完工产品所耗原材料费用＝240×109＝26 160(元)

在产品所耗原材料费用＝240×22＝5 280(元)

(2)原材料在每道工序开始时一次性投入方式。

当原材料在每道工序开始时一次性投入，在产品的投料率，就应当按每一工序的原材料消耗定额来计算，仍按例 7-4，再补充以下资料，见表 7-3：

表 7-3

工序	在产品数量	原材料消耗定额
1	8	150
2	14	90
合　计	22	240

计算 22 件在产品关于“原材料”成本项目的约当产量，结果见表 7-4。

表 7-4

工序	在产品数量	原材料消耗定额	在产品约当产量
1	8	150	$\frac{150}{240}\times 8=5$
2	14	90	$\frac{150+90}{240}\times 14=14$
合　计	22	240	19

第一道工序 8 件在产品关于"原材料"的约当产量为 5 件。其计算过程说明：由于原材料是在每道工序开始时一次性投入，第一道工序的原材料消耗定额 150 元，在一开始加工时就全部投入，在第一道工序开工以后的加工过程中不再投入原材料，所以，只要在第一道工序，所有的产品每一件都是消耗了 150 元的材料费用。一件完工产品所消耗的原材料为 240 元，$\frac{150}{240}=0.625$，则第一道工序的任何一件在产品所耗用的原材料约当于 0.625 件完工产品所耗用的原材料费用，即第一道工序的任何一件在产品关于原材料的约当产量为 0.625 件，第一道工序有 8 件在产品，约当于 5 件完工产品所耗用的原材料费用（0.625×8=5）。

第二道工序 14 件在产品关于"原材料"的约当产量为 14 件。其计算过程说明：由于第二道工序上的在产品是从第一道工序转入的，第一道工序已经完工，才会转入第二道工序继续加工，因此，只要在第二道工序上，第一道工序的原材料费用 150 元就已经被耗用了。第二道工序的原材料消耗定额 90 元，在第二道工序一开始加工时就全部投入，在第二道工序开工以后的加工过程中也不再投入原材料，那么，只要在第二道工序上，所有的产品每一件都消耗了 240（150＋90）元的材料费用，一件完工产品所消耗的原材料费用 240 元。因此第二道工序上的每一件在产品所耗用的原材料费用就约当于一件完工产品所耗用的原材料费用，即第二道工序的任何一件在产品关于原材料的约当产量就是 1。第二道工序有 14 件在产品，其所耗用的原材料费用就约当于 14 件产成品所耗用的原材料费用。

以上两道工序，共计 22 件在产品关于原材料的约当产量为 19（5＋14）件。分配原材料费用：

$$原材料费用分配率=\frac{6\,000+25\,440}{19+109}=245.625$$

完工产品所耗原材料费用＝245.625×109＝26 773.13（元）

在产品所耗原材料费用＝245.625×19＝4 666.87（元）

（3）原材料陆续投入方式。

当原材料陆续投入时，这意味着随着加工程度的不断深入，所投入的原材料费用也不断增加，加工程度深的在产品所耗用的原材料费用多，加工程度浅的在产品所耗用的原材料费用少。为了提高成本计算的正确性，应当按照各工序在产品的累计原材料费用（消耗）定额占完工产品原材料费用（消耗）定额的比例计算在产品关于原材料的约当产量。计算各工序的在产品累计原材料费用定额时,假定在产品均匀分布在加工生产线上,分布在后面的加工程度深的在产品所耗用的原材料费用多,可以抵补分布在前面的加工程度浅的在产品所耗用的原材料费用,这样,平均每一件在产品在本工序的投料程度均可按50%计算。

[**例 7-5**]仍按例 7-4,若原材料在每道工序是陆续投入,则 22 件在产品关于原材料的约当产量计算如表 7-5 所示:

表 7-5

工序	在产品数量	原材料消耗定额	在产品投料程度	在产品约当产量
1	8	150	$\frac{150\times 50\%}{240}=31.25\%$	$\frac{150\times 50\%}{240}\times 8=2.5$
2	14	90	$\frac{150+90\times 50\%}{240}=81.25\%$	$\frac{150+90\times 50\%}{240}\times 14=11.375$
合计	22	240		13.875

第一道工序 8 件在产品关于"原材料"的约当产量为 2.5 件。其计算过程说明:由于原材料是在每道工序陆续投入,第一道工序的原材料消耗定额 150 元,假定 8 件在产品在第一道工序各步骤上是均匀分布的,分布在前面步骤的在产品耗用的原材料费用少,分布在后面步骤的在产品耗用的原材料费用多,后面的在产品所耗用的原材料费用可抵补前面的在产品所含较少的原材料费用,加权平均起来,则平均每一件在产品耗用的原材料费用是第一道工序材料定额的一半,即:150×50%=75;一件完工产品所耗用的原材料 240 元,则一件在产品所耗用的原材料约当于 0.312 5 件完工产品所耗用的原材料费用,第一道工序有 8 件在产品,约当于 2.5 件完工产品所耗用的原材料费用(0.312 5×8=2.5)。

第二道工序 14 件在产品关于"原材料"的约当产量为 11.375 件。其计算过程说明:由于第二道工序上的在产品是从第一道工序转入的,第一道工序已经完工,才会转入第二道工序继续加工,因此,只要在第二道工序上,第一道工序的原材料费用 150 元就已经被耗用了。第二道工序的原材料消耗定额 90 元,在第二道工序上陆续投入,又假定第二道工序上的在产品是均匀分布的,同上原理,平均每一件在产品耗用的原材料费用是 195(150+90×50%)元。一件完工产品所耗用的原材料 240 元,则一件在产品所耗用的原材料约当于

0.812 5 件完工产品所耗用的原材料费用，第二道工序有 14 件在产品，约当于 11.375 件完工产品所耗用的原材料费用（0.812 5×14＝11.375）。

以上两道工序 22 件在产品关于原材料的约当产量为 13.875 件。分配原材料费用：

$$原材料费用分配率=\frac{6\ 000+25\ 440}{13.875+109}=255.87$$

完工产品所耗原材料费用＝255.87×109＝27 889.83（元）

在产品所耗原材料费用＝255.87×13.875＝（6 000＋25 440）－27 889.83
＝3 550.17（元）

有时，为了简化计算在产品关于原材料的约当产量，在原材料陆续投入的情况下，也可以直接按 50％作为各工序在产品的投料程度，将在产品数量乘以 50％，即得出在产品关于原材料的约当产量。

例：某基本生产车间生产乙产品，本月初基本生产成本月初余额 3 560 元，其中原材料费用 1 980 元，本月投入原材料 20 350 元，本月完工产品 200 件，在产品 50 件，原材料陆续投入，按 50％计算在产品关于原材料的投料程度。计算完工产品和在产品的原材料费用。

50 件在产品关于原材料的约当产量＝50×50％＝25（件）

$$原材料费用分配率=\frac{1\ 980+20\ 350}{200+25}=99.24$$

完工产品所耗原材料费用＝99.24×200＝19 848（元）

在产品所耗原材料费用＝99.24×25＝（1 980＋20 350）－19 848＝2 482（元）

2.在产品关于“工资及福利”、“燃料及动力”、“制造费用”等成本项目约当产量的计算

“工资及福利”、“燃料及动力”、“制造费用”等成本项目的费用一般都是随着加工程度的深入而不断增加的，在产品所耗用的工时越多，则包含的各项费用也越多；所耗用的工时越少，在产品所耗用的各项费用也少。为了提高成本计算的正确性，一般按照各工序在产品的累计工时定额占完工产品工时定额的比例计算在产品关于工时的约当产量。

［例 7-6］某基本生产车间生产丙产品，月初基本生产成本余额（月初在产品成本）为 10 550，其中原材料 2 000 元，工资及福利 3 800 元，制造费用 4 750 元，本月投入工资及福利 23 500 元，制造费用 32 000 元，本月完工产品 350 件，在产品 80 件，其分布状况、工时定额资料及在产品关于工时的约当产量计算见下表。要求：分别计算完工产品和在产品所包含的工资及福利、制造费用。

表 7-6

工序	在产品数量	工时定额	在产品完工程度	在产品关于工时的约当产量
1	30	12	$\frac{12\times50\%}{20}=30\%$	$\frac{12\times50\%}{20}\times30=9$
2	50	8	$\frac{12+8\times50\%}{20}=80\%$	$\frac{12+8\times50\%}{20}\times50=40$
合计	80	20		49

在产品关于工时的约当产量计算原理与原材料陆续投入方式下计算“原材料”成本项目约当产量的原理相同，此处不再说明。

$$工资及福利分配率=\frac{3\ 800+23\ 500}{350+49}=68.42$$

完工产品所包含的工资及福利＝68.42×350＝23 947(元)

在产品所包含的工资及福利＝68.42×49＝3 800＋23 500－23 947＝3 353(元)

$$制造费用分配率=\frac{4\ 750+32\ 000}{350+49}=92.11$$

完工产品所包含的制造费用＝92.11×350＝32 238.50(元)

在产品所包含的制造费用＝92.11×49＝4 750＋32 000－32 238.50＝4 511.50(元)

五、在产品按完工产成品成本计价法

该方法是将在产品视同完工产成品分配费用。适用于月末在产品已经接近完工，或者产品已经加工完毕但尚未验收或包装入库的情况。这是因为，在这种情况下的在产品成本已经接近完工产成品成本，为了简化核算工作，将月末在产品视同完工产成品，因此，按照完工产品和在产品的数量比例分配各项费用。

[**例 7-7**]某工业企业丙产品的月初在产品成本为 60 310 元，其中，原材料费用 25 650 元，工资及福利费 10 360 元，制造费用 24 300 元。本月投入生产费用共计 132 750 元，其中原材料费用 60 050 元，工资及福利费 31 500 元，制造费用 41 200 元。本月完工产成品 650 件，月末在产品 350 件。月末在产品已基本接近完工，但尚未验收入库。

基本生产成本明细账如表 7-7 所示：

表 7-7　基本生产成本——丙产品

时间	凭证号	摘要	原材料	工资及福利	制造费用	合计
略	略	月初余额	25 650	10 360	24 300	60 310
		本月发生	60 050			60 050
		本月发生		31 500		31 500
		本月发生			41 200	41 200
		生产费用累计	85 700	41 860	65 500	193 060

根据基本生产成本明细账及本月完工产品与月末在产品产量资料计算丙产品成本，如表 7-8 所示。

表 7-8　丙产品成本计算表

成本项目	月初在产品成本	本月生产费用	生产费用累计	费用分配率	完工产品		月末在产品	
					数量	费用	数量	费用
原材料	25 650	60 050	85 700	85.70		55 705		29 995
工资及福利	10 360	31 500	41 860	41.86		27 209		14 651
制造费用	24 300	41 200	65 500	65.50		42 575		22 925
合　计	60 310	132 750	193 060	193.06	650	125 489	350	67 571

根据以上计算结果，做会计分录如下：

借：库存商品——产成品（丙产品）　　125 489

　贷：基本生产成本——丙产品——原材料　　55 705

　　　　　　　　　　　　　　——工资及福利　　27 209

　　　　　　　　　　　　　　——制造费用　　42 575

根据上述会计分录登账后，基本生产成本明细账登账记录如表 7-9 所示：

表 7-9　基本生产成本——丙产品

时间	凭证号	摘要	原材料	工资及福利	制造费用	合计
略	略	月初余额	25 650	10 360	24 300	60 310
		本月发生	60 050			60 050
		本月发生		31 500		31 500
		本月发生			41 200	41 200
		生产费用累计	85 700	41 860	65 500	193 060
		本月完工转出	55 705	27 209	42 575	125 489
		月末余额	29 995	14 651	22 925	67 571

通过此例，我们还可以比较基本生产成本明细账与成本计算单的不同。基本生产成本明细账是账户，账户内的数据是来源于相关会计分录。本月发生了相关经济业务之后做会计分录，根据会计分录将相关数据登入相关账户。而成本计算单是一种自制原始凭证，根据基本生产成本明细账上所归集的数据进行计算，成本计算单反映了产品成本的计算过程。

六、在产品按定额成本计价法

该方法是指月末在产品按定额成本计算，即月末在产品成本按在产品数量与各成本项目的单位费用定额之积计算，某种产品月初在产品成本加上本月生产费用，减去月末在产品的定额成本，即为本月完工产品成本。该方法适用于定额管理基础较好，各项消耗定额或费用定额制定比较准确、稳定，而且各月在产品数量变动不大的情况。这是因为采用该方法，月末在产品成本按定额费用计算，而定额费用与实际成本之间总是会有一定的差额，月初在产品成本加上本月生产费用之和减去月末在产品定额成本，计算出本月完工产成品成本，那么，本月末在产品实际生产成本脱离定额的差异，全部计入了当月完工产成品成本。若企业定额管理基础较好，各项消耗定额或费用定额制定比较准确、稳定，那么单件在产品费用脱离定额的差异不大，当各月在产品数量变动不大时，月初在产品费用脱离定额差异总额与月末在产品费用脱离定额差异总额的差额也不会大，因而月末在产品按定额成本计价，不计算成本差异，对完工产成品成本的影响不大，为了简化成本计算工作，可以这样分配计算。

[**例 7-8**]某工业企业生产乙产品，月初在产品成本为 4 870 元，其中原材

料费用 1 620 元，工资及福利费用 1 200 元，制造费用 2 050 元。本月投入生产费用 53 800 元，其中原材料费用 20 000 元，工资及福利 18 500 元，制造费用15 300元。本月完工产成品 387 件，月末在产品 45 件。在产品原材料费用定额为 50 元，定额工时 288 小时，每小时费用定额为：工资及福利费 3.25 元，制造费用 2.85 元。

在产品定额费用：

原材料：50×45＝2 250(元)
工资及福利：288×3.25＝936(元)
制造费用：288×2.85＝820.80(元)
合计：　　　　4 006.80(元)

产成品成本：

原材料：(1 620＋20 000)－2 250＝19 370(元)
工资及福利：(1 200＋18 500)－936＝18 764(元)
制造费用：(2 050＋15 300)－820.80＝16 529.20(元)
合计：　　　　54 663.20(元)

根据以上计算结果做会计分录：

借：库存商品——产成品(乙产品)　　54 663.20
　贷：基本生产成本——乙产品　　54 663.20

应当注意的是，在修订定额的月份，月末在产品是按新的定额成本计算的，这时，在产品新定额与旧定额之间的差额也将包括在当月完工产品成本之中，这会给考核和分析完工产品成本带来一定的困难。如本例，假定某月份月初在产品成本和本月发生的生产费用以及完工产品和在产品的数量仍然是上述那些数字，本月初新修订定额，原材料费用定额改为 45 元，月末在产品定额工时减少为 260 小时。采用该方法计算完工产品和月末在产品成本为：

在产品定额费用：

原材料：45×45＝2 025(元)
工资及福利：260×3.25＝845(元)
制造费用：260×2.85＝741(元)
合计：　　　　3 611(元)

产成品成本：

原材料：(1 620＋20 000)－2 025＝19 595(元)
工资及福利：(1 200＋18 500)－845＝18 855(元)

制造费用：(2 050＋15 300)－741＝16 609(元)

合计：　　　　　　　　　55 059(元)

同一例题说明，由于上月技术进步、操作熟练程度提高等原因，使本月新的定额降低，从而导致月末在产品定额费用降低，反而致使本月完工产成品成本提高(55 059 > 54 663.20)，该产成品成本的提高并不是由于当月生产耗费超支的结果。为了正确分析完工产成品成本，就必须将月末在产品按新旧两种定额成本计算，从而得出两者的差异，将这一差异从完工产成品成本中分离出来，之后，才能对产成品成本进行分析和考核。这样当然会增加成本核算工作量。因此，采用该方法，要求各项定额的制定比较准确、稳定，不需要经常修订定额。

采用该方法时，若产品成本中原材料费用所占比重较大，为了简化成本计算工作，月末在产品成本也可只按定额原材料费用计算，即，将该方法与在产品按所耗原材料费用计价法结合起来使用。

七、定额比例法

该方法是将产品当月的生产费用累计数按照完工产成品和月末在产品的定额消耗量或定额费用的比例，分配计算完工产成品和月末在产品成本的方法。其中，原材料费用按照原材料定额消耗量或原材料定额费用比例分配；工资及福利费、制造费用等其他各项加工费用，既可按定额费用的比例分配，也可按定额工时的比例分配，但通常是按定额工时比例分配。因为工资及福利费等其他各项加工费用的定额费用是根据定额工时乘以费用率计算得出的，这些费用按定额工时比例分配，可节省各该定额费用的计算工作。

该方法适用于定额管理基础较好，各项消耗定额或费用定额制定比较准确、稳定，但各月末在产品数量变动较大的情况。这是因为，该企业若定额管理基础较好，各项消耗定额或费用定额制定比较准确，单位在产品费用脱离定额的差异就不大，但若各月末在产品数量变动较大，那么月初在产品费用脱离定额的差异总额与月末在产品费用脱离定额的差异总额的差额就会较大，若仍然采用在产品按定额成本计价法，月初、月末在产品成本脱离定额差异的差额计入完工产成品成本，就会对完工产成品成本的正确性产生较大的影响，甚至出现完工产成品成本是负数的不合理现象。而采用定额比例法则会将在产品成本脱离定额的差异由产成品与月末在产品共同承担，不会对产成品成本产生过大的影响。因此，当各月末在产品数量变动较大时就应当采用定额比例法，分配计算完工产成品和在产品的实际成本。

按定额比例法分配生产费用的计算公式有两种，一种是按定额消耗量比例分配的计算公式，一种是按定额费用比例分配的计算公式。

按定额消耗量比例分配的计算公式如下：

$$消耗量分配率=\frac{月初在产品实际消耗量+本月实际消耗量}{完工产成品定额消耗量+月末在产品定额消耗量}$$

完工产成品实际消耗量＝完工产成品定额消耗量×消耗量分配率

完工产成品成本＝完工产成品实际消耗量×原材料单价(或单位工时的工资、费用)

月末在产品实际消耗量＝月末在产品定额消耗量×消耗量分配率

月末在产品成本＝月末在产品实际消耗量×原材料单价(或单位工时的工资、费用)

上述公式中的消耗量可以是原材料的消耗量，也可以是工时消耗量。按定额消耗量比例分配生产费用，其优点是不仅可以提供完工产成品和在产品的实际费用资料，而且可以提供它们的实际消耗量资料，有利于考核和分析各项消耗定额的执行情况；其缺点是核算工作量较大，若所耗原材料品种较多时，更是如此。因此，为了简化分配工作量，通常也可以按定额费用比例分配计算。公式如下：

$$原材料费用分配率=\frac{月初在产品实际原材料费用+本月实际投入原材料费用}{完工产成品定额原材料费用+月末在产品定额原材料费用}$$

完工产成品原材料费用＝完工产成品定额原材料费用×原材料费用分配率

月末在产品原材料费用＝月末在产品定额原材料费用×原材料费用分配率

或＝月初在产品实际原材料费用＋本月实际投入原材料费用－完工产成品原材料费用

$$工资(其他费用)分配率=\frac{月初在产品实际工资(其他费用)+本月投入实际工资(其他费用)}{完工产成品定额工时+月末在产品定额工时}$$

$$完工产成品工资(其他费用)=完工产成品定额工时\times工资(其他费用)分配率$$

$$月末在产品工资(其他费用)=月末在产品定额工时\times工资(其他费用)分配率$$

或＝月初在产品实际工资(其他费用)＋本月投入实际工资(其他费用)－完工产成品工资(其他费用)

[例 7-9]某工业企业生产甲产品，月初在产品成本为 9 650 元，其中：原材料3 000元，燃料及动力 1 800 元，工资及福利费 2 600 元，制造费用 2 250 元。本月投入生产费用 108 400 元，其中：原材料 33 600 元，燃料及动力 20 800 元，工资及福利费 28 500 元，制造费用 25 500 元。本月完工产成品 1 000 件，

原材料定额费用25 000元，定额工时2 000小时；在产品500件，原材料定额费用12 500元，定额工时500小时。要求采用定额比例法分别计算完工产成品和月末在产品的成本。

$$原材料费用分配率=\frac{3\ 000+33\ 600}{25\ 000+12\ 500}=0.976$$

完工产成品原材料费用＝25 000×0.976＝24 400（元）

在产品原材料费用＝12 500×0.976＝12 200（元）

$$燃料及动力费用分配率=\frac{1\ 800+20\ 800}{2\ 000+500}=9.04$$

完工产成品燃料及动力费用＝2 000×9.04＝18 080（元）

在产品燃料及动力费用＝500×9.04＝4 520（元）

$$工资及福利费分配率=\frac{2\ 600+28\ 500}{2\ 000+500}=12.44$$

完工产成品工资及福利费＝2 000×12.44＝24 880（元）

在产品工资及福利费＝500×12.44＝6 220（元）

$$制造费用分配率=\frac{2\ 250+25\ 500}{2\ 000+500}=11.1$$

完工产成品制造费用＝2 000×11.1＝22 200（元）

在产品制造费用＝500×11.1＝5 550（元）

完工产成品总成本＝24 400＋18 080＋24 880＋22 200＝89 560（元）

月末在产品总成本＝12 200＋4 520＋6 220＋5 550＝28 490（元）

以上计算过程可设置为成本计算单的形式反映，见表7-10：

表7-10　甲产品成本计算单

200×年×月　　　　单位：元

成本项目	月初在产品成本	本月生产费用	生产费用累计	费用分配率	完工产品成本		月末在产品成本	
					定额	实际费用	定额	实际费用
(1)	(2)	(3)	(4)＝(2)＋(3)	(5)＝(4)/[(6)＋(8)]	(6)	(7)＝(6)×(5)	(8)	(9)＝(8)×(5)
原材料	3 000	33 600	36 600	0.976	25 000	24 400	12 500	12 200
燃料及动力	1 800	20 800	22 600	9.04	2 000	18 080	500	4 520
工资及福利	2 600	28 500	31 100	12.44	2 000	24 880	500	6 220
制造费用	2 250	25 500	27 750	11.1	2 000	22 200	500	5 550
合　计	9 650	108 400	118 050			89 560		28 490

根据以上计算结果，做会计分录：

借：库存商品——甲产品　　89 560
　贷：基本生产成本——甲产品——原材料　　24 400
　　　　　　　　　　　　　——燃料及动力　　18 080
　　　　　　　　　　　　　——工资及福利　　24 880
　　　　　　　　　　　　　——制造费用　　22 200

本例中计算分配各项费用，必须取得完工产成品和月末在产品的定额资料。完工产成品的原材料定额费用和定额工时，可以根据完工产成品的实际数量乘以单位原材料费用定额和工时定额计算得出，月末在产品的原材料定额费用和定额工时，可以根据月末在产品分布的各不同工序及完工程度，根据在产品的数量（或约当数量）分别乘以各该费用（工时）定额具体计算。采用这种方法，当在产品的种类和生产工序繁多时，核算工作量较为繁重。因此，有的企业，月末在产品的定额资料不根据月末在产品数量具体计算，而采用简化的倒挤方法计算。其计算公式如下：

$$\begin{matrix}\text{月末在产品定额}\\\text{消耗量(定额费用)}\end{matrix}=\begin{matrix}\text{月初在产品定额}\\\text{消耗量(定额费用)}\end{matrix}+\begin{matrix}\text{本月投入的定额}\\\text{消耗量(定额费用)}\end{matrix}-\begin{matrix}\text{本月完工产成品定额}\\\text{消耗量(定额费用)}\end{matrix}$$

在上式中，月初在产品定额消耗量（定额费用）即上月末的在产品定额消耗量（定额费用），本月投入的定额消耗量（定额费用）中的原材料定额资料，可以根据限额领料单所列原材料定额消耗量等资料计算求得，定额工时消耗量可以根据有关定额工时的原始记录计算求得。本月完工产成品定额消耗量（定额费用）可根据完工产成品的实际数量乘以单位原材料消耗定额（费用定额）或工时定额计算得出。根据这一公式计算倒挤计算月末在产品的定额数据，可以简化计算工作，但在发生在产品盘盈或盘亏的情况下，计算求得的成本资料就不能如实反映产品成本的水平。为了保证在产品账实相符，提高成本计算的正确性，必须每隔一定时期对在产品进行一次盘点，根据在产品的实存数计算一次定额消耗量。

在具备了月初、月末在产品定额消耗量（定额费用），本月投入生产的定额消耗量（定额费用），以及本月完工产成品定额消耗量（定额费用）资料的情况下，费用分配率的计算既可按照前述费用分配率计算公式计算，也可按下列公式计算：

$$\begin{matrix}\text{费　用}\\\text{分配率}\end{matrix}=\frac{\text{月初在产品实际费用}+\text{本月实际费用}}{\begin{matrix}\text{月初在产品}\\\text{定额消耗量}\end{matrix}\text{(定额费用)}+\begin{matrix}\text{本月投入的}\\\text{定额消耗量}\end{matrix}\text{(定额费用)}}$$

其原因很明显，因为：

$$\text{月初在产品定额消耗量(定额费用)}+\text{本月投入的定额消耗量(定额费用)}=\text{完工产成品定额消耗量(定额费用)}+\text{月末在产品定额消耗量(定额费用)}$$

[**例 7-10**]假定丙产品的单位费用定额为 200 元，其中，原材料费用定额 100 元，工资及福利费用定额为 35 元，制造费用单位费用定额为 65 元。本月初，生产线上有在产品 50 件，完工程度 50%，原材料在生产开始时一次性投入，其他费用陆续发生。月初在产品的定额费用为 7500 元，其中，原材料 5 000元，工资及福利 875 元，制造费用 1 625 元。月初在产品实际成本为 7 800元，其中，原材料 5 180 元，工资及福利 820 元，制造费用 1 800 元。本月投产丙产品 800 件，该 800 件丙产品均已全部加工完成，本月实际发生的生产费用为158 000元，其中，原材料 80 500 元，工资及福利 27 600 元，制造费用 49 900元。月末，完工 810 件，在产品 40 件。

$$\text{原材料费用分配率}=\frac{5\ 180+80\ 500}{5\ 000+800\times100}=1.008$$

产成品原材料费用＝810×100×1.008＝81 648(元)

在产品原材料费用＝(5 180＋80 500)－81 648＝4 032(元)

$$\text{工资及福利费用分配率}=\frac{820+27\ 600}{875+800\times35+35\times50\%\times10}=0.978\ 3$$

产成品工资及福利费用＝810×35×0.9783＝27 734.81(元)

在产品工资及福利费用＝(820＋27 600)－27 734.81＝685.19(元)

$$\text{制造费用分配率}=\frac{1\ 800+49\ 900}{1\ 625+800\times65+65\times50\%\times10}=0.958\ 3$$

产成品制造费用＝810×65×0.9583＝50 454.50(元)

在产品制造费用＝(1 800＋49 900)－50 454.50＝1 245.50(元)

本月完工产成品成本＝81 648＋27 734.81＋50 454.50＝159 837.31(元)

本月在产品成本＝4 032＋685.19＋1 245.50＝5 962.69(元)

月末在产品的定额费用为 6000 元，其中：

月末在产品的原材料定额费用＝5 000＋800×100－810×100＝4 000(元)

月末在产品的工资及福利定额费用＝875＋800×35＋35×50%×10－810×35＝700(元)

月末在产品的制造费用定额费用＝1 625＋800×65＋65×50%×10－810×65＝1 300(元)

本例中，月末在产品的定额费用(定额工时)是根据“月末在产品定额消耗量(定额费用)＝月初在产品定额消耗量(定额费用)＋本月投入的定额消耗量(定额费用)－本月完工产成品定额消耗量(定额费用)”这一公式倒挤计算出来的，虽然在计算月末在产品的定额费用之前，完工产成品和在产品的实际成本都已经计算出来，这时，看来似乎可以不必计算月末在产品的定额资料。但实际上这是为了求得下月月初在产品的定额资料，以分配下月生产费用，所以仍然需要计算本月月末在产品的定额资料。

采用定额比例法分配完工产成品和月末在产品成本，不仅分配结果比较合理，而且还便于将实际费用与定额费用进行比较，考核定额的执行情况。这是因为，在计算费用分配率时，分子都是实际费用数额，分母都是定额费用或定额工时，计算出来的分配率即为每单位定额应当分配的费用，若原材料费用分配率大于1，则说明原材料实际费用数大于定额费用数；若分配率小于1，则说明原材料实际费用数小于定额费用数。若计算出来的是每工时定额的实际工资费用和制造费用，可将其与计划的每工时工资费用和制造费用进行比较，以考核是否超支。

应当注意：由于定额的修订通常是在月初进行的，采用该方法，在本月初修订单位定额时，上月末在产品的定额费用仍然是按旧的单位定额计算出来的，上月末在产品即为本月初在产品，则本月月初在产品的定额费用应当按新的定额重新计算。否则，当新的单位定额低于旧单位定额时，若月末在产品的定额按"月末在产品定额消耗量(定额费用)＝月初在产品定额消耗量(定额费用)＋本月投入的定额消耗量(定额费用)－本月完工产成品定额消耗量(定额费用)"公式倒挤计算出来，则月初在产品应降低而未降低的定额费用全部挤入月末在产品定额费用中，使月末在产品的定额费用虚增，从而使月末在产品所分配的实际费用虚增；若按"费用

$$分配率=\frac{月初在产品实际费用+本月实际费用}{\begin{matrix}月初在产品\\定额消耗量\end{matrix}(定额费用或工时)+\begin{matrix}本月投入的\\定额消耗量\end{matrix}(定额费用或工时)}$$

"公式计算费用分配率，同样，当本月初修订单位定额，新的单位定额低于旧单位定额时，也会使公式中分母数虚增，从而使费用分配率偏低，且"月初在产品定额消耗量(定额费用)＋本月投入的定额消耗量(定额费用)≠完工产成品定额消耗量(定额费用)＋月末在产品定额消耗量(定额费用)"使分子的实际费用分配不完，以上情况在月初修订单位定额不是降低而是提高时，则会发生相反的结果。而要将月初在产品定额费用由按旧定额计算调整为按新的定额重新计算，则要增加核算工作量，因此，采用定额比例法分配完工产成品和在产品的成本时，一般适用于消耗定额或费用定额(工时定额)的制定不仅要比较准确，而且要比较稳定的部门。关于修订定额时如何调整月初旧定额，具体例题见第十三章"成本计算的辅助方法——定额法"。

至此，成本计算的具体程序的各个步骤已介绍完毕，工业企业的完工产品包括产成品以及自制的材料、工具和模具等。在完工产品成本计算出来以后，其成本应从“基本生产成本”账户贷方转出，计入有关账户的借方。完工入库产成品的成本，记入“库存商品”账户借方；完工的自制材料的成本，记入“原材料”账户的借方；完工的工具、模具等的成本，记入“低值易耗品”账户的借方，转出的成本贷记“基本生产成本”账户。“基本生产成本”账户月末借方余额，即月末生产线上在产品的成本，也即占用在基本生产过程中的生产资金。

下面，将在第九章“成本计算的基本方法——品种法”中以例题的方式，将上述产品成本计算的具体程序串起来，以便更好地将前面的学习内容加深认识并灵活运用。

思考题：

1. 在产品不计算成本法与在产品按年初固定成本计价法在核算上有何异同？各自适用于何种情况？

2. 定额比例法与在产品按定额成本计价法在核算上有何异同？各自适用于何种情况？

3. 选择生产费用在完工产品和在产品之间分配的方法时要考虑哪些因素？

4. 约当产量比例法的核算原理是什么？该方法的适用条件是什么？

5. 在产品只计算原材料成本法的适用条件是什么？请了解实务中有何企业采用该方法分配生产费用。

08 第八章 产品成本计算方法概述

第一节　影响产品成本计算的主要因素

企业生产特点和管理要求是影响产品成本计算对象与成本计算基本方法的主要因素。

所谓生产特点，一般是指生产类型，包括产品的生产工艺过程特点和生产组织特点。

一、生产类型

（一）按产品生产工艺过程特点分类

工业企业的生产，按生产工艺过程特点，可分为单步骤生产和多步骤生产两种类型。

单步骤生产，也称简单生产，是指生产工艺过程不能间断的生产（如供水、发电企业水、电的生产），或者由于工作地点限制不便分散在几个不同地点进行的生产（如采掘企业的生产）。

多步骤生产，也称复杂生产，是指生产工艺过程可以间断，可以分散在不同时间、地点，由几个生产步骤组成的生产。生产活动可以由一个企业的几个车间分生产步骤分别进行，也可以由几个企业分生产步骤协作进行。

另外，按加工方式，工业企业的生产还可以分为连续式生产和装配式生产。

连续式生产，是指要经过若干个连续性的生产步骤才能最终制成产品的生产，又可以分为连续式单步骤生产（如供水、发电企业水、电的生产）和连续式多步骤生产（如纺织企业从棉花到棉纱再到棉布的生产，钢铁企业从铁矿石到铁锭再到钢产品的生产）。

装配式生产,是指先把各种原材料平行加工,制成各种零部件,再把各种零部件装配成产品的生产(如汽车、家电、服装等企业的生产)。

(二)按产品生产组织特点分类

所谓产品生产组织特点,是指产品生产组织的方式,它体现了企业生产专业化和生产过程重复程度的高低。

工业企业的生产,按产品生产组织特点,可分为大量生产、成批生产和单件生产三种类型。

大量生产是指连续不断地重复生产一种或几种特定产品的生产。这种生产类型的企业一般生产的品种较少,但每一品种的产量较大,规格较单一,且多采用专业设备进行生产,因此生产的专业化水平较高。如供水、发电、采掘、纺织、钢铁、造纸等企业的生产就属于这种类型。

成批生产是指按事先规定的批别和数量进行的生产。这种生产类型的企业一般生产的品种较多,规格也较多,但每一品种的产量可能有大有小。如机械、服装等企业的生产就属于这种类型。

成批生产按照批量大小又可分为大批生产和小批生产。大批生产和大量生产相接近,小批生产和单件生产相接近。

单件生产是指生产制造品种规格或质量要求比较特殊的产品,或根据客户订单个别设计、单独进行的生产。这种生产类型的企业一般生产的品种较多,但每一品种的产量较少,规格较特殊,而且生产完后,很少再重复生产该种规格的产品。如重型机械、精密仪器、船舶等企业的生产就属于这种类型。

在企业的生产经营活动中,不同的生产工艺过程特点和生产组织特点相结合,就形成了不同类型的生产企业。一般来说,连续式生产的企业从生产组织特点看,不论是单步骤生产还是多步骤生产,往往都是大量生产的企业。装配式生产的企业一般属于单件生产或小批生产,但也有一些产品是根据市场需求来组织生产的,批量较大,因此又属于大量生产。

需要注意的是,以上所做的这两种分类是相互联系、而不是各自孤立的。如大量、大批生产有的是单步骤生产,也有的是多步骤生产;单件、小批生产有的是单步骤生产,也有的是多步骤生产。

二、生产特点和成本管理要求对产品成本计算的影响

生产类型不同,对成本管理的要求也不同,这些都将对产品成本计算产生影响,其影响主要表现在成本计算对象的确定上。此外,还对成本计算期以及生产费用在本期完工产品和期末在产品之间的分配产生影响。

（一）对产品成本计算方法的影响

计算产品成本，必须先确定成本计算对象。所谓成本计算对象，是指成本的承担者，也就是归集和分配生产费用的对象。确定成本计算对象，是设置产品成本明细账、归集生产费用、计算产品成本的前提，也是区分各种成本计算基本方法的主要标志。

企业不同、车间不同，产品的生产特点也各不相同，因此，具体的成本计算对象，应根据产品的生产特点和管理要求来加以确定。

首先，产品生产工艺过程不同，成本计算对象不同。在单步骤生产时，企业往往连续不断、大量重复地生产一种或几种产品，因此成本计算对象就是产品的品种，管理上也只要求按产品的品种来计算成本。在多步骤生产时，生产工艺过程是由几个可以间断的、分散在不同地点进行的生产步骤所组成的。为了加强各个生产步骤的成本管理，往往不仅要求按照产品品种或批别来计算成本，而且要求按照产品的各个生产步骤来计算成本。但是，如果企业的规模小，管理上不要求按照生产步骤来考核生产费用、计算产品成本，也可以不按照生产步骤计算成本，而只按照产品的品种或批别来计算成本。

其次，产品生产组织特点不同，成本计算对象也不同。在大量生产时，企业连续不断地重复生产一种或几种产品，因此管理上只要求而且只能按照产品的品种来计算成本。在大批生产时，与大量生产相类似，也往往连续不断地重复生产一种或几种产品，而且投料一般较为集中。生产一批零部件常常要供几批产品耗用，使得零部件生产的批别与数量和产品生产的批别与所领的零部件数量不相一致，因此不能按照产品的批别来计算成本，而只能按照产品的品种来计算成本。至于单件和小批生产，因为投产的批量较小，同一批产品往往可以同时完工，因此可以按照产品的批别（单件是最小的批别）来计算成本。管理上为了分析和考核各批产品成本，也要求按照产品的批别来计算成本。

综上所述，成本计算对象主要是根据产品的生产特点和管理要求来加以确定的。一般说来，主要有三种成本计算对象：即产品的品种、产品的批别和产品的生产步骤。

（二）对产品成本计算期的影响

所谓成本计算期，是指对生产费用计入产品成本所规定的起讫日期，也就是每次计算产品成本的期间。生产类型不同，产品的成本计算期也不同，这主要取决于生产组织的特点。

在大量大批生产时，生产像流水一样连续不断地进行，不易分出批别，而且投料与生产出产品在时间上往往交叉进行。这时候,想按照产品的生产周期来计算成本几乎不可能。而每月都有一部分产品完工,因此生产费用通常只能按月来归集和分配。这样,成本计算就要定期在每月月末进行,与会计报告期相一致,与生产周期不一致。

在单件小批生产时,批量小,而且生产一般不重复进行,因此,只能等某一批产品完工后才能计算该批产品的成本,这样,成本计算期就与生产周期相一致,与会计报告期不一致,是不定期的。

(三)对生产费用在本期完工产品和期末在产品之间分配的影响

在连续式单步骤生产时,生产周期较短,期末一般没有在产品或者在产品数量极少,为了简化成本计算手续,就不计算在产品的成本了,也就不必将生产费用在本期完工产品和期末在产品之间分配。

在多步骤生产时,不管是连续式还是装配式生产,其生产周期一般较长,生产费用是否应在本期完工产品和期末在产品之间分配,在很大程度上则取决于企业的生产组织特点。

在大量大批生产时,不断投料不断产出,期末经常有一定数量的在产品,这就需要将生产费用在本期完工产品和期末在产品之间分配。

在单件小批生产时,因为批量小,所以同一批产品常常同时完工或者同时没有完工。同时完工的话,所归集的生产费用就是完工产品的成本;同时没有完工的话,所归集的生产费用就是在产品的成本。这样,也就无须将生产费用在本期完工产品和期末在产品之间分配。

第二节　产品成本计算方法

一、产品成本计算方法的内容

所谓的产品成本计算方法,是指将生产费用在企业生产的各种产品之间、完工产品和期末在产品之间分配的方法。产品成本计算方法一般包括如下内容:确定成本计算对象、设置成本明细账、设置成本项目、生产费用的归集及计入产品成本的程序、确定间接计入费用的分配标准、确定成本计算期、将生产费用在完工产品和期末在产品之间分配、计算出完工产品的总成本和单位成本。

二、产品成本计算的基本方法

成本计算的方法很多，对一个企业来说，要选用哪种成本计算方法，取决于企业的生产特点和管理要求。通过上一节的阐述，我们知道，产品成本计算对象直接体现了企业生产特点和管理要求，产品成本计算对象不同，根据成本计算对象来设计的成本计算方法也不同。这样，成本计算对象就成为成本计算的核心，也就成为区分各种成本计算基本方法的主要标志。

为了适应各种生产特点和管理要求，在成本计算工作中存在着三种不同的成本计算对象，相应地，也就存在着以这三种成本计算对象为主要标志的三种成本计算的基本方法：

（一）品种法

品种法是以产品的品种为成本计算对象，来归集生产费用，计算产品成本的方法。一般适用于大量大批单步骤生产，如发电厂、供水厂、采掘企业等，也可用于管理上不要求分步骤计算产品成本的大量大批多步骤生产，如小型的造纸厂、水泥厂、织布厂等。

（二）分批法

分批法是以产品的批别为成本计算对象，来归集生产费用，计算产品成本的方法。一般适用于单件小批单步骤生产，也可用于管理上不要求分步骤计算产品成本的单件小批多步骤生产，如特殊或精密铸件的熔制，重型机械、船舶、精密仪器、专用工具器具模具和专用设备的制造等。

（三）分步法

分步法是以产品的生产步骤为成本计算对象，来归集生产费用，计算产品成本的方法。一般适用于管理上要求分步骤计算产品成本的大量大批多步骤生产，如纺织、冶金、造纸、机械制造等。

以上三种方法称为产品成本计算的基本方法。可以看出，每一种成本计算的基本方法都是根据它的成本计算对象来命名的。在工业企业中，确定不同的成本计算对象，采用不同的成本计算方法，是企业为结合自己产品的生产特点，正确提供成本核算资料，以满足成本管理的需要。不管什么工业企业，不管采用什么成本计算方法，最终都必须按照产品的品种计算出产品的总成本和单位成本来，这是成本计算最基本的要求。因此，品种法是成本计算的三种基本方法中最基本的方法。

三、产品成本计算的辅助方法

除了产品成本计算的基本方法以外，还存在分类法、定额法等成本计算的辅助方法。这些辅助方法不是独立的成本计算方法，它们是在基本方法的基础上，为了满足成本计算或成本管理过程中某一方面的需要而派生出来的。

比如说，分类法是为了简化产品成本计算工作，在产品的品种规格繁多的工业企业，如针织厂、灯泡厂、制帽厂等企业采用的一种简便的成本计算方法；而定额法则是在某些定额管理有一定基础的工业企业中，为了更有效地控制生产费用、加强成本管理，而采用的一种将符合定额的费用和脱离定额的差异分别计算的产品成本计算方法。

这些方法被称为辅助方法，是从计算产品实际成本的角度来说的。因为它们并非独立的成本计算方法，必须与成本计算的基本方法结合以后，才能进行成本计算。而基本方法可以根据实际需要选择是否与辅助方法结合，以及与哪一种辅助方法结合，也就是说，没有辅助方法的参与，光靠基本方法，成本计算也能进行下去，故辅助方法并非必不可少。这是辅助方法名称的由来，不要将“辅助”二字误解成“作用次要”。实际上，有的辅助方法，如定额法，对于加强定额管理、控制生产费用、降低产品成本有着极其重要的作用。

四、产品成本计算的基本方法和辅助方法的关系

1.产品成本计算的基本方法和辅助方法的联系

基本方法先存在，辅助方法是在基本方法的基础上，为了解决成本计算或成本管理过程中某一方面的需要而派生出来的。

2.产品成本计算的基本方法和辅助方法的区别

(1)从计算产品实际成本角度上看，产品成本计算的基本方法是必不可少的，而辅助方法则是可有可无的。

(2)从对产品成本计算对象的涉及角度上看，产品成本计算的基本方法涉及成本计算对象，而辅助方法没有涉及。

(3)从与生产类型的联系角度上看，产品成本计算的基本方法与生产类型有直接联系，生产类型不同，采用的成本计算的基本方法也不同；而辅助方法与生产类型无直接联系，它的使用要么是为了简化成本计算工作，要么是为了加强成本管理，只要条件具备，在任何类型的生产企业中都可以采用。

(4)从使用的角度上看，产品成本计算的基本方法可以单独使用，而辅助方法不能单独使用，一般应与各种基本方法结合起来使用。

为了更加直观地反映本节中的重要内容：产品成本计算对象与产品成本

计算的基本方法以及产品成本计算的基本方法和辅助方法的关系，将其有关内容用列表形式表示。

产品成本计算的基本方法和辅助方法的关系如表 8-1 所示。

表 8-1　产品成本计算的基本方法和辅助方法的关系表

<table>
<tr><th>区别</th><th>基本方法</th><th>辅助方法</th></tr>
<tr><td>是否为计算产品实际成本必不可少的方法</td><td>是</td><td>否</td></tr>
<tr><td>是否涉及产品成本计算对象</td><td>是</td><td>否</td></tr>
<tr><td>是否与生产类型有直接联系</td><td>是</td><td>否</td></tr>
<tr><td>是否可以单独使用</td><td>是</td><td>否，必须与基本方法结合</td></tr>
<tr><td colspan="3">联系：基本方法是基础，辅助方法是在基本方法的基础上派生出来的</td></tr>
</table>

产品成本计算对象与成本计算基本方法如表 8-2 所示。

表 8-2　产品成本计算对象与成本计算基本方法表

<table>
<tr><th colspan="3">影响成本计算方法的因素</th><th rowspan="2">成本计算基本方法</th><th rowspan="2">适用的企业类型</th><th colspan="3">成本计算基本方法的特点</th></tr>
<tr><th>生产组织特点</th><th>生产工艺特点</th><th>成本管理要求</th><th>成本计算对象</th><th>成本计算期</th><th>生产费用在完工产品和月末在产品的分配</th></tr>
<tr><td rowspan="3">大量大批生产</td><td>单步骤生产</td><td>要求按品种计算产品成本</td><td rowspan="2">品种法</td><td>供水、发电、采掘等企业</td><td rowspan="2">产品的品种</td><td rowspan="4">与会计报告期一致，按月定期计算成本</td><td>一般不需分配</td></tr>
<tr><td rowspan="2">多步骤生产</td><td>不要求按步骤计算产品成本（只要求按品种计算产品成本）</td><td>造纸、水泥、食品、砖瓦等企业</td><td>一般需要分配</td></tr>
<tr><td>要求按步骤计算产品成本</td><td rowspan="2">分步法</td><td rowspan="2">纺织、冶金、汽车、机械制造等企业</td><td rowspan="2">产品各个生产步骤的半成品或产成品</td><td rowspan="2">一般需要分配</td></tr>
<tr><td rowspan="3">单件小批生产</td><td rowspan="2">多步骤生产</td><td>要求按步骤计算产品成本</td></tr>
<tr><td>不要求按步骤计算产品成本（只要求按批别计算产品成本）</td><td rowspan="2">分批法</td><td rowspan="2">特殊或精密铸件的熔制，重型机械、船舶、精密仪器、专用工具器具模具和专用设备的制造等</td><td rowspan="2">产品各个生产批别的半成品或产成品</td><td rowspan="2">与生产周期一致，不定期计算成本</td><td rowspan="2">除跨月陆续完工外，一般不需要分配</td></tr>
<tr><td>单步骤生产</td><td>要求按批别计算产品成本</td></tr>
</table>

第三节 各种产品成本计算方法在实务中的应用

以上介绍了品种法、分批法、分步法等产品成本计算的基本方法,以及分类法、定额法等辅助方法,企业应根据自身生产特点和成本管理的要求来确定应选用的成本计算方法。

在实务中,同一个企业里可能有好几个生产车间,同一个生产车间里可能生产好几种产品,不同生产车间、不同产品有着不同的生产特点和成本管理要求,因此就有可能在同一个企业或同一个生产车间里,同时应用几种不同的产品成本计算方法。即使是同一种产品,在该产品的各个生产步骤、各种半成品及各成本项目之间的生产特点和成本管理要求也可能各不相同,因此就有可能在同一种产品中结合应用几种不同的成本计算方法。

一、同时应用几种不同的成本计算方法

(一)同一企业的相同类型的生产车间,可以同时应用几种不同的成本计算方法

在企业里一般都设有基本生产车间。若某企业设有两个基本生产车间,分别大量大批多步骤生产甲、乙两种产品,但成本管理上只要求甲产品分步骤计算产品成本,对乙产品则不作要求。这样,就应用分步法计算甲产品成本,而用品种法计算乙产品成本。

(二)同一企业的不同类型的生产车间,可以同时应用几种不同的成本计算方法

在企业里除了设有基本生产车间以外,一般还设有辅助生产车间。基本生产车间和辅助生产车间的生产类型和成本管理的要求不同,应采用不同的成本计算方法。基本生产车间根据生产特点和成本管理要求,可分别采用品种法、分批法或分步法。企业内部的供水、供电等辅助生产车间大量大批单步骤生产水、电,只需采用品种法计算水、电成本即可。

(三)同一生产车间的不同种产品,可以同时应用几种不同的成本计算方法

比如,同一基本生产车间可生产 A、B 产品,若 A 产品为大量大批生产的已经定型的传统产品,应采用品种法或分步法计算产品成本,若 B 产品为单件小批生产的刚投产试制的新产品,则应采用分批法计算产品成本。

二、结合应用几种不同的成本计算方法

同一种产品在各个生产步骤、各种半成品及各成本项目之间有着不同的生产特点和成本管理要求，因此几种不同的成本计算方法就有可能在同一种产品中结合应用。

（一）同一产品的不同生产步骤，可以结合应用几种不同的成本计算方法

比如某小型机械厂从产成品来看，属于单件小批生产，应采用分批法计算产品成本。但该产品依次经过铸造、加工、装配等步骤，不同的生产步骤的生产特点和成本管理的要求不同，应采用不同的成本计算方法。如铸造车间可采用品种法计算铸件成本，在把铸件转入加工车间和装配车间可采用分步法结转产品成本，而在加工车间和装配车间可采用分批法计算各批产品成本。这样，同一种产品就将品种法、分批法和分步法结合起来应用。

（二）同一产品的不同零部件，可以结合应用几种不同的成本计算方法

同一产品由不同零部件组成，这些零部件中对外销售的，就应单独计算这些零部件的成本；没有对外销售的其他零部件，就不用单独计算其成本了。

（三）同一产品的不同成本项目，可以结合应用几种不同的成本计算方法

同一产品的不同成本项目在总成本中所占的比重不同，根据重要性原则，所占的比重较大的成本项目应认真详细计算，所占的比重较小的成本项目可简单计算。比如钢铁产品的原材料在总成本中所占的比重较大，应按产品的品种和生产步骤，用分步法计算产品成本，直接人工和制造费用项目则可用品种法和分类法计算分配。

另外，辅助方法应与基本方法结合才能应用。比如，制鞋厂就可以用品种法结合分类法计算鞋子成本；造纸厂若定额管理基础较好，定额制定地较为准确、稳定，则可用分步法结合定额法计算纸张成本。

总之，在实务中，应根据企业的生产特点和成本管理要求，并考虑到企业的规模和管理水平等具体情况，从实际出发，灵活选择应用各种成本计算方法。

思考题：

1. 成本核算的基本方法有哪些？辅助方法有哪些？
2. 工业企业应如何选择产品成本计算的方法？
3. 请列举出同时应用几种不同的成本计算方法的几种情况。
4. 请列举出结合应用几种不同的成本计算方法的几种情况。

09 第九章 品种法

第一节　品种法概述

一、品种法及其适用范围

(一)品种法的定义

产品成本计算的品种法,是以产品品种作为成本计算对象,归集生产费用,计算产品成本的成本计算的基本方法。由于不论什么企业,不论什么生产类型的产品,也不论管理上的要求如何,最终都必须按照产品品种计算出产品成本。因此,按照产品品种计算产品成本,是产品成本计算最一般、最起码的要求,品种法是最基本的成本计算方法。

(二)品种法的适用范围

品种法适用于大量大批的单步骤生产,如发电、采掘生产;也适用于管理上不要求分步骤计算产品成本的大量大批的多步骤生产,如饼干厂、小型水泥厂、小型砖瓦厂、小型瓷厂等的生产,虽然是多步骤的复杂生产,通常管理上只要求提供最终产成品的成本,就可以采用品种法计算产品成本。此外,辅助生产的供电、供水、供气、运输、机修等一般也都采用品种法计算产品成本。

二、品种法的特点

(一)以产品品种作为成本计算对象

品种法以产品品种作为成本计算对象,并据以设置产品成本明细账归集生产费用和计算产品成本。如果企业生产的产品不止一种,就需要以每一种产品作为成本计算对象,分别设置产品成本明细账。

（二）以会计报告期作为成本计算期

由于大量大批的生产是不间断的连续生产，无法按照产品的生产周期来归集生产费用，计算产品成本，因而只能定期按月计算产品成本，从而将本月的销售收入与产品生产成本配比，计算本月损益。因此，产品成本是定期按月计算的，与报告期一致，与产品生产周期不一致。

（三）生产费用是否需要在完工产品和在产品之间进行分配

如果是大量大批的单步骤生产采用品种法计算产品成本，由于一个生产步骤就完成了整个生产过程，所以月末（或者任何时点）一般没有在产品，因此，计算产品成本时不需要将生产费用在完工产品和在产品之间进行分配；如果是管理上不要求分步骤计算产品成本的大量大批的多步骤生产采用品种法计算产品成本，由于生产需要经过多个步骤，所以月末（或者任何时点）一般生产线上都会有在产品，计算产品成本时就需要将生产费用在完工产品和在产品之间进行分配。可分析企业具体情况，根据第七章介绍的生产费用在完工产品和在产品之间进行分配的各种方法，选择合适的方法进行分配。

第二节　品种法举例

[**例 9-1**]某工业企业有一个基本生产车间，大量生产甲、乙两种产品，有供电、运输两个辅助生产车间，供电车间为各部门提供动力和照明用电，运输部门为各部门提供日常运输服务。该企业采用品种法计算产品成本。辅助生产车间没有单独设置“制造费用”明细账。12 月初有关明细账余额如下：“基本生产成本——甲产品”借方余额 22 500 元，其中原材料 13 200 元，工资及福利 4 600 元，燃料及动力 3 500 元，制造费用 1 200 元；生产线上有在产品 120 件，其中第一道工序有 40 件，第二道工序有 80 件。甲、乙产品的原材料均在每道工序开始时一次性投入，其他费用陆续发生。基本生产车间“制造费用”明细账借方发生额累计 74 098 元，其中，工资及福利费 33 000 元，办公费 6 380元，折旧费 13 530 元，差旅费 3 000 元，低值易耗品摊销费 2 640 元，水电费 1 748 元，运输费 2 600 元，其他费用 11 200 元，贷方发生额 72 150 元。制造费用采用年度计划分配率分配，分配率为 0.8。本月末完工产品数量为甲产品 1 240 件，在产品 300 件，另有不可修复废品 8 件，其中第一道工序有 5 件，第二道工序有 3 件，均在各道工序加工至一半时发现；生产中发现乙产品出现可修复废品 6 件，至月末已修复完毕，修复中耗用的定额工时为 12.6 小

时，月末乙完工产成品为340件，在产品60件。生产线上无在产品盘亏和毁损。甲、乙产品原材料消耗定额分别为4.5公斤、6公斤。生产费用在完工产品和在产品之间的分配，甲产品采用约当产量法，乙产品采用在产品按定额成本计价法。辅助生产车间的计划单位成本为：电0.15元/度，运输3.20元/公里。辅助生产费用按计划成本分配，并将计划成本与实际成本之间的差异计入管理费用。该企业管理上要求单独核算废品损失，按定额成本计算不可修复废品的生产成本。甲、乙产品的月初、月末在产品数量及工时定额、原材料消耗定额等资料如表9-1所示：

表9-1

工序	月初在产品数量(件)		月末在产品数量(件)		工时定额(小时)		原材料消耗定额(公斤)	
	甲产品	乙产品	甲产品	乙产品	甲产品	乙产品	甲产品	乙产品
Ⅰ	40	/	80	36	4	5	2.7	4.8
Ⅱ	80	/	220	24	2	8	1.8	1.2
合计	120	/	300	60	6	13	4.5	6

本月发生以下业务：

1.材料消耗情况：

表9-2　　单位：公斤

材料消耗	甲、乙产品	基本生产车间	供电车间	运输部门	销售部门	行政部门	修复乙产品
A材料	8 266.71	50	35	18	20	25	22

A材料计划单价15元，材料成本差异率－3%。

2.关于固定资产的折旧情况：该企业采用年数总和法计提折旧，假定固定资产使用年限均为5年，净残值率5%，本年是第三年。

表9-3　　单位：元

部门	基本生产车间	供电车间	运输部门	销售部门	行政部门
固定资产月初余额	550 000	420 000	350 000	20 000	60 000
本月增加的固定资产	200 000	30 000	/	/	5 000
本月减少的固定资产	120 000	50 000	/	/	12 000
固定资产月末余额	630 000	400 000	350 000	20 000	53 000

3.摊销低值易耗品情况：该企业低值易耗品价值采用五五摊销法摊销。

表 9-4

部　　门	基本生产车间	供电车间	运输部门	销售部门	行政部门
本月领用全新低值易耗品数量(个)	100	30	20	15	25
本月报废低值易耗品数量(个)	80	20	12	10	18
报废低值易耗品的残料价值(元)	400	100	60	35	54
低值易耗品单位成本(元)	20	20	20	22	35

4.各部门本月发生设备修理费用情况：

表 9-5

单位:元

部门	基本生产车间	供电车间	运输部门	销售部门	行政部门
金额	500	300	250	/	420

本月实际发生设备修理费用全部用银行存款支付。

5.计提短期借款利息 650 元。

6.计提工资情况：

表 9-6

单位:元

部门	甲产品	乙产品	基本生产车间	供电车间	运输部门	销售部门	行政部门	修复乙产品
工资费用	11 400	9 120	2 280	4 560	1 824	3 420	2 850	13.68

7.各部门发生的其他费用(假设各项费用均以现金支付)：

表 9-7

单位:元

	基本生产车间	供电车间	运输部门	销售部门	行政部门
办公费	542	105.25	234.80	688	859
差旅费	2 036	1 450.50	739.3	1 200	/
交通费	868	205	350	595	406
合　计	3 446	1 760.75	1 324.10	2 483	1 265

此外,以银行存款支付银行汇兑手续费等 50 元。

8.辅助生产车间提供产品情况：

表 9-8

	甲产品	乙产品	基本生产车间	供电车间	运输部门	销售部门	行政部门	合　计
供电(度)	60 000	20 000	4 000		1 700	250	750	86 700
运输(公里)			1 800	600		180	420	3 000

9.本月甲产品产生的8件不可修复废品生产成本按定额成本计算。全厂小时工资率3元,小时燃料与动力分配率1.80元,小时制造费用分配率0.8。回收残值200元,索赔现金收入80元。

要求:采用品种法计算甲、乙完工产品和在产品的成本,并计算其成本构成。

凭证9-1　通用记账凭证　　　　记字1 $\frac{1}{2}$号

年　　月　　日

摘　　要	会计科目		金　　额	
	一级科目	明细科目	借方	贷方
各部门领料	基本生产成本	甲产品	90 416.25	
		乙产品	33 584.40	
	制造费用	基本生产车间	750	
	辅助生产成本	供电车间	525	
		运输部门	270	
	销售费用	材料费	300	

附件　张

主管:程明　　稽核:钱强　　登账:关欣雨　　制单:张涛

凭证9-2　通用记账凭证　　　　记字1 $\frac{2}{2}$号

年　　月　　日

摘　　要	会计科目		金　　额	
	一级科目	明细科目	借方	贷方
	管理费用	材料费	375	
	废品损失	乙产品	330	
	原材料	A材料		126 550.65
合　计			126 550.65	126 550.65

附件　张

主管:程明　　稽核:钱强　　登账:关欣雨　　制单:张涛

$$\frac{\text{月初甲在产品120件}}{\text{关于原材料的约当产量}}=\frac{2.7}{4.5}\times 40+\frac{2.7+1.8}{4.5}\times 80=104(\text{件})$$

$$\frac{\text{甲月末在产品300件}}{\text{关于原材料的约当产量}}=\frac{2.7}{4.5}\times 80+\frac{2.7+1.8}{4.5}\times 220=268(\text{件})$$

$$\frac{\text{甲产品8件不可修复的废品}}{\text{关于原材料的约当产量}}=\frac{2.7}{4.5}\times 5+\frac{2.7+1.8}{4.5}\times 3=0.6\times 5+1\times 3=6(\text{件})$$

根据"月初在产品数量＋本月投产量＝完工产成品数量＋月末在产品数量",折算成约当产量表述:"月初在产品约当产量＋本月投产量的约当产量＝完工产成品＋月末在产品约当产量"。可将公式变形为:"本月投产量的约当产量＝完工产成品数量＋月末在产品约当产量－月初在产品约当产量"。

甲产品本月投产量的约当产量＝1 240＋268－104＝1 404(件)

由于甲产品另外还有 8 件不可修复的费用,其约当产量为 6 件。

因此,甲产品本月投产量的约当产量为 1 404＋6＝1 410(件)。

$$\frac{\text{月末乙在产品关于}}{\text{原材料的约当产量}}=\frac{4.8}{6}\times 36+\frac{4.8+1.2}{6}\times 24=28.8+24=52.8(\text{件})$$

乙产品月初没有在产品,因而其本月投产量的约当产量＝340＋52.8＝392.8(件)

本月投产甲产品定额消耗量＝1 410×4.5＝6 345(公斤)

本月投产乙产品定额消耗量＝392.8×6＝2 356.8(公斤)

$$\text{原材料定额消耗量分配率}=\frac{8\ 266.71}{6\ 345+2\ 356.8}=0.95$$

甲产品应当分配的原材料消耗量＝6 345×0.95＝6 027.75(公斤)

乙产品应当分配的原材料消耗量＝2 356.8×0.95＝2 238.96(公斤)

甲产品应当分配的原材料费用＝6 027.75×15＝90 416.25(元)

乙产品应当分配的原材料费用＝2 238.96×15＝33 584.40(元)

基本生产车间应当分配的原材料费用＝50×15＝750(元)

供电车间应当分配的原材料费用＝35×15＝525(元)

运输部门应当分配的原材料费用＝18×15＝270(元)

销售部门应当分配的原材料费用＝20×15＝300(元)

行政部门应当分配的原材料费用＝25×15＝375(元)

修复乙产品应当分配的原材料费用＝22×15＝330(元)

凭证 9-3　通用记账凭证　　　　记字 2 $\frac{1}{2}$ 号

年　　月　　日

摘　　要	会计科目		金　　额	
	一级科目	明细科目	借方	贷方
结转发出材料	材料成本差异		3 796.52	
的材料成本差异	基本生产成本	甲产品		2 712.49
		乙产品		1 007.53
	制造费用	基本生产车间		22.50
	辅助生产成本	供电车间		15.75
		运输部门		8.10

附件　张

主管:程明　　稽核:钱强　　登账:关欣雨　　制单:张涛

凭证 9-4　通用记账凭证　　　　记字 2 $\frac{2}{2}$ 号

年　　月　　日

摘　　要	会计科目		金　　额	
	一级科目	明细科目	借方	贷方
	销售费用	材料费		9
	管理费用	材料费		11.25
	废品损失	乙产品		9.90
合　计			3 796.52	3 796.52

附件　张

主管:程明　　稽核:钱强　　登账:关欣雨　　制单:张涛

甲产品应当分配的材料成本差异＝90 416.25×(－3％)＝－2 712.49(元)

乙产品应当分配的材料成本差异＝33 584.40×(－3％)＝－1 007.53(元)

基本生产车间应当分配的材料成本差异＝750×(－3％)＝－22.5(元)

供电车间应当分配的材料成本差异＝525×(－3％)＝－15.75(元)

运输部门应当分配的材料成本差异＝270×(－3％)＝－8.10(元)

销售部门应当分配的材料成本差异＝300×(－3％)＝－9(元)

行政部门应当分配的材料成本差异＝375×(－3％)＝－11.25(元)

修复乙产品应当分配的材料成本差异＝330×(－3％)＝－9.9(元)

凭证 9-5　通用记账凭证　　　　记字 3 号

年　　月　　日

摘　　要	会计科目		金　　额	
	一级科目	明细科目	借方	贷方
计提折旧	制造费用	基本生产车间	8 708.33	
	辅助生产成本	供电车间	6 650	
		运输部门	5 541.67	
	销售费用	折旧费	316.67	
	管理费用	折旧费	950	
	累计折旧			22 166.67

附件　　张

主管:程明　　稽核:钱强　　登账:关欣雨　　制单:张涛

基本生产车间本月折旧费＝550 000×(1－5％)×$\frac{3}{15}$÷12＝8 708.33(元)

供电车间本月折旧费＝420 000×(1－5％)×$\frac{3}{15}$÷12＝6 650(元)

运输部门本月折旧费＝350 000×(1－5％)×$\frac{3}{15}$÷12＝5 541.67(元)

销售部门车间本月折旧费＝20 000×(1－5％)×$\frac{3}{15}$÷12＝316.67(元)

行政管理部门车间本月折旧费＝60 000×(1－5％)×$\frac{3}{15}$÷12＝950(元)

凭证 9-6　通用记账凭证　　　　记字 4 号

年　　月　　日

摘　　要	会计科目		金　　额	
	一级科目	明细科目	借方	贷方
发出全新低值易耗品	低值易耗品	在用(基本生产车间)	2 000	
		在用(供电车间)	600	
		在用(运输部门)	400	
		在用(销售部门)	330	
		在用(行政部门)	875	
	低值易耗品	在库		4 205

附件　张

主管:程明　　稽核:钱强　　登账:关欣雨　　制单:张涛

基本生产车间领用低值易耗品的价值＝100×20＝2 000(元)

供电车间领用低值易耗品的价值＝30×20＝600(元)

运输部门领用低值易耗品的价值＝20×20＝400(元)

销售部门领用低值易耗品的价值＝15×22＝330(元)

行政部门领用低值易耗品的价值＝25×35＝875(元)

凭证 9-7　通用记账凭证　　　　记字 5 号

年　　月　　日

摘　　要	会计科目		金　　额	
	一级科目	明细科目	借方	贷方
摊销发出全新的低值易耗品价值的 50%	制造费用	基本生产车间	1 000	
	辅助生产成本	供电车间	300	
		运输部门	200	
	销售费用	低值易耗品摊销	165	
	管理费用	低值易耗品摊销	437.50	
	低值易耗品	低值易耗品摊销		2 102.50

附件　张

主管:程明　　稽核:钱强　　登账:关欣雨　　制单:张涛

凭证 9-8　通用记账凭证　　　　记字 6 号

年　　月　　日

摘要	会计科目		金额		
	一级科目	明细科目	借方	贷方	
摊销报废的低值易耗品价值的 50%	制造费用	基本生产车间	800		附件　张
	辅助生产成本	供电车间	200		
		运输部门	120		
	销售费用	低值易耗品摊销	110		
	管理费用	低值易耗品摊销	315		
	低值易耗品	低值易耗品摊销		1 545	

主管：程明　　稽核：钱强　　登账：关欣雨　　制单：张涛

基本生产车间摊销报废的低值易耗品价值的 50%＝80×20×50%＝800(元)

供电车间摊销报废的低值易耗品价值的 50%＝20×20×50%＝200(元)

运输部门摊销报废的低值易耗品价值的 50%＝12×20×50%＝120(元)

销售部门摊销报废的低值易耗品价值的 50%＝10×22×50%＝110(元)

行政部门摊销报废的低值易耗品价值的 50%＝18×35×50%＝315(元)

凭证 9-9　通用记账凭证　　　　记字 7 号

年　　月　　日

摘要	会计科目		金额		
	一级科目	明细科目	借方	贷方	
回收报废的低值易耗品残值	原材料	其他材料	649		附件　张
	制造费用	基本生产车间		400	
	辅助生产成本	供电车间		100	
		运输部门		60	
	销售费用	低值易耗品摊销		35	
	管理费用	低值易耗品摊销		54	

主管：程明　　稽核：钱强　　登账：关欣雨　　制单：张涛

凭证 9-10　通用记账凭证　　　　记字 8 号

年　　月　　日

摘　　要	会计科目		金　　额	
	一级科目	明细科目	借方	贷方
冲销已报废低值易耗品账面价值	低值易耗品	低值易耗品摊销	3 090	
	低值易耗品	在用(基本生产车间)		1 600
		在用(供电车间)		400
		在用(运输部门)		240
		在用(销售部门)		220
		在用(行政部门)		630

附件　张

主管:程明　　稽核:钱强　　登账:关欣雨　　制单:张涛

应冲销基本生产车间已报废低值易耗品价值＝80×20＝1 600(元)

应冲销供电车间已报废低值易耗品价值＝20×20＝400(元)

应冲销运输部门已报废低值易耗品价值＝12×20＝240(元)

应冲销销售已报废低值易耗品价值＝10×22＝220(元)

应冲销行政部门已报废低值易耗品价值＝18×35＝630(元)

凭证 9-11　通用记账凭证　　　　记字 9 号

年　　月　　日

摘　　要	会计科目		金　　额	
	一级科目	明细科目	借方	贷方
各部门发生大修理费用	管理费用	修理费	1 470	
	银行存款			1 470
合　计			1 470	1 470

附件　张

主管:程明　　稽核:钱强　　登账:关欣雨　　制单:张涛

凭证 9-12　通用记账凭证　　　　记字 10 号

年　　月　　日

摘　　要	会计科目		金　　额		
	一级科目	明细科目	借方	贷方	
计提短期借款利息	财务费用	利息费	650		
	应付利息			650	附件
					张
合　计			650	650	

主管:程明　　稽核:钱强　　登账:关欣雨　　制单:张涛

凭证 9-13　通用记账凭证　　　　记字 $11\frac{1}{2}$ 号

年　　月　　日

摘　　要	会计科目		金　　额		
	一级科目	明细科目	借方	贷方	
计提工资及福利费	基本生产成本	甲产品	11 400		
		乙产品	9 120		
	制造费用	基本生产车间	2 280		附件
	辅助生产成本	供电车间	4 560		张
		运输部门	1 824		
	销售费用	工资及福利费	3 420		

主管:程明　　稽核:钱强　　登账:关欣雨　　制单:张涛

凭证 9-14 通用记账凭证 **记字 11 $\frac{2}{2}$ 号**

年 月 日

摘要	会计科目		金额	
	一级科目	明细科目	借方	贷方
	管理费用	工资及福利费	2 850	
	废品损失	乙产品	13.68	
	应付职工薪酬	工资		35 467.68
合计			35 467.68	35 467.68

附件 张

主管:程明 稽核:钱强 登账:关欣雨 制单:张涛

凭证 9-15 通用记账凭证 **记字 12 号**

年 月 日

摘要	会计科目		金额	
	一级科目	明细科目	借方	贷方
各部门报销办公费、	制造费用	基本生产车间	3 446	
差旅费、交通费等	辅助生产成本	供电车间	1 760.75	
		运输部门	1 324.10	
	销售费用		2 483	
	管理费用		1 265	
	库存现金			10 278.85
合计			10 278.85	10 278.85

附件 张

主管:程明 稽核:钱强 登账:关欣雨 制单:张涛

凭证 9-16　通用记账凭证　　　　记字 13 号

年　月　日

摘　要	会计科目		金　额	
	一级科目	明细科目	借方	贷方
以银行存款支付银行手续费	财务费用	手续费	50	
	银行存款			50
合　计			50	50

附件　张

主管:程明　　稽核:钱强　　登账:关欣雨　　制单:张涛

凭证 9-17　通用记账凭证　　　　记字 14 $\frac{1}{2}$ 号

年　月　日

摘　要	会计科目		金　额	
	一级科目	明细科目	借方	贷方
按 0.15 元/度的计划单	基本生产成本	甲产品	9 000	
价分配供电车间成本		乙产品	3 000	
	制造费用	基本生产车间	600	
	辅助生产成本	运输部门	255	
	销售费用		37.50	
	管理费用		112.50	

附件　张

主管:程明　　稽核:钱强　　登账:关欣雨　　制单:张涛

凭证 9-18　通用记账凭证　　　记字 14 $\frac{2}{2}$ 号

年　　月　　日

摘　　要	会计科目		金　　额	
	一级科目	明细科目	借方	贷方
	辅助生产成本	供电车间		13 005
合　计			13 005	13 005

附件　　张

主管:程明　　稽核:钱强　　登账:关欣雨　　制单:张涛

甲产品应负担的电费＝0.15×60 000＝9 000(元)

乙产品应负担的电费＝0.15×20 000＝3 000(元)

基本生产车间应负担的电费＝0.15×4 000＝600(元)

运输部门应负担的电费＝0.15×1 700＝255(元)

销售部门应负担的电费＝0.15×250＝37.50(元)

行政部门应负担的电费＝0.15×750＝112.50(元)

合计:　　　　13 005(元)

凭证 9-19　通用记账凭证　　　记字 15 号

年　　月　　日

摘　　要	会计科目		金　　额	
	一级科目	明细科目	借方	贷方
按照 3.20 元/公里的计划	制造费用	基本生产车间	5 760	
单价分配运输部门的成本	辅助生产成本	供电车间	1 920	
	销售费用		576	
	管理费用		1 344	
	辅助生产成本	运输部门		9 600
合　计			9 600	9 600

附件　　张

主管:程明　　稽核:钱强　　登账:关欣雨　　制单:张涛

基本生产车间应负担的运费＝3.20×1 800＝5 760(元)

供电车间应负担的运费＝3.20×600＝1 920(元)

销售部门应负担的运费＝3.20×180＝576(元)

行政部门应负担的运费＝3.20×420＝1 344(元)

合计：　　　　　　　　　　9 600(元)

凭证 9-20　通用记账凭证　　　　记字 16 号

年　　月　　日

摘　　要	会计科目		金　　额	
	一级科目	明细科目	借方	贷方
调整供电车间计划成本与实际成本之间的差异	管理费用		2 795	
	辅助生产成本	供电车间		2 795
合　计			2 795	2 795

附件　张

主管：程明　　稽核：钱强　　登账：关欣雨　　制单：张涛

凭证 9-21　通用记账凭证　　　　记字 17 号

年　　月　　日

摘　　要	会计科目		金　　额	
	一级科目	明细科目	借方	贷方
调整运输部门计划成本与实际成本之间的差异	管理费用		133.33	
	辅助生产成本	运输部门		133.33
合　计			133.33	133.33

附件　张

主管：程明　　稽核：钱强　　登账：关欣雨　　制单：张涛

凭证 9-22　通用记账凭证　　　　记字 18 号

年　　月　　日

摘　要	会计科目		金　额	
	一级科目	明细科目	借方	贷方
分配制造费用	基本生产成本	甲产品	6 596.02	
		乙产品	3 780.82	
	废品损失	乙产品	10.08	
	制造费用	基本生产车间		10 386.92
合　计			10 386.92	10 386.92

附件　张

主管:程明　　稽核:钱强　　登账:关欣雨　　制单:张涛

(1)计算甲产品关于工时的约当产量。

$$\text{月初120件在产品关于工时的约当产量}=\frac{4\times50\%}{6}\times40+\frac{4+2\times50\%}{6}\times80=80(\text{件})$$

$$\text{月末300件在产品关于工时的约当产量}=\frac{4\times50\%}{6}\times80+\frac{4+2\times50\%}{6}\times220=210(\text{件})$$

$$\text{8件不可修复的废品关于工时的约当产量}=\frac{4\times50\%}{6}\times5+\frac{4+2\times50\%}{6}\times3=4.17(\text{件})$$

(2)本月甲产品投产的约当产量=1240+210+4.17−80=1374.17(件)

(3)$$\text{乙产品月末60件在产品关于工时的约当产量}=\frac{5\times50\%}{13}\times36+\frac{5+8\times50\%}{13}\times24=23.54(\text{件})$$

(4)本月乙产品投产的约当产量=340+23.54=363.54(件)

(5)按照年度计划分配率分配制造费用。

甲产品应当分配的制造费用=6×1 374.17×0.80=6 596.02(元)

乙产品应当分配的制造费用=13×363.54×0.80=3 780.82(元)

修复乙产品应当分配的制造费用=12.6×0.80=10.08(元)

凭证 9-23　通用记账凭证　　　　记字 19 号

年　　月　　日

摘　　要	会计科目		金　　额	
	一级科目	明细科目	借方	贷方
结转年末制造费用	基本生产成本	甲产品	9 206.07	
		乙产品	5 276.84	
	制造费用	基本生产车间		14 482.91
合　计			14 482.91	14 482.91

附件　张

主管:程明　　　稽核:钱强　　　登账:关欣雨　　　制单:张涛

制造费用经过第一次按年度计划分配率分配,年末有借方余额 14 492.99 元(年初借方发生额之和 74 098＋本月发生额 22 921.83－年初贷方发生额之和 72 150－本月按年度计划分配率分配的金额 10 386.92＝14 482.91 元),说明全年 1—12 月按年度计划分配率分配的制造费用低于实际发生的制造费用,应当在年末再分配一次制造费用,将全年的制造费用全部转入当年甲、乙产品成本。

$$制造费用分配率=\frac{14\ 482.91}{6\ 596.02+3\ 780.82}=1.3957$$

甲产品应当再分配制造费用＝1.3957×6 596.02＝9 206.07(元)

乙产品应当再分配制造费用＝1.3957×3 780.82＝5 276.84(元)

凭证 9-24　通用记账凭证　　　　记字 20 号

年　　月　　日

摘　　要	会计科目		金　　额	
	一级科目	明细科目	借方	贷方
将不可修复的废品生产成	废品损失	甲产品	545	
本转入“废品损失”账户	基本生产成本	甲(原材料)		405
		甲(工资及福利)		75
		甲(燃料及动力)		45
		甲(制造费用)		20
合　计			545	545

附件　张

主管:程明　　稽核:钱强　　登账:关欣雨　　制单:张涛

8 件不可修复的废品生产成本:

原材料=[2.7×5+(2.7+1.8)×3]×15=27×15=405(元)

工资及福利=[4×50%×5+(4+2×50%)×3]×3=25×3=75(元)

燃料及动力=[4×50%×5+(4+2×50%)×3]×1.80

=25×1.80=45(元)

制造费用=[4×50%×5+(4+2×50%)×3]×0.8=25×0.8=20(元)

合计:　　545(元)

凭证 9-25　通用记账凭证　　　　记字 21 号

年　　月　　日

摘　　要	会计科目		金　　额	
	一级科目	明细科目	借方	贷方
不可修复的废品回收残值	原材料		200	
并索赔现金冲减损失	库存现金		80	
	废品损失	甲产品		280
合　计			280	280

附件　张

主管:程明　　稽核:钱强　　登账:关欣雨　　制单:张涛

凭证 9-26　通用记账凭证　　　　记字 22 号

年　　月　　日

摘　　要	会计科目		金　　额	
	一级科目	明细科目	借方	贷方
将不可修复废品净损失	基本生产成本	甲(废品损失)	265	
转入甲产品成本	废品损失	甲产品		265
合　计			265	265

附件　　张

主管:程明　　　稽核:钱强　　　登账:关欣雨　　　制单:张涛

凭证 9-27　通用记账凭证　　　　记字 23 号

年　　月　　日

摘　　要	会计科目		金　　额	
	一级科目	明细科目	借方	贷方
将修复乙产品发生的耗费	基本生产成本	乙(废品损失)	343.86	
转入乙产品成本	废品损失	乙产品		343.86
合　计			343.86	343.86

附件　　张

主管:程明　　　稽核:钱强　　　登账:关欣雨　　　制单:张涛

凭证 9-28　通用记账凭证　　　　记字 24 号

年　　月　　日

摘　　要	会计科目		金　　额	
	一级科目	明细科目	借方	贷方
将完工产成品成本转入	库存商品	产成品(甲)	121 695.63	
"库存商品——产成品"	基本生产成本	甲(原材料)		82 638.25
账户		甲(工资及福利)		13 618.61
		甲(燃料及动力)		10 651.16
		甲(制造费用)		14 522.61
		甲(废品损失)		265

附件　张

主管:程明　　稽核:钱强　　登账:关欣雨　　制单:张涛

$$\text{月末 300 件在产品关于原材料的约当产量}=\frac{2.7}{4.5}\times 80+\frac{2.7+1.8}{4.5}\times 220=48+220=268(\text{件})$$

$$\text{月末 300 件在产品关于工时的约当产量}=\frac{4\times 50\%}{6}\times 80+\frac{4+2\times 50\%}{6}\times 220=26.67+183.33=210(\text{件})$$

表 9-9　甲产品成本计算单

20××年 12 月　　　　金额单位:元

项　目	原材料	工资及福　利	燃料及动　力	制造费用	废品损失	合　计
本月累计	100 498.76	15 925	12 455	16 982.09	265	146 125.85
在产品约当产量	268	210	210	210		—
总约当产量	1 508	1 450	1 450	1 450		—
分配率	66.6437	10.9828	8.5897	11.7118		
月末在产品成本	17 860.51	2 306.39	1 803.84	2 459.48		24 430.22
产成品成本	82 638.25	13 618.61	10 651.16	14 522.61	265	121 695.63
单位成本	66.64	10.98	8.59	11.71	0.21	98.13
成本构成(%)	67.91	11.19	8.75	11.93	0.22	100

凭证 9-29　通用记账凭证　　记字 25 号

年　月　日

摘　要	会计科目		金　额	
	一级科目	明细科目	借方	贷方
将完工产成品成本转入	库存商品	产成品(乙)	47 632.79	
“库存商品——产成品”	基本生产成本	乙(原材料)		27 824.87
账户		乙(工资及福利)		8 202
		乙(燃料及动力)		2 449.20
		乙(制造费用)		8 812.86
		乙(废品损失)		343.86

附件　张

主管:程明　　稽核:钱强　　登账:关欣雨　　制单:张涛

原材料=(36×4.8+24×6)×15=4 752(元)

工资及福利=[5×50%×36+(5+8×50%)×24]×3=918(元)

燃料及动力=[5×50%×36+(5+8×50%)×24]×1.8=550.80(元)

制造费用=[5×50%×36+(5+8×50%)×24]×0.8=244.80(元)

合计:　6 465.60(元)

表 9-10　乙产品成本计算单

20××年 12 月　　金额单位:元

项　目	原材料	工资及福利	燃料及动力	制造费用	废品损失	合　计
本月累计	32 576.87	9 120	3 000	9 057.66	343.86	54 098.39
月末在产品定额成本	4 752	918	550.80	244.80		6 465.60
本月产成品成本	27 824.87	8 202	2 449.20	8 812.86	343.86	47 632.79
单位成本	81.84	24.12	7.20	25.92	1.01	140.09
成本构成(%)	58.42	17.22	5.14	18.50	0.72	100

凭证 9-30　通用记账凭证　　　　记字 26 号

年　　月　　日

摘　　要	会计科目		金　　额	
	一级科目	明细科目	借方	贷方
将本期经营管理费用转入	本年利润		19 779.59	
“本年利润”账户	销售费用			7 364.17
	管理费用			11 715.42
	财务费用			700
合　计			19 779.59	19 779.59

附件　张

主管：程明　　稽核：钱强　　登账：关欣雨　　制单：张涛

相关成本、费用明细账如表 9-11 至 9-20 所示：

表 9-11　生产成本——基本生产成本——甲产品

时间	凭证号	摘要	原材料	直接人工	燃料及动力	制造费用	废品损失	合　计
略		月初余额	13 200	4 600	3 500	1 200		22 500
	1 1/2	略	90 416.25					90 416.25
	2 1/2		2 712.49					2 712.49
	11 1/2			11 400				11 400
	14 1/2				9 000			9 000
	18					6 596.02		6 596.02
	19					9 206.07		9 206.07
	20		405	75	45	20		545
	22						265	265
	累计		100 498.76	15 925	12 455	16 982.09	265	146 125.85
	24		82 638.25	13 618.61	10 651.16	14 522.61	265	121 695.63
	月末余额		17 860.51	2 306.39	1 803.84	2 459.48		24 430.22

表 9-12　生产成本——基本生产成本——乙产品

时间	凭证号	摘要	原材料	直接人工	燃料及动力	制造费用	废品损失	合　计
略	1 1/2		33 584.40					33 584.40
	2 1/2		1 007.53					1 007.53
	11 1/2			9 120				9 120
	14 1/2				3 000			3 000
	18					3 780.82		3 780.82
	19					5 276.84		5 276.84
	23						343.86	343.86
	本月合计		32 576.87	9 120	3 000	9 057.66	343.86	54 098.39
	25		27 824.87	8 202	2 449.20	8 812.86	343.86	47 632.79
	月末余额		4 752	918	550.80	244.80		6 465.60

表 9-13　制造费用——基本生产车间

凭证号	借　方									贷　方
	工　资	办公费	折旧费	差旅费	低耗品	水电费	运输费	其　他	合　计	
	33 000	6 380	13 530	3 000	2 640	1 748	2 600	11 200	74 098	72 150
1 1/2								750	750	
2 1/2								22.50	22.50	
3			8 708.33						8 708.33	
5					1 000				1 000	
6					800				800	
7					400				400	
11 1/2	2 280								2 280	
13		542		2 036				868	3 446	
14 1/2						600			600	
15							5 760		5 760	
18										10 386.92
19										14 482.91
合计	2 280	542	8 708.33	2 036	1 400	600	5 760	1 595.50	22 921.83	24 869.83
累计	35 280	6 922	22 238.33	5 036	4 040	2 348	8 360	12 795.50	97 019.83	97 019.83

表 9-14　生产成本——辅助生产成本——供电车间

时间	凭证号	摘要	直接材料	工资及福利	低耗品	运输费	折旧费	其　他	合　计	贷　方
略	1 1/2	略	525						525	
	2 1/2		15.75						15.75	
	3						6 650		6 650	
	5				300				300	
	6				200				200	
	7				100				100	
	11 1/2			4 560					4 560	
	13							1 760.75	1 760.75	
	14 1/2									13 005
	15					1 920			1 920	
	17									2 795
	合计		509.25	4 560	400	1 920	6 650	1 760.75	15 800	15 800

表 9-15　生产成本——辅助生产成本——运输部门

时间	凭证号	摘要	直接材料	工资及福利	低耗品	折旧费	其　他	合　计	贷　方
略	1 1/2	略	270					270	
	2 1/2		8.10					8.10	
	3					5 541.67		5 541.67	
	5				200			200	
	6				120			120	
	7				60			60	
	11 1/2			1 824				1 824	
	12						1 324.10	1 324.10	
	14 1/2						255	255	
	15								9 600
	17								133.33
	合计		261.90	1 824	260	5 541.67	1 579.10	9 466.67	9 466.67

表 9-16 销售费用

时间	凭证号	摘要	材料	工资	办公费	差旅费	折旧费	电费	交通费	其他	合计
略	1 1/2	略	300								300
	2 1/2		9								9
	3						316.67				316.67
	5									165	165
	6									110	110
	7									35	35
	11 1/2			3 420							3 420
	12				688	1 200			595		2 483
	14 1/2							37.50			37.50
	15									576	576
	合计		291	3 420	688	1 200	316.67	37.50	595	816	7 364.17
	26		291	3 420	688	1 200	316.67	37.50	595	816	7 364.17

表 9-17 管理费用

时间	凭证号	摘要	材料	工资	办公费	交通费	折旧费	电费	运输费	其他	合计
略	1 2/2	略	375								375
	2 2/2		11.25								11.25
	3						950				950
	5									437.50	437.50
	6									315	315
	7									54	54
1 470	9									1 470	
	11 2/2			2 850							2 850
	12				859	406					1 265
	14 1/2							112.50			112.50
	15								1 344		1 344
	16									2 795	2 795
	17									133.33	133.33
	合计		363.75	2 850	859	406	950	112.50	1 344	4 830.17	11 715.42
	26		363.75	2 850	859	406	950	112.50	2 814	3 360.17	11 715.42

表 9-18 财务费用

时 间	凭证号	摘 要	利 息	手续费	汇兑损益	合 计
略	10	略	650			650
	13			50		50
		合计	650	50		700
	26		650	50		700

表 9-19 废品损失——基本生产车间——甲产品

时 间	凭证号	摘 要	借 方	贷 方	余 额
略	20	略	545		545
	21			280	265
	22			265	平

表 9-20 废品损失——基本生产车间——乙产品

时 间	凭证号	摘 要	借 方	贷 方	余 额
略	12/2	略	330		330
	22/2		9.90		320.1
	112/2		13.68		333.78
	18		10.08		343.86
	23			343.86	平

"原材料"、"材料成本差异"、"累计折旧"、"低值易耗品"、"银行存款"、"应付职工薪酬"、"现金"等账户的登账过程省略。

思考题：

1. 品种法的核算特点是什么？
2. 品种法的适用范围是什么？
3. 请通过教材中的品种法案例总结并熟悉成本计算的具体程序。

10 第十章 分批法

第一节 分批法概述与举例

一、分批法及其适用范围

(一)分批法的定义

成本计算的分批法是指以产品的批别为成本计算对象,来归集生产费用,计算产品成本的一种基本方法。

(二)分批法的适用范围

它适用于单件、小批生产类型的企业,主要包括:

1.单件、小批生产的重型机械、船舶、精密工具、仪器等制造企业。

2.不断更新产品种类的时装等制造企业。

3.新产品的试制以及辅助生产的工具、器具、模具的制造等,亦可采用分批法计算成本。

二、分批法的特点

(一)以产品的批别作为成本计算对象

分批法的主要特点是:成本计算对象是产品的批别。由于在单件小批生产类型的企业中,生产多是根据购货单位的订单组织的,因此,分批法也称订单法。但严格说来,按批别组织生产,并不一定就是按订单组织生产,因为生产什么产品、产品的批量大小以及何时完工,除了根据购货单位的订单要求外,还要结合企业自身的生产负荷能力,来合理组织安排产品生产的批量与批次。比如说:

1. 如果一张订单中要求生产好几种产品，为了便于考核分析各种产品的成本计划执行情况，加强生产管理，就要将该订单按照产品的品种划分成几个批别组织生产。

2. 如果一张订单中只要求生产一种产品，但数量极大，超过企业的生产负荷能力，或者购货单位要求分批交货的，也可将该订单分为几个批别组织生产。

3. 如果一张订单中只要求生产一种产品，但该产品属于价值高、生产周期长的大型复杂产品（如万吨轮），也可将该订单按产品的零部件分为几个批别组织生产。

4. 如果在同一时期接到的几张订单要求生产的都是同一种产品，为了更经济合理地组织生产，也可将这几张订单合为一批组织生产。

可见，分批法的成本计算对象并不一定是购货单位的原订单，而是企业生产计划部门根据购货单位的原订单进行调整后签发下达的“生产任务通知单”，也叫“开工通知单”或“内部订单”，单内应对该批生产任务进行编号，称为“生产令号”、“产品批号”或“产品批别”。所以，分批法的成本计算对象是产品的批别。

（二）以产品的生产周期作为成本计算期

采用分批法计算产品成本的企业，虽然各批产品的成本计算单仍按月归集生产费用，但是只有在该批产品全部完工时才能计算其实际成本。由于各批产品的生产复杂程度不同、质量数量要求也不同，生产周期就各不相同。有的批次当月投产，当月完工；有的批次要经过数月甚至数年才能完工。可见完工产品的成本计算因各批次的生产周期而异，是不定期的。所以，分批法的成本计算期与产品的生产周期一致，与会计报告期不一致。

（三）生产费用一般不需要在完工产品和在产品之间分配

在单件或小批生产，购货单位要求一次交货的情况下，每批产品要求同时完工。这样该批产品完工前的成本明细账上所归集的生产费用，即为在产品成本；完工后的成本明细账上所归集的生产费用，即为完工产品成本。因此在通常情况下，生产费用不需要在完工产品和在产品之间分配。

但是如果产品批量较大、购货单位要求分次交货时，就会出现批内产品跨月陆续完工的情况，这时应采用适当的方法将生产费用在完工产品和月末在产品之间分配。采用的分配方法视批内产品跨月陆续完工的数量占批量的比重大小多少而定。如果批内产品跨月陆续完工的数量占批量的比重较小，为了简化成本计算工作，只要采用计划单位成本、定额单位成本或近期同种产品的实际单位成本等来计算转出本期的完工产品成本即可，那么成本计算单上的剩余费用即为在产品成本，待该批产品全部完工时再合并计算其实际成本，但对前已转账的完工产品部分不调整。如果批内产品跨月陆续完工的数量占批量的比重较大,为了正确提供成本资料,就应采用约当产量法、定额比例法等较为准确、适当的方法来计算分配完工产品和月末在产品的成本。

为了减轻生产费用在完工产品和月末在产品之间分配的工作量,及时正确地计算产品成本,在合理组织生产的前提下,可以将产品的批量缩小,尽量使同批的产品能够同时完工,避免出现跨月陆续完工的情况。但是也要注意,产品的批量缩小也要适当,如果批量过小,除了使生产组织不经济合理以外,还会使设立的产品成本明细账过多,这样核算的工作量不仅没有减小,反而加大了。

三、间接计入费用的分配方法与分批法的分类

(一)间接计入费用的分配方法

间接计入费用(如制造费用和按计时工资法计算的工资及提取的福利费等人工费用)在各批次之间的分配方法主要有两种:"当月分配法"和"累计分配法"。

1. 当月分配法

"当月分配法"的特点是不论各批次的产品本月是否完工,都要按当月分配率计算分配本月的间接计入费用,这样各月末间接计入费用明细账都没有余额。该法适用于生产周期较短,当月投产、当月完工的产品。当月分配法要计算当月分配率,计算公式为:

$$\text{全部产品工资及福利费的当月分配率}=\frac{\text{全部产品当月工资及福利费}}{\text{全部产品当月工时总数}}$$

$$\text{全部产品制造费用的当月分配率}=\frac{\text{全部产品当月制造费用}}{\text{全部产品当月工时总数}}$$

$$\text{各批产品本月应分配的工资及福利费}=\text{各该批产品的当月工时}\times\text{全部产品工资及福利费的当月分配率}$$

$$\text{全部产品本月应分配的制造费用}=\text{各该批产品的当月工时}\times\text{全部产品制造费用的当月分配率}$$

2. 累计分配法

在投产批次较多而且未完工的批次也较多的情况下,仍按当月分配法计算分配间接计入费用的话,月末的核算工作量会比较大。如果只要求成本计算相对准确即可,那么可以采用"累计分配法"。该法的特点是只对当月完工批次的产品按累计分配率计算分配间接计入费用,对当月未完工批次的产品则只按月登记发生的工时,不分配间接计入费用,这样,各月末间接计入费用明细账就会有余额。该法适用于生产周期较长,不能当月投产当月完工的产品。该法虽然可以简化成本的核算工作,但是在各月的间接计入费用水平相

差悬殊的情况下不宜采用，否则会影响到各月成本计算的正确性。累计分配法要计算累计分配率，计算公式为：

$$\text{全部产品工资及福利费的累计分配率}=\frac{\text{全部产品累计工资及福利费}}{\text{全部产品累计工时总数}}$$

$$\text{全部产品制造费用的累计分配率}=\frac{\text{全部产品累计制造费用}}{\text{全部产品累计工时总数}}$$

$$\text{各批完工产品本月应分配的工资及福利费}=\text{各该批完工产品的累计工时}\times\text{全部产品工资及福利费的累计分配率}$$

$$\text{各批完工产品本月应分配的制造费用}=\text{各该批完工产品的累计工时}\times\text{全部产品制造费用的累计分配率}$$

（二）分批法的分类

分批法因其采用的间接计入费用的分配方法不同，分成一般的分批法和简化的分批法。

1. 一般的分批法

采用当月分配率来分配间接计入费用的分批法称为一般的分批法（分批法），也就是分批计算在产品成本的分批法。

2. 简化的分批法

采用累计分配率来分配间接计入费用的分批法称为简化的分批法，也称不分批计算在产品成本的分批法，是一般的分批法的简化形式。

四、分批法的计算程序

一般的分批法的计算程序以品种法的计算程序为基础，不同点在于它是按产品批别来设置产品生产成本明细账，归集分配生产费用的。计算程序如下：

(1)按产品批别设置产品基本生产成本明细账、辅助生产成本明细账，账内按成本项目设置专栏。按车间设置制造费用明细账。同时，设置其他有关明细账。

(2)根据各生产费用的原始凭证或原始凭证汇总表和其他有关资料，编制各种要素费用分配表，分配各要素费用并登账。

对于直接计入费用，应按产品批别列示并直接计入各个批别的产品成本明细账；对于间接计入费用，应按生产地点归集，并按适当的方法分配计入各个批别的产品成本明细账。

(3)月末根据完工批别产品的完工通知单，将计入已完工的该批产品的成本明细账所归集的生产费用，按成本项目加以汇总，计算出该批完工产品的总成本和单位成本，并转账。如果出现批内产品跨月陆续完工并已销售或提货的情况，这时应采用适当的方法将生产费用在完工产品和月末在产品之间分配，计算出该批已完工产品的总成本和单位成本。

五、分批法计算程序举例

[例 10-1]

(一)某企业第一生产车间生产 8 批产品，3 月份生产情况及有关成本资料

表 10-1 生产情况

批别	品种	批量	投产与完工情况
201	A	100 台	2 月投产，3 月全部完工
202	B	40 台	2 月投产，3 月完工 4 台并交货，36 台未完工
203	C	100 台	2 月投产，3 月完工 60 台并交货，40 台未完工
204	D	100 台	2 月投产，3 月全部没有完工
301	A	100 台	3 月投产，3 月全部没有完工
302	E	20 台	3 月投产，3 月全部完工
303	B	80 台	3 月投产，3 月全部没有完工
304	F	60 台	3 月投产，3 月全部没有完工

表 10-2 有关成本及工时资料

批别	月初在产品成本(元)			本月生产费用(元)及当月工时(小时)			
	原材料	工资及福利费	制造费用	原材料	工资及福利费	制造费用	当月工时
201	400 000	100 300	83 300				1 600
202	160 000	17 700	14 700				400
203	200 000	82 600	68 600				1 200
204	40 000	94 400	78 400				1 800
301				400 000			1 500
302				100 000			1 000
303				320 000			500
304				80 000			2 000
合计	800 000	295 000	245 000	900 000	300 000	250 000	10 000

所有批别的原材料均在生产开始时一次投入。202 批别 B 产品和 203 批别 C 产品均为跨月陆续完工分次交货，其中 202 批别 B 产品完工的数量占批

量的比重较小,该企业采用定额成本结转完工产品成本,单位产成品的定额成本为6 500元(其中单位原材料为 3 960 元,单位工资及福利费为 1 540 元,单位制造费用为 1 000 元);203 批别 C 产品完工的数量占批量的比重较大,完工产品与月末在产品按约当产量法分配生产费用,其月末在产品的完工程度按 50%计算。企业采用一般的分批法计算产品成本,采用计时工资法计算工资。

(二)计算程序

1. 按照当月分配率,分配各批产品的工资及福利费、制造费用等间接计入费用,如表 10-3 所示:

表 10-3 间接计入费用分配表

批　　别	当月生产工时(小时)	工资及福利费(元)	制造费用(元)
201	1 600	48 000	40 000
202	400	12 000	10 000
203	1 200	36 000	30 000
204	1 800	54 000	45 000
301	1 500	45 000	37 500
302	1 000	30 000	25 000
303	500	15 000	12 500
304	2 000	60 000	50 000
当月分配率		30	25
合　计	10 000	300 000	250 000

其中:

$$\text{全部产品工资及福利费的当月分配率}=\frac{300\ 000}{10\ 000}=30(\text{元/小时})$$

$$\text{全部产品制造费用的当月分配率}=\frac{250\ 000}{10\ 000}=25(\text{元/小时})$$

2. 编制各批产品的基本生产成本明细账,如表 10-4 至表 10-11 所示:

表 10-4 基本生产成本明细账

生产批号:201 批量:100 台 投产日期:2 月

产品名称:A 本月完工:100 台 完工日期:3 月

××年		凭证号数	摘要	原材料	工资及福利费	制造费用	合 计
月	日						
略	略	略	月初在产品成本	400 000	100 300	83 300	583 600
			本月工资及福利费		48 000		48 000
			本月制造费用			40 000	40 000
			本月生产费用合计		48 000	40 000	88 000
			本月生产费用累计	400 000	148 300	123 300	671 600
			完工产品成本	400 000	148 300	123 300	671 600
			完工产品单位成本	4 000	1 483	1 233	6 716

表 10-5 基本生产成本明细账

生产批号:202 批量:40 台 投产日期:2 月

产品名称:B 本月完工:4 台 完工日期:

××年		凭证号数	摘要	原材料	工资及福利费	制造费用	合 计
月	日						
略	略	略	月初在产品成本	160 000	17 700	14 700	192 400
			本月工资及福利费		12 000		12 000
			本月制造费用			10 000	10 000
			本月生产费用合计		12 000	10 000	22 000
			本月生产费用累计	160 000	29 700	24 700	214 400
			完工产品成本	15 840	6 160	4 000	26 000
			完工产品单位定额成本	3 960	1 540	1 000	6 500
			月末在产品成本	144 160	23 540	20 700	188 400

其中,4 台完工产品的有关成本计算如下:

原材料=3 960×4=15 840(元)

工资及福利费=1 540×4=6 160(元)

制造费用=1 000×4=4 000(元)

表 10-6　基本生产成本明细账

生产批号:203　　批量:100 台　　投产日期:2 月

产品名称:C　　本月完工:60 台　　完工日期:3 月

××年		凭证号数	摘要	原材料	工资及福利费	制造费用	合　计
月	日						
略	略	略	月初在产品成本	200 000	82 600	68 600	351 200
			本月工资及福利费		36 000		36 000
			本月制造费用			30 000	30 000
			本月生产费用合计		36 000	30 000	66 000
			本月生产费用累计	200 000	118 600	98 600	417 200
			完工产品成本	120 000	88 950	73 950	282 900
			完工产品单位成本	2 000	1 482.5	1 232.5	4 715
			月末在产品成本	80 000	29 650	24 650	134 300

其中,60 台完工产品的有关成本计算如下:

$$原材料=\frac{200\ 000}{60+40}\times 60=120\ 000(元)$$

$$工资及福利费=\frac{118\ 600}{60+40\times 50\%}\times 60=88\ 950(元)$$

$$制造费用=\frac{98\ 600}{60+40\times 50\%}\times 60=73\ 950(元)$$

表 10-7　基本生产成本明细账

生产批号:204　　批量:100 台　　投产日期:2 月

产品名称:D　　本月完工:0 台　　完工日期:

××年		凭证号数	摘要	原材料	工资及福利费	制造费用	合　计
月	日						
略	略	略	月初在产品成本	40 000	94 400	78 400	212 800
			本月工资及福利费		54 000		54 000
			本月制造费用			45 000	45 000
			本月生产费用合计		54 000	45 000	99 000
			本月生产费用累计	40 000	148 400	123 400	311 800
			月末在产品成本	40 000	148 400	123 400	311 800

表 10-8　基本生产成本明细账

生产批号：301　　批量：100 台　　投产日期：3 月

产品名称：A　　本月完工：0 台　　完工日期：

××年		凭证号数	摘要	原材料	工资及福利费	制造费用	合　计
月	日						
略	略	略	本月材料费用	400 000			400 000
			本月工资及福利费		45 000		45 000
			本月制造费用			37 500	37 500
			本月生产费用合计	400 000	45 000	37 500	482 500
			月末在产品成本	400 000	45 000	37 500	482 500

表 10-9　基本生产成本明细账

生产批号：302　　批量：20 台　　投产日期：3 月

产品名称：E　　本月完工：20 台　　完工日期：3 月

××年		凭证号数	摘要	原材料	工资及福利费	制造费用	合　计
月	日						
略	略	略	本月材料费用	100 000			100 000
			本月工资及福利费		30 000		30 000
			本月制造费用			25 000	25 000
			本月生产费用合计	100 000	30 000	25 000	155 000
			完工产品成本	100 000	30 000	25 000	155 000
			完工产品单位成本	5 000	1 500	1 250	7 750

表 10-10　基本生产成本明细账

生产批号：303　　批量：200 台　　投产日期：3 月

产品名称：B　　本月完工：0 台　　完工日期：

××年		凭证号数	摘要	原材料	工资及福利费	制造费用	合　计
月	日						
略	略	略	本月材料费用	320 000			320 000
			本月工资及福利费		15 000		15 000
			本月制造费用			12 500	12 500
			本月生产费用合计	320 000	15 000	12 500	347 500
			月末在产品成本	320 000	15 000	12 500	347 500

表 10-11　基本生产成本明细账

生产批号：304　　批量：200 台　　投产日期：3 月

产品名称：F　　本月完工：0 台　　完工日期：

××年		凭证号数	摘要	原材料	工资及福利费	制造费用	合　计
月	日						
略	略	略	本月材料费用	80 000			80 000
			本月工资及福利费		60 000		60 000
			本月制造费用			50 000	50 000
			本月生产费用合计	80 000	60 000	50 000	190 000
			月末在产品成本	80 000	60 000	50 000	190 000

3. 根据基本生产成本明细账编制完工产品成本的结转分录：

借：库存商品——产成品——201——A　　671 600

——202——B　　26 000

——203——C　　282 900

——302——E　　155 000

贷：基本生产成本——201——A　　671 600

——202——B　　26 000

——203——C　　282 900

——302——E　　155 000

在看以上所举的实例时，必须注意：教材中实例所用的账表结构、所涉及的计算程序和计算工作都比较简单，不要误以为分批法比品种法简单得多。实例主要强调了批内产品跨月陆续完工分次交货情况下，生产费用在其完工产品和月末在产品之间的分配方法，目的一是要突出分批法本身的特点，二是要节省篇幅避免重复。实际上，品种法用的所有账表、计算程序和计算工作，在分批法中都可能采用和进行，在以后要讲的分步法中也都可能采用和进行，因为品种法是成本计算方法中最基本的方法。

第二节　简化的分批法

在单件小批生产的企业中，有时在同一时期内投产产品的批数较多，而完工产品的批数又较少，这时如果仍然采用一般的分批法来处理的话，那么间接计入费用在各批产品之间的分配工作就很繁重。这时可以考虑采用简化的分批法，将间接计入费用在各批产品之间的分配工作，与其在完工产品与月末在产品之间的分配工作结合起来，以简化费用的分配和登记工作。

一、简化的分批法的定义

所谓的简化的分批法，也称为不分批计算在产品成本的分批法。它是采用累计分配率来分配间接计入费用的。对每月发生的间接计入费用，不是按月在各批产品之间分配，而是先累计在基本生产成本二级账上，到各批产品完工时才分配。

二、简化的分批法的特点

(一)采用累计分配法来分配间接计入费用

简化的分批法是采用累计分配法来分配间接计入费用的。前面曾叙及，累计分配法要计算累计分配率，只对当月完工批次的产品按累计分配率计算分配间接计入费用，对当月未完工批次的产品则只按月登记发生的直接计入费用和生产工时，不分配间接计入费用。

简化的分批法将间接计入费用在各批产品之间的分配工作与其完工产品和月末在产品之间的分配工作，是在产品完工时，利用各项累计间接计入费用分配率一次分配完成的，这大大简化了成本计算工作。各项累计分配率，既是在各批完工产品之间，也是在完工产品批别与月末在产品批别之间，以及某批产品的完工产品与月末在产品之间分配各该项累计间接计入费用的依据。所以，这种简化的分批法也称为累计间接计入费用分配法。

(二)必须设立基本生产成本二级账

采用简化的分批法，仍应按照产品批别设置产品生产成本明细账，同时还必须按生产单位设置基本生产成本二级账。

产品生产成本明细账按月登记各该批产品的直接计入费用(如直接材料费用)和生产工时。各月发生的间接计入费用(如直接人工费用和制造费用)，按成本项目登记在基本生产成本二级账中，没有按月在各批产品之间进行分配。只有在有完工产品的那个月份，才将基本生产成本二级账中累计起来的费用，按照完工产品工时占全部累计工时的比例，对完工产品进行分配，未完工产品则不需分配，其间接计入费用仍保留在基本生产成本二级账中。那么完工产品总成本即为完工产品从基本生产成本二级账分配转入的间接计入费用与产品生产成本明细账原来登记的直接计入费用之和。

从计算产品实际成本的角度来说，采用其他成本计算方法，可以不设立基本生产成本二级账，但采用简化的分批法，则必须设立基本生产成本二级账。因为基本生产成本二级账有以下作用：一是能够按月提供企业或车间全部产品的累计生产费用和累计生产工时资料；二是在有完工产品的月份，计算登记全部产品累计间接计入费用分配率，以及完工产品总成本和月末在产品总成本。

（三）不分批计算在产品成本

采用简化的分批法，对于未完工的产品不分配间接计入费用，即不分批计算在产品成本。这就是说，将完工产品应负担的间接计入费用转入各完工产品生产成本明细账以后，基本生产成本二级账反映的是所有批别的月末在产品的成本之和。各批未完工产品的生产成本明细账上只反映了累计直接计入费用和累计工时，不反映各该批在产品的间接计入费用，因此无法反映各该批在产品的成本。显然，采用这种分批法，可以大大简化费用的分配和登记工作；且月末未完工产品的批数越多，核算工作就越简化。

三、简化的分批法的适用范围

这种简化的分批法适用于同一月份投产的产品批数很多，且月末未完工批数较多的企业。如果月末未完工的批数不多，则不宜采用。因为在这种情况下，绝大多数产品的批号仍然要分配登记各项间接计入费用，核算工作减少不多。另外，该法虽然可以简化成本的核算工作，但是在各月的间接计入费用水平相差悬殊的情况下不宜采用，否则会影响到各月成本计算的正确性。比如说间接计入费用水平在前几个月较低而当月较高，某批产品当月投产当月完工，这时按累计间接计入费用分配率分配计算出来的该批完工产品成本就会偏低，反之则偏高。

四、简化的分批法计算程序举例

［例 10-2］

（一）某企业第一生产车间生产 8 批产品，3 月份有关生产情况同前例，有关成本及工时资料

表 10-12 有关成本及工时资料

批别	月初在产品成本(元)及累计工时(小时)				本月生产费用(元)及当月工时(小时)			
	原材料	工资及福利费	制造费用	累计工时	原材料	工资及福利费	制造费用	当月工时
201	400 000			3 400				1 600
202	160 000			600				400
203	200 000			2 800				1 200
204	40 000			3 200				1 800
301					400 000			1 500
302					100 000			1 000
303					320 000			500
304					80 000			2 000
合计	800 000	295 000	245 000	10 000	900 000	300 000	250 000	10 000

所有批别的原材料均在生产开始时一次投入。该企业采用定额成本结转202批别B产品的完工产品成本,其中:单位原材料费用定额3 960元。单位工时定额45小时。采用约当产量比例法分配203批别C产品完工产品与月末在产品的原材料费用与生产工时,其月末在产品的完工程度按50%计算。企业采用简化的分批法计算产品成本,采用计时工资法计算工资。

(二)计算程序

1.开设基本生产成本二级账。如表10-13所示:

表 10-13 基本生产成本二级账

单位:元

××年		凭证号数	摘　　要	原材料	生产工时(小时)	工资及福利费	制造费用	合　计
月	日							
略	略	略	月初在产品成本	800 000	10 000	295 000	245 000	1 340 000
			本月材料费用	900 000				900 000
			本月工资及福利费			300 000		300 000
			本月制造费用				250 000	250 000
			本月生产工时		10 000			10 000
			本月生产费用合计	900 000	10 000	300 000	250 000	1 450 000
			本月生产费用累计	1 700 000	20 000	595 000	495 000	2 790 000
			累计间接计入费用分配率			29.75	24.75	
			结转完工产品成本	635 840	9 180	273 105	227 205	1 136 150
			月末在产品成本	1 064 160	10 820	321 895	267 795	1 653 850

其中：

$$\text{全部产品工资及福利费的累计分配率}=\frac{595\ 000}{20\ 000}=29.75(\text{元/小时})$$

$$\text{全部产品制造费用的累计分配率}=\frac{495\ 000}{20\ 000}=24.75(\text{元/小时})$$

2.编制各批产品的基本生产成本明细账，如表10-14至10-21所示：

表10-14 基本生产成本明细账

生产批号：201　　批量：100台　　投产日期：2月

产品名称：A　　本月完工：100台　　完工日期：3月

××年 月	××年 日	凭证号数	摘要	原材料	生产工时	工资及福利费	制造费用	合计
略	略	略	月初在产品成本	400 000	3 400			
			本月发生		1 600			
			累计数及累计间接计入费用分配率	400 000	5 000	29.75	24.75	
			完工产品成本	400 000	5 000	148 750	123 750	672 500
			完工产品单位成本	4 000		1 487.5	1 237.5	6 725

其中，100台完工产品的有关成本计算如下：

应分配的工资及福利费＝5 000×29.75＝148 750(元)

应分配的制造费用＝5 000×24.75＝123 750(元)

表10-15 基本生产成本明细账

生产批号：202　　批量：40台　　投产日期：2月

产品名称：B　　本月完工：4台　　完工日期：

××年 月	××年 日	凭证号数	摘要	原材料	生产工时	工资及福利费	制造费用	合计
略	略	略	月初在产品成本	160 000	600			
			本月发生		400			
			累计数及累计间接计入费用分配率	160 000	1 000	29.75	24.75	
			完工产品成本	15 840	180	5 355	4 455	25 650
			完工产品单位成本	3 960	45	1 338.75	1 113.75	6 412.5
			月末在产品成本	144 160	820			

其中,4 台完工产品的成本计算如下:

应分配的工时=45×4=180(小时)

应分配的材料费用=3 960×4=15 840(元)

应分配的工资及福利费=180×29.75=5 355(元)

应分配的制造费用=180×24.75=4 455(元)

表 10-16 基本生产成本明细账

生产批号:203　　批量:100 台　　投产日期:2 月

产品名称:C　　本月完工:60 台　　完工日期:3 月

××年		凭证号数	摘　要	原材料	生产工时	工资及福利费	制造费用	合　计
月	日							
略	略	略	月初在产品成本	200 000	2 800			
			本月发生		1 200			
			累计数及累计间接计入费用分配率	200 000	4 000	29.75	24.75	
			完工产品成本	120 000	3 000	89 250	74 250	283 500
			完工产品单位成本	2 000	50	1 487.5	1 237.5	4 725
			月末在产品成本	80 000	1 000			

其中,60 台完工产品的成本计算如下:

$$应分配的工时=\frac{4\ 000}{60+40\times50\%}\times60=3\ 000(小时)$$

$$应分配的原材料=\frac{200\ 000}{60+40}\times60=120\ 000(元)$$

应分配的工资及福利费=3 000×29.75=89 250(元)

应分配的制造费用=3 000×24.75=74 250(元)

表 10-17 基本生产成本明细账

生产批号:204　　批量:100 台　　投产日期:2 月

产品名称:D　　本月完工:0 台　　完工日期:

××年		凭证号数	摘　要	原材料	生产工时	工资及福利费	制造费用	合　计
月	日							
略	略	略	月初在产品成本	40 000	3 200			
			本月发生		1 800			
			本月生产费用累计	40 000	4 000			

表 10-18　基本生产成本明细账

生产批号:301　　批量:100 台　　投产日期:3 月

产品名称:A　　本月完工:0 台　　完工日期:

××年		凭证号数	摘　要	原材料	生产工时	工资及福利费	制造费用	合　计
月	日							
略	略	略	本月材料费用	400 000	1 500			

表 10-19　基本生产成本明细账

生产批号:302　　批量:20 台　　投产日期:3 月

产品名称:E　　本月完工:20 台　　完工日期:3 月

××年		凭证号数	摘　要	原材料	生产工时	工资及福利费	制造费用	合　计
月	日							
略	略	略	本月发生	100 000	1 000			
			累计数及累计间接计入费用分配率	100 000	1 000	29.75	24.75	
			完工产品成本	100 000	1 000	29 750	24 750	154 500
			完工产品单位成本	5 000		1 487.5	1 237.5	7 725

其中,20 台完工产品的成本计算如下:

应分配的工资及福利费=1 000×29.75=29 750(元)

应分配的制造费用=1 000×24.75=24 750(元)

表 10-20　基本生产成本明细账

生产批号:303　　批量:80 台　　投产日期:3 月

产品名称:B　　本月完工:0 台　　完工日期:

××年		凭证号数	摘　要	原材料	生产工时	工资及福利费	制造费用	合　计
月	日							
略	略	略	本月发生	320 000	500			

表 10-21　基本生产成本明细账

生产批号:304　　批量:60 台　　投产日期:3 月

产品名称:F　　本月完工:0 台　　完工日期:

××年		凭证号数	摘　要	原材料	生产工时	工资及福利费	制造费用	合　计
月	日							
略	略	略	本月发生	80 000	2 000			

3.根据基本生产成本明细账编制完工产品成本的结转分录：

借:库存商品——产成品——201——A　　672 500
　　　　　　　　　——202——B　　25 650
　　　　　　　　　——203——C　　283 500
　　　　　　　　　——302——E　　154 500
　贷:基本生产成本——201——A　　672 500
　　　　　　　　——202——B　　25 650
　　　　　　　　——203——C　　283 500
　　　　　　　　——302——E　　154 500

思考题：

1.分批法的核算特点是什么？

2.采用分批法计算产品成本时,批次是如何安排的？

3.简化的分批法的特点是什么？简化在什么地方？为什么分批法又称作不分批计算在产品成本法？

4.如果各月间间接费用的发生不均衡,采用简化的分批法计算产品成本会导致什么结果？

5.采用简化的分批法还要不要设置制造费用明细账？为什么？

11

分步法 第十一章

第一节 分步法概述

一、分步法及其适用范围

（一）分步法的定义

成本计算的分步法是指以产品的生产步骤为成本计算对象，来归集生产费用、计算产品成本的一种基本方法。

（二）分步法的适用范围

分步法适用于管理上要求分步骤计算产品成本的大量大批的多步骤生产类型的企业，既适用于冶金、纺织、造纸等大量大批连续式复杂生产类型的企业，也适用于大量大批的装配式复杂生产类型的企业。在这些企业中，产品生产可以划分为若干步骤，如纺织企业的生产可以分为纺纱、织布等步骤，造纸企业可以分为制浆、制纸和包装等步骤，机械制造企业可以分为铸造、加工、装配等步骤。

二、分步法的特点

（一）以产品的生产步骤作为成本计算对象

在大量大批多步骤生产的企业中，为了加强对各生产步骤的管理，不仅要求按照产品的品种计算成本，而且要求按照产品的生产步骤计算成本，因此分步法的成本计算对象是各种产品的生产步骤。如果只生产一种产品，成本计算对象就是该种产成品及其所经过的各生产步骤；如果生产多种产品，成本计算对象则应是各种产成品及其所经过的各生产步骤。

在按生产步骤设立车间的企业中，一般讲，分步计算成本也就是分车间计算成本。但需要注意的是，在实际工作中，产品成本计算的分步法的“步骤”是根据实际生产步骤结合管理要求确定的，并不一定与产品的实际生产步骤完全一致，所以分步骤计算成本不一定是分车间计算成本。例如：

1. 企业生产规模很大，车间内又分成几个生产步骤，而管理上又要求分步骤计算成本时，可以在车间内再分步骤计算成本。

2. 企业生产规模很小，管理上也不要求分车间或分步骤计算成本时，为了简化成本计算工作，可以将几个车间或几个步骤合并为一个步骤计算成本。如造纸企业通常将制浆车间的备料、蒸煮、漂白、抄浆、打浆等实际加工步骤合并作为一个制浆步骤来计算成本；将费用不大的包装步骤与制纸步骤合并在一起计算成本，以简化成本计算工作。

总之，应根据管理的要求，本着简化成本计算工作的原则，来确定成本计算对象。

（二）以会计报告期作为成本计算期

由于是大量大批生产，随着原材料连续不断地被投入，产品的生产也在连续不断地进行着，难以确定产品的生产周期，因而一般是在每月月末定期地计算产品成本。这样，分步法下的成本计算期就与会计报告期一致，而与生产周期不一致。

（三）生产费用一般需要在完工产品和月末在产品之间分配

在大量大批的多步骤生产中，由于生产过程较长，而且往往都是跨月陆续完工的，因此，成本计算一般都是按月定期地进行。在月末计算产品成本时，各步骤一般都存在一定数量的在产品。这样，为了计算完工产品成本和月末在产品成本，一般需要采用适当的分配方法，将生产费用在完工产品与月末在产品之间进行分配。

三、分步法的分类

由于产品生产分步骤进行，上一步骤生产的半成品就是下一步骤的加工对象，因此，为了计算各种产品的产成品成本，还需要按照产品的品种来结转各步骤成本，这是与其他成本计算方法的不同之处。由于各个企业生产工艺过程的特点和成本管理对各步骤成本资料的要求不同（要不要计算半成品成本），各生产步骤成本的计算和结转有逐步结转和平行结转两种方法，这样，产品成本计算的分步法也就相应地分为逐步结转分步法和平行结转分步法两种。逐步结转分步法是在管理上要求提供半成品成本资料的情况下采用的，也称为计算半成品成本的分步法；平行结转分步法是在管理上不要求提供半成品成本资料的情况下采用的，也称为不计算半成品成本的分步法。

四、分步法的计算程序

分步法的计算程序以品种法的计算程序为基础，不同点在于它不但要求按照产品的品种计算成本，而且要求按照产品的生产步骤计算成本，所以在成本明细账的设置上、生产费用的归集分配上都要满足这个要求。具体如下：

1.按产品的生产步骤为每种产品(半成品或产成品)设置基本生产成本明细账、辅助生产成本明细账，账内按成本项目设置专栏。按车间设置制造费用明细账。同时，设置其他相关明细账。

2.每月按照生产步骤和产品品种归集生产费用，根据各生产费用的原始凭证或原始凭证汇总表和其他有关资料，编制各种要素费用分配表，按照生产步骤及产品分配各要素费用并登账。

在分步法下归集生产费用时，原始凭证上需要注明费用发生在哪一个生产步骤，如果是直接计入费用，还应注明其成本计算对象，这样才便于费用的汇总和分配。各步骤发生的生产费用，凡能直接计入各成本计算对象的，应直接计入；不能直接计入各成本计算对象的，应先按步骤归集，月末再按适当的方法分配计入。

3.月末将各生产步骤、各成本明细账上归集的生产费用，在完工产品和月末在产品之间分配，计算出各步骤的完工产品和月末在产品的成本或计算出各步骤应计入完工产品的成本份额。并采用适当的方法按产品品种结转各步骤半成品成本或汇总各步骤计入完工产品的成本份额，计算出各种产成品的总成本和单位成本。

在实际工作中，各生产步骤成本的计算和结转采用逐步结转和平行结转两种不同的方法，因而在该步计算程序上有较大的差别，具体见下文的阐述。

第二节　逐步结转分步法

逐步结转分步法又称为顺序结转分步法，是指按照产品生产步骤的先后顺序归集生产费用，逐步计算并结转各步骤半成品成本，即上一步骤的半成品成本随着半成品实物的转移而结转到下一步骤的产品成本中，直到最后步骤累计计算出产成品成本的一种成本计算方法。该法的显著特点是能够提供各个步骤的半成品成本的资料，所以又称为计算半成品成本的分步法。它适用于大量大批多步骤连续式生产类型的企业。这种类型的企业生产的有些半成品，如纺织企业生产的棉纱、钢铁企业生产的生铁等，既可以转给下一步骤继续加工、也可以当作商品对外销售；有些半成品如造纸企业生产的纸浆等，可以被几种产品所共同耗用；还有些半成品需要进行经济核算、成本控制与考核。因此，在这些企业除了要计算出产成品的成本以外，还要计算出各个步骤的半成品成本，以便为成本管理提供相关资料。

一、逐步结转分步法的特点

1. 成本计算对象是各生产步骤的半成品和最后步骤的产成品。在最后生产步骤前的每一步骤都会有半成品入库或直接结转下一步骤作为加工对象，到最后生产步骤生产出的就是经过全部生产步骤的产成品。因此，最后步骤的生产成本明细账要按产成品设置，前面各步骤的生产成本明细账则按半成品设置。

2. 各加工步骤的半成品成本随实物转移而在各生产步骤之间顺序结转。上一步骤完工的半成品的实物转移方式有两种：一是不通过半成品库收发，直接转入下一步骤继续加工；二是通过半成品仓库收发后，才转入下一步骤继续加工。

3. 在产品成本按其实物所在地反映，各步骤产品生产成本明细账中的期末余额反映结存在该步骤的狭义在产品的成本。

二、逐步结转分步法的成本计算程序

逐步结转分步法的成本计算程序因半成品实物转移方式的不同而不同，分为以下两种情况：

1. 在半成品不通过半成品库收发的情况下，逐步结转分步法的产品成本计算程序是：首先，计算出第一步骤的半成品成本，然后随着半成品的实物转移，将其成本转入第二步骤产品生产成本明细账；其次，将第一步骤转入的半成品成本加上第二步骤发生的生产费用，计算出第二步骤的半成品成本；然后随着半成品的实物转移，将其成本转入第三步骤产品生产成本明细账；以此类推，按照生产步骤的先后顺序计算结转半成品成本，直到最后一个步骤计算出产成品成本为止。这时，半成品成本就在各生产步骤的产品成本明细账之间直接结转，不必编制会计分录。

半成品不通过半成品库收发的逐步结转分步法成本计算程序如图 11-1 所示。

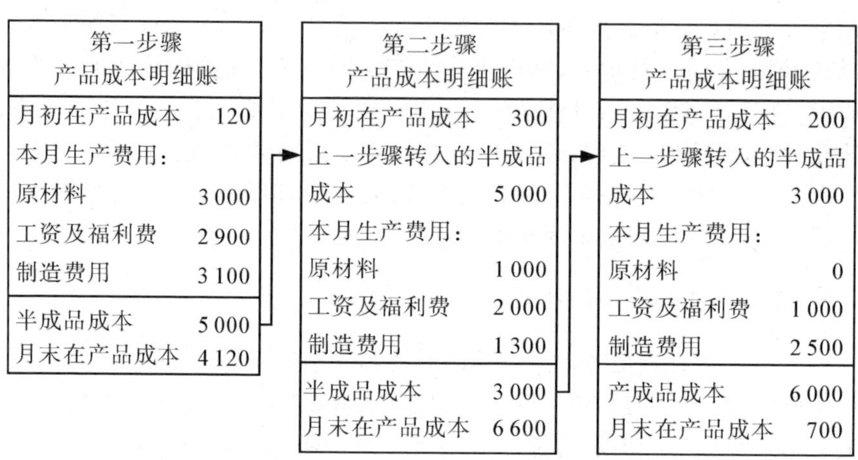

图 11-1 逐步结转分步法成本计算程序图(半成品不通过半成品库收发)

2.在半成品通过半成品库收发的情况下,应设置自制半成品明细账进行核算,通过该明细账结转完工入库和生产领用的半成品成本。半成品在完工验收入库时,应借记"自制半成品",贷记"基本生产成本";半成品被领用出库时,则应借记"基本生产成本",贷记"自制半成品"。

半成品通过半成品库收发的逐步结转分步法成本计算程序如图 11-2 所示。

从上述成本计算程序可以看出,逐步结转分步法的每一个步骤都是一个品种法。逐步结转分步法实质上就是品种法的分次连接运用。程序图中的"月末在产品"指的是正在某步骤加工、尚未完成该步骤的加工任务的月末狭义在产品。

三、半成品成本的结转方法

逐步结转分步法按照结转的半成品成本在下一生产步骤产品成本明细账中的反映方法不同,分为综合结转法和分项结转法。

(一)综合结转法

综合结转法是指各步骤所耗上一步骤的半成品成本不分成本项目,而是以一个综合金额记入各该步骤产品成本明细账中的"原材料"或专设的"半成品"项目的一种成本结转方法。

综合结转法结转半成品成本的程序是:先算出第一步骤的半成品成本,然后将第二步骤所耗用的第一步骤的半成品成本,以一个综合金额转入第二步

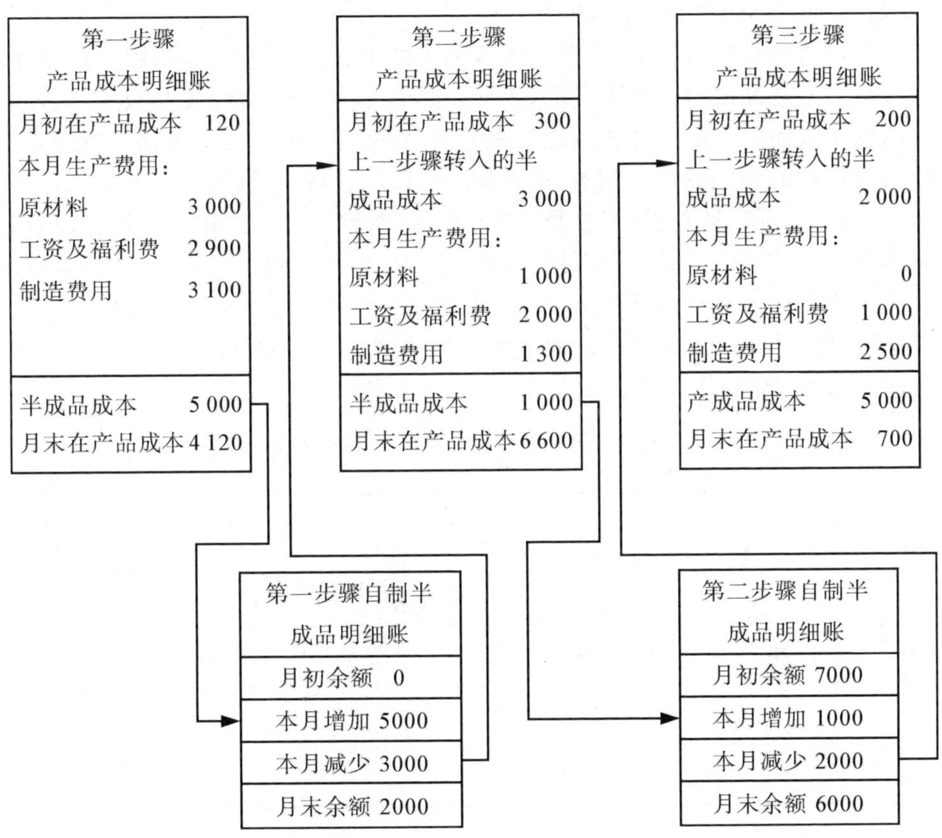

图 11-2 逐步结转分步法成本计算程序图(半成品通过半成品库收发)

骤产品成本明细账中的“原材料”或专设的“半成品”项目,加上第二步骤发生的各项费用,算出第二步骤的半成品成本,再将第三步骤所耗用的第二步骤的半成品成本,以一个综合金额转入第三步骤产品成本明细账中的“原材料”或专设的“半成品”项目,加上第三步骤发生的各项费用,算出第三步骤的半成品成本,以此类推,直至算出最后一个步骤的产成品成本。

在实际工作中,综合结转既可以按照半成品的实际成本结转,也可以按照半成品的计划成本(或定额成本)结转。

1. 按实际成本综合结转

采用这种结转方法时,若各个步骤完工的半成品不通过半成品库收发,直接转入下一步骤继续加工,可以将其实际的综合成本(根据结转半成品的数量乘以半成品的实际单位成本计算),直接转入下一步骤的产品成本明细账中的

"原材料"或专设的"半成品"项目。

采用这种结转方法时,若各个步骤完工的半成品通过半成品库收发,由于各月所产半成品的单位成本不同,因此,在"自制半成品明细账"中,下一步骤耗用的半成品的实际单位成本应按先进先出法、加权平均法等方法计算确定,然后与耗用的半成品数量相乘,将所得的实际综合成本,转入下一步骤的产品成本明细账中的"原材料"或专设的"半成品"项目。为了简化成本核算,提高各步骤成本计算的及时性,在月初自制半成品结存余额较大,本月发出的半成品全部或大部分是以前月份所生产的情况下,本月所耗用的半成品成本也可以按照月初结存的半成品的加权平均单位成本计算。自制半成品明细账(实际成本法)格式如表 11-1 所示。

表 11-1　自制半成品明细账(实际成本法)

产品名称:　　　　　　　　　　　　　　　　　　　　单位:元

年		凭证号数	摘　要	收入		发出		结存		
月	日			数量	实际成本	数量	实际成本	数量	单位成本	实际成本
略	略	略	月初余额							
			一车间交库							
			二车间领用							

2. 按计划成本(或定额成本)综合结转

采用计划成本结转时,各步骤耗用上一步骤半成品成本是按耗用数量乘以计划单位成本计算的。这时,各步骤生产成本明细账内的"自制半成品"项目应设置若干栏,分别登记上步转入半成品的"计划成本"、"成本差异"和"实际成本"。如果半成品是通过半成品仓库收发的,在各步骤的"自制半成品明细账"中平时按计划成本登记,月末在半成品实际成本计算出来后,再计算半成品的成本差异率,调整所耗半成品的成本差异。为了调整所耗半成品的成本差异,"自制半成品明细账"不仅要设置专栏反映半成品收发和结存的数量和实际成本,还要设置专栏反映半成品收发和结存的计划成本、成本差异和差异率。为简化成本核算,提高各步骤成本计算的及时性,在月初自制半成品结存余额较大,本月发出的半成品全部或大部分是以前月份所生产的情况下,本月所领用的半成品的成本差异也可以按照月初结存的半成品的成本差异率计算;在半成品种类较多时,也可以分类计算半成品成本差异率,调整所耗半成品成本差异。

可见,按计划成本结转半成品成本,与按实际成本结转半成品成本相比,具有以下优点:

(1)可以简化和加速成本核算工作。特别是在半成品成本差异率不是按产品品种而是按产品类别计算的情况下;以及在本月耗用的半成品大部分甚至全部是以前月份生产的,其成本差异率可以根据月初结存的半成品的成本差异率计算的情况下,按计划成本结转半成品成本更能省去大量的成本计算工作。而且各个步骤的成本计算不必逐步等待,可以同时进行,大大加速了成本的核算工作。

(2)便于进行各个步骤成本的考核和分析。由于在各个步骤的产品成本明细账中,分别反映所耗半成品的计划成本、成本差异和实际成本,分析时可以扣除上一步骤半成品成本变动对本步骤产品成本的影响,便于对各个步骤进行成本分析和考核。

但是,采用该法有一个前提条件:半成品的计划成本应比较准确、稳定。

自制半成品明细账(计划成本法)格式如表 11-2 所示。

表 11-2 自制半成品明细账(计划成本法)

产品名称: 单位:元

月份	摘要	收入			发出			结存				
		数量	计划成本	实际成本	数量	计划成本	实际成本	数量	计划成本	实际成本	成本差异	差异率
略	月初余额											
	交库											
	领用											

3.举例

现举例说明按实际成本综合结转与按计划成本综合结转半成品成本的应用。

[例 11-1]

(1)资料:某企业大量生产的甲产品分两个步骤生产,依次经过第一、第二两个基本生产车间加工,其中第一车间为第二车间提供甲半成品,由第二车间将其加工为甲产成品。各步骤间设半成品库,半成品出库按加权平均法计算单位成本;本月完工入库产成品 500 件,在产品采用定额成本法计价。该企业采用逐步结转分步法,按实际成本综合结转半成品成本,计算甲产品成本。

半成品库及该企业某月有关生产费用资料如表 11-3 和表 11-4 所示。

表 11-3　半成品库资料

单位:元

项　目	收　入		发　出		结　存	
	数量(件)	实际成本	数量(件)	实际成本	数量(件)	实际成本
月初余额					300	151 000
一车间交库	700					
二车间领用			400			

表 11-4　生产费用资料

单位:元

项　目	所在车间	半成品	原材料	工资及福利费	制造费用	合　计
月初在产品定额成本	第一车间		38 000	22 000	46 000	106 000
	第二车间	122 000		24 000	50 000	196 000
本月生产费用	第一车间		126 000	120 000	136 000	382 000
	第二车间			74 000	177 000	
月末在产品定额成本	第一车间		56 000	26 000	52 000	134 000
	第二车间	52 000		10 000	28 000	90 000

为区别起见,分别采用实际成本综合结转分步法与计划成本综合结转分步法来结转半成品成本,计算甲产品成本。

(2)方法一:该企业采用逐步结转分步法,按实际成本综合结转半成品成本,计算甲产品成本。

根据以上资料登记成本明细账、自制半成品明细账,按实际成本综合结转半成品成本,计算产成品成本。结果如表 11-5 和表 11-6 所示。

表 11-5　第一车间(步骤)成本明细账

产品名称：甲半成品　　　　　　　　　　　　　　　　　　　　　　　　单位：元

年		凭证号数	摘　　要	原材料	工资及福利费	制造费用	合　计
月	日						
略	略	略	月初在产品成本	38 000	22 000	46 000	106 000
			本月生产费用	126 000	120 000	136 000	382 000
			合计	164 000	142 000	182 000	488 000
			完工半成品成本	108 000	116 000	130 000	354 000
			单位成本	154.29	165.71	185.71	505.71
			月末在产品成本	56 000	26 000	52 000	134 000

表 11-6　自制半成品明细账(实际成本法)

产品名称：甲半成品　　　　　　　　　　　　　　　　　　　　　　　　单位：元

年		凭证号数	摘　　要	收　入		发　出		结　存		
月	日			数量	实际成本	数量	实际成本	数量	单位成本	实际成本
略	略	略	月初余额					300		151 000
			一车间交库	700	354 000			1 000	505	505 000
			二车间领用			400	202 000	600		303 000

根据第一车间半成品交库单和成本明细账，作如下会计分录：

借：自制半成品——甲　　　　　　　　　　　　　　　　354 000

　贷：基本生产成本——第一车间(步骤)——甲　　　　　　　　354 000

自制半成品明细账(实际成本法)“结存”栏的单位成本是用加权平均法计算出来的：

$$自制半成品加权平均单位成本=\frac{151\,000+354\,000}{300+700}=505(元)$$

$$第二车间半成品领用的成本=505\times400=202\,000(元)$$

根据第二车间半成品领用单，作如下会计分录：

借：基本生产成本——第二车间(步骤)——甲　　　　　　202 000

　贷：自制半成品——甲　　　　　　　　　　　　　　　　　　202 000

表 11-7　第二车间(步骤)成本明细账

产品名称:甲产成品　　　　单位:元

年		凭证号数	摘　　要	半成品	工资及福利费	制造费用	合　计
月	日						
略	略	略	月初在产品成本	122 000	24 000	50 000	196 000
			本月生产费用	202 000	74 000	177 000	453 000
			合计	324 000	98 000	227 000	649 000
			完工产成品成本	272 000	88 000	199 000	559 000
			单位成本	544	176	398	1 118
			月末在产品成本	52 000	10 000	28 000	90 000

根据第二车间产成品入库单,作如下会计分录:

借:库存商品——产成品——甲　　559 000

　贷:基本生产成本——第二车间(步骤)——甲　　559 000

(3)方法二:将以上资料按计划成本综合结转。附加条件:自制半成品的计划单位成本为500元,其余同上。

根据以上资料登记成本明细账,自制半成品明细账,按计划成本综合结转半成品成本,计算产成品成本。

表 11-8　第一车间(步骤)成本明细账

产品名称:甲半成品　　　　单位:元

年		凭证号数	摘　　要	原材料	工资及福利费	制造费用	合　计
月	日						
略	略	略	月初在产品成本	38 000	22 000	46 000	106 000
			本月生产费用	126 000	120 000	136 000	382 000
			合计	164 000	142 000	182 000	488 000
			完工产成品成本	108 000	116 000	130 000	354 000
			单位成本	154.29	165.71	185.71	505.71
			月末在产品成本	56 000	26 000	52 000	134 000

表 11-9　自制半成品明细账(计划成本法)

产品名称:甲半成品　　　　单位:元

摘要	收入			发出			结存				
	数量	计划成本	实际成本	数量	计划成本	实际成本	数量	计划成本	实际成本	成本差异	差异率
月初余额							300	150 000	151 000		
交库	700	350 000	354 000				1 000	500 000	505 000	5 000	1%
领用				400	200 000	202 000	600	300 000	303 000		

表 11-10　第二车间(步骤)成本明细账

产品名称:甲产成品　　　　单位:元

年 月	年 日	凭证号数	摘要	半成品 计划成本	半成品 成本差异	半成品 实际成本	工资及福利费	制造费用	合计
略	略	略	月初在产品成本	122 000		122 000	24 000	50 000	196 000
			本月生产费用	200 000	2 000	202 000	74 000	177 000	453 000
			合计	322 000	2 000	324 000	98 000	227 000	649 000
			完工产品成本	270 000	2 000	272 000	88 000	199 000	559 000
			单位成本	540	4	544	176	398	1 118
			月末在产品成本	52 000		52 000	10 000	28 000	90 000

有关会计分录略。

(二)分项结转法

分项结转法是指各个步骤所耗上一步骤的半成品成本,按照“原材料”、“工资及福利费”、“制造费用”等成本项目,分别记入各该步骤产品成本明细账中的相应成本项目的一种成本结转方法。采用该方法时,若各个步骤完工的半成品通过半成品库收发,在“自制半成品明细账”中登记其成本时,也要分成本项目分别登记。

分项结转法结转半成品成本的程序是:先算出第一步骤的半成品成本,然后将第二步骤所耗用的第一步骤的半成品成本,按照各个成本项目金额分项转入第二步骤产品成本明细账中的相应成本项目,加上第二步骤发生的各项费用,算出第二步骤的半成品成本,再将第三步骤所耗用的第二步骤的半成品成本，按照各个成本项目金额分项转入第三步骤产品成本明细账中相应成本项目，加上第三步骤发生的各项费用，算出第三步骤的半成品成本，以此类推，直至算出最后一个步骤的产成品成本。

分项结转一般按照半成品的实际成本结转。虽说也可以按照半成品的计划成本(或定额成本)分项结转，但因为按成本项目分项调整成本差异的工作量太大，所以在实际工作中，一般很少采用。

(三)对综合结转法与分项结转法的评价

综上所述，对综合结转法与分项结转法作如下评价。

1.对综合结转法的评价

(1)特点

综合结转法是各个步骤之间结转半成品成本的一种方法，其主要特点是：将各步骤所耗用的上一步骤半成品成本，以“原材料”或专设的“半成品”项目，综合记入各该步骤的产品成本明细账中。

(2)优点

第一，简化了半成品的成本结转工作。

第二，成本计算工作量不大。

第三，由于从各个步骤产品成本明细账中，可以看出各个步骤产品所耗上一步骤半成品的综合成本和本步骤加工费用的水平，有利于各个步骤进行成本管理、分析。

(3)缺点

该法的缺点是：不能提供按原始成本项目反映的产成品成本资料，因而难以从企业角度分析和考核产品的成本结构(构成)。如果管理上要求提供这方面的成本资料，还需要将综合结转分步法计算出的产成品成本进行成本还原，从而加大了核算的工作量。

故综合结转法比较适用于管理上要求计算各个步骤的半成品成本，但不要求进行成本还原的情况。

2.对分项结转法的评价

(1)特点

分项结转法是各步骤间结转半成品成本的一种方法，其主要特点是：将各步骤所耗用的上一步骤半成品成本，按照成本项目分项转入各该步骤产品成本明细账的各个成本项目中。

分项结转法的优缺点与综合结转法恰好相反。

(2)优点

第一，可以直接、准确地提供按原始成本项目反映的产品成本资料，便于从整个企业角度考核和分析产品成本结构（构成）和成本水平。

第二，不需要进行成本还原。

(3)缺点

第一，成本结转工作比较复杂，各个步骤所耗用的上一步骤半成品成本，都要按照成本项目分项转入各该步骤产品成本明细账的各个成本项目中。

第二，在生产步骤较多时，成本计算工作量较大。特别是在各个步骤完工的半成品通过半成品库收发时，“自制半成品明细账”也要分成本项目反映，相应地，在计算领用半成品的单位成本时，也要分成本项目分别计算，从而增加了核算的工作量。

第三，在各个步骤的产成品成本中，看不出所耗上一步骤半成品的综合成本和本步骤加工费用的水平，不便于各个步骤进行产品成本分析。

故分项结转法适用于要求按照原始成本项目反映产品成本资料，但对各个步骤的成本管理要求不高的情况。

（四）举例

［例 11-2］

1. 资料：某企业丙产品的生产经三个步骤，在三个车间依次加工完成。生产过程为：第一车间生产出甲半成品，转入第二车间继续加工成乙半成品，再由第三车间继续加工成丙产成品。由于该产品各个步骤的半成品对外销售且管理上需要计算各个步骤的半成品成本，故成本计算采用按实际成本逐步结转分步法。生产费用采用约当产量法分配。原材料在生产开始时一次投入。各步骤在产品完工程度均为 50%。各步骤产量记录、成本资料如表 11-11、11-12 所示：

表 11-11　产量记录

单位：件

项　　目	第一车间（步骤）	第二车间（步骤）	第三车间（步骤）
月初在产品	40	20	10
本月投产	160	120	110
本月完工	120	110	100
月末在产品	80	30	20
月末在产品完工程度	50%	50%	50%

表 11-12 成本资料

单位:元

项 目		原材料	工资及福利费	制造费用	合 计
第一车间	月初在产品成本	3 200	2 000	2 400	7 600
	本月生产费用	12 800	9 200	10 400	32 400
第二车间	月初在产品成本	4 600	1 200	1 600	7 400
	本月生产费用		12 800	13 400	
第三车间	月初在产品成本	4 620	1 000	800	6 420
	本月生产费用		21 880	15 040	

为区别起见,分别采用综合结转分步法与分项结转分步法两种方法来结转半成品成本,计算丙产品成本。

2.方法一:该企业采用逐步结转分步法,按实际成本综合结转半成品成本,计算丙产品成本。

计算步骤:根据以上资料登记成本明细账,按实际成本综合结转半成品成本,计算丙产品成本。

表 11-13 第一车间(步骤)成本明细账

产品名称:甲半成品　　　　单位:元

年		凭证号数	摘 要	原材料	工资及福利费	制造费用	合计
月	日						
略	略	略	月初在产品成本	3 200	2 000	2 400	7 600
			本月生产费用	12 800	9 200	10 400	32 400
			合计	16 000	11 200	12 800	40 000
			约当总产量	200	160	160	
			分配率(单位成本)	80	70	80	230
			完工半成品成本	9 600	8 400	9 600	27 600
			月末在产品成本	6 400	2 800	3 200	12 400

其中:

原材料的约当总产量=120+80×100%=200(元/件)

工资及福利费、制造费用的约当总产量=120+80×50%=160(元/件)

$$原材料的分配率(单位成本)=\frac{16\ 000}{200}=80(元/件)$$

$$工资及福利费的分配率(单位成本)=\frac{11\ 200}{160}=70(元/件)$$

制造费用的分配率(单位成本)$=\frac{12\ 800}{160}=80$(元/件)

表 11-14　第二车间(步骤)成本明细账

产品名称:乙半成品　　　　单位:元

年		凭证号数	摘　要	半成品	工资及福利费	制造费用	合　计
月	日						
略	略	略	月初在产品成本	4 600	1 200	1 600	7 400
			本月生产费用	27 600	12 800	13 400	53 800
			合计	32 200	14 000	15 000	61 200
			约当总产量	140	125	125	
			分配率(单位成本)	230	112	120	462
			完工半成品成本	25 300	12 320	13 200	50 820
			月末在产品成本	6 900	1 680	1 800	10 380

其中:

原材料的约当总产量$=110+30\times100\%=140$(件)

工资及福利费、制造费用的约当总产量$=110+30\times50\%=125$(件)

原材料的分配率(单位成本)$=\frac{32\ 200}{140}=230$(元/件)

工资及福利费的分配率(单位成本)$=\frac{14\ 000}{125}=112$(元/件)

制造费用的分配率(单位成本)$=\frac{15\ 000}{125}=120$(元/件)

表 11-15　第三车间(步骤)成本明细账

产品名称:丙产成品　　　　单位:元

年		凭证号数	摘　要	半成品	工资及福利费	制造费用	合　计
月	日						
略	略	略	月初在产品成本	4 620	1 000	800	6 420
			本月生产费用	50 820	21 880	15 040	87 740
			合计	55 440	22 880	15 840	94 160
			约当总产量	120	110	110	
			分配率(单位成本)	462	208	144	814
			完工半成品成本	46 200	20 800	14 400	81 400
			月末在产品成本	9 240	2 080	1 440	12 760

其中：

原材料的约当总产量＝100＋20×100%＝120(件)

工资及福利费、制造费用的约当总产量＝100＋20×50%＝110(件)

原材料的分配率(单位成本)＝$\frac{55\ 440}{120}$＝462(元/件)

工资及福利费的分配率(单位成本)＝$\frac{22\ 880}{110}$＝208(元/件)

制造费用的分配率(单位成本)＝$\frac{15\ 840}{110}$＝144(元/件)

根据第三车间产成品入库单,作如下会计分录：

借:库存商品——产成品——丙　　　　81 400

　贷:基本生产成本——第三车间(步骤)——丙　　　　81 400

3.方法二:该企业采用分项结转分步法,按实际成本结转半成品成本,计算丙产品成本。

采用分项结转法时,还要补充以下资料:二车间月初在产品成本 4 600 元中,包括:原材料 1 600 元、工资及福利费 1 400 元、制造费用 1 600 元;三车间月初在产品成本 4 620 元中,包括:原材料 800 元、工资及福利费 1 820 元、制造费用 2 000 元。其余资料同方法一。

计算步骤:根据以上资料登记成本明细账,按实际成本分项结转半成品成本,计算丙产品成本。

表 11-16　第一车间(步骤)成本明细账

产品名称:甲半成品　　　　单位:元

年		凭证号数	摘　要	原材料	工资及福利费	制造费用	合　计
月	日						
略	略	略	月初在产品成本	3 200	2 000	2 400	7 600
			本月生产费用	12 800	9 200	10 400	32 400
			合计	16 000	11 200	12 800	40 000
			约当总产量	200	160	160	
			分配率(单位成本)	80	70	80	230
			完工半成品成本	9 600	8 400	9 600	27 600
			月末在产品成本	6 400	2 800	3 200	12 400

其中：

原材料的约当总产量＝120＋80×100％＝200(件)

工资及福利费、制造费用的约当总产量＝120＋80×50％＝160(件)

原材料的分配率(单位成本)＝$\frac{16\ 000}{200}$＝80(元/件)

工资及福利费的分配率(单位成本)＝$\frac{11\ 200}{160}$＝70(元/件)

制造费用的分配率(单位成本)＝$\frac{12\ 800}{160}$＝80(元/件)

表 11-17　第二车间(步骤)成本明细账

产品名称：乙半成品　　　　　　　　　　　　　　　　　　　　单位：元

年		凭证号数	摘　要		原材料	工资及福利费	制造费用	合　计
月	日							
略	略	略	月初在产品成本	上步转入	1 600	1 400	1 600	4 600
				本步发生		1 200	1 600	2 800
			本月发生的费用	上步转入	9 600	8 400	9 600	27 600
				本步发生		12 800	13 400	26 200
			合计(上步转入/本步发生)		11 200	9 800/14 000	11 200/15 000	61 200
			累计		11 200	23 800	26 200	61 200
			约当总产量(上步转入/本步发生)		140	140/125	140/125	
			分配率(上步转入/本步发生)		80	70/112	80/120	462
			分配率(单位成本)		80	182	200	462
			完工半成品成本		8 800	20 020	22 000	50 820
			月末在产品成本		2 400	3 780	4 200	10 380

其中：

原材料的约当总产量＝110＋30×100％＝140(件)

工资及福利费、制造费用的约当总产量＝110＋30×50％＝125(件)

原材料的分配率(单位成本)＝$\frac{14\ 200}{140}$＝80(元/件)

工资及福利费的分配率(单位成本)：

其中上步转入为$\frac{9\ 800}{140}$＝70(元/件)，本步发生为$\frac{14\ 000}{125}$＝112(元/件)

制造费用的分配率(单位成本):

其中上步转入为$\frac{11\ 200}{140}=80$(元/件),本步发生为$\frac{15\ 000}{125}=120$(元/件)

需要注意的是,第二车间(步骤)成本明细账的成本费用分成了“上步转入”与“本步发生”两部分,这是为什么呢?因为分项结转法在用约当产量计算在产品成本时,对这两部分费用的处理不同。

“上步转入”的半成品成本的原材料费用、工资及福利费、制造费用,对本步骤的每一件的月末在产品和完工产品来说,其单位成本相同,可以直接按照本步骤的月末在产品和完工产品的数量比例进行分配,不用将月末在产品按照完工程度折合成约当产量了。而“本步发生”的费用则不同。除了原材料费用在生产开始时一次投入,是按照本步骤的月末在产品和完工产品的数量比例进行分配以外,工资及福利费、制造费用都是随着生产进度逐步发生的,因此要按照本步骤的月末在产品和完工产品约当产量比例进行分配,才比较合理。可见,分项结转法在用约当产量法计算在产品成本时计算过程较为复杂。

本例中,将“上步转入”与“本步发生”两部分,采用斜线上下分别表示。斜线上表示月初和本月生产费用中由“上步转入”的部分,斜线下表示月初和本月生产费用中“本步发生”的部分,约当总产量及分配率(单位成本)也按照这种方式来反映和计算。

表 11-18　第三车间(步骤)成本明细账

产品名称:丙产成品　　　　单位:元

年		凭证号数	摘要		原材料	工资及福利费	制造费用	合计
月	日							
略	略	略	月初在产品成本	上步转入	800	1 820	2 000	4 620
				本步发生		1 000	800	1 800
			本月发生的费用	上步转入	8 800	20 020	22 000	50 820
				本步发生		21 880	15 040	36 920
			合计(上步转入/本步发生)		9 600	21 840/22 880	24 000/15 840	94 160
			累计		9 600	44 720	39 840	94 160
			约当总产量(上步转入/本步发生)		120	120/110	120/110	

续表

年		凭证号数	摘　要	原材料	工资及福利费	制造费用	合　计
月	日						
			分配率(上步转入/本步发生)	80	182/208	200/144	814
			完工产成品成本	8 000	39 000	34 400	81 400
			月末在产品成本	1 600	5 720	5 440	12 760

其中：

原材料的约当总产量＝100＋20×100％＝120(件)

工资及福利费、制造费用的约当总产量＝100＋20×50％＝110(件)

原材料的分配率(单位成本)$=\frac{9\ 600}{120}=80$(元/件)

工资及福利费的分配率(单位成本)：

其中上步转入为$\frac{21\ 840}{120}=182$(元/件)，本步发生为$\frac{22\ 880}{110}=208$(元/件)

制造费用的分配率(单位成本)：

其中上步转入为$\frac{24\ 000}{120}=200$(元/件)，本步发生为$\frac{15\ 840}{110}=144$(元/件)

有关会计分录同方法一。

(五)综合结转法的成本还原

从表 11-19 可以看出，两种方法各个步骤计算的总成本都相同，但在成本结构上(指各个成本项目占总成本的比重)有所不同。除了第一步骤因没有上步转入的费用而使计算结果相同以外，后面两个步骤的差异都很大。这是因为采用分项结转法时是直接按照原始成本项目来反映的，如："原材料"项目反映到本步骤为止生产产品消耗的所有材料费用，不含其他费用；"工资及福利费"项目反映到本步骤为止生产产品发生的所有工资及福利费用，不含其他费用；"制造费用"项目反映到本步骤为止生产产品发生的所有制造费用，不含其他费用。而采用综合结转法，各步骤的"半成品"项目并不单纯，它反映的是上一步骤转入的半成品所包含的材料费用、工资福利费与制造费用在内的综合成本；而"工资及福利费"项目反映的仅仅是本步骤(不含以前步骤)生产产品发生的工资及福利费用；"制造费用"项目反映仅仅是本步骤(不含以前步骤)生产产品发生的制造费用。

表 11-19　两种方法的总成本和成本结构比较表

单位:元

项　　目	采用的半成品成本结转方法		半成品	原材料	工资及福利费	制造费用	合计
第一步骤所产甲半成品成本	综合结转法/分项结转法			9 600	8 400	9 600	81 400
第二步骤所产乙半成品成本	综合结转法	金额	25 300		12 320	13 200	50 820
		成本结构(比重,%)	49.78		24.24	25.98	100
	分项结转法	金额		8 800	20 020	22 000	50 820
		成本结构(比重,%)		17.32	39.39	43.29	100
第三步骤所产丙产成品成本	综合结转法	金额	46 200		20 800	14 400	81 400
		成本结构(比重,%)	56.76		25.55	17.69	100
	分项结转法	金额		8 000	39 000	34 400	81 400
		成本结构(比重,%)		9.83	47.91	42.26	100

1.成本还原的原因

可见,综合结转法不能提供按原始成本项目反映的核算资料,这样成本计算的步骤越多,最后一个步骤成本计算单上"半成品"项目的综合成本在产成品成本中所占的比重越大,因而不能据以从整个企业角度来考核和分析产品的成本结构情况。所以在管理上要求提供按原始成本项目反映的产成品成本资料时,应将综合结转分步法计算的产成品成本进行成本还原。

2.还原对象

成本还原的对象是本月各步骤(产成品或半成品)所耗上一步骤半成品的综合成本,也就是成本计算单上"半成品"项目的成本。

所谓成本还原,就是从最后一个步骤起,将所耗上一步骤半成品的综合成本,逐步分解为按直接材料、直接工资、制造费用等原始成本项目表现的产成品成本资料。成本还原的方法,通常有以下两种。

(1)成本项目结构比重法

该法是按半成品各成本项目占全部成本的比重进行还原的,"成本项目结构比重"为其还原依据。计算步骤如下:

第一,计算各步骤(最后步骤除外)的成本项目结构比重。计算公式如下:

$$\text{某成本项目结构比重}=\frac{\text{某成本项目金额}}{\text{完工的半成品总成本}}\times 100\%$$

第二,从最后一步骤起,将各步骤耗用上一步骤的半成品综合成本乘以前一步骤该种半成品成本项目结构比重，就可以把半成品综合成本进行分解，逐步向前直到还原为直接材料、直接工资、制造费用等原始成本项目为止。

第三，各步骤半成品成本分解后，将各步骤相同的成本项目数额相加，即可求得按原始成本项目反映的产成品成本。

表 11-20 成本还原计算表(用成本项目结构比重法还原)

产品名称：丙产品　　　　　　　　　　　　　　　　　　　　　单位：元

项 目	乙半成品	甲半成品	原材料	工资及福利费	制造费用	合 计
①还原前丙产成品总成本	46 200			20 800	14 400	81 400
②本月所产乙半成品成本		25 300		12 320	13 200	50 820
③本月所产乙半成品成本结构(比重,%)		49.7836		24.2424	25.9740	100
④产成品成本中乙半成品成本还原(一次还原)	−46 200	23 000		11 200	12 000	0
⑤本月所产甲半成品成本			9 600	8 400	9 600	27 600
⑥本月所产甲半成品成本结构(比重,%)			34.7826	30.4348	34.7826	100
⑦乙半成品成本中甲半成品成本还原(二次还原)		−23 000	8 000	7 000	8 000	0
⑧还原后丙产成品总成本			8 000	39 000	34 400	81 400
⑨还原后丙产成品单位成本			80	390	344	814

上例中丙产品的分三个步骤生产，成本还原进行了两次。先是将第三步骤中产成品 81 400 元所包含的乙半成品的综合成本 46 200 元作为还原对象，进行第一次成本还原；从还原结果中发现其中的 23 000 元是甲半成品综合成本，仍不是原始成本项目的金额，于是将 23 000 元作为成本还原对象，进行第二次成本还原，直至还原为第一步骤的原始成本项目才结束。可见，成本还原的次数比生产步骤少一次，也就是说，有 N 个步骤，应还原 N－1 次。

用成本项目结构比重法还原易于理解但计算有些复杂，为了简化计算工作，还可采用还原分配率法进行成本还原。

(2)还原分配率法

该法是按各步骤所耗半成品的总成本占上一步骤完工半成品总成本的比重进行还原的，“本月上一步骤所产该种半成品的总成本”为其还原依据。计算步骤如下：

第一，从最后步骤起，逆序逐步向前计算还原分配率。

$$还原分配率=\frac{\text{本月各步骤(产成品或半成品)所耗上一步骤半成品的综合成本}}{\text{本月上一步骤所产该种半成品的总成本}}\times 100\%$$

第二，以各步骤还原分配率分别乘以上一步骤本月生产该种半成品各成本项目的成本，即可将耗用半成品综合成本进行分解、还原。

第三，将各步骤相同的成本项目数额相加，即可求得按原始成本项目反映的产成品成本。

表 11-21　成本还原计算表(用还原分配率法还原)

产品名称：丙产品　　　　单位：元

项　目	还原分配率	乙半成品	甲半成品	原材料	工资及福利费	制造费用	合　计
①还原前丙产成品总成本		46 200			20 800	14 400	81 400
②本月所产乙半成品成本			25 300		12 320	13 200	50 820
③产成品成本中乙半成品成本还原(一次还原)	0.909 091	−46 200	23 000		11 200	12 000	0
④本月所产甲半成品成本				9 600	8 400	9 600	27 600
⑤乙半成品成本中甲半成品成本还原(二次还原)	0.833 333		−23 000	8 000	7 000	8 000	0
⑥还原后丙产成品总成本				8 000	39 000	34 400	81 400
⑦还原后产成品单位成本				80	390	344	814

其中：

产成品成本中乙半成品成本还原(一次还原)还原分配率$=\frac{46\ 200}{50\ 820}=0.909\ 091$

乙半成品成本中甲半成品成本还原(二次还原)$=\frac{23\ 000}{27\ 600}=0.833\ 333$

以上两种方法的还原过程如图 11-3 所示。

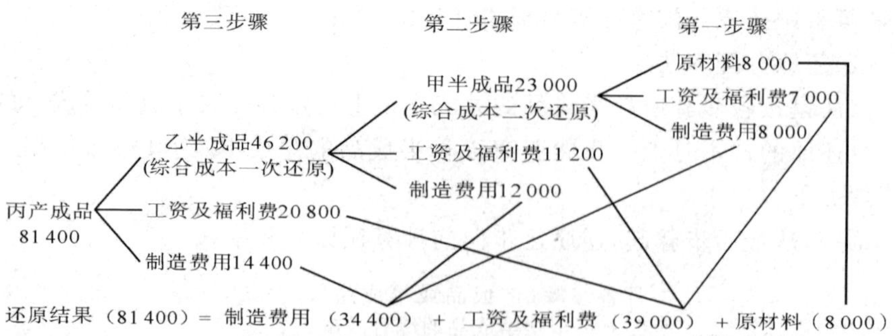

图 11-3　成本还原示意图

以上介绍的成本还原计算方法，是按本月所产半成品的成本结构进行还原的。由于本月产成品所耗半成品不一定都是本月所产的半成品，可能还包括月初结存的半成品。在月初与本月半成品的成本结构相同情况下，如本例，成本还原结果与分项结转法的计算结果相同，比较准确。但是，在月初与本月半成品的成本结构变化较大情况下，成本还原结果与分项结转法的计算结果将出现这种情况：两者的总成本相同，但具体成本项目金额有差异，这样，成本还原结果就不够准确了。

（六）对逐步结转分步法的评价

综上所述，对逐步结转分步法作如下评价。

1. 特点

逐步结转分步法又称为计算半成品成本的分步法，其显著特点是：逐步计算并结转各步骤半成品成本，能够提供各个步骤的半成品成本的资料。

2. 优点

（1）能够提供各个生产步骤的半成品成本资料。

（2）能够为各生产步骤在产品的实物管理和资金管理提供资料。

半成品成本随着实物转移而逐步结转后，各个生产步骤产品成本明细账结存的数量和金额，即为各该步骤月末狭义在产品的数量和金额，也就是说，各该步骤月末狭义在产品成本是按实物所在地反映的，因此，能够为各生产步骤在产品的实物管理和资金管理提供资料。

（3）各个生产步骤的产品成本包括所耗用上一步骤的半成品成本以及本步骤发生的生产费用，能够全面地反映各该步骤产品的生产耗费水平，较好地满足各该生产步骤成本管理的要求。

3. 缺点

（1）各个生产步骤逐步结转半成品成本，成本核算的及时性较差。

（2）成本核算、成本结转的工作量较大。

采用综合结转法，在需要按照原始成本项目提供产成品成本的企业中，还要进行成本还原，生产步骤越多，成本还原的工作量越大；采用分项结转法，不需要成本还原，但各个步骤成本要分成本项目结转，生产步骤越多，成本结转的工作量越大。因而不能简化和加速成本计算工作。

综上所述，逐步结转分步法一般应在半成品种类不多，逐步结转半成品成本的工作量不大，管理上要求提供各生产步骤半成品资料的情况下采用。

第三节　平行结转分步法

一、平行结转分步法的特点

在多步骤生产中，如果管理上不要求提供各个步骤的半成品成本资料，就可以采用平行结转分步法计算产品成本。这样，各生产步骤分别与产成品直接联系，本步骤只提供月末广义在产品成本和应计入产成品成本的份额，这样，各步骤可以相对独立、平行地进行成本计算。

平行结转分步法，又称为“不计算半成品成本法”，是先将各个步骤发生的生产费用中应计入产成品成本的“份额”计算出来，然后将其平行结转、汇总起来计算产成品成本的一种成本计算方法。

与逐步结转分步法相比，平行结转分步法的特点主要是：

1.不计算半成品成本，成本计算对象是各个生产步骤和产成品。在平行结转分步法下，成本计算对象是各个生产步骤和产成品，各个步骤归集的生产费用在产成品与月末广义在产品之间分配，计算出本步骤生产费用中应计入产成品成本的份额，并将其从各个步骤产品成本明细账中转出。由于各个生产步骤均不计算半成品成本，故无法提供半成品的成本资料。

2.半成品成本不随实物转移而结转。在平行结转分步法下，由于各个步骤不计算半成品成本，只归集本步骤发生的生产费用，计算结转本步骤生产费用中应计入产成品成本的份额，因此，各步骤半成品的成本资料就保留在该步骤的成本明细账中，并不随半成品实物的转移而结转，即半成品的成本结转与其实物转移相脱节。

3.由于各个生产步骤都不用计算、结转半成品成本，所以不论半成品的实物在各个步骤之间的转移是否通过半成品库收发，都不需要设置“自制半成品”账户进行核算。

二、平行结转分步法的计算程序

1.按产品的生产步骤和产品品种设置生产成本明细账，按成本项目归集本步骤发生的生产费用(不包括所耗用的上一步骤半成品的成本)。

2.月末，采用适当的方法将各个步骤归集的生产费用在产成品与广义在产品之间进行分配，计算各个步骤应计入产成品成本的份额。

3.将各个步骤应计入产成品成本的份额平行结转、加总后，就得到产成品总成本,除以产成品产量,即为单位成本。

平行结转分步法的计算程序如图 11-4 所示。

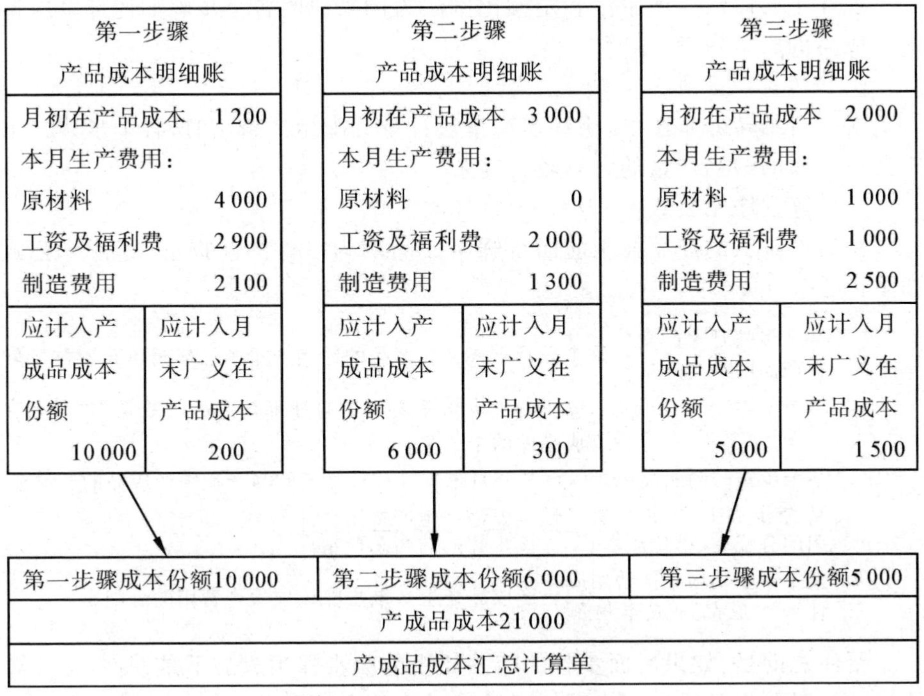

图 11-4 平行结转的计算程序

从图 11-4 可以看出,在平行结转分步法下,各个生产步骤不用计算、结转半成品成本,只需要在产成品最终完工时,将各个步骤归集的生产费用在产成品和月末广义在产品之间进行分配。要注意的是,这里讲的在产品是“广义在产品”。所谓的“广义在产品”,是从整个企业角度来讲的,既包括正在本步骤加工,尚未完成本步骤加工任务的狭义在产品,也包括已经完成本步骤的加工任务,转入以后步骤继续加工或留存在半成品库,尚未最终制成的在产品。

三、各个步骤应计入产成品的成本份额的计算

在平行结转分步法下,要采用适当的方法将各个步骤归集的生产费用在产成品和月末广义在产品之间进行分配,以计算出各个步骤应计入产成品的成本份额。可以采用的分配方法有约当产量法、定额比例法、定额成本法等。

总的来说,某个步骤某项生产费用应计入产成品的成本份额等于产成品

产量乘以单位产成品所耗用的该步骤的半成品数量再乘以该步骤半成品某项生产费用的分配率(单位成本)。

现在主要以约当产量法和定额比例法为例来说明各个步骤如何计算应计入产成品的成本份额。

(一)约当产量法

在平行结转分步法下,用约当产量法计算分配生产费用时,各个步骤月末广义在产品的约当产量的计算较为复杂。

1.计算程序及公式

在后面步骤的产品耗用前面步骤半成品均为一件的前提下,其计算公式如下:

某个步骤月末广义在产品的约当产量=该步骤月末狭义在产品的约当产量+已经过本步骤加工转入以后各个步骤继续加工的月末在产品的数量(含留存在半成品库的半成品)

某个步骤的约当总产量=该步骤月末广义在产品的约当产量+产成品的产量

$$\text{某个步骤某项生产费用的分配率(单位成本)}=\frac{\text{该步骤该项生产费用合计}}{\text{该步骤的约当总产量}}$$

某个步骤某项生产费用应计入产成品的成本份额=产成品产量×该步骤该项生产费用的分配率

要注意的是:如果后面步骤的产品耗用前面步骤半成品不是一件,在计算约当产量时要将已经过本步骤加工转入以后各个步骤继续加工的月末在产品的数量(含留存在半成品库的半成品)以及产成品的产量进行修正。

具体计算通过例题说明。

2.举例

[例 11-3]

(1)资料:某企业生产的C产品经三个步骤,在三个车间连续加工完成,在第一车间生产出C1产品后,转入第二车间继续加工C2产品,最后转入第三车间制成C产品。后面步骤的产品耗用前面步骤半成品均为一件。生产过程如图11-5所示。

第一车间(步骤)C1产品

↓(继续加工)

第二车间(步骤)C2产品

↓(继续加工)

第三车间(步骤)C产品

图11-5 某企业C产品生产过程示意图

材料在生产开始时一次投入。由于该产品各个步骤的半成品不对外销售且管理上也不需要计算各个步骤的半成品成本，故成本计算采用平行结转分步法。生产费用按约当产量法在产成品和广义在产品之间分配。各步骤在产品完工程度均为50%。各步骤产量记录如表11-22和表11-23所示：

表 11-22　产量记录

单位：件

项　　目	第一车间（步骤）	第二车间（步骤）	第三车间（步骤）
月初在产品	40	10	20
本月投产	200	220	200
本月完工	220	200	210
月末在产品	20	30	10
月末在产品完工程度	50%	50%	50%

表 11-23　成本资料

单位：元

项　　目		原材料	工资及福利费	制造费用	合　计
第一车间	月初在产品成本	8 000	2 300	3 000	13 300
	本月生产费用	19 000	5 500	7 400	31 900
第二车间	月初在产品成本		8 200	7 500	15 700
	本月生产费用		20 000	18 350	38 350
第三车间	月初在产品成本		350	300	650
	本月生产费用		19 000	16 900	35 900

（2）根据以上资料用约当产量法计算分配各个车间（步骤）成本，编制各个车间（步骤）成本明细账及产成品成本汇总计算单如表11-24：

表 11-24　第一车间(步骤)成本明细账

产品名称:C 产成品　　　　单位:元

××年		凭证号数	摘　要	原材料	工资及福利费	制造费用	合　计
月	日						
略	略	略	月初在产品成本	8 000	2 300	3 000	13 300
			本月生产费用	19 000	5 500	7 400	31 900
			合计	27 000	7 800	10 400	45 200
			约当总产量	270	260	260	
			分配率(单位成本)	100	30	40	170
			应计入产成品成本份额	21 000	6 300	8 400	35 700
			月末在产品成本	6 000	1 500	2 000	9 500

第一车间(步骤)成本计算:

①原材料成本

月末广义在产品的约当产量=20×100%+30+10=60(件)

原材料的约当总产量=210+60=270(件)

原材料的分配率(单位成本)$=\frac{27\ 000}{270}=100$

②工资及福利费用

月末广义在产品的约当产量=20×50%+30+10=50(件)

工资及福利费的约当总产量=210+50=260(件)

工资及福利费的分配率(单位成本)$=\frac{7\ 800}{260}=30$

③制造费用

月末广义在产品的约当产量=20×50%+30+10=50(件)

制造费用的约当总产量=210+50=260(件)

制造费用的分配率(单位成本)$=\frac{10\ 400}{260}=40$

表 11-25　第二车间(步骤)成本明细账

产品名称:C 产成品　　　　单位:元

××年 月	××年 日	凭证号数	摘　　要	原材料	工资及福利费	制造费用	合　计
略	略	略	月初在产品成本		8 200	7 500	15 700
			本月生产费用		20 000	18 350	38 350
			合计		28 200	25 850	54 150
			约当总产量		235	235	
			分配率(单位成本)		120	110	230
			应计入产成品成本份额		25 200	23 100	48 300
			月末在产品成本		3 000	2 750	5 850

第二车间(步骤)成本计算:

①原材料成本:因为材料系生产开始时一次投入,本步骤没有投料,不用计算。

②工资及福利费用

月末广义在产品的约当产量＝30×50%＋10＝25(件)

工资及福利费的约当总产量＝210＋25＝235(件)

工资及福利费的分配率(单位成本)$=\frac{28\ 200}{235}=120$

③制造费用

月末广义在产品的约当产量＝30×50%＋10＝25(件)

制造费用的约当总产量＝210＋25＝235(件)

制造费用的分配率(单位成本)$=\frac{25\ 850}{235}=110$

表 11-26　第三车间(步骤)成本明细账

产品名称:C 产成品　　　　单位:元

××年 月	××年 日	凭证号数	摘　　要	原材料	工资及福利费	制造费用	合　计
略	略	略	月初在产品成本		350	300	650
			本月生产费用		19 000	16 900	35 900
			合计		19 350	17 200	36 550
			约当总产量		215	215	
			分配率(单位成本)		90	80	170
			应计入产成品成本份额		18 900	16 800	35 700
			月末在产品成本		450	400	850

第三车间(步骤)成本计算:

①原材料成本:因为材料系生产开始时一次投入,本步骤没有投料,不用计算。

②工资及福利费用

月末广义在产品的约当产量=10×50%=5(件)

工资及福利费的约当总产量=210+5=215(件)

工资及福利费的分配率(单位成本)$=\frac{19\ 350}{215}=90$

③制造费用

月末广义在产品的约当产量=10×50%=5(件)

制造费用的约当总产量=210+5=215(件)

制造费用的分配率(单位成本)$=\frac{17\ 200}{215}=80$

表 11-27 产成品成本汇总计算单

产品名称:C 产成品　　　　单位:元

项　目	产量(件)	原材料	工资及福利费	制造费用	合　计
第一车间(步骤)成本份额	210	21 000	6 300	8 400	35 700
第二车间(步骤)成本份额	210		25 200	23 100	48 300
第三车间(步骤)成本份额	210		18 900	16 800	35 700
产成品总成本	210	21 000	50 400	48 300	119 700
单位成本		100	240	230	570

根据产成品成本汇总计算单,作如下会计分录:

借:库存商品——产成品——C　　119 700

　贷:基本生产成本——第一车间(步骤)——C　　35 700

　　　　——第二车间(步骤)——C　　48 300

　　　　——第三车间(步骤)——C　　35 700

(3)注意事项

①如果还是三步骤的连续式生产，但将上例的产量记录稍作改变，且后面步骤的产品耗用前面步骤半成品不是一件，而是两件，如表 11-28 所示。

表 11-28 产量记录

单位：件

项　　目	第一车间（步骤）	第二车间（步骤）	第三车间（步骤）
月初在产品	40	5	5
本月投产	200	110	50
本月完工	220	100	41
月末在产品	20	15	14
月末在产品完工程度	50％	50％	50％

这时要注意将有关数量予以修正，正确计算各个步骤的约当产量，其余的计算过程与上例相似，故这里只列示出约当产量的计算过程如表 11-29 所示。

表 11-29 各个车间（步骤）的约当产量计算表

（后面步骤的产品耗用前面步骤半成品两件）

项　目	约当产量	第一步骤	第二步骤	第三步骤
原材料	月末广义在产品的约当产量	20＋15×2＋14×4＝106		
	约当总产量	106＋41×4＝270		
工资及福利费、制造费用	月末广义在产品的约当产量	20×50％＋15×2＋14×4＝96	15×50％＋14×2＝35.5	14×50％＝7
	约当总产量	96＋41×4＝260	35.5＋41×2＝117.5	7＋41＝48

②以上平行结转分步法用约当产量法计算都是以连续式多步骤生产类型为例，下面举一个装配式多步骤生产类型的例子，说明一下在这种情况下约当产量应如何计算。

资料：某企业生产的 C 产成品由第一车间生产的 C1 产品、第二车间生产的产品 C2 产品各一件，在第三车间装配加工而成。生产过程如图 11-6 所示。

图 11-6 C 产品生产过程

材料在第一、第二车间生产开始时一次投入。由于该产品各个步骤的半成品不对外销售且管理上也不需要计算各个步骤的半成品成本，故成本计算采用平行结转分步法。生产费用按约当产量法在产成品和广义在产品之间分配。各步骤在产品完工程度均为50%。

各步骤产量记录表11-30所示。

表11-30　产量记录

单位：件

项　目	第一车间(步骤)	第二车间(步骤)	第三车间(步骤)
月初在产品	40	10	20
本月投产	180	220	200
本月完工	200	200	210
月末在产品	20	30	10
月末在产品完工程度	50%	50%	50%

这时要注意平行结转分步法用约当产量法计算时，装配式多步骤生产类型与连续式多步骤生产类型除了在约当产量的计算上有所不同以外，其余的计算过程相似，故表11-31只列示出装配式多步骤生产类型各个步骤约当产量的计算过程。

表11-31　各个车间(步骤)的约当产量计算表

(C产品由第一、二车间各自生产的C1产品、C2产品各一件，在第三车间装配而成)

项　目	约当产量	第一车间(步骤)	第二车间(步骤)	第三车间(步骤)
原材料	月末广义在产品的约当产量	20+10=30	30+10=40	
	约当总产量	30+210=240	40+210=250	
工资及福利费、制造费用	月末广义在产品的约当产量	20×50%+10=20	30×50%+10=25	10×50%=5
	约当总产量	20+210=230	25+210=235	5+210=215

如果还是三步骤的装配式生产，但将上例的产量记录稍作改变，C产品改由由第一、二车间各自生产的C1产品一件、C2产品两件，在第三车间装配而成，如表11-32、11-33所示。

表 11-32　产量记录

单位：件

项　　目	第一车间(步骤)	第二车间(步骤)	第三车间(步骤)
月初在产品	40	20	20
本月投产	180	410	200
本月完工	200	400	210
月末在产品	20	30	10
月末在产品完工程度	50%	50%	50%

表 11-33　各个车间(步骤)的约当产量计算表

(C产品由第一、二车间各自生产的C1产品一件、C2产品两件在第三车间装配而成)

项　目	约当产量	第一车间(步骤)	第二车间(步骤)	第三车间(步骤)
原材料	月末广义在产品的约当产量	20+10=30	30+10×2=50	
	约当总产量	30+210=240	50+210×2=470	
工资及福利费、制造费用	月末广义在产品的约当产量	20×50%+10=20	30×50%+10×2=35	10×50%=5
	约当总产量	20+210=230	35+210×2=455	5+210=215

(二)定额比例法

1. 计算程序及公式

(1)采用定额比例法时，应先取得有关定额资料，包括产成品和月末广义在产品的定额消耗量(材料消耗定额、工时定额)或定额费用。其中，产成品的定额消耗量或定额费用可根据产成品数量乘以单位产品消耗定额或费用定额计算；月末在产品的定额资料可以采用倒挤的方法计算，即：

月末在产品定额消耗量或定额费用=月初在产品定额消耗量或定额费用+本月投入产品的定额消耗量或定额费用-本月完工产品定额消耗量或定额费用

(2)在取得定额资料的基础上，计算各项费用分配率。其中，原材料费用按原材料定额消耗量(或定额费用)比例在产成品和月末广义在产品之间分配，计算出原材料费用的分配率(单位成本)；工资及福利费、制造费用等费用均按定额工时比例在产成品和月末广义在产品之间分配，计算出工资及福利费分配率(单位成本)、制造费用分配率(单位成本)。

(3)计算某个步骤各项生产费用应计入产成品的成本份额,然后平行汇总即可。

$$\text{某个步骤各项生产费用应计入产成品的成本份额}=\text{产成品定额消耗量(或产成品定额费用)}\times\text{该步骤该项生产费用的分配率}$$

具体计算通过例题说明。

2.举例

[**例 11-4**]

(1)资料:某企业大量生产丁产品。生产分两个步骤,分别由两个车间进行。第一车间生产丁半成品,由第二车间将其加工成丁产成品。该企业采用平行结转分步法计算产品成本。在完工产品与月末广义在产品之间采用定额比例法分配费用:其中原材料费用按定额原材料费用比例分配,其他费用均按定额工时比例分配。本月完工丁产品 500 件。

表 11-34 丁产品有关定额资料

项目		第一车间	第二车间	合计
月初在产品	定额原材料费用(元)	44 800		44 800
	定额工时(小时)	5 100	3 500	8 600
本月投入	定额原材料费用(元)	5 200		5 200
	定额工时(小时)	3 900	4 500	8 400
本月产成品	单位材料费用定额(元/件)	70		70
	单位工时定额(小时/件)	12	13	25
	产量(件)	500	500	1 000
	定额原材料费用(元)	35 000		35 000
	定额工时(小时)	6 000	6 500	12 500

表 11-35　成本资料

单位:元

项　目		原材料	工资及福利费	制造费用	合　计
第一车间	月初在产品成本	44 200	39 270	47 940	131 410
	本月生产费用	4 800	30 930	37 560	73 290
第二车间	月初在产品成本		29 400	30 500	59 900
	本月生产费用		37 000	54 300	91 300

(2)根据以上资料用定额比例法计算分配各个车间(步骤)成本,编制各个车间(步骤)成本明细账及产成品成本汇总计算单如表 11-36、表 11-37 和表 11-38 所示。

表 11-36　第一车间(步骤)成本明细账

产品名称:丁产成品　　　　单位:元

××年		凭证号	摘　要	产量	原材料		定额工时	工资及福利费	制造费用	合　计
月	日				定额	实际				
略	略	略	月初在产品成本		44 800	44 200	5 100	39 270	47 940	131 410
			本月生产费用		5 200	4 800	3 900	30 930	37 560	73 290
			合计		50 000	49 000	9 000	70 200	85 500	204 700
			分配率(单位成本)			0.98		7.8	9.5	
			应计入产成品的成本份额	500	35 000	34 300	6 000	46 800	57 000	138 100
			月末在产品成本		15 000	14 700	3 000	23 400	28 500	66 600

表 11-37　第二车间(步骤)成本明细账

产品名称:丁产成品　　　　单位:元

××年		凭证号	摘　要	产量	原材料		定额工时	工资及福利费	制造费用	合　计
月	日				定额	实际				
略	略	略	月初在产品成本				3 500	29 400	30 500	59 900
			本月生产费用				4 500	37 000	54 300	91 300
			合计				8 000	66 400	84 800	151 200
			分配率(单位成本)					8.3	10.6	
			应计入产成品的成本份额	500			6 500	53 950	68 900	122 850
			月末在产品成本				1 500	12 450	15 900	28 350

表 11-38　产成品成本汇总计算单

产品名称：丁产成品　　　　　　　　　　　　　　　　单位：元

项　　目	产量	原材料	工资及福利费	制造费用	合　计
第一车间(步骤)成本份额	500	34 300	46 800	57 000	138 100
第二车间(步骤)成本份额	500		53 950	68 900	122 850
产成品总成本	500	34 300	100 750	125 900	260 950
单位成本		68.6	201.5	251.8	521.9

根据产成品成本汇总计算单，作如下会计分录：

借：库存商品——产成品——丁　　260 950

　贷：基本生产成本——第一车间(步骤)——丁　　138 100

　　　　　　　　　——第二车间(步骤)——丁　　122 850

四、对平行结转分步法的评价

1.特点

平行结转分步法的显著特点是：各个步骤不计算半成品成本，不能够提供各个步骤的半成品成本的资料，但可以同时独立地计算应计入产成品的成本份额，然后将其平行结转、汇总计入产成品成本。

平行结转分步法的优缺点与逐步结转分步法的恰好相反。

2.优点

(1)各个步骤可以同时计算产品成本，然后将其平行结转、汇总计入产成品成本，而不必逐步结转半成品成本。

(2)能够直接提供按原始成本项目反映的产成品成本资料，不必进行成本还原，因而能够简化和加速成本计算工作。

3.缺点

(1)不能提供各个步骤的半成品成本资料。

(2)在产品的成本不随实物转移而转出，即不按其实物所在地登记，而按其费用发生地登记，因而不能为各个生产步骤在产品的实物管理和资金管理提供资料。

(3)各个生产步骤的产品成本只反映本步骤发生的生产费用，不包括所耗上一步骤半成品的成本,因而不能全面地反映各该步骤产品的生产耗费水平(第一步骤除外)。

综上所述,平行结转分步法一般只宜在半成品种类较多,逐步结转半成品成本的工作量较大,管理上又不要求提供各步骤半成品成本资料的情况下采用。

需要注意的是:在采用平行结转分步法时,在产品成本结转与其实物转移相脱节,不利于各个生产步骤在产品的实物管理和资金管理。为弥补这个缺陷,除了应加强各个步骤在产品收发结存的数量核算以外,还应加强各个步骤废品损失的核算和在产品的清查工作。

五、简易的平行结转分步法

(一)简易的平行结转分步法的特点

为了简化各个生产步骤的成本计算工作,并为各个生产步骤提供在产品生产资金管理所需资料,在采用平行结转分步法时,也可以不用分步计算应计入产成品的成本份额,即采用简易的平行结转分步法。该法有以下三个特点。

1.各个步骤只需计算产品的本月生产费用,无须计算本步骤应计入产成品的成本份额。这是该法之所以简易的缘故。

2.计算各个步骤的月末在产品成本。

(1)在月末在产品种类较少时,月末各个步骤的在产品成本一般可以根据实存的在产品数量与其单位累计计划成本或定额成本之积计算。

(2)在月末在产品种类较多时,各个成本项目根据以下公式求得:

各个步骤原材料计划成本=各个步骤在产品数量×各该步骤原材料消耗定额×计划单价

各个步骤定额工资及福利费、制造费用=各个步骤在产品数量×各该步骤工时定额×各该项目的小时累计费用

3.产成品成本通过成本倒挤求得,即由厂部财会部门将产品在各个步骤的本月生产费用平行汇总后,加上产品在各个步骤的月初在产品成本,减去产品在各个步骤的月末在产品成本即可。

(二)简易的平行结转分步法的成本核算程序图

现将简易的平行结转分步法的成本核算程序图示如图 11-7,具体的计算以例题说明。

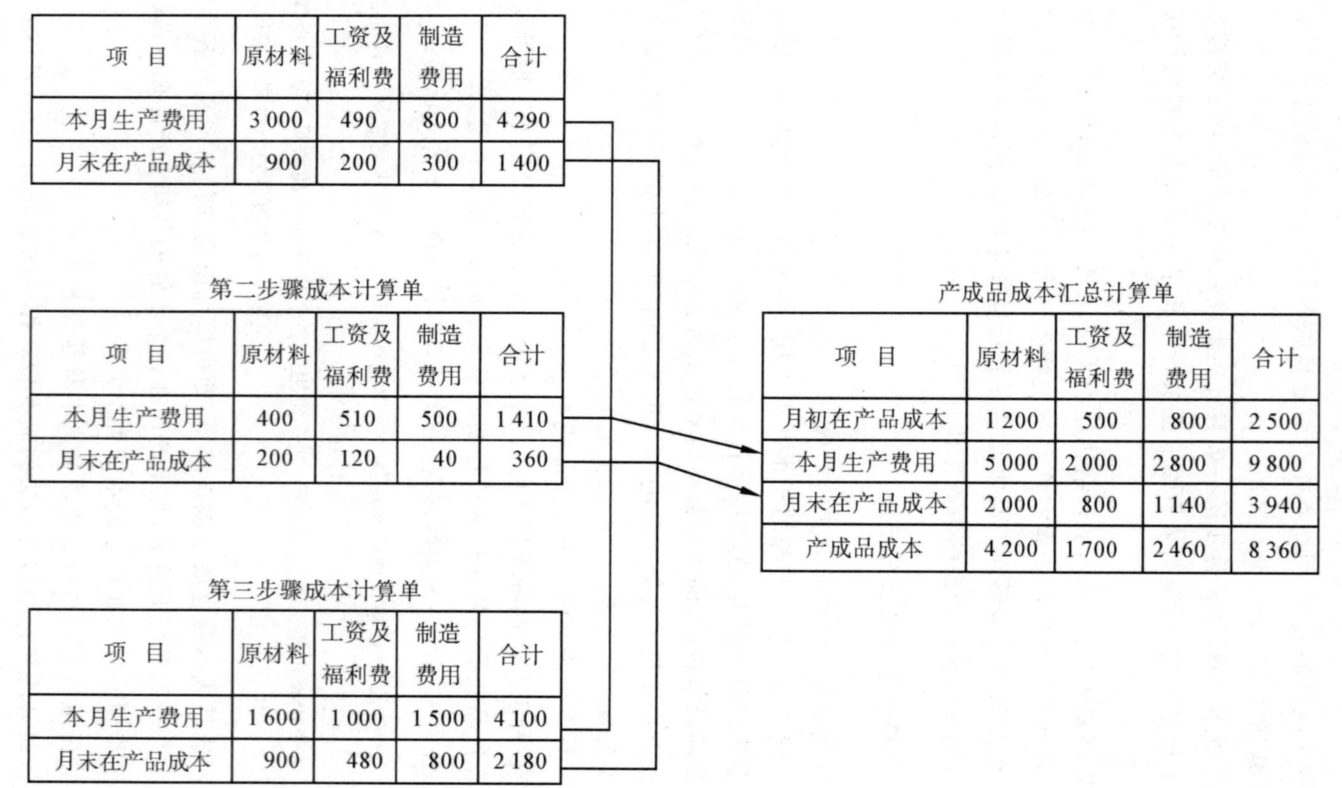

第一步骤成本计算单

项 目	原材料	工资及福利费	制造费用	合计
本月生产费用	3 000	490	800	4 290
月末在产品成本	900	200	300	1 400

第二步骤成本计算单

项 目	原材料	工资及福利费	制造费用	合计
本月生产费用	400	510	500	1 410
月末在产品成本	200	120	40	360

第三步骤成本计算单

项 目	原材料	工资及福利费	制造费用	合计
本月生产费用	1 600	1 000	1 500	4 100
月末在产品成本	900	480	800	2 180

产成品成本汇总计算单

项 目	原材料	工资及福利费	制造费用	合计
月初在产品成本	1 200	500	800	2 500
本月生产费用	5 000	2 000	2 800	9 800
月末在产品成本	2 000	800	1 140	3 940
产成品成本	4 200	1 700	2 460	8 360

图11-7 简易平行结转分步法成本计算程序图

(三)举例

[例 11-5]资料:A 产品的生产经三个步骤,在三个车间依次加工完成。第一车间生产 A1 产品,交给第二车间继续加工成 A2 产品,最后由第三车间将 A2 产品加工成 A 产品。材料在生产开始时一次投入。成本计算采用简易平行结转分步法,根据各个步骤狭义在产品数量和定额成本资料计算在产品成本。

有关各个车间产量、定额成本、生产费用资料如表 11-39、11-40 及 11-41 所示:

表 11-39　产量资料

单位:件

项　　目	第一车间(步骤)	第二车间(步骤)	第三车间(步骤)
月初在产品	8	12	20
本月投产	76	72	76
本月完工	72	76	80
月末在产品	12	8	16

表 11-40　成本资料

单位:元

项　　目		原材料	工资及福利费	制造费用	合　计
第一车间	月初在产品成本	3 200	1 152	768	5 120
	本月生产费用	6 080	2 808	1 872	10 760
第二车间	月初在产品成本		988	780	1 768
	本月生产费用		2 812	2 220	5 032
第三车间	月初在产品成本		60	50	110
	本月生产费用		468	390	858

表 11-41 累计定额成本资料

单位:元

项　　目	原材料	工资及福利费	制造费用	合　计
第一车间	80	18	12	110
第二车间	80	55	39	174
第三车间	80	77	56.5	213.5

根据以上资料,采用简易平行结转分步法,根据各个步骤狭义在产品数量和定额成本资料计算在产品成本,倒挤产成品成本。

表 11-42 第一车间(步骤)成本明细账

产品名称:A1 产品　　单位:元

××年		凭证号数	摘　　要	原材料	工资及福利费	制造费用	合　计
月	日						
略	略	略	本月生产费用	6 080	2 808	1 872	10 760
			月末在产品成本	960	216	144	1 320

表 11-43 第二车间(步骤)成本明细账

产品名称:A2 产品　　单位:元

××年		凭证号数	摘　　要	原材料	工资及福利费	制造费用	合　计
月	日						
略	略	略	本月生产费用		2 812	2 220	5 032
			月末在产品成本	640	440	312	1 392

表 11-44 第三车间(步骤)成本明细账

产品名称:A 产品　　单位:元

××年		凭证号数	摘　　要	原材料	工资及福利费	制造费用	合　计
月	日						
略	略	略	本月生产费用		468	390	858
			月末在产品成本	1 280	1 232	904	3 416

表 11-45　产成品成本汇总计算单

产品名称：A 产品　　　　　　　　　　　　　　　　单位：元

项　　目	产量(件)	原材料	工资及福利费	制造费用	合　计
月初在产品成本(定额成本)		3 200	2 200	1 598	6 998
本月生产费用		6 080	6 088	4 482	16 650
月末在产品成本(定额成本)		2 880	1 888	1 360	6 128
产成品总成本	80	6 400	6 400	4 720	17 520
单位成本		80	80	59	219

六、逐步结转分步法与平行结转分步法的比较

逐步结转分步法与平行结转分步法是分步法的两种结转方法，它们之间除了是否计算半成品成本这一最重要的差别外，还存在着其他很多的差别，列表总结如表 11-46 所示：

表 11-46　逐步结转分步法与平行结转分步法差别比较表

差别项目	逐步结转分步法	平行结转分步法
1. 是否计算半成品成本(最重要的差别)	是	否
2. 半成品成本是否随着实物的转移而结转	是	否
3. 在产品的含义	狭义在产品	广义在产品
4. 在产品成本的反映地	实物所在地	费用发生地
5. 是否利于在产品的实物和资金管理	是	否
6. 是否存在成本还原问题	综合结转时，是；分项结转时，否	否
7. 成本计算是否及时	否，因为各个步骤要按先后顺序结转半成品成本，要相互等待	是，因为不用结转半成品成本，各个步骤不必相互等待，可以同时计算成本

思考题:

1.分步法的核算特点是什么?

2.采用分步法计算产品成本、开设成本明细账时,步骤如何确定?

3.逐步结转分步法的综合结转与分项结转的区别是什么?

4.采用逐步结转分步法的综合结转需要进行成本还原,能否就此认为综合结转比分项结转核算工作量更大?为什么?

5.采用逐步结转分步法的综合结转进行成本还原时,如何判断要还原的是哪一个数字?如何进行成本还原?

6.区别广义在产品与狭义在产品的概念。

7.平行结转分步法与逐步结转分步法核算上有何不同?各有何优缺点?

12 第十二章 分类法

第一节 分类法概述

有一些企业生产的产品的品种规格繁多，如食品厂生产各种各样的面包、饼干、糖果，鞋厂生产各种材料、规格的鞋子。如果还是按照产品的品种规格来归集计算产品的成本的话，那么成本的计算工作就极为繁重。分类法就是在产品的品种规格繁多时，为简化成本计算工作而采用的一种成本计算方法。

一、分类法及其适用范围

（一）分类法的定义

成本计算的分类法是指先按照产品的类别归集生产费用，计算出各种类别产品的生产总成本后，再按照一定的标准分配计算同一类别内各种产品成本的一种成本计算的辅助方法。

（二）分类法的适用范围

1. 分类法主要适用于产品的品种规格繁多，并且可以按照一定要求和标准划分类别的企业。

分类法是成本计算的辅助方法，与企业的生产类型没有直接的联系，也就是说它可以应用于各种生产类型的企业，但有一个前提是：这些企业的产品要能够按照一定的标准分类。否则，分类法就无法使用。

2. 另外，分类法还适用于工业企业的联产品、副产品以及某些等级产品、零星产品的成本计算。

联产品是指企业用同一原材料经过同一生产过程，同时生产出来的几种具有同等地位的主要产品。有一些企业，特别是化工企业，在生产过程中对同一种原材料进行加工，可以生产出几种主要产品。例如化工企业对原油进行提炼，炼出的汽油、煤油、柴油等产品成为联产品。联产品所用的原材料和工艺过程相同，因而最宜于、也只能归为一类，采用分类法计算成本。

副产品是在主要产品的生产过程中附带生产出来的非主要产品。例如炼铁生产中产生的高炉煤气，提炼原油过程中产生的渣油、石油焦，以及制皂生产中产生的甘油等。主副产品之间成本的划分，可以采用分类法。如果副产品的比重较大，为了正确计算主、副产品的成本，应该将主、副产品视同联产品计算成本；如果副产品的比重不大，为了简化成本计算工作，可以采用与分类法相类似的方法计算成本，即将主副产品合为一类设立产品成本明细账归集费用、计算成本，然后将副产品按照一定的方法计价，从总成本中扣除，以扣除后的成本作为主产品的成本。

等级产品是指品种相同、但质量有差别的产品。如针织企业的针织品可以分为一级、二级、三级；日用搪瓷器皿也可以分为一级、二级、三级。要注意等级产品与不合格品是不同的概念。等级产品是合格品，不同等级产品质量上的差异一般是在允许的设计范围内，不会影响产品的正常使用。区分产品质量差别形成的原因是等级产品能否使用分类法的关键。如果质量上的差别是由于内部结构、所用原材料的质量或工艺技术上的要求不同等客观原因而产生的，那么应考虑对不同等级的产品确定不同的单位成本，即可以将这些产品归为同一品种不同规格的一类产品，采用分类法计算成本。如果这些产品的结构、所用的原材料和工艺过程完全相同，产品质量上的差别是由于工人操作不当、技术不娴熟等主观原因造成的，那么这些不同等级产品的单位成本应该是相同的，不能将分类法的原理应用到这些产品的成本计算中去。也就是说，这些不同等级产品使用的原材料、经过的生产过程都相同，那么不同等级产品的单位成本理应相同。在单位成本相同的情况下，低等级产品由于售价较低而造成的损失，说明企业还需努力提高产品质量。

零星产品是指企业在生产主要产品以外，还可能为协作企业等生产的少量零部件，或者自制少量材料和工具、器具等。这些零星产品，虽然内部结构、所耗原材料和工艺过程不完全相近，但是它们的品种规格繁多、数量少，所占的费用比重也小。为了简化成本计算工作，可以考虑将这些零星产品归为几类，采用分类法计算成本。

二、分类法的特点

1. 分类法的成本计算对象为产品的类别，按类别归集生产费用。

2.分类法只是成本计算的辅助方法，关于成本计算期如何确定，生产费用是否要在完工产品和月末在产品之间分配等问题，都依它所结合使用的成本计算的基本方法而定。

三、分类法的计算程序

1.划分产品的类别。

分类法以产品的类别作为成本计算对象，按类别归集生产费用。所以在采用分类法计算产品成本时，首先要根据产品的性质、用途、特点、耗用的原材料以及生产工艺过程特点，将产品划分成不同类别。而且在进行产品分类时，注意类距的确定要适当。类距过小，成本计算对象很多，无法简化成本计算工作；类距过大，成本计算工作是简化了，但成本计算的正确性会受到影响。

2.按产品类别设立生产成本明细账。

3.按规定的成本项目归集生产费用，并按产品的生产类型和成本管理要求选用所要结合使用的成本计算的基本方法：品种法、分批法或分步法，计算出各类产品成本。

分类法是成本计算的辅助方法，不能独立使用，必须与成本计算的基本方法结合才能使用，比如说与品种法结合、与分批法结合或者是与分步法结合。

4.选择合理的分配标准计算出类内各种产品的总成本和单位成本。

在选择类内产品的分配标准时，应当尽量选择与成本水平高低有密切联系且简便易行的分配标准。一般来说，可供选择的分配标准有：(1)技术指标：如产品的长度、重量、体积等；(2)定额消耗指标：如产品的材料消耗定额、工时定额、工资定额、费用定额、定额成本、定额消耗量等；(3)经济价值指标：如售价、计划成本等。

常用的分配方法有定额比例法和系数法。定额比例法前已述及，在此不予重述。只介绍一下系数法。为了简化分配工作，将分配标准折合成相对固定的系数，按照系数来分配计算类内各种产品成本的方法称为系数法。其基本步骤为：

(1)确定分配标准。

(2)将分配标准折算为系数。一般做法是在同类产品中选择一种产量较大、生产比较稳定或规格较为适中的产品作为标准产品，将其分配标准的系数定为“1”，求出其他产品的分配标准与之相比的比率，即系数。系数一经确定，应相对稳定不变。

计算公式：

$$某种产品系数=\frac{某种产品的分配标准}{标准产品的分配标准}$$

(3)将类内各种产品的产量按照系数折算成总系数(或相当于标准产品的产量,即标准产量),以总系数之和(或标准产量之和)为标准来分配类内各种产品的成本。

计算公式:

$$某类产品的总系数之和=\sum(某种产品的实际产量\times该种产品系数)$$

$$某类产品某项费用分配率=\frac{某类产品待分配的某项费用}{该类产品的总系数之和}$$

$$类内某种产品应分配到的费用=该种产品系数\times该类产品该项费用分配率$$

应当说明的是,产品系数有单项系数与综合系数两种。单项系数是指各成本项目采用不同的分配标准计算系数,如分配材料费用时,用材料费用定额作为分配标准计算系数;分配工资及福利费、制造费用时,用工时定额作为分配标准计算系数,这样做能使分配结果更加合理。综合系数是指各成本项目均采用相同的分配标准计算系数,如各个成本项目都以售价作为分配标准计算系数,这样做简便易行。企业可根据实际需要作出选择。

四、分类法的优缺点与应用条件

1.优点

分类法可以简化成本的计算工作。采用分类法计算产品成本,领料凭证、工时记录和各种费用分配表都可以按照产品类别填列和分配,产品成本明细账也可以只按照产品类别设立,不仅简化了成本计算工作,而且还能够在产品品种、规格繁多的情况下,分类掌握产品成本的水平。

2.缺点

分类法的计算结果具有一定的假定性。由于类别是人为划分的,在类内各种产品的成本计算中,不管是直接计入费用还是间接计入费用均按一定的分配标准按比例分配计算,因而计算结果具有一定的假定性。产品分类的不合适、类距的不合理、分配标准不符合实际等都将直接影响到计算的准确性。

3.应用条件

由此可见,按照前述要求正确划分产品类别,适当选择类距和分配标准,做到既简化成本计算工作,又使成本计算相对正确,是应用分类法的关键所在。当产品结构、所用原材料或工艺过程发生较大变动时,应该及时调整类别、修订分配系数或考虑另选分配标准。

五、分类法举例

[例 12-1]

(一)资料

某企业大量大批单步骤生产八种品种规格的产品,其中 A、B、C、D、E 五种产品的结构、所耗用的原材料、工艺技术过程基本相同,归为甲类;另外 F、G、H 三种产品的结构、所耗用的原材料、工艺技术过程基本相同,归为乙类。根据产品生产特点和成本管理要求,该企业采用品种法结合分类法计算产品成本。先计算出各类产品的完工产品的实际总成本,然后再将总成本在类内各种产品之间进行分配。各种产品产量和定额资料如表 12-1 所示。

表 12-1 产品产量和定额资料

产品		单位产品原材料费用				单位产品工时定额(小时)	本月实际产量(件)
类别	品种	原材料名称或编号	消耗定额(公斤)	计划单价(元/公斤)	费用定额(元/件)		
甲类产品	A 产品	304	2	4	15	9.6	200
		502	3.5	2			
	B 产品	304	1	4	12	8.8	240
		502	4	2			
	C 产品	304	2	4	10	8	480
		502	1	2			
	D 产品	304	2	4	9	7.6	360
		502	0.5	2			
	E 产品	304	1.5	4	8	7.2	300
		502	1	2			
乙类产品	F 产品	103	0.45	10	12.5	8.2	100
		205	0.2	20			
		608	0.1	40			
	G 产品	103	0.50	10	25	10	250
		205	0.40	20			
		608	0.30	40			
	H 产品	103	0.65	10	37.5	14	120
		205	0.50	20			
		608	0.525	40			

本月甲、乙两类产品的成本，均已按品种法的原理进行了归集和分配，在产品采用定额成本法计价，有关成本资料如表 12-2 所示。

表 12-2　成本资料

单位：元

类　别	项目	原材料	工资及福利费	制造费用	合　计
甲类产品	月初在产品成本（定额成本）	5 000	7 500	4 700	17 200
	本月生产费用	161 880	405 540	269 460	836 880
	月末在产品成本（定额成本）	20 000	30 000	18 800	68 800
乙类产品	月初在产品成本（定额成本）	4 600	2 650	1 670	8 920
	本月生产费用	49 500	40 850	23 030	113 380
	月末在产品成本（定额成本）	6 100	3 500	2 200	11 800

（二）成本计算

1. 计算甲、乙两类产品的成本

根据有关成本资料，编制甲、乙两类产品的成本明细账，见表 12-3 和表 12-4。

表 12-3　甲类产品成本明细账

单位：元

××年		凭证号数	摘　　要	原材料	工资及福利费	制造费用	合　计
月	日						
略	略	略	月初在产品成本（定额成本）	5 000	7 500	4 700	17 200
			本月生产费用	161 880	405 540	269 460	836 880
			生产费用合计	166 880	413 040	274 160	854 080
			完工产品成本	146 880	383 040	255 360	785 280
			月末在产品成本（定额成本）	20 000	30 000	18 800	68 800

表 12-4　乙类产品成本明细账

单位:元

××年		凭证号数	摘　　要	原材料	工资及福利费	制造费用	合　计
月	日						
略	略	略	月初在产品成本(定额成本)	4 600	2 650	1 670	8 920
			本月生产费用	49 500	40 850	23 030	113 380
			生产费用合计	54 100	43 500	24 700	122 300
			完工产品成本	48 000	40 000	22 500	110 500
			月末在产品成本(定额成本)	6 100	3 500	2 200	11 800

2.计算类内各种产品成本

计算类内各种产品成本的方法很多,这里就介绍两种方法:定额比例法和系数法。

第一种方法:定额比例法。根据产品产量和定额资料用定额比例法编制甲类、乙类产品类内各种产成品成本计算表。

表 12-5　甲类产品类内各种产成品成本计算表(定额比例法)

项目	产量	原材料		工时定额	定额工时	原材料	工资及福利费	制造费用	合计
		费用定额	定额费用						
①	②	③	④=②×③	⑤	⑥=②×⑤	⑦=④×分配率	⑧=⑥×分配率	⑨=⑥×分配率	⑩
分配率						9	30	20	
A产品	200	15	3 000	9.6	1 920	27 000	57 600	38 400	123 000
B产品	240	12	2 880	8.8	2 112	25 920	63 360	42 240	131 520
C产品	480	10	4 800	8	3 840	43 200	115 200	76 800	235 200
D产品	360	9	3 240	7.6	2 736	29 160	82 080	54 720	165 960
E产品	300	8	2 400	7.2	2 160	21 600	64 800	43 200	129 600
合　计			16 320		12 768	146 880	383 040	255 360	785 280

其中:原材料费用分配率$=\frac{146\ 880}{16\ 320}=9$

工资及福利费分配率$=\frac{383\ 040}{12\ 768}=30$

制造费用分配率$=\frac{255\ 360}{12\ 768}=20$

根据甲类产品类内各种产成品成本计算表及产成品验收入库单，作如下会计分录：

借：库存商品——产成品——甲类——A　　123 000

——B　　131 520

——C　　235 200

——D　　165 960

——E　　129 600

贷：基本生产成本——甲类　　785 280

表 12-6　乙类产品类内各种产成品成本计算表(定额比例法)

项目	产量	原材料		工时定额	定额工时	原材料	工资及福利费	制造费用	合计
		费用定额	定额费用						
①	②	③	④＝②×③	⑤	⑥＝②×⑤	⑦＝④×分配率	⑧＝⑥×分配率	⑨＝⑥×分配率	⑩
分配率						4	8	4.5	
F产品	100	12.5	1 250	8.2	820	5 000	6 560	3 690	15 250
G产品	250	25	6 250	10	2 500	25 000	20 000	11 250	56 250
H产品	120	37.5	4 500	14	1 680	18 000	13 440	7 560	39 000
合　计			12 000		5 000	48 000	40 000	22 500	110 500

其中：原材料费用分配率$=\frac{48\ 000}{12\ 000}=4$

工资及福利费分配率$=\frac{40\ 000}{5\ 000}=8$

制造费用分配率$=\frac{22\ 500}{5\ 000}=4.5$

根据乙类产品类内各种产成品成本计算表及产成品验收入库单，作如下会计分录：

借：库存商品——产成品——乙类——F　　15 250

——G　　56 250

——H　　39 000

贷：基本生产成本——乙类　　110 500

第二种方法：系数法。所谓的系数法，是指为了简化成本计算工作，将类内产品的分配标准折合为系数，按系数来计算分配类内产品成本的一种方法。

该法的计算步骤如下所示：

(1)选定标准产品。假设该企业生产的两类产品均以生产比较稳定、产量较大、规格较为适中的产品作为标准产品，其中甲类产品以 C 产品为标准产品，乙类产品以 G 产品为标准产品，将标准产品的系数设为“1”。

(2)根据产品产量和定额资料，编制产品的系数计算表(其中标“ * ”的为标准产品)，以及各类产品内各种产成品成本计算表。(其余资料同上例)

表 12-7 产品的系数计算表(系数法)

产品类别	产品品种	单位产品原材料费用				工时定额(小时/件)	确定系数	
		原材料名称或编号	消耗定额(公斤)	计划单价(元/公斤)	费用定额(元/件)		原材料费用系数	工时系数
甲类产品	A 产品	304	2	4	15	9.6	$\frac{15}{10}=1.5$	$\frac{9.6}{8}=1.2$
		502	3.5	2				
	B 产品	304	1	4	12	8.8	$\frac{12}{10}=1.2$	$\frac{8.8}{8}=1.1$
		502	4	2				
	* C 产品	304	2	4	10	8	1	1
		502	1	2				
	D 产品	304	2	4	9	7.6	$\frac{9}{10}=0.9$	$\frac{7.6}{8}=0.95$
		502	0.5	2				
	E 产品	304	1.5	4	8	7.2	$\frac{8}{10}=0.8$	$\frac{7.2}{8}=0.9$
		502	1	2				
乙类产品	F 产品	103	0.45	10	12.5	8.2	$\frac{12.5}{25}=0.5$	$\frac{8.2}{10}=0.82$
		205	0.2	20				
		608	0.1	40				
	* G 产品	103	0.50	10	25	10	1	1
		205	0.40	20				
		608	0.30	40				
	H 产品	103	0.65	10	37.5	14	$\frac{37.5}{25}=1.5$	$\frac{14}{10}=1.4$
		205	0.50	20				
		608	0.525	40				

(3)根据产品的系数计算表，用系数法计算甲类内各种产品成本，编制甲类产品内各种产成品成本计算表，如表 12-8 所示。

表 12-8　甲类产品内各种产成品成本计算表(系数法)

项目	产量	原材料费用		工时		原材料	工资及福利费	制造费用	合计
		系数	总系数	系数	总系数				
①	②	③	④=②×③	⑤	⑥=②×⑤	⑦=④×分配率	⑧=⑥×分配率	⑨=⑥×分配率	⑩
分配率						90	240	160	
A产品	200	1.5	300	1.2	240	27 000	57 600	38 400	123 000
B产品	240	1.2	288	1.1	264	25 920	63 360	42 240	131 520
C产品	480	1	480	1	480	43 200	115 200	76 800	235 200
D产品	360	0.9	324	0.95	342	29 160	82 080	54 720	165 960
E产品	300	0.8	240	0.9	270	21 600	64 800	43 200	129 600
合　计			1 632		1 596	146 880	383 040	255 360	785 280

其中:原材料费用分配率 $=\frac{146\ 880}{1\ 632}=90$

工资及福利费分配率 $=\frac{383\ 040}{1\ 596}=240$

制造费用分配率 $=\frac{255\ 360}{1\ 596}=160$

同时,根据产品的系数计算表,用系数法计算乙类内各种产品成本,编制乙类产品内各种产成品成本计算表,如表 12-9 所示。

表 12-9　乙类产品内各种产成品成本计算表(系数法)

项目	产量	原材料		工时定额	定额工时	原材料	工资及福利费	制造费用	合计
		费用定额	定额费用						
①	②	③	④=②×③	⑤	⑥=②×⑤	⑦=④×分配率	⑧=⑥×分配率	⑨=⑥×分配率	⑩
分配率						100	80	45	
F产品	100	0.5	50	0.82	82	5 000	6 560	3 690	15 250
G产品	250	1	250	1	250	25 000	20 000	11 250	56 250
H产品	120	1.5	180	1.4	168	18 000	13 440	7 560	39 000
合　计			480		500	48 000	40 000	22 500	110 500

其中:原材料费用分配率$=\frac{48\ 000}{480}=100$

工资及福利费分配率$=\frac{40\ 000}{500}=80$

制造费用分配率$=\frac{22\ 500}{500}=45$

会计分录同第一种方法,略。

从以上的例子可以看出,在按原材料的费用定额和工时定额计算系数的情况下,定额比例法和系数法的比例关系相同,所以两种方法的计算结果也相同。

第二节　联产品的成本计算

一、联产品及其成本计算

联产品是用相同的原材料经过同一个生产过程,同时生产出来的几种具有同等地位的主要产品。例如:炼油厂用原油经过同一生产过程加工提炼出汽油、煤油和柴油等,汽油、煤油和柴油是联产品;制糖厂用甜菜制成各种冰糖、白糖、红糖等,冰糖、白糖、红糖也是联产品。联产品虽然性能用途有所不同,但在经济上都有重要意义,是企业生产的主要产品。

联产品的成本计算,关键是确定分离点。各种联产品在生产过程中投入相同的原材料,经过同一个生产过程,在生产过程终了或者在生产步骤的某一个"点"上分离出来,这个"点"就称为"分离点"。分离之后有的产品可以直接销售,有的产品则需要经过进一步加工才能销售。在分离点前发生的成本称为联合成本,在分离点后进一步加工而发生的成本因其可以归属到某种联产品上去,所以称为可归属成本。某种联产品在整个生产过程中的生产成本应为分配到的联合成本与该种产品的可归属成本之和。

联产品的成本计算包括分离点前的联合成本计算、分离点的联合成本分配和分离点后可归属成本的计算。分离点前联产品联合成本的计算及分离点后可归属成本的计算,都应根据生产类型和管理要求,选用适合的成本计算的基本方法。计算联产品成本的关键是在分离点采用适当的方法如实物计量分配法(如重量、长度或容积等)、系数法、售价分配法等分配联合成本。由于联产品生产工艺过程和所用原材料相同,因此最适合采用分类法计算成本。

二、举例

[例 12-2]假设某企业用相同的原材料在同一生产过程中同时生产出甲产品、乙半成品、丙产品三种具有同等地位的主要产品。这些联产品归为A类。采用单位售价作为分配标准分配联合成本，以丙产品为标准产品，其系数为1。甲、丙产品分离后可直接销售。乙半成品作为生产丁产品的一种原材料，分离后需进一步投料加工为丁产品才能对外销售。如图12-1所示：

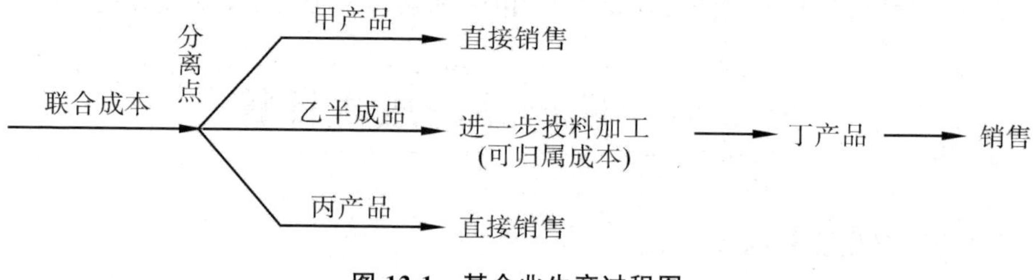

图 12-1　某企业生产过程图

有关联产品的产量、单价以及成本资料如表12-10和表12-11所示。

表 12-10　联产品的产量和单价

产品名称	产量(公斤)	单位售价(元/公斤)
甲产品	6 000	12
乙半成品	4 000	24*
丙产品	3 000	15

* 乙半成品本无销售，其售价系丁产品售价扣除可归属成本倒推而得。

表 12-11　成本资料

单位：元

项　　目	原材料	工资及福利费	制造费用	合计
分离前的A类产品联合成本	84 490	33 796	50 694	168 980
各成本项目占总成本的比重	50%	20%	30%	100%
分离后乙半成品的可归属成本	5 620	2 248	3 372	11 240

根据以上资料，编制A类产品(联产品)成本计算表及乙产品成本汇总计算表，如表12-12和12-13所示。

表 12-12　A 类产品(联产品)成本分配计算表

单位:元

产品名称	产量(公斤)	单位售价(元/公斤)	系数	总系数(标准产量)	联合成本	分配率	分配到的联合成本	单位成本
甲产品	6 000	12	$\frac{12}{15}=0.8$	4 800			57 120	9.52
乙半成品	4 000	24	$\frac{24}{15}=1.6$	6 400			76 160	19.04
丙产品	3 000	15	1	3 000			35 700	11.9
合计				14 200	168 980	11.9	168 980	

表 12-13　丁产品成本汇总计算表

单位:元

成本项目	分配到的联合成本		可归属成本	总成本	单位成本
	比重	金额			
原材料	50%	38 080	5 620	43 700	10.93
工资及福利费	20%	15 232	2 248	17 480	4.37
制造费用	30%	22 848	3 372	26 220	6.56
合计	100%	76 160	11 240	87 400	21.85

根据联产品成本计算表、乙产品成本汇总计算表以及产成品验收入库单，作如下会计分录：

借:基本生产成本——甲　57 120
　自制半成品——乙　76 160
　基本生产成本——丙　35 700
　贷:基本生产成本——A 类　168 980

借:基本生产成本——丁　11 240
　贷:原材料　5 620
　　应付职工薪酬　2 248
　　制造费用　3 372

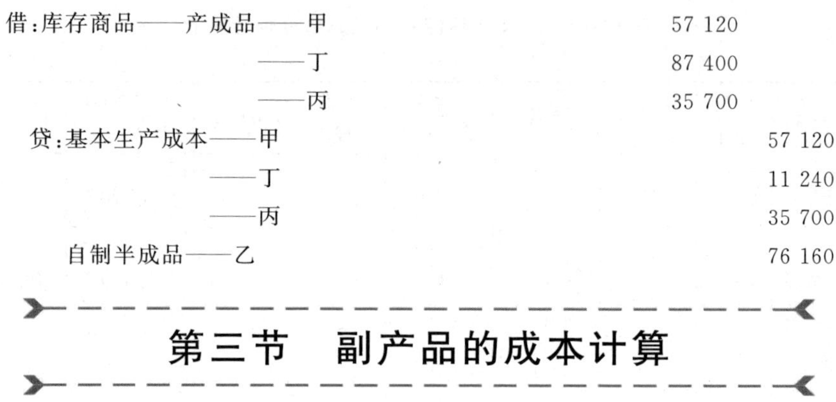

借:库存商品——产成品——甲　　57 120
　　　　　　　　　　——丁　　87 400
　　　　　　　　　　——丙　　35 700
　贷:基本生产成本——甲　　57 120
　　　　　　　　　——丁　　11 240
　　　　　　　　　——丙　　35 700
　　自制半成品——乙　　76 160

第三节　副产品的成本计算

一、副产品及其成本计算

副产品是在主要产品的生产过程中附带生产出来的非主要产品。例如在高炉炼铁过程中产生的高炉煤气,提炼原油过程中产生的渣油、石油焦,制皂生产过程中产生的甘油等,以及面粉生产过程中产出的麸皮等。

副产品是随主产品生产附带生产出来的,不是企业既定的生产目标,且价值一般较低,在企业产品销售收入中所占比重很小。基于以上特点,副产品的成本计算比联产品要简单。通常只要将副产品按照一定的标准作价,从分离前的联合成本中扣除即可。也就是说,可以采用与分类法相似的方法,将主副产品合为一类设立产品成本明细账、归集费用、计算成本;然后将副产品按照一定的方法计价,从总成本中扣除,以扣除后的成本作为主产品的成本。只有在副产品的比重较大,价值也较高的情况下,为了正确计算主、副产品的成本,才将主、副产品视同联产品,采用前文所述的联产品的成本计算方法计算成本。由此可见,副产品的成本计算的关键在于副产品的计价问题。

副产品的计价问题对于正确计算主副产品的成本很重要。副产品计价既不能过高,以免把主产品的超支转嫁到副产品上;也不能过低,以免把销售副产品的亏损转嫁到主产品上。如果副产品的售价不能抵偿其销售费用,则副产品不应计价,也就是说不从主产品成本中扣除其价值。

要注意的是:副产品在与主产品分离前,一般不单独发生生产费用,因而不存在生产费用的归集问题,只有在分离后需要进一步加工的情况下,才可能发生生产费用并需单独归集。另外,副产品一般系主产品所耗原材料成分的聚集,故其成本构成主要以材料费用为主。

副产品在分离后，可以作为产成品直接销售，也可以进一步加工后再出售。副产品的成本计价因此而有所不同。

(一)分离后直接销售的副产品的计价

1.副产品不计算成本。即当副产品经济价值极小时，副产品不负担分离点前发生的任何成本，全部生产费用均为主产品成本。该法计算简便，但会高估主产品的成本。

2.副产品按固定或计划单位成本计价。即副产品与主产品分离后，按副产品产出的数量和固定或计划单位成本计算其成本，并从联合成本中扣除。当副产品成本中原材料所占的比重较大，或者是副产品成本占联合成本的比重较小时，应将其成本从主产品生产成本明细账"原材料"成本项目中扣除；当副产品各个成本项目的比重相差不大，或者副产品在联合成本中占有一定比重时，应将其成本按比例从联合成本明细账的各个成本项目中扣除。

3.副产品按销售价格扣除销售费用、销售税金后的余额计价，或者按售价减去按正常利润率计算的销售利润后的余额计价。副产品成本可以从联合成本明细账"原材料"成本项目中扣除，也可以按比例从联合成本明细账的各个成本项目中扣除。该法适用于副产品价值较高的情况，计算较为简便，但在副产品市价波动较大时，其成本将大受影响，进而影响到主产品成本计算的正确性。

4.联合成本在主副产品之间分配。这种方法主要是在副产品比重较大，且副产品经济价值较高时，为了正确核算主副产品成本而采用的一种方法。采用该方法时，应将主副产品视同联产品，采用一定标准在主副产品之间分配生产费用，并分别计算出各自的成本。

(二)主副产品分离后，副产品需要进一步加工的成本计算

1.副产品只负担可归属成本。

2.副产品不仅负担可归属成本，而且负担分离点前的联合成本。

这里的"可归属成本"应根据其生产特点和管理要求，选择适当的成本计算方法计算出其实际成本。但如果加工所需时间较短且费用较小，为了简化成本计算工作，也可按事先测定的计划单位成本计价，而不计算继续加工副产品的实际成本。

某些工业企业对外提供少量加工、修理等工业性作业，企业基本生产车间对内提供少量加工和修理作业，如果作业费用很小，为了简化核算工作，也可以比照副产品成本计算的方法，将其加工成本从汇总的生产费用中扣除，从而计算主要产品的成本。

二、举例

[例 12-3]

(一)资料

假设某企业在生产主要产品 A 的同时,附带生产出 B、C、D 三种副产品,主副产品归为甲类产品。三种副产品的计价方法分别为:B 产品按计划成本计价,从联合成本的"原材料"项目扣除;C 产品按销售价格扣除销售税金、销售费用后的余额计价,按比例从联合成本的各成本项目中扣除;D 产品价值较低,为简化成本核算不予计价。A、C 产品采用在产品按定额成本计价法。B 产品没有在产品,故不必计算在产品成本。B 产品分离后需进一步加工成为 E 产品才能出售。

有关产量、单位产量有关成本费用资料如表 12-14 所示。

表 12-14 产量及成本费用

产品名称		产量(吨)	单位产量有关成本费用(元/吨)			
			销售价格	销售费用	销售税金	计划成本
主产品:A 产品		1 000				
副产品	B 产品	200				200
	C 产品	600	150	40	20	
	D 产品	1				

有关甲类产品(主副产品)产品成本及月初、月末成本资料如表 12-15 所示。

表 12-15 甲类产品资料 单位:元

项 目			原材料	工资及福利费	制造费用	合 计
甲类产品(主副产品)联合成本			300 000	50 000	150 000	500 000
B 产品分离后可归属成本				3 000	7 600	10 600
在产品定额成本	A 产品	月初	13 200	2 400	8 400	24 000
		月末	46 000	8 000	29 000	83 000
	C 产品	月初	3 500	660	1 840	6 000
		月末	1 100	180	580	1 860

（二）根据以上资料，编制本月甲类产品（主副产品）成本分离计算表、主产品及各种副产品的成本明细账

表 12-16　本月甲类产品（主副产品）成本分离计算表

单位：元

项目	甲类产品（主副产品）成本分离前的联合成本		分离副产品成本		分离主产品成本
	金额	比重	B 产品	C 产品	A 产品
	①	②＝①÷500 000	③＝200×200	④＝②×54 000	⑤＝①－③－④
原材料	300 000	60%	40 000	32 400	227 600
工资及福利费	50 000	10%		5 400	44 600
制造费用	150 000	30%		16 200	133 800
合　计	500 000	100%	40 000	54 000	406 000

注：54 000＝(150－40－20)×600

根据本月主副产品成本分离计算表作如下会计分录：

借：基本生产成本——A　　406 000

　原材料——B　　40 000

　基本生产成本——C　　54 000

　贷：基本生产成本——甲类　　500 000

表 12-17　A 产品（主产品）成本明细账

单位：元

××年		凭证号数	摘　要	产量（吨）	原材料	工资及福利费	制造费用	合　计
月	日							
略	略	略	月初在产品成本（定额成本）	1 000	13 200	2 400	8 400	24 000
			本月生产费用		227 600	44 600	133 800	406 000
			生产费用合计		240 800	47 000	142 200	430 000
			完工产品成本		194 800	39 000	113 200	347 000
			单位成本		194.8	39	113.2	347
			月末在产品成本（定额成本）		46 000	8 000	29 000	83 000

根据本月 A 产品(主产品)成本明细账及验收入库单,作如下会计分录:

借:库存商品——产成品——A　　347 000

　贷:基本生产成本——A　　347 000

表 12-18　E 产品(副产品)成本明细账

单位:元

××年 月	××年 日	凭证号数	摘　要	产量(吨)	原材料	工资及福利费	制造费用	合　计
略	略	略	本月生产费用	200	40 000	3 000	7 600	50 600
			完工产品成本		40 000	3 000	7 600	50 600
			单位成本		200	15	38	253

根据本月 E 产品(副产品)成本明细账及验收入库单,作如下会计分录:

借:基本生产成本——E　　50 600

　贷:原材料——B　　40 000

　　应付职工薪酬　　3 000

　　制造费用　　7 600

借:库存商品——产成品——E　　50 600

　贷:基本生产成本——E　　50 600

表 12-19　C 产品(副产品)成本明细账

单位:元

××年 月	××年 日	凭证号数	摘　要	产量(吨)	原材料	工资及福利费	制造费用	合　计
略	略	略	月初在产品成本(定额成本)	600	3 500	660	1 840	6 000
			本月生产费用		32 400	5 400	16 200	54 000
			生产费用合计		35 900	6 060	18 040	60 000
			完工产品成本		34 800	5 880	17 460	58 140
			单位成本		58	9.8	29.1	96.9
			月末在产品成本(定额成本)		1 100	180	580	1 860

根据本月 C 产品(副产品)成本明细账及验收入库单,作如下会计分录:

借:库存商品——产成品——C　　58 140

　贷:基本生产成本——C　　58 140

第四节　等级产品成本计算

一、等级产品及其成本计算

等级产品是指用相同的原材料,经过同一生产过程生产出来的品种相同、但质量不同的产品。可见,等级产品与联产品、副产品一样,都是使用相同的原材料、经过同一生产过程生产出来的产品。差别在于联产品、副产品是品种不同的产品,等级产品则是品种相同、但质量不同的产品。

前已述及,区分产品质量差别形成的原因是等级产品能否使用分类法的关键。

第一种原因:客观原因。即质量上的差别是由于内部结构、所用原材料的质量或工艺技术上的要求不同等客观原因而产生的,那么应考虑对不同等级的产品确定不同的单位成本,即可以将这些产品归为同一品种不同规格的一类产品,采用分类法计算成本。在这种情况下,不能按产量(数量)比例分配等级产品的联合成本,可以采用售价或其他分配标准;或将分配标准折合成系数,采用系数法来计算分配等级产品的联合成本。

第二种原因:主观原因。即产品的结构、所用的原材料和工艺过程完全相同,产品质量上的差别是由于工人操作不当、技术不娴熟等主观原因造成的,那么这些不同等级产品的单位成本应该是相同的,不能将分类法的原理应用到这些产品的成本计算中去。也就是说,这些不同等级产品使用的原材料、经过的生产过程都相同,那么不同等级产品的单位成本理应相同。在单位成本相同的情况下,低等级产品由于售价较低而造成的损失,说明企业还需努力提高产品质量。在这种情况下,应按产量(数量)比例分配等级产品的联合成本。

二、举例

举例说明在以上情况下,等级产品成本应如何计算。

[例 12-4]

(一)资料

某企业生产 A 种产品 500 件,产生三种等级产品,共发生联合成本22 500元,其中原材料费用 9 500 元,工资及福利费 8 000 元,制造费用5 000元。有关产量及单价资料如表 12-20 所示。

表 12-20　产量及单价资料

等级	产量(件)	单价(元/件)
一等品	100	200
二等品	150	100
三等品	250	20
合　计	500	

(二)计算

1. 如果等级产品是由第一种原因即客观原因造成的，那么可以采用售价作为分配标准或将售价折合成系数，采用系数法来计算分配等级产品的联合成本。

若采用售价作为分配标准，计算结果如表 12-21 所示。

表 12-21　等级产品联合成本分配表(按售价比例分配)

单位：元

项　目	产量(件)	单价(元/件)	价值总额	原材料	工资及福利费	制造费用	联合成本	单位成本
分配率				0.2375	0.2	0.125		
一等品	100	200	20 000	4 750	4 000	2 500	11 250	112.5
二等品	150	100	15 000	3 562.5	3 000	1 875	8 437.5	56.25
三等品	250	20	5 000	1 187.5	1 000	625	2 812.5	11.25
合　计	500		40 000	9 500	8 000	5 000	22 500	

其中：原材料分配率 $=\frac{9\ 500}{40\ 000}=0.2375$

工资及福利费分配率 $=\frac{8\ 000}{40\ 000}=0.2$

制造费用分配率 $=\frac{5\ 000}{40\ 000}=0.125$

根据等级产品联合成本分配表(按售价比例分配)、产成品验收入库单，作如下会计分录：

借：库存商品——产成品——A——一等品　　11 250

　　　　　　　　　　　　　——二等品　　8 437.5

　　　　　　　　　　　　　——三等品　　2 812.5

　贷：基本生产成本——A　　22 500

2. 如果等级产品是由第二种原因即主观原因造成的，那么应采用产量比例计算分配等级产品的联合成本。仍以上例计算，计算结果如表 12-22 所示。

表 12-22　等级产品联合成本分配表(按产量比例分配)

单位:元

项　　目	产量(件)	原材料	工资及福利费	制造费用	联合成本	单位成本
分配率	—	19	16	10		
一等品	100	1 900	1 600	1 000	4 500	45
二等品	150	2 850	2 400	1 500	6 750	45
三等品	250	4 750	4 000	2 500	11 250	45
合　计	500	9 500	8 000	5 000	22 500	

其中:原材料分配率 $=\frac{9\ 500}{500}=19$

工资及福利费分配率 $=\frac{8\ 000}{500}=16$

制造费用分配率 $=\frac{5\ 000}{500}=10$

根据等级产品联合成本分配表(按产量比例分配)、产成品验收入库单,作如下会计分录:

借:库存商品——产成品——A——一等品　　4 500
　　　　　　　　　　　　——二等品　　6 750
　　　　　　　　　　　　——三等品　　11 250
　贷:基本生产成本——A　　22 500

思考题:

1. 采用分类法计算产品成本时,类别如何确定?
2. 将完工产品成本按照系数比例在类内进行分配时,如何认定标准产品?如何确认单位系数?
3. 采用分类法计算产品成本有何优缺点?其应用条件是什么?
4. 联产品、副产品成本计算原理是什么?联产品和副产品成本的计算有何异同?
5. 等级产品成本如何计算?

13

定额法 第十三章

第一节 定额法概述

一、定额法的定义

前已述及，成本计算的辅助方法是在基本方法的基础上，为解决成本计算或成本管理过程中某一方面问题的需要而派生出来的。分类法这种辅助方法就是为简化基本方法的成本计算工作而产生的。那么，我们也有必要对定额法的产生原因作个了解。

我们知道，在采用品种法、分批法、分步法以及分类法这几种成本计算方法时，生产费用的日常核算都是按实际发生额进行的，产品的实际成本也都是根据实际生产费用计算出来的。这样一来，生产费用脱离定额的差异及其产生的原因，就无法在其发生当时，通过与有关定额资料的比较、分析予以揭示，而只能等到月末才能揭示出来。这样做不利于加强定额管理，也不利于降低成本、节约费用。采用定额法，就能弥补上述成本计算方法的缺陷。因为定额法是在品种法、分批法、分步法等成本计算基本方法的基础上，采用了一种将符合定额的费用和脱离定额的差异分别汇集、计算的特殊汇集费用技术，能将产品成本的计划、控制、核算和分析结合在一起，及时地反映、监督生产费用和产品成本脱离定额的差异，有利于加强成本管理、进行成本控制，是一种将成本计算与管理相结合的成本计算方法。

可见，定额法与实际成本计算方法如品种法、分批法、分步法以及分类法的区别在于：

1. 在生产费用的日常核算上：实际成本计算方法都是按实际发生额进行

的；定额法则将实际发生额分成符合定额的耗费和不符合定额的耗费（即差异）两部分，分别进行核算。

2. 在计算产品的实际成本上：实际成本计算方法下，产品的实际成本都是根据实际生产费用求得的；定额法下，产品的实际成本则是通过符合定额的耗费（即产品的定额成本）加减不符合定额的耗费（即各种差异，包括：脱离定额差异、材料成本差异和定额变动差异等）求得的。

3. 从方法角度来讲：实际成本计算方法相对单纯，只是产品成本计算方法而已；定额法不仅是一种产品成本计算方法，还是一种对产品成本进行直接控制、管理的方法。

4. 在成本反映控制上：实际成本计算方法只能进行事后成本控制，即在月末通过与有关定额资料的比较、分析，揭示实际成本脱离定额（或计划）的差异；定额法则包含事前、事中和事后的全过程的控制和管理，能够在耗费发生的当时，即日常情况下，反映和监督实际成本脱离定额（或计划）的差异，加强定额管理、成本控制，从而及时、有效地促进生产耗费的节约以及产品成本的降低。

总之，产品成本计算的定额法，是在某些定额管理有一定基础的工业企业中，为了及时反映、监督生产费用和产品脱离定额的差异，有效加强定额管理和成本控制而采用的一种将符合定额的费用和脱离定额的差异分别计算的成本计算的辅助方法。

二、定额法的特点

与分类法相同，定额法只是成本计算的辅助方法，关于成本计算对象、成本计算期如何确定，生产费用是否要在完工产品和月末在产品之间分配等问题，都依它所结合使用的成本计算的基本方法而定。

重要的是，定额法既是一种产品成本计算方法，也是一种对产品成本进行直接控制、管理的方法，是将产品成本的定额、核算和分析工作有机结合，将事前、事中、事后的反映和监督融为一体的一种产品成本核算、管理和控制的方法。

其主要特点在于：

1. 为加强对产品成本的事前控制，采用定额法时，要在事前制定出各种产品的消耗定额、费用定额和定额成本，以之作为降低成本的目标。

2. 为加强对成本差异的日常核算、分析和控制，采用定额法时，要在事中，即在生产费用发生的当时，将实际成本分成符合定额的耗费和不符合定额的耗费(即差异)两部分,分别核算,并将信息及时反馈。

3.为定期考核和分析成本提供数据,采用定额法时,要在事后,一般是在月末时,在定额成本的基础上加减各种成本差异,计算出产品的实际成本。

三、定额法的计算程序

在定额法下,实际成本被分成符合定额的耗费和不符合定额的耗费(即差异)两部分,也就是说,定额法下,产品的实际成本是通过符合定额的耗费(即产品的定额成本),加减不符合定额的耗费(即各种差异,包括:脱离定额差异、材料成本差异和定额变动差异等)求得的,其计算公式为:

实际成本=定额成本±脱离定额差异±材料成本差异±定额变动差异

通过以上公式,可以看出,定额法的成本计算程序如下:

1.按所结合的成本计算基本方法所确定的成本计算对象,如产品的品种、批别或生产步骤等设置生产成本明细账(或成本计算单),账内按成本项目分别设置定额成本、脱离定额差异、材料成本差异和定额变动差异等专栏。其余明细账按所结合的基本方法的要求设置。

2.根据产品的实际产量,并以现行消耗定额和费用定额为依据,制定产品的定额成本,作为降低产品成本、节约费用支出的目标。

3.如果月初进行生产耗费的消耗定额或计划价格的修订,还要计算月初的定额变动差异,并据以调整月初在产品的定额成本。

4.根据各个成本项目的脱离定额差异凭证,汇总计算产品的脱离定额差异,计入生产成本明细账(或成本计算单)。

5.在定额法下,材料一般是按计划成本核算的,以便于对其消耗定额进行考核,故月末要根据本月的材料成本差异率,计算材料成本差异。

6.月末,企业应将月初结转和本月发生的脱离定额差异、材料成本差异和定额变动差异分别汇总,其中需要分配的差异,要按成本项目计算差异分配率,按照企业确定的成本计算方法,在完工产品和月末在产品之间进行分配。根据完工产品的入库单,按成本项目计算完工产品成本及应负担的差异,求得完工产品的实际的总成本和单位成本。

四、定额法的优缺点

(一)定额法的优点

1.有利于加强日常的成本控制。定额法能够在耗费发生的当时,通过生产耗费脱离定额差异的日常核算，及时反映和监督各项耗费的节约或超支情况，以便采取措施加强成本控制，降低产品成本。

2.便于进行产品成本的定期分析。由于产品实际成本是按照定额成本和各种成本差异分别反映的，这样在进行产品成本的定期分析时，便于准确确定脱离定额差异的程度大小以及产生的原因。

3.通过各项差异的核算，有利于提高成本的定额管理和计划管理工作的水平。

4.有利于解决各项差异在完工产品和月末在产品之间分配的问题。定额法下的定额成本资料是现成的，作为各项差异在完工产品和月末在产品之间分配的依据，既合理又简便易行。

(二)定额法的缺点

1.成本核算的工作量较大。因为在定额法下，实际成本是通过定额成本和各种差异的计算求得的，定额成本要制定，脱离定额差异要单独进行核算，在修订定额时还要计算定额变动差异，这些都增加了核算的工作量。

2.各项差异主要是按产品计算确定的，难以分清各部门的经济责任。

五、定额法的适用范围

定额法只是一种成本计算的辅助方法，与企业的生产类型没有直接联系，也就是说不管什么生产类型的企业都能采用。但是，一个企业如果没有任何定额管理基础，没有制定过产品的消耗定额、费用定额和定额成本等定额成本资料，那么定额法就是再好，也无用武之地。可见企业要采用定额法，要有比较好的定额管理基础和比较健全的定额管理制度才行。对大量大批生产类型的企业来说，其产品已经定型，定额的制定较为容易，要达到定额法的应用条件也较为容易，所以定额法主要适用于大量大批生产类型的企业。还要注意的是，定额的制定应当准确、稳定。因为定额若是不准确，将影响到定额成本的准确性，进而影响到实际成本的准确性；定额若是不稳定，频繁进行的定额修订工作将进一步加重原本就很繁重的成本核算工作量。

由此可见，定额法主要适用于定额管理工作的基础比较好，定额管理的制度比较健全，产品的生产已经定型，各项消耗定额比较准确、稳定的大量大批生产类型的企业。

第二节　定额成本及其差异的核算

一、定额成本的计算

(一)定额成本的定义

在定额法下,企业应将实际生产费用分为符合定额的耗费和不符合定额的耗费两部分,分别核算,并予以汇总。其中,符合定额的耗费部分即为定额成本。

采用定额法计算产品成本时,首先应当根据企业现行的单位产品材料消耗定额、工时定额和费用定额,按照企业确定的成本项目,分别制定出单位产品的定额成本。定额成本反映企业在现行生产条件下应达到的成本水平,是(事前)成本控制的目标,是日常(事中)成本控制的依据,是月末产品实际成本的计算基础,也是进行(事后)成本考核、分析的依据。

(二)定额成本与计划成本的联系与区别

产品的定额成本与计划成本之间既有联系,又有区别。

1.联系

(1)企业制定的定额成本和计划成本都是成本控制的目标,其制定过程都是对产品成本进行事前的反映和监督,实行事前控制的过程,但定额成本不能用计划成本来代替。

(2)两者都是按产品生产耗费的消耗定额和计划价格为根据确定的,计算公式都相同。如下所示:

单位产品定额成本或计划成本＝原材料费用定额＋生产工资费用定额＋制造费用定额

其中:

原材料费用定额＝产品原材料消耗定额×原材料计划单价

生产工资费用定额＝产品生产工时定额×计划小时工资率

制造费用定额＝产品生产工时定额×计划小时制造费用率

公式中的“计划小时工资率”是计划的生产工资分配率的简称,也就是生产工资的计划单价,即计划每小时工资额;公式中的“计划小时制造费用率”是计划的制造费用分配率的简称,也就是制造费用的计划单价,即计划每小时制造费用额。工资及福利费、制造费用通常按生产工时比例分配计入产品成本,因而其计划单价通常是计划的小时各该费用分配率，简称计划小时各该费用率。单位产品的定额成本或计划成本就是上述各项费用定额之和。

2.区别

(1)计划成本在计划期内通常是不变的，定额成本在计划期内则是变动的。

这是因为，首先，计算计划成本的消耗定额是计划定额，即计划期(一般为一年)内平均消耗定额，在计划期内通常不变；计算定额成本的消耗定额则是现行定额，它应随着生产技术的进步和劳动生产率的提高不断修订。假设某年8月1日将修订某种材料的消耗定额，修订前的旧定额为9.6公斤/件，修订后的新定额9公斤/件，那么在这一年的计划期中，各月的计划成本都是按计划期(一般为一年)内平均消耗定额，即按修订前后的加权平均数$\frac{9.6\times7+9\times5}{12}=9.35$公斤/件来计算的；定额成本则应按各月的现行定额计算，比如说，6月份的定额成本要按修订前的旧定额9.6公斤/件计算，而10月份的定额成本则按修订后的新定额9公斤/件计算。其次，计算计划成本的计划单价，同消耗定额相似，在计划期内通常不变；而计算定额成本的计划单价，则可能发生变动。因此，计划成本在计划期内通常是不变的；定额成本在计划期内则是变动的。如下所示：

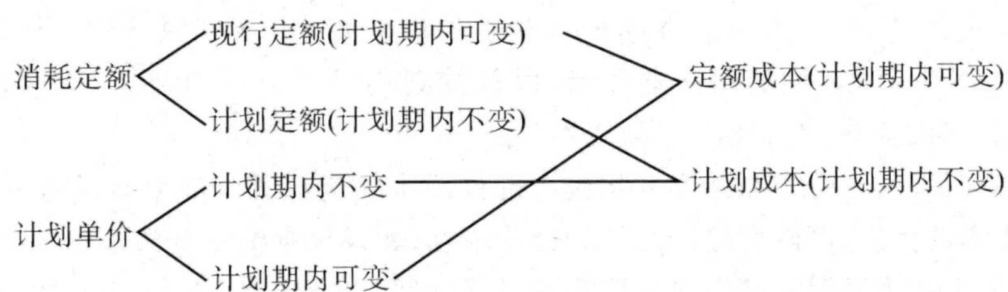

(2)计划成本一般是国家或上级公司等管理机构在计划期内对企业进行成本考核的依据；而定额成本是企业自行制定的，是日常(事中)成本控制的依据，是月末产品实际成本的计算基础，也是进行(事后)成本考核、分析的依据。

可见，定额成本的制定，能够使企业的成本控制和考核更加有效，更加符合实际，从而保证成本计划的完成。

制定定额成本所依据的现行定额，是指企业从月初起施行的定额。在技术革新、劳动生产率变化以及生产条件改变的情况下，产品的定额应当进行修订，使之符合实际。但是因为定额成本的制定和修订是企业自己的事情，有的企业就以修订工作量大、降低消耗定额的阻力大等为由，一年甚至多年不予修订，这样一来，定额成本就形同虚设，失去了它应有的作用。所以，定额成本应当及时修订，并且在修订定额的月份，还应根据修订以后的新定额，计算新旧定额的变动差异，以调整月初在产品的定额成本，使之真正反映企业在现行生产条件下应达到的成本水平。

(三)产品定额成本的计算程序

单位产品定额成本包括单位零件定额成本、单位部件定额成本和单位产成品定额成本，通常由计划、技术、财会部门等共同制定。定额成本的计算，一般通过编制定额成本计算表进行。定额成本计算表的编制与产品结构、所用零部件的多少有关。具体分几种情况：

1.在零部件不多的情况下，可以先编制单位零件定额成本计算表，然后汇总编制单位部件定额成本计算表，最后汇总编制单位产成品定额成本计算表。

2.在零部件较多的情况下，为了简化成本计算工作，可以不编制单位零件定额成本计算表，直接根据列有零件原材料消耗定额、所在工序和工时定额的零件定额卡，以及原材料计划单价、计划小时工资率和计划小时制造费用率，编制单位部件定额成本计算表，然后再汇总编制单位产成品定额成本计算表。

3.在零部件极多的情况下，为了使成本计算工作更加简化，可以不编制单位零件定额成本计算表和单位部件定额成本计算表，直接根据列有零件原材料消耗定额、所在工序和工时定额的零件定额卡和列有部件原材料消耗定额、计划单价和工时定额的部件定额卡，以及计划小时工资率和计划小时制造费用率，直接编制单位产成品定额成本计算表。

在定额法下，月末在产品和报废零部件成本如何计算？如果有编制零部件定额成本计算表，可以直接以其作为计价依据；如果没有编制零部件定额成本计算表，那么就要根据零部件定额卡和原材料计划单价、计划小时工资率和计划小时计算制造费用率，临时计算月末在产品和本月所报废的零部件的成本了。

(四)举例

[例 13-1]

1.资料

假设某企业大量生产的甲产品所用的零部件较多，为了简化成本计算工作，不计算零件定额成本，其产成品定额成本的计算程序为：直接根据 201、202 零件定额卡，汇总编制 1001 单位部件定额成本计算表；直接根据 201、203 零件定额卡，汇总编制 2002 单位部件定额成本计算表；然后根据 1001、2002 单位部件定额成本计算表，汇总编制单位甲产品定额成本计算表。201、202、203 零件定额卡具体格式如表 13-1、表 13-2 和表 13-3 所示。

表 13-1　零件定额卡

零件编号:201　　　　20××年×月

材料编号(名称)	计量单位	材料消耗定额
001	公斤	2
所在工序	工时定额(小时)	累计工时定额(小时)
1	2	2
2	6	8
3	3	11

表 13-2　零件定额卡

零件编号:202　　　　20××年×月

材料编号(名称)	计量单位	材料消耗定额
002	公斤	4
所在工序	工时定额(小时)	累计工时定额(小时)
1	1	1
2	7	8

表 13-3　零件定额卡

零件编号:203　　　　20××年×月

材料编号(名称)	计量单位	材料消耗定额
003	公斤	1
所在工序	工时定额(小时)	累计工时定额(小时)
1	4	4
2	2.5	6.5

2.计算程序

首先,根据 201、202 零件定额卡,汇总编制 1001 单位部件定额成本计算表;根据 201、203 零件定额卡,汇总编制 2002 单位部件定额成本计算表,见表 13-4 和表 13-5。

表 13-4　单位部件定额成本计算表

部件编号:1001　　　　　　　　20××年×月

耗用零件		材料定额					工时定额	
编号	数量	编号	数量	计划单价	金额		零件	部件
					零件	部件		
201 202 装配	3 5	001 002	2 4	10 4.5	20 18	60 90	11 8	33 40 7
合计						150		80

部件定额成本

原材料	工资及福利费		制造费用		合　计
	计划小时工资率	金额	计划小时制造费用率	金额	
150	2.3	184	3.5	280	614

表 13-5　单位部件定额成本计算表

部件编号:2002　　　　　　　　20××年×月

耗用零件		材料定额					工时定额	
编号	数量	编号	数量	计划单价	金额		零件	部件
					零件	部件		
201 203 装配	5 4	001 003	2 1	10 5	20 5	100 20	11 6.5	55 26 9
合计						120		90

部件定额成本

原材料	工资及福利费		制造费用		合　计
	计划小时工资率	金额	计划小时制造费用率	金额	
120	2.3	207	3.5	315	642

在单位部件定额成本计算表中：

零件的材料定额＝零件的材料消耗定额×计划单价

部件的材料定额＝所用各种零件的材料定额成本×所用各该零件的数量

部件的工时定额＝所用各种零件的工时定额×所用各该零件的数量

部件的工资及福利费定额＝部件的工时定额×计划小时工资率

部件的制造费用定额＝部件的工时定额×计划小时制造费用率

表 13-6　单位产成品定额成本计算表

产成品名称：甲　　　　　　　　20××年×月

耗用零件		材料定额		工时定额	
编号	数量	部件	产成品	部件	产成品
1001	2	150	300	80	160
2002	3	120	360	90	270
装配					10
合计			660		440

部件定额成本

原材料	工资及福利费		制造费用		合　计
	计划小时工资率	金额	计划小时制造费用率	金额	
660	2.3	1 012	3.5	1 540	3 212

在单位产成品定额成本计算表中：

产成品的材料定额＝所用各种部件的材料定额成本×所用各该部件的数量

产成品的工时定额＝所用各种部件的工时定额×所用各该部件的数量

产成品的工资及福利费定额＝产成品的工时定额×计划小时工资率

产成品的制造费用定额＝产成品的工时定额×计划小时制造费用率

要注意的是，定额成本所采用的成本项目和计算方法，应该与实际成本、计划成本所采用的成本项目和计算方法一致，以便考核、分析。

二、脱离定额差异的核算

在定额法下，企业将实际生产费用分为符合定额的耗费和不符合定额的耗费两部分，分别核算，并予以汇总。其中，“不符合定额的耗费部分”即为脱离定额差异。也就是说，脱离定额差异是指产品生产过程中各项实际发生的生产费用脱离现行定额或预算的差异。

通过对脱离定额差异进行及时、正确地核算和分析，及时控制生产费用支出是定额法的核心所在。因为这样有利于明确差异发生的原因和责任，及时采取处理措施，将生产耗费控制在既先进又切实可行的定额范围之内，达到节约生产耗费、降低产品成本的目的。为了达到这个目的，在生产耗费发生当时，就应该为定额成本和脱离定额差异分别编制定额凭证和差异凭证，并在有关的费用分配表和明细账中分别予以登记。

脱离定额差异的核算一般按成本项目逐项进行，下面就按成本项目逐项加以介绍。

(一)原材料脱离定额差异的核算

原材料成本项目(包括自制半成品成本)在总成本中所占的比重一般较大，是定额法控制的重点，且原材料成本项目一般属于直接计入费用，因而有可能在费用发生当时，就按产品分别核算定额成本和脱离定额差异，分别编制定额凭证和差异凭证，以加强控制。

要指出的是，定额法是基于标准成本法的原理提出的，其各个成本项目的脱离定额差异，都应包括价格差异和数量差异，即价差和量差两部分。材料成本差异是价差，也应是原材料脱离定额差异的一部分。但在实际工作中，为了便于分析和考核材料消耗定额的执行情况，在采用定额法计算产品成本时，原材料的日常核算都是按计划成本来进行的，所以原材料的脱离定额差异，就只包括量差，而不包括价差——材料成本差异了。对于产品成本应负担的材料成本差异，企业还要单独加以计算。

因此，原材料的脱离定额差异，就只包括量差，其计算公式为：

$$\begin{matrix}\text{原材料的脱离}\\\text{定 额 差 异}\end{matrix}=\sum(\text{原材料实际消耗量}-\text{原材料定额消耗量})\times\text{原材料计划单价}$$

原材料定额消耗量的确定因领料方式的不同而不同。原材料脱离定额差异的核算方法，一般有三种：限额法、切割核算法和盘存法。

1. 限额法

所谓限额法是指车间在向仓库领料时，实行限额领料(或定额发料)制度，使用限额领料单(或定额发料单)，以控制用料的一种方法，也叫差异凭证法。

采用定额法时，为了控制用料，必须实行限额领料(或定额发料)制度，将材料中符合定额的部分与不符合定额的部分，分别采用定额凭证和差异凭证领发。常见的定额凭证是限额领料单(或定额发料单)。在生产任务改变的情况下，应办理有关手续，及时变更原定的限额；在有材料代用和废料利用的情况下，应在有关的限额领料单中注明，并且从原定的限额中扣除。差异凭证应反映差异的数量、金额以及差异的原因，且必须经过一定的审批手续才能签发。差异凭证有超额材料领料单、代用材料领料单、退料单等，当然，也可以用普通领料单代替这些专用的差异凭证，但应用不同的颜色或加盖专用的戳记区别开来。

这样，所有限额领料单（或定额发料单）的金额合计数反映了原材料的定额总成本；退料单的金额和限额领料单的余额（未领材料）等，反映了原材料脱离定额的节约差异；超额材料领料单等凭证的金额，则反映了原材料脱离定额的超支差异。

但是需要指出的是，上述差异凭证反映的往往只是领料差异，而不一定就是用料差异。光靠限额法的差异凭证，并不能完全控制用料。

举例说明这个问题。

[**例 13-2**]某限额领料单上规定的产品数量为 800 件，产品的原材料消耗定额为 5 公斤/件，那么领料限额为 4 000 公斤，材料计划单价为 2 元/公斤，本月实际领料 3 900 公斤，少领 100 公斤。假设有以下几种情况：

1. 如果本月投产的产品数量为 800 件，恰好等于计划规定的产品数量，且车间期初、期末均无余料（或余料相等），那么，本月少领的 100 公斤，即 200 元就是原材料脱离定额的节约差异。

2. 如果本月投产的产品数量为 800 件，恰好等于计划规定的产品数量，但是车间期初余料 100 公斤，期末余料 600 公斤，则：

原材料实际消耗量＝3 900＋100－600＝3 400（公斤）

原材料定额消耗量＝800×5＝4 000（公斤）

原材料的脱离定额差异＝（3 400－4 000）×2＝－1 200（元）（节约差异）

3. 如果本月投产的产品数量为 800 件，恰好等于计划规定的产品数量，但是车间期初余料 600 公斤，期末余料 100 公斤，则：

原材料实际消耗量＝3 900＋600－100＝4 400（公斤）

原材料定额消耗量＝800×5＝4 000（公斤）

原材料的脱离定额差异＝（4 400－4 000）×2＝800（元）（超支差异）

4. 如果本月投产的产品数量为 750 件，低于计划规定的产品数量，而且车间期初余料 100 公斤，期末余料 600 公斤，则：

原材料实际消耗量＝3 900＋100－600＝3 400（公斤）

原材料定额消耗量＝750×5＝3 750（公斤）

原材料的脱离定额差异＝（3 400－3 750）×2＝－700（元）（节约差异）

5. 如果本月投产的产品数量为 750 件，低于计划规定的产品数量，而且车间期初余料 600 公斤，期末余料 100 公斤，则：

原材料实际消耗量＝3 900＋600－100＝4 400(公斤)

原材料定额消耗量＝750×5＝3 750(公斤)

原材料的脱离定额差异＝(4 400－3 750)×2＝1 300(元)(超支差异)

6. 如果本月投产的产品数量为850件，高于计划规定的产品数量，而且车间期初余料100公斤，期末余料600公斤，则：

原材料实际消耗量＝3 900＋100－600＝3 400(公斤)

原材料定额消耗量＝850×5＝4 250(公斤)

原材料的脱离定额差异＝(3 400－4 250)×2＝－1 700(元)(节约差异)

7. 如果本月投产的产品数量为850件，高于计划规定的产品数量，而且车间期初余料600公斤，期末余料100公斤，则：

原材料实际消耗量＝3 900＋600－100＝4 400(公斤)

原材料定额消耗量＝850×5＝4 250(公斤)

原材料的脱离定额差异＝(4 400－4 250)×2＝300(元)(超支差异)

可见，在本月投产的产品数量高于或低于计划规定的产品数量，而且车间期初余料与期末余料数量不等的情况下，本月的领料(或发料)差异不一定是原材料脱离定额差异，其差异到底是超支差异还是节约差异，需要通过公式计算确定。只有在投产产品数量等于计划规定的产品数量，且车间期初、期末均无余料(或余料相等)时，本月的领料(或发料)差异才是原材料用料的脱离定额差异。

2. 切割核算法

所谓切割核算法，是指通过材料切割核算单核算材料定额消耗量和脱离定额差异，以控制用料的一种方法。对于不能直接投入生产，要经过切割(下料)才能使用的一些材料，例如板材、棒材等，除了采用限额法以外，还应采用切割核算法来控制用料。

采用切割核算法时，应按切割材料的批别开立材料切割核算单，单中填明发交切割材料的种类、数量、消耗定额和应切割成的毛坯数量；切割完毕，再填写实际切割成的毛坯数量和材料的实际消耗量。根据实际切割成的毛坯数量和消耗定额，即可计算求得材料定额消耗量，以此与材料实际消耗量相比较，即可确定用料脱离定额的差异。材料定额消耗量、脱离定额差异以及发生差异的原因都应填入单中，并由主管人员签证。可见，采用材料切割核算单，可以及时反映材料的耗用情况和发生差异的具体原因，加强对材料耗用的监督。切割核算单的格式如下所示。

表 13-7　材料切割核算单

材料名称:1112　　　　　　　　材料计量单位:公斤　　　　材料计划单价:20 元/公斤
产品名称:甲　　　　　　　　　零件编号或名称:303　　　　废料回收单价:2 元/公斤
切割工人工号或姓名:239 李力　　图纸号:988　　　　　　　　　机床编号:257
发交切割日期:20××年×月×日　　　　　　　　　　　　完工日期:20××年×月×日

发料数量	退回余料数量	材料实际消耗量	废料实际回收数量
203	57	146	10

单件消耗定额	单件回收废料定额	应切割成的毛坯数量	实际切割成的毛坯数量	材料定额消耗量	废料定额回收量
9	0.1	16	15	135	1.5

材料脱离定额差异			废料脱离定额差异			差异原因	责任人
数量	单价	金额	数量	单价	金额		
11	20	220	−8.5	2	−17	操作技术不娴熟,多留了毛边,减少了毛坯	切割工人李力

其中:

$$应切割成的毛坯数量=\frac{146}{9}=16(件)$$

材料定额消耗量=15×9=135(公斤)

材料脱离定额差异=(146−135)×20=220(元)(超支差异)

废料定额回收量=15×0.1=1.5(公斤)

废料脱离定额差异=(10−1.5)×2=17(元)(超支差异)

表中,因为超额回收废料的差异可以冲减材料费用,故用负数表示,但是这并不代表这是有利差异。由于该差异是在切割工人李力操作技术不娴熟,多留了毛边,少切了一件毛坯情况下形成的,使本应切割成一件毛坯的 20 元/公斤的材料变成了 2 元/公斤的废料,因此这种超额回收废料的差异是不利差异。只有在实际切割成的毛坯数量等于或大于应该切割的毛坯数量时,超额回收废料的差异才是有利差异。

3.盘存法

所谓的盘存法是指通过定期盘存,核算材料的脱离定额差异,以控制用料的一种方法。对于不能采用切割核算法的材料,为了更好地控制用料,除了采用限额法以外,还应采用盘存法,定期地在每个工作班、工作日、每周、每旬等,通过盘存的方法核算和控制用料差异。

1.根据完工产品数量和在产品盘存(实地盘存或账面结存)数量算出投产产品数量

（1）如果原材料在生产开始时一次投入时，其计算公式为：

本期投产产品数量＝本期完工产品数量＋期末在产品数量－期初在产品数量

（2）如果原材料随着生产进度陆续投入时，应按投料程度计算期初、期末在产品的约当产量，其计算公式为：

本期投产产品数量＝本期完工产品数量＋期末在产品约当产量－期初在产品约当产量

应该注意的是：投产产品数量与完工产品数量不同，上述公式中，不能用本期完工产品数量代替投产产品数量。

因为：

期初在产品数量＋本期投产产品数量＝本期完工产品数量＋期末在产品数量

所以：

本期投产产品数量＝本期完工产品数量＋期末在产品数量－期初在产品数量

本期完工产品数量＝本期投产产品数量＋期初在产品数量－期末在产品数量

可见，本期完工产品所用的原材料包括了期初在产品中的上期用料，但未包括期末在产品中的本期用料，因而本期原材料的定额消耗量不能根据本期完工产品数量计算，而应根据本期投产产品数量计算，因为本期投产产品数量才是本期实际用料的产品数量。

2.计算原材料定额消耗量

原材料定额消耗量＝投产产品数量×原材料消耗定额

3.根据限额领料单和超额领料单等领、退料凭证和车间余料的盘存数量，计算原材料实际消耗量

4.计算原材料脱离定额差异

原材料的脱离定额差异＝（原材料实际消耗量－原材料定额消耗量）×原材料计划单价

举例说明盘存法的应用。

[**例 13-3**]某企业生产甲产品，所用的A材料在生产开始时一次投入，材料消耗定额为10公斤/件，计划单价5元/公斤。月初在产品50件，月末在产品80件，本月完工产品650件。本月限额领料单上规定的限额6 000公斤，已经被该产品全部领完，超额领料单上记录，该产品超额领料300公斤。另外

经过盘存发现，车间月初有余料 800 公斤，月末有余料 100 公斤。该产品的原材料脱离定额差异用盘存法计算如下：

本期投产甲产品数量＝650＋80－50＝680(件)

本月原材料定额消耗量＝680×10＝6 800(公斤)

本月原材料实际消耗量＝6 000＋300＋800－100＝7 000(公斤)

原材料的脱离定额差异＝(7 000－6 800)×5＝1 000(元)(超支差异)

计算结果表明，甲产品原材料的脱离定额差异为超支差异，超支 200 公斤，即超支 1 000 元。

如果本题改为：A 材料随着生产进度陆续投入，月初在产品的投料程度为 20％，月末在产品的投料程度为 80％，其余资料不变。那么，该产品的原材料脱离定额差异用盘存法计算如下：

本期投产甲产品数量＝650＋80×80％－50×20％＝704(件)

本月原材料定额消耗量＝704×10＝7 040(公斤)

本月原材料实际消耗量＝6 000＋300＋800－100＝7 000(公斤)

原材料的脱离定额差异＝(7 000－7 040)×5＝－200(元)(节约差异)

计算结果表明，甲产品原材料的脱离定额差异为节约差异，节约 40 公斤，即节约 200 元。

采用盘存法时，要求车间的盘存应定期进行，且盘存的间隔期越短越好，能按工作班或工作日进行核算的，就不要按周或旬进行核算，这样才能随时掌握用料脱离定额差异的情况。

4. 原材料定额费用及脱离定额差异汇总表

(1)编制

不管采用哪种方法核算原材料定额消耗量和脱离定额差异，都应分批或定期地将这些核算资料按照成本计算对象汇总，编制原材料定额费用和脱离定额差异汇总表。

表中填明该批或该种产品所耗各种原材料的定额消耗量、定额费用和脱离定额的差异，并分析说明发生差异的主要原因。要注意的是，在该表中，材料脱离定额差异的金额，只反映材料脱离定额的量差，不反映价差，因为表中材料的定额费用、计划价格费用都是按材料的计划单价而不是实际单价计算的。

[例 13-4]现以某企业 A 产品为例，列示 20××年 5 月份原材料定额费用和脱离定额差异汇总表，如表 13-8 所示。

表 13-8　原材料定额费用和脱离定额差异汇总表

产品名称:A　　20××年5月　　单位:元

原材料类别	材料编号	计量单位	计划单价	定额费用		计划价格费用		脱离定额差异		差异原因
				数量	金额	数量	金额	数量	金额	
原　料	1101	公斤	10	5 000	50 000	5 100	51 000	100	1 000	略
主要材料	2203	公斤	5	2 000	10 000	1 960	9 800	-40	-200	略
辅助材料	3657	公斤	2	1 000	2 000	980	1 960	-20	-40	略
合　计					62 000		62 760		760	

(2)作用

第一,该表可以用来汇总反映原材料脱离定额差异,分析差异发生的原因。

第二,该表可以用来代替原材料费用分配表,作为登记产品成本明细账的依据。

第三,该表可以向有关领导报送或者向企业职工公布,以便根据差异发生的原因,采取有效措施,进一步降低原材料费用。

自制半成品的定额消耗量、定额费用、脱离定额差异的核算方法,定额费用和脱离定额差异汇总表的编制方法等,均与原材料相同,这里不做重述。

(二)直接人工费用(工资及福利费)脱离定额差异的核算

直接人工费用脱离定额差异的核算,因企业所采用的工资制度的不同而不同。

1.在计件工资制度下,直接人工费用脱离定额差异的核算

在计件工资制度下,直接人工费用脱离定额差异的核算与原材料脱离定额差异的核算类似。因为在计件单价不变的情况下,按计件单价计算的生产工人工资及提取的福利费属于直接计入费用,是符合定额的人工费用部分,即定额工资部分,应该反映在产量记录中;在计件单价以外支付的奖金、津贴、补贴等没有在产量记录中反映的工资部分,就是人工费用的脱离定额差异,通常单独反映在专设的工资补付单等差异凭证中,并说明差异原因,以便分析。

2.在计时工资制度下,直接人工费用脱离定额差异的核算

在计时工资制度下,直接人工费用属于间接计入费用,其脱离定额的差异不能在平时按照产品直接计算,只有在月末确定了实际直接人工费用总额和实际生产工时总额之后,才能计算。计算公式如下所示:

$$\text{计划小时工资率}=\frac{\text{某车间计划产量的定额直接人工费用总额}}{\text{该车间计划产量的定额生产工时总额}}$$

$$实际小时工资率=\frac{某车间实际直接人工费用总额}{该车间实际生产工时总额}$$

$$\begin{array}{l}某产品的定额\\直接人工费用\end{array}=该产品实际完成的定额生产工时\times 计划小时工资率$$

$$某产品的实际直接人工费用=该产品实际生产工时\times 实际小时工资率$$

$$\begin{array}{l}某产品直接人工费\\用脱离定额的差异\end{array}=\begin{array}{l}该产品实际\\直接人工费用\end{array}-\begin{array}{l}该产品定额\\直接人工费用\end{array}$$

可以看出,在计时工资制度下,直接人工费用脱离定额差异包括量差(生产工时差异)和价差(小时工资率差异)两方面,所以,要降低单位产品的计时工资,必须从降低单位产品的生产工时和小时工资率入手。但是因为小时工资率差异只有等到月末确定了实际直接人工费用总额、实际生产工时总额,计算出了实际小时工资率之后,才能确定。所以,定额法下计时工资的日常控制,主要是控制生产工时差异,为此,要求在日常核算中,按照产品核算定额工时、实际工时以及生产工时脱离定额的差异,并及时分析发生差异的原因。

3.直接人工定额费用和脱离定额差异汇总表

不管采用哪种工资制度核算直接人工定额费用和脱离定额差异,都应将这些核算资料按照成本计算对象汇总,编制直接人工定额费用和脱离定额差异汇总表。

表中汇总反映各种产品的定额工时、实际工时、计划小时工资率、实际小时工资率、人工费用脱离定额差异,以及产生差异的原因等资料,用以考核和分析各种产品生产工时和生产工资定额的执行情况,并据以计算产品的工资费用。

[**例 13-5**]现以某企业生产的全部产品为例,列示其在计时工资制度下,20××年5月份直接人工定额费用和脱离定额差异汇总表,如表13-9所示。

表 13-9 定额直接人工费用和脱离定额差异汇总表

20××年5月　　单位:元

产品名称	定额人工费用			实际人工费用			脱离定额差异
	定额工时总额	计划小时工资率	定额人工费用总额	实际工时总额	实际小时工资率	实际人工费用总额	
A产品	80 000		160 000	75 000		157 500	−2 500
B产品	70 000		140 000	73 000		153 300	13 300
C产品	60 000		120 000	53 500		112 350	−7 650
D产品	10 000		20 000	12 000		25 200	5 200
合　计	220 000	2	440 000	213 500	2.1	448 350	8 350

其中：

$$计划小时工资率=\frac{440\ 000}{220\ 000}=2$$

$$实际小时工资率=\frac{448\ 350}{213\ 500}=2.1$$

A产品的定额直接人工费用=80 000×2=160 000(元)

A产品的实际直接人工费用=75 000×2.1=157 500(元)

A产品的直接人工费用脱离定额的差异=157 500−160 000=−2 500(元)

B产品、C产品、D产品的计算过程与A产品相似，略。

(三)制造费用脱离定额差异的核算

制造费用一般属于间接计入费用，各种产品应负担的实际制造费用和脱离定额差异，只有等到月末确定了实际制造费用总额、实际生产工时总额，计算出了实际小时制造费用率之后，才能确定。这样就无法在费用发生的当时，直接按照产品进行脱离定额差异的核算。因此，对制造费用的日常控制和监督，主要是根据制定的费用计划(或预算)进行的。

制造费用脱离定额差异的核算方法可以比照上述计时工资制度下，直接人工费用脱离定额差异的核算方法计算确定。

计算公式如下所示：

$$计划小时制造费用率=\frac{某车间计划产量的定额制造费用总额}{该车间计划产量的定额生产工时总额}$$

$$实际小时制造费用率=\frac{某车间实际制造费用总额}{该车间实际生产工时总额}$$

某产品的定额制造费用=该产品实际完成的定额生产工时×计划小时制造费用率

某产品的实际制造费用=该产品实际生产工时×实际小时制造费用率

某产品制造费用脱离定额的差异=该产品实际制造费用−该产品定额制造费用

定额法下制造费用的日常控制，除了控制费用的总额不超过计划以外，与控制生产工人计时工资一样，主要是控制生产工时差异，控制生产工时总额不低于计划，控制单位产品的工时不超过定额。

在核算完定额制造费用和脱离定额差异之后，应将这些核算资料按照成本计算对象汇总，编制定额制造费用和脱离定额差异汇总表。

表中汇总反映各种产品的定额工时、实际工时、计划小时制造费用率、实际小时制造费用率、制造费用脱离定额差异，以及产生差异的原因等资料，用以考核和分析各种产品生产工时和制造费用定额的执行情况，并据以计算产品的制造费用。

[**例 13-6**]现以某企业生产的全部产品为例,列示 20××年 5 月份定额制造费用和脱离定额差异汇总表,如表 13-10 所示。

表 13-10　定额制造费用和脱离定额差异汇总表

20××年 5 月　　　　单位:元

产品名称	定额制造费用			实际制造费用			脱离定额差异
	定额工时总额	计划小时制造率	定额制造费用总额	实际工时总额	实际小时制造率	实际制造费用总额	
A 产品	80 000		120 000	75 000		114 000	－6 000
B 产品	70 000		105 000	73 000		110 960	5 960
C 产品	60 000		90 000	53 500		81 320	－8 680
D 产品	10 000		15 000	12 000		18 240	3 240
合　计	220 000	1.5	330 000	213 500	1.52	324 520	－5 480

其中:

$$计划小时制造费用率=\frac{330\ 000}{220\ 000}=1.5$$

$$实际小时制造费用率=\frac{324\ 520}{213\ 500}=1.52$$

A 产品的定额制造费用＝80 000×1.5＝120 000(元)

A 产品的实际制造费用＝75 000×1.52＝114 000(元)

A 产品制造费用脱离定额的差异＝114 000－120 000＝－6 000(元)

B 产品、C 产品、D 产品的计算过程与 A 产品相似,略。

(四)废品损失脱离定额差异的核算

如果企业有单独核算废品损失,即在成本项目中包含了“废品损失”这项,那么,企业就应该采用废品通知单和废品损失计算表等单独反映废品损失及其发生的原因,按定额成本计算不可修复废品的成本。因为产品的定额成本中一般不包括废品损失,所以,发生的废品损失,一般直接作为脱离定额的差异处理。

三、材料成本差异的核算

(一)分配材料成本差异

前面讲过,定额法下,各个成本项目的脱离定额差异,都应包括价格差异和数量差异，即价差和量差两部分。材料成本差异是价差，也应是原材料脱离定额差异的一部分。但在实际工作中，为了便于分析和考核材料消耗定额的执行情况，在采用定额法计算产品成本时，原材料的日常核算都是按计划成本来进行的，所以原材料的脱离定额差异，就只包括量差，而不包括价差——材料成本差异了，其计算公式为：

$$\text{原材料的脱离定额差异}=(\text{原材料实际消耗量}-\text{原材料定额消耗量})\times\text{原材料计划单价}$$

这样，对于产品成本应负担的材料成本差异，企业还要单独加以计算。其计算公式为：

$$\text{某产品应分配的材料成本差异}=\text{该产品原材料实际消耗量}\times\text{原材料计划单价}\times\text{材料成本差异率}$$

$$=\left(\text{该产品原材料定额费用}\pm\text{原材料脱离定额差异}\right)\times\text{原材料成本差异率}$$

[例 13-7]现仍以某企业 A 产品 20××年 5 月份原材料定额费用和脱离定额差异汇总表的有关数据为例，已知 A 产品 20××年 5 月份所耗原材料定额费用 62 000 元，脱离定额差异 760 元，材料成本差异率－1%，则该月份：

A 产品应负担的材料成本差异＝(62 000＋760)×(－1%)＝－627.6(元)

(二)材料成本差异分配表

在实际工作中，原材料成本差异的分配是在发料凭证汇总表或专设的材料成本差异分配表中进行的。

在该分配表中，产品所耗原材料的定额费用、脱离定额差异和计划价格费用等资料，均应根据前列该产品的原材料定额费用及脱离定额差异汇总表填列；材料成本差异率应根据材料核算的有关资料填列。

现仍以上列计算结果为例，编制该企业材料成本差异分配表，如表 13-11 所示。

表 13-11 材料成本差异分配表

20××年 5 月　　　　单位：元

产品名称	定额费用	脱离定额差异	计划价格费用	材料成本差异率	材料成本差异
A 产品	62 000	760	62 760	－1%	－627.6
其他产品	略	略	略	略	略

如果定额法与逐步结转分步法结合应用，那么半成品的日常核算也应按照计划成本或定额成本进行，在月末计算产品实际成本时，计算分配产品所耗半成品的成本差异的方法与原材料成本差异的分配方法相似。

四、定额变动差异的核算

(一)定额变动差异的定义

所谓的定额变动差异是指由于修订消耗定额或生产耗费的计划价格而产生的新旧定额之间的差额。前已述及，定额成本是以产品生产耗费的消耗定额和计划价格为根据确定的。在技术革新、劳动生产率变化以及生产条件改变的情况下，为了使成本控制标准先进合理，符合实际，就需要对产品的消耗定额或计划价格进行及时修订。随着消耗定额或计划价格的修订，定额成本也相应地修订成了新的定额成本，与修订前的旧定额成本产生了差异，即定额变动差异。可见，定额变动差异是定额自身变动的结果，与生产费用支出的节约与超支无关。

企业一般在月初、季初或年初定期修订定额成本。在定额修订的月份，当月投入产品的定额成本都按新定额计算，但是该月月初在产品的定额成本系上月月末在产品的定额成本结转而来，仍然是按照旧定额计算的。为了能使月初在产品的定额成本与当月投入产品的定额成本，在新定额的相同基础上相加起来，以便计算出产品的实际成本，就需要计算出定额变动差异，将月初在产品按旧定额计算的定额成本调整成为按新定额计算的定额成本。定额变动差异就是月初在产品定额成本因定额计算基础不同产生的差异。

(二)定额变动差异的处理方法

对定额变动差异的处理应区分不同情况：

1. 在定额降低的情况下计算出的定额变动差异，一方面应从月初在产品定额成本中扣除，以便使月初在产品定额成本按降低后的新定额反映；另一方面，为保持月初在产品成本和本月生产费用总额不变，还应将该项差异加入本月投入产品实际成本中。

2. 在定额提高的情况下计算出的定额变动差异，一方面应加入月初在产品的定额成本中，以便使月初在产品定额成本按提高后的新定额反映；另一方面，为保持月初在产品成本和本月生产费用总额不变，还应将该项差异从本月投入产品实际成本中扣除。

这就是说，不管定额变动趋势是降低还是提高，月初在产品成本和本月生产费用总额始终不变，变化的仅仅是其内部的表现形式：定额降低时，定额成本和定额变动差异一减一增；定额提高时，定额成本和定额变动差异一增一减。

（三）定额变动差异核算方法

1. 直接计算法

月初在产品的定额变动差异，可以直接根据发生定额变动的在产品的零部件盘存数量（或账面结存数量）和修订前后单位零部件的消耗定额与生产耗费的计划价格计算求得。但是由于月初在产品的定额变动差异的计算要按照各种产品零部件和工序进行，计算工作量较大，故该法只适用于产品的零部件较少或零部件生产不成套的企业。计算公式为：

$$\text{月初在产品某个成本项目的定额变动差异}=\sum \text{定额变动的零部件数量}\times\left(\text{变动前单位零部件该成本项目定额成本}-\text{变动后单位零部件该成本项目定额成本}\right)$$

[例 13-8]假设某企业 20××年 3 月 1 日对甲产品的部分零部件的原材料定额进行了修订。月初结存甲产品在产品 100 件。有关资料如表 13-12 所示：

表 13-12

零件名称	单位甲产品所需各零件数量（个/件）	修订前		修订后	
		原材料消耗定额（公斤/个）	原材料计划单价（元/公斤）	原材料消耗定额（公斤/个）	原材料计划单价（元/公斤）
A 零件	10	20	8	18	10
B 零件	20	8	5	7	5
C 零件	30	10	6	9	5.5

$$\begin{aligned}\text{月初在产品原材料费用的定额变动差异}&=10\times(20\times8-18\times10)+20\times(8\times5-7\times5)+30\times(10\times6-9\times5.5)\\&=215(\text{元})(\text{定额降低})\end{aligned}$$

要注意的是，月初在产品的定额变动差异为正数时，表示定额降低；为负数时，表示定额提高。

2. 系数折算法

在零部件成套生产或零部件成套性较大的情况下，为了简化成本计算工作，月初在产品的定额变动差异也可以不按照产品的零部件和工序直接计算，而是按照修订前后单位产品各个成本项目的定额成本，计算出定额变动系数，采用系数折算法计算确定。计算公式如下：

$$\text{某个成本项目的定额变动系数}=\frac{\text{按新定额计算的单位产品某个成本项目的定额成本}}{\text{按旧定额计算的单位产品该成本项目的定额成本}}$$

$$\text{月初在产品某个成本项目的定额变动差异}=\text{按旧定额计算的月初在产品该成本项目的定额成本}\times\left(1-\text{定额变动系数}\right)$$

由于定额变动系数按照单位产品计算，如果进行定额修订的只是产品的一部分零部件且这部分零部件生产不成套或成套性较小，那么月初在产品的零部件中就不一定包括这部分零部件，采用系数折算法，将使本来可能不需要调整的月初在产品定额成本，按照计算出的定额变动差异错误地进行了调整。因此，系数折算法不适用于零部件生产不成套或成套性较小的情况。

举例说明系数折算法的应用。

例：假设某企业乙产品的零部件系成套生产，20××年3月1日对乙产品的部分零部件的原材料定额进行了修订。单位产品原材料费用定额修订前为100元，修订后为95元。月初在产品原材料定额费用为11 260元，则：

$$原材料费用定额变动系数=\frac{95}{100}=0.95$$

月初在产品原材料费用定额变动差异＝11 260×(1－0.95)＝563(元)(定额降低)

3. 月初在产品定额变动差异计算表

月初在产品的定额变动差异，在实际工作中是通过专设的月初在产品定额变动差异计算表来计算、反映的。上例乙产品的月初在产品定额变动差异计算表如表13-13所示。

表13-13　月初在产品定额变动差异计算表

产品名称：乙　　　　20××年3月　　　　单位：元

成本项目	单位产品费用定额		定额变动系数	月初在产品该成本项目	
	修订前	修订后		定额成本	定额变动差异
原材料	100	95	0.95	11 260	563
合　计	100	95		11 260	563

综上所述，在定额法下，产品实际成本的计算公式为：

实际成本＝定额成本±脱离定额差异±材料成本差异±定额变动差异

五、各种差异的分配以及完工产品和月末在产品实际成本的计算

在定额法下，产品的实际成本的日常核算是按定额成本和各种成本差异分别进行的，一般是先计算完工产品和月末在产品的定额成本，然后再依据现成的定额成本资料，采用定额比例法或在产品按定额成本计价法(即定额成本法)，将各种成本差异在完工产品和月末在产品之间分配。分配成本差异时，应按脱离定额差异、材料成本差异和月初在产品定额变动差异分别进行。

因为有现成的定额成本资料，所以分配差异的方法有两种：定额比例法或定额成本法。在差异金额较大，而且各月在产品数量变动也较大的情况下，一般采用定额比例法；在差异金额不大，或者差异金额虽大但各月在产品数量变动不大的情况下，一般采用定额成本法。也有例外，对于月初在产品定额变动差异，如果产品生产的周期小于一个月，定额变动的月初在产品在月内全部完工，那么，即使差异金额较大而且各月在产品数量变动也较大，也可以采用定额成本法。采用定额比例法时，各种成本差异按定额成本比例由完工产品与月末在产品共同负担，而采用定额成本法时，各种成本差异都由完工产品负担。

分配各种成本差异以后，根据完工产品的定额成本，加减应负担的各种成本差异，即可计算完工产品的实际成本；根据月末在产品的定额成本，加减应负担的各种成本差异，即可计算月末在产品的实际成本。

六、定额法的应用举例

[**例 13-9**]资料：某企业大量生产甲产品，采用定额法计算产品成本。该产品的定额变动差异由完工产品负担，脱离定额差异、材料成本差异采用定额比例法(按定额成本比例)在完工产品和月末在产品之间分配。

20××年 4 月 1 日，甲产品单位产品原材料费用定额由 500 元修订为 499 元，因其零部件系成套生产，故用系数折算法计算月初在产品定额变动差异。4 月投入该产品原材料的计划价格费用(即按实际消耗量和计划价格费用计算的原材料费用)为 410 000 元。本月材料成本差异率为 1.8%。本月完工产品 1 000 件。

4 月份有关成本资料见表 13-14。

表 13-14　有关成本资料

产品名称：甲产品　　　　20××年 4 月　　　　单位：元

项　　目		原材料	工资及福利费	制造费用	合　计
月初在产品成本	定额成本	53 000	8 460	10 500	71 960
	脱离定额差异	−2 894	400	500	−1 994
	材料成本差异	2 620			2 620
本月生产费用	定额费用	447 106	91 540	114 500	653 146
	实际费用	417 380	94 140	119 000	630 520
本月单位产成品定额成本		344	74	93	511

本例的计算步骤如下：

1.计算月初在产品定额变动差异

$$甲产品定额变动系数=\frac{499}{500}=0.998$$

月初在产品定额变动差异=53 000×(1－0.998)=106(元)

2.计算本月投入产品应负担的材料成本差异

本月投入产品应负担的材料成本差异=410 000×1.8%=7 380(元)

3.计算脱离定额差异分配率

$$原材料脱离定额差异分配率=\frac{-2\,894-37\,106}{53\,000-106+447\,106}=-8\%$$

$$工资及福利费脱离定额差异分配率=\frac{400+2\,600}{8\,460+91\,540}=3\%$$

$$制造费用脱离定额差异分配率=\frac{500+4\,500}{10\,500+114\,500}=4\%$$

4.计算材料成本差异分配率

$$材料成本差异分配率=\frac{2\,620+7\,380}{53\,000-106+447\,106}=2\%$$

5.计算完工产品和月末在产品定额成本

(1)完工产品定额成本

原材料定额成本=1 000×344=344 000(元)

工资及福利费定额成本=1 000×74=74 000(元)

制造费用定额成本=1 000×93=93 000(元)

合计： 511 000(元)

(2)月末在产品定额成本

原材料定额成本=53 000－106+447 106－344 000=156 000(元)

工资及福利费定额成本=8 460+91 540－74 000=26 000(元)

制造费用定额成本=10 500+114 500－93 000=32 000(元)

合计： 214 000(元)

6.计算完工产品与月末在产品应负担的脱离定额差异

(1)完工产品应负担的脱离定额差异

负担原材料脱离定额差异＝344 000×(－8％)＝－27 520(元)

负担工资及福利费脱离定额差异＝74 000×3％＝2 220(元)

负担制造费用脱离定额差异＝93 000×4％＝3 720(元)

合计：　　　　　　　　　　　　　　－21 580(元)

(2)月末在产品应负担的脱离定额差异

负担原材料脱离定额差异＝－2 894－37 106－(－27 520)

＝－12 480(元)

负担工资及福利费脱离定额差异＝400＋2 600－2 220＝780(元)

负担制造费用脱离定额差异＝500＋4 500－3 720＝1 280(元)

合计：　　　　　　　　　　　　　　　　－10 420(元)

7.计算完工产品与月末在产品应负担的材料成本差异

完工产品应负担的材料成本差异＝344 000×2％＝6 880(元)

月末在产品应负担的材料成本差异＝2 620＋7 380－6 880＝3 120(元)

8.计算完工产品和月末在产品的实际成本

(1)完工产品的实际成本

原材料实际成本＝344 000－27 520＋6 880＋106＝323 466(元)

工资及福利费实际成本＝74 000＋2 220＝76 220(元)

制造费用实际成本＝93 000＋3 720＝96 720(元)

合计：　　　　　　　　　　　496 406(元)

(2)月末在产品的实际成本

原材料实际成本＝156 000－12 480＋3 120＝146 640(元)

工资及福利费实际成本＝26 000＋780＝26 780(元)

制造费用实际成本＝32 000＋1 280＝33 280(元)

合计：　　　　　　　　　　　206 700(元)

根据以上计算结果，编制“产品成本计算单”，如表 13-15 所示。

表 13-15　产品成本计算单

产品名称:甲产品　　　20××年 4 月　　　产量:1 000 件　　　单位:元

项　目		行次	原材料	工资及福利费	制造费用	合　计
一、月初在产品成本	定额成本	(1)	53 000	8 460	10 500	71 960
	脱离定额差异	(2)	－2 894	400	500	－1 994
	材料成本差异	(3)	2 620			2 620
二、月初在产品定额变动	定额成本调整	(4)	－106			－106
	定额变动差异	(5)	106			106
三、本月生产费用	定额成本	(6)	447 106	91 540	114 500	653 146
	脱离定额差异	(7)	－37 106	2 600	4 500	－30 006
	材料成本差异	(8)	7 380			7 380
四、生产费用累计	定额成本	(9)	500 000	100 000	125 000	725 000
	脱离定额差异	(10)	－40 000	3 000	5 000	－32 000
	材料成本差异	(11)	10 000			10 000
	定额变动差异	(12)	106			106
五、差异率	脱离定额差异	(13)	－8%	3%	4%	
	材料成本差异	(14)	2%			
六、本月产成品成本	定额成本	(15)	344 000	74 000	93 000	511 000
	脱离定额差异	(16)	－27 520	2 220	3 720	－21 580
	材料成本差异	(17)	6 880			6 880
	定额变动差异	(18)	106			106
	实际成本	(19)	323 466	76 220	96 720	496 406
七、月末在产品成本	定额成本	(20)	156 000	26 000	32 000	214 000
	脱离定额差异	(21)	－12 480	780	1 280	－10 420
	材料成本差异	(22)	3 120			3 120

思考题：

1. 采用定额法计算产品成本应遵循什么程序？
2. 如何计算原材料成本项目脱离定额的差异？有哪些方法？
3. 如何计算直接人工成本项目脱离定额的差异？
4 如何计算制造费用成本项目脱离定额的差异？
5. 什么是定额调整差异？它与定额变动差异存在什么联系？
6. 若定额变动差异为负数，如何理解其经济含义？
7. 采用定额法核算产品成本有何优缺点？适用于何种情况？

14

第十四章 标准成本法

第一节 标准成本法概述

一、标准成本法概述

标准成本法并不单纯是一种成本计算的方法,而是一种将成本计算和成本控制相结合,以预先制定的标准成本为基础,将标准成本与实际成本进行比较,核算和分析成本差异的完整系统。它在泰勒的生产过程标准化思想影响下,于20世纪20年代产生于美国。刚开始时,它只是一种比较简单的统计分析方法,用来进行成本控制,以后逐步发展和完善,并纳入了复式簿记,与成本核算结合起来。现在已在西方企业普遍被采用。

标准成本法既可以与完全成本法结合使用,也可以与变动成本法结合使用,西方企业一般将其与完全成本法结合使用,本章也只介绍这种方法。

标准成本法的计算基本程序如下:

1.制定产品各成本项目的标准成本。

2.按标准成本计算产品成本。"基本生产成本"、"自制半成品"、"库存商品"账户的借贷方都按标准成本计算。

3.计算各成本项目实际成本与标准成本的各种成本差异,并设立各种成本差异账户进行归集,以控制和考核产品成本。在各个成本差异账户中,借方登记超支差异,贷方登记节约差异。

4.分析各种成本差异。月末根据各成本差异账户的借贷方余额编制成本差异汇总表,将各种成本差异余额转入"主营业务成本"或直接转入"本年利润"账户,计入当月损益。

可见，标准成本法的内容主要包括：制定标准成本、计算和分析成本差异以及差异的账务处理三部分，其中标准成本的制定是采用标准成本法的前提，据此可以达到成本事前控制的目的；成本差异的计算和分析是标准成本法的重点和关键，据此可督促成本控制目标的实现，并对生产部门进行业绩考评。

二、标准成本的制定

（一）标准成本的种类

西方会计学界对应制定怎样的标准成本问题，观点很多。但普遍认为标准成本应当是在正常生产经营条件下应该实现的，可以作为控制成本开支、评价实际成本、衡量工作业绩的一种目标成本。根据所要达到的效率不同，采取的标准有理想标准成本、正常标准成本、现行标准成本和基本标准成本等。

1. 理想标准成本

理想标准成本是以现有生产经营条件处于最优状态下确定的最低水平的成本，它排除了一切失误、浪费、机器闲置等因素，根据理论上的耗用量、价格以及最大生产能力制定的标准成本。由于这种标准成本未考虑客观存在的实际情况，提出的要求太高，很难实现，通常因达不到而影响工人的生产积极性，同时让管理层感到在任何时候都没有改进的余地，故在实际工作中较少采用。

2. 正常标准成本

正常标准成本是根据正常的工作效率，正常的生产能力利用程度和正常的耗用水平以及正常的价格等条件制定的标准成本。这种标准成本是根据过去较长时期的实际成本的平均值，剔除其中生产经营活动中的异常情况，并考虑未来的变动趋势来制定的。在生产技术和经营管理条件无较大变化的情况下，不必修订。在经济形势稳定的情况下应用。

3. 现实标准成本

现实标准成本是在现有的生产技术条件和有效经营管理的基础上，根据下一期最可能发生的各种生产要素的耗用量、预计价格和预计的生产经营能力利用程度而制定的标准成本。这种标准成本包括了一部分理论上不应存在，而现实中尚不能避免的设备故障、人工闲置等，是一种切实可行的标准成本。它的用量标准相当于消耗定额，标准用量相当于定额消耗量，标准价格相当于计划价格。这种标准成本一般在经济形势不稳定的情况下使用。

4. 基本标准成本

基本标准成本是指材料成本一旦确定，只要生产经营条件无重大变化，就不予变动的一种标准成本。但因为实际上企业的经营条件是随着时间的变化而不断变化着的，因此，基本标准成本在实际中应用不多。

（二）标准成本的制定

产品的成本一般由直接材料、直接人工和制造费用三部分构成，标准成本也应就这三大部分分别制定。在制定标准成本时，尽管这三大项目的具体性质各有不同，但它们都是由用量和价格两个基本因素构成的，是用量标准和标准价格的乘积。

1. 直接材料标准成本的制定

直接材料用量标准是指单位产品必需耗用的各种直接材料的数额。通常包括构成产品有形实体的材料、在正常范围内允许发生的材料损耗和生产中不可避免的废品所耗费的直接材料等。如果同一种产品耗用多种材料，应分别制定标准。由于直接材料用量标准通常应根据企业产品的设计方案、工艺要求和生产设备等因素的影响，并结合企业的经营管理水平，考虑降低材料消耗的可能等条件制定，因而其制定工作最好由产品设计部门会同相关管理人员负责。

直接材料标准价格是指取得某种材料应支付的单位材料价格，通常包括该种材料的买价和预计的运杂费。它应当能反映目前市价及未来市场的变动情况，考虑最有利的采购条件，如经济采购批量，应在征询采购部门的意见后制定。

直接材料标准成本＝直接材料用量标准×直接材料标准价格

[**例 14-1**]光明厂丙产品生产需要耗用 A、B 两种材料。其直接材料标准成本计算如表 14-1 所示：

表 14-1

标准	用量标准	标准价格	某种材料标准成本	单位丙产品直接材料标准成本
A 材料	5 公斤	10 元/公斤	50 元	50＋184＝234(元)
B 材料	8 公斤	23 元/公斤	184 元	

2. 直接人工标准成本的制定

直接人工标准成本也是由两项标准确定：直接人工用量标准和直接人工标准价格。

直接人工用量标准即工时用量标准或工时标准。既可以是直接人工生产工时，也可以是机器工时。它是生产技术部门根据历史资料或通过技术鉴定确定下来的，应当以努力工作为前提，考虑产品制造加工过程所用的时间、现有技术水平下必要的间歇和不可避免的停工以及废品损失耗费的时间。

直接人工标准价格即标准工资率。不同的工资制度有不同的标准工资率：采用计件工资时，标准工资率就是标准计件工资单价；采用计时工资制时，标准工资率就是单位工时标准工资率。

$$\text{直接人工标准价格}=\text{预计直接人工工资总额}\div\text{标准产量下直接人工标准工时总额}$$

直接人工标准成本＝工时标准×直接人工标准价格

［**例 14-2**］光明厂本月标准工资总额 25 920 元，标准总工时 2 160 小时，单位产品工时标准 3 小时。

丙产品直接人工标准价格＝25 920÷2 160＝12（元/小时）

丙产品直接人工标准成本＝3×12＝36（元）

3.制造费用标准成本的制定

制造费用标准成本由制造费用用量标准和制造费用标准价格两个因素决定。

制造费用用量标准即工时用量标准或工时标准，其具体内容与直接人工用量标准相同。

制造费用标准价格即标准费用分配率。其计算公式为：

$$\text{标准费用分配率}=\text{制造费用预算总额}\div\text{标准产量下直接人工标准工时总数}$$

制造费用标准成本＝工时标准×标准费用分配率

但由于制造费用按其成本性态可分为变动成本和固定成本，因此，制造费用标准成本的指定也应在此基础上进行。

$$\text{变动制造费用分配率}=\text{变动制造费用预算额}\div\text{标准产量下直接人工标准工时总数}$$

变动制造费用标准成本＝工时标准×变动制造费用分配率

$$\text{固定制造费用分配率}=\text{固定制造费用预算总额}\div\text{标准产量下直接人工标准工时总数}$$

变动制造费用标准成本＝工时标准×固定制造费用分配率

［**例 14-3**］光明厂本月标准总工时 2 160 小时，单位产品工时标准 3 小时，变动制造费用预算总额 9 720 元，固定制造费用预算总额 15 768 元。

丙产品变动制造费用分配率＝9 720÷2 160＝4.5（元/小时）

丙产品变动制造费用标准成本＝3×4.5＝13.50（元）

丙产品固定制造费用分配率＝15 768÷2 160＝7.3（元/小时）

丙产品固定制造费用标准成本＝3×7.3＝21.90（元）

丙产品单位制造费用标准成本＝13.50＋21.90＝35.40（元）

4. 标准成本卡

为了便于计算和列示产品的标准成本，一般应为每一种产品设立标准成本卡，按成本项目、用量标准和标准价格计算汇总每种产品的单位标准成本。

根据本章前面例题，编制丙产品标准成本卡，如表 14-2 所示。

表 14-2　丙产品标准成本卡

成本项目		用量标准	标准价格	单位标准成本
直接材料	A 材料	5 公斤	10 元/公斤	50 元
	B 材料	8 公斤	23 元/公斤	184 元
	小　计			234 元
直接人工		3 小时	12 元/小时	36 元
变动制造费用		3 小时	4.5 元/小时	13.50 元
固定制造费用		3 小时	7.3 元/小时	21.90 元
丙产品单位标准成本				305.40 元

第二节　成本差异的计算和分析

一、直接材料成本差异

(一) 直接材料成本差异的计算

直接材料成本差异是指一定产量产品的直接材料实际成本和标准成本之间的差异。它包括直接材料用量差异和直接材料价格差异两部分。

直接材料成本差异＝直接材料实际成本－直接材料标准成本

直接材料实际成本＝实际用量×实际价格

直接材料标准成本＝标准用量×标准价格

1. 直接材料用量差异

直接材料用量差异是由于直接材料实际用量脱离标准用量而导致的直接材料成本差异。其计算公式为：

直接材料用量差异＝(实际用量－标准用量)×标准价格

直接材料用量差异是在材料耗用过程中形成的，反映生产部门的成本控制业绩。其差异形成的原因有多方面,如生产工人的责任心不强,操作疏忽造成废品和废料增加,用料不精心或新工人技术技艺不高造成多用料,生产设备工艺状况不好造成用料增加等,这些是直接材料用量差异的主要原因;有时多用料也并非生产部门的责任,如材料质量不高、规格不符等都可能导致用料超过标准。因此,直接材料用量差异要通过具体分析才能明确责任归属。

2. 直接材料价格差异

直接材料价格差异,是指由于材料实际价格脱离标准价格而形成的直接材料成本差异。其计算公式为:

直接材料价格差异=(材料实际价格-材料标准价格)×材料实际用量

直接材料价格差异是在采购过程中形成的,反映采购部门的成本控制业绩。材料价格差异的形成原因有很多,如市场价格的变动、供应厂家的变动、未按经济采购批量进货、未能及时订货造成的紧急订货进而带来的不必要的快速运输费用等等。

[例 14-4]设光明厂本月投产丙产品 750 件,实际耗用 A 材料 3 800 公斤、B 材料 5 800 公斤,A、B 材料实际单位成本分别为 10.50 元、22.80 元。其标准成本资料见表 14-1“丙产品标准成本卡”。其直接材料成本差异计算如下:

直接材料实际成本=(3 800×10.50)+(5 800×22.80)
=39 900+132 240
=172 140(元)

直接材料标准成本=(750×5×10)+(750×8×23)
=3 750×10+6 000×23
=37 500+138 000
=175 500(元)

直接材料成本差异=172 140-175 500=-3 360(元)

其中:

A 材料成本差异=3 800×10.50-750×5×10
=3 800×10.5-3 750×10
=39 900-37 500
=2 400(元)

B 材料成本差异=5 800×22.80-750×8×23
=5 800×22.8-6 000×23
=132 240-138 000
=-5 760(元)

如果将数据列示更为详细一些，将上述数据进行整理如下：

本月投产丙产品750件，本月实际消耗A材料3 800公斤，实际单位成本10.50元/公斤，实际消耗B材料5 800公斤，实际单位成本22.80元/公斤，按照投产750件计算，A材料的标准用量应当是3 750公斤(750件×5公斤/件)，A材料标准价格10元/公斤，B材料的标准用量应当是6 000公斤(750件×8公斤/件)，B材料标准价格23元/公斤。

材料用量差异计算：

A材料用量差异＝(3 800－3 750)×10＝500(元)

B材料用量差异＝(5 800－6 000)×23＝－4 600(元)

小计：－4 100(元)

材料价格差异计算：

A材料价格差异＝(10.50－10)×3 800＝1 900(元)

B材料价格差异＝(22.80－23)×5 800＝－1 160(元)

小计：740(元)

合计：－4 100＋740＝－3 360(元)

通过上述计算，可以看出，丙产品本月耗用直接材料节约3 360元，其中A材料超支2 400元，B材料节约5 760元。总体来说，由于生产部门的业绩，使得直接材料节约了4 100元，主要是B材料用量减少，节约直接材料费用4 600元，但A材料用量有所增加，抵消了500元材料用量的节约差异；从材料价格而言，由于材料价格上涨，导致直接材料费用增加了740元，主要是由于A材料单位成本增加使得直接材料费用增加1 900元，但B材料单位成本下降，抵消了1 160元材料价格超支的差异。

二、直接人工成本差异

直接人工成本差异，是指一定产品产量的直接人工实际成本与直接人工标准成本之间的差额。它包括直接人工效率差异和工资率差异两部分。

(一)直接人工效率差异

直接人工的效率差异即直接人工的用量差异，这是因为在产量一定的情况下，直接人工用量的多少反映着生产效率的高低。其计算公式为：

直接人工效率差异＝(实际工时－标准工时)×标准工资率

直接人工效率差异的形成原因也是多方面的，主要是低级工被安排做高级工的活，造成实际工时超过标准工时；工人劳动积极性低；机器设备故障多；

作业计划安排不合理等,这些原因造成的差异一般是生产部门的责任。如果是由于原材料的规格和质量原因,或工艺变化等原因造成差异则是其他各经营单位的责任。

(二)工资率差异

工资率差异即直接人工的价格差异,是因为实际工资率脱离标准工资率产生的人工成本差额。其计算公式为:

工资率差异=(实际工资率-标准工资率)×实际工时

工资大多情况下是根据雇佣合同规定的工资率支付,一般不会出现成本差异,但由于实际工作中,工资制度的变动、工人的升降级、加班或使用临时工、出勤率变化等都将导致工资率差异。工资率差异产生的原因复杂且难以控制,一般这种差异的责任不在生产部门,人事部门更应对其承担责任。

[**例 14-5**]设光明厂本月投产丙产品 750 件,实际耗费生产工时 2 300 小时,实际应支付直接人工工资 32 200 元,其余标准资料见表 14-1"丙产品标准成本卡"。其直接人工成本差异计算如下:

直接人工实际成本 32 200 元

直接人工标准成本=750×3×12=27 000(元)

直接人工成本差异=32 200-27 000=5 200(元)

如果将数据列示更为详细一些,将上述数据进行整理如下:

本月投产丙产品 750 件,本月实际耗用工时 2 300 小时,实际小时工资率 14 元/小时(32 200 元÷2 300 小时),本月标准工时 2 250 小时(750 件×3 小时/件),标准工资率 12 元/小时。

直接人工效率差异=(2 300-2 250)×12=600(元)

直接人工工资率差异=(14-12)×2 300=4 600(元)

通过上述计算可以看出,丙产品的直接人工成本超支 5 200 元,其中人工效率差异超支 600 元,工资率差异超过标准 4 600 元,说明生产部门和人事部门都应该承担相应的责任。至于具体原因则应根据实际情况具体分析,才能采用有效的控制措施。

如果生产丙产品需经过几个工种加工,则应先对每个工种进行上述的计算分析,然后加总。

三、变动性制造费用成本差异

变动性制造费用成本差异是指一定产量产品的实际变动制造费用与标准

变动制造费用之间的差额。它包括效率差异和耗费差异两部分。

1.效率差异

变动制造费用效率差异即变动制造费用的用量差异，其计算公式为：

变动制造费用效率差异=(实际工时－标准工时)×变动制造费用标准分配率

注：公式中的工时既可以是人工工时，也可以是机器工时，这取决于变动制造费用的分配方法。公式中的标准工时是指实际产量下的标准总工时。

变动性制造费用的效率差异实质是工时的利用效率差异，其差异形成的原因与直接人工效率差异的形成原因基本相同。

2.耗费差异

变动制造费用耗费差异即变动制造费用的价格差异，它是因变动制造费用或工时的实际耗费脱离标准而导致的成本差异。其计算公式为：

变动制造费用耗费差异=(变动制造费用实际分配率－变动制造费用标准分配率)×实际工时

变动制造费用耗费差异不仅有费用支付价格方面的差异，也有费用项目在用量上的差异，其责任往往应由发生费用部门的管理人员承担。因此，在这方面应注意对费用明细项目的用量做必要的控制。

[例 14-6]光明公司本月生产丙产品 750 件，实际耗用生产工时 2 300 小时，实际发生了变动制造费用 11 040 元，其余标准资料见表 14-1“丙产品标准成本卡”。其变动制造费用成本差异计算如下：

变动制造费用实际成本 11 040 元

变动制造费用标准成本 750×3×4.50=10 125(元)

变动制造费用成本差异 11 040－10 125=915(元)

其中：变动制造费用效率差异=(2 300－750×3)×4.50

=(2 300－2 250)×4.5

=225(元)

变动制造费用耗费差异=[(11 040÷2 300)－4.5]×2 300

=(4.8－4.5)×2 300

=690(元)

通过上述计算可以看出，丙产品变动制造费用超支 915 元，是由于其中工时超支了 50 小时，导致变动制造费用超支了 225 元；由于变动制造费用分配率超支了 0.50 元，导致变动制造费用超支了 690 元，应根据实际情况查明工时和费用都超标的具体原因。

四、固定制造费用成本差异

固定制造费用成本差异是实际固定制造费用与标准固定制造费用之间的差额。其计算公式为：

固定制造费用成本差异＝实际固定制造费用－标准固定制造费用

由于固定制造费用总额相对固定，在一定产量范围内不受其变动的影响，因而产量变动会对单位产品成本中负担的固定制造费用产生影响。产量增加时，固定制造费用总额不变，但单位产品分摊的固定制造费用会减少；产量减少时，固定制造费用总额不变，单位产品分摊的固定制造费用会增加。即实际产量与设计生产能力规定的产量的差异会对单位产品应负担的固定制造费用产生影响。固定制造费用差异分析通常有两差异分析法和三差异分析法。

1. 两差异分析法

在两因素分析法下，将固定制造费用成本差异分为耗费差异和能量差异。

(1)耗费差异

耗费差异是指固定制造费用的实际耗费数与预算数之间的差额。由于固定制造费用与变动制造费用不同，不因产量的变动而变动，因此，对其考核时就不考虑产量的变动，以原来的预算数作为标准，实际数超过预算数即视为耗费过多。其计算成本差异的计算公式为：

固定制造费用耗费差异＝实际固定制造费用－计划固定制造费用

(2)能量差异

能量差异是指由于设计或计划的生产能力利用程度的差异而导致的成本差异，即实际产量标准工时脱离设计或计划产量标准工时而产生的成本差异。它反映未能充分使用现有生产能力而造成的损失。其计算公式为：

$$\text{固定制造费用能量差异}=\left(\text{计划产量下的标准工时}-\text{实际产量下的标准工时}\right)\times\text{标准固定制造费用分配率}$$

[例 14-7]设光明厂本月生产丙产品 750 件，实际固定制造费用总额为 15 600元，本月计划生产丙产品 720 件，本月实际耗费工时 2 300 小时，其余标准资料见表 14-2“丙产品标准成本卡”。其固定制造费用成本差异计算如下：

固定制造费用实际成本＝15 600(元)

固定制造费用标准成本＝750×3×7.30＝16 425(元)

固定制造费用成本差异＝15 600－16 425＝－825(元)

其中：

固定制造费用耗费差异＝15 600－720×3×7.30

＝15 600－15 768

＝－168(元)

固定制造费用能量差异＝(720×3－750×3)×7.3＝－657(元)

通过上述计算可以看出，光明厂丙产品固定制造费用不论是耗费差异，还是能量差异都有所节约，说明生产管理部门对费用的控制工作有成效，且生产能力利用情况良好。

2. 三差异分析法

在三差异分析法下，将固定制造费用成本差异分为耗费差异、能力差异和效率差异三种。

(1)耗费差异

三差异分析法下的耗费差异与两差异分析法下的耗费差异相同，其计算公式仍然为：

固定制造费用耗费差异＝实际固定制造费用－计划固定制造费用

固定制造费用是一个综合性的费用项目，为了较为准确地查明差异产生的原因，必须按固定制造费用各项目的预算数与其实际数进行对比，以便逐项分析原因明确责任。

固定制造费用耗费差异的产生有其外部原因，但主要是内部原因，如临时新增费用、超计划雇佣管理人员、培训费增加等。

(2)能力差异

能力差异是指实际产量实际工时脱离计划产量标准工时而引起的生产能力利用程度差异而导致的成本差异额。其计算公式为：

$$\text{固定制造费用能力差异}=\left(\text{计划产量标准工时}-\text{实际产量实际工时}\right)\times\text{标准固定制造费用分配率}$$

能力差异的产生主要是由于产销量引起的，如市场销路不好或开工不足等总生产能力利用不充分。

(3)效率差异

效率差异是指因生产效率差异导致的实际工时脱离标准工时而产生的成本差异额。其计算公式如下：

$$\text{固定制造费用效率差异}=\left(\text{实际产量实际工时}-\text{实际产量标准工时}\right)\times\text{标准固定制造费用分配率}$$

形成固定制造费用效率差异的原因与直接人工效率差异的形成原因相同，主要应由生产部门负责。

仍以两差异分析法的丙产品有关数据，采用三差异分析法计算其固定制造费用成本差异如下：

固定制造费用实际成本＝15 600(元)

固定制造费用标准成本＝750×3×7.30＝16 425(元)

固定制造费用成本差异＝15 600－16 425＝－825(元)

其中：

固定制造费用耗费差异＝15 600－720×3×7.30
＝15 600－15 768
＝－168(元)

固定制造费用能力差异＝(720×3－2 300)×7.30＝－1 022(元)

固定制造费用效率差异＝(2 300－750×3)×7.30＝365(元)

通过上述计算可以看出，三差异分析法的固定制造费用成本差异总额等于两差异分析法的固定制造费用成本差异总额。但三差异分析法更能够详细地说明生产能力利用程度和生产效率高低所导致的成本差异情况，更便于分清责任。

第三节　标准成本法的账务处理

一、标准成本法下账务处理的特点

1.“基本生产成本”、“制造费用”、“库存商品”等账户的借方和贷方的金额都以标准成本反映。

2.设置“直接材料用量差异”、“直接材料价格差异”、“直接人工效率差异”、“直接人工工资率差异”、“变动制造费用效率差异”、“变动制造费用耗费差异”、“固定制造费用耗费差异”、“固定制造费用能力差异”、“固定制造费用能量差异”等差异账户归集和结转各种成本差异。平时发生的各种超支的差异登记各相关差异账户的借方，各种节约的差异登记各相关差异账户的贷方。期末各种超支的差异从相关差异账户贷方转出，节约的差异从相关差异账户借方转出，期末各成本差异账户无余额。

3.期末分析计算各种成本差异后，对各差异进行处理。成本差异的处理方法有以下几种：

(1)分摊转销法

分摊转销法是将本期的各种成本差异按标准成本的比例在期末在产品、库存产成品和本期已售产品之间进行分摊，从而将存货成本和销售成本调整为实际成本。其依据是本期成本差异的产生与上述三者都有关系，不能只由本月已销产品负担。经过这样的分配，利润表中的销售成本和资产负债表中的存货反映的都是实际成本。

(2)直接转销法

直接转销法是西方企业常采用的一种方法。它是将本期发生的各种差异全部计入当期损益。在这种方法下，资产负债表中的“存货”项目(包括在产品和产成品)反映的只是标准成本。其根据在于：本期发生的成本差异是本期成本控制的业绩，应当反映在本期的损益之中，标准成本才是企业真正的正常成本，在资产负债表上以标准成本反映在产品和产成品的价值才是如实反映企业存货的真正价值。而且该方法避免了烦琐的成本差异的分配工作，使产品成本计算大大简化。但采用该方法当成本标准过于陈旧或实际成本水平波动幅度过大时，就会因成本差异额过大而使当期利润失实、存货价值失实、会计报表失真，这时必须对成本标准进行修订。

(3)年末转销法

年末转销法是各月只归集各种成本差异，并不转销成本差异，到年末才一次性转销全年发生的各种成本差异额。年末各月各种差异正负相抵后一般余额不大，可将其全部转入年末销售成本，这样不仅可以简化各月结转成本差异的工作，还可以避免各月利润的波动。但如果年末差异余额较大，则应将其按分摊转销法分配转入“基本生产成本”、“库存商品”、“主营业务成本”账户，同时会在很大程度上歪曲各月财务报表。

二、账务处理举例

[例 14-8]根据例 14-4、例 14-5、例 14-6 和例 14-7 中光明厂的相关数据做会计分录如下(设该企业固定制造费用成本差异采用三差异分析法核算，采用直接转销法转销各种成本差异)：

1.借：基本生产成本——丙产品	175 500	
直接材料价格差异	740	
贷：直接材料用量差异		4 100
原材料——A 材料		39 900
——B 材料		132 240

会计分录	借方	贷方
2. 借:基本生产成本——丙产品	27 000	
直接人工效率差异	600	
直接人工工资率差异	4 600	
贷:应付职工薪酬		32 200
3. 借:制造费用	10 125	
变动制造费用效率差异	225	
变动制造费用耗费差异	690	
贷:应付职工薪酬、累计折旧、银行存款等		11 040
4. 借:制造费用	16 425	
固定制造费用效率差异	365	
贷:固定制造费用耗费差异		168
固定制造费用能力差异		1 022
应付职工薪酬、累计折旧、银行存款等		15 600
5. 借:主营业务成本	1 930	
直接材料用量差异	4 100	
固定制造费用耗费差异	168	
固定制造费用能力差异	1 022	
贷:直接材料价格差异		740
直接人工效率差异		600
直接人工工资率差异		4 600
变动制造费用效率差异		225
变动制造费用耗费差异		690
固定制造费用效率差异		365

思考题:

1. 采用标准成本法计算产品成本应遵循什么程序?
2. 标准成本的种类有哪些?
3. 如何分析原材料成本项目的差异?
4. 如何分析直接人工成本项目的差异?
5. 如何分析制造费用成本项目的差异?
6. 分析计算各种成本差异后,应如何对各差异进行处理?
7. 试比较标准成本法和定额法在核算上的区别。

15 第十五章 作业成本法

第一节 作业成本法概述

一、作业成本法的定义

作业成本法又叫作业成本计算法或作业量基准成本计算方法(activity-based costing,简称 ABC),是以作业(activity)为核心,确认和计量耗用企业资源的所有作业,将耗用的资源成本准确地计入作业,然后选择成本动因,将所有作业成本分配给成本计算对象(产品或服务)的一种成本计算方法。

二、作业成本法产生和发展的历史背景

作业成本法的研究可以追溯至 20 世纪 30 年代末 40 年代初,当时最早提出的概念为作业会计(activity-based accounting 或 activity accounting)。美国会计学家埃里克·科勒(Eric Kohler)最早对作业会计进行理论和实践上的研究。科勒发现,水力发电行业的产品——电力,其成本构成与一般制造企业的产品不同:电力的主要成本是固定资产的折旧费和维护费等间接费用,而不是直接材料、直接人工等直接费用,因为直接材料(指水源)不需从市场上购进;直接人工主要用于监控和维护设备,人工成本低廉。采用传统的工时比例法来分配间接费用,显然不能正确反映成本。因此,科勒提出了作业(activity)、作业账户(activity account)等概念以及"每项作业都设置一个账户"等作业会计思想,但这些思想在当时没有得到重视。随后,美国的乔治·斯托布斯(George J. Staubus)教授也对"作业"、"成本"、"作业成本计算"等概念进行了探讨。但是直到 20 世纪 80 年代中期,由美国哈佛大学的罗宾·库珀(Robin

Cooper)和罗伯特·卡普兰(Robert S. Kaplan)对作业成本法的现实意义、运作程序、成本动因选择、成本库的建立等重要问题进行了全面深入系统的研究,奠定了作业成本法理论和应用研究的基石之后,作业成本法才引起西方会计界的广泛关注和研究兴趣,成为会计学界研究的热点问题,有关的研究论文和专著大量涌现,作业成本理论也日臻完善。在80年代末期,作业成本法首先开始在先进制造企业中应用,效果良好。后来,在美国、日本和西欧诸国的企业,尤其是在竞争激烈和人工成本很低的高新技术企业得到了广泛的应用。现在,它的应用范围已经逐渐延伸到了一些非制造行业,如金融保险业、商业、医疗卫生业等。设计作业成本法的最初目的是要解决间接成本的分配问题,使产品成本计算更为准确。后来管理人员发现,将作业成本法提供的信息应用在预算管理、生产管理、产品定价、新产品开发、顾客盈利能力分析等许多方面也颇具成效。这样,作业成本法的实际意义已完全超越了最初的设计要求,上升为在作业成本法基础上,以价值链分析为基础的作业成本管理或作业基础管理(activity-based management,简称ABM)。可见,作业成本法不仅是一种成本计算方法,也是一种成本控制和企业管理手段。

传统的成本核算是以数量为基础的,它隐含的假设为:产品的数量增加,投入的所有资源也随其成倍增加。基于这种假设,成本计算中普遍采用与产品的数量相关联的分配标准来分配费用,如对产品或服务的间接费用一般是采用生产工时、机器工时或生产工人工资等较单一的分配标准来进行分配的。结果往往是:大量生产的产品与少量生产的产品负担的单位间接费用相同;大规格产品与小规格产品负担的单位间接费用的比例与其规格的比例相一致。这种"数量基础成本计算法"在劳动密集型生产以及其他生产工人工资在产品成本中占有较大比重、产品品种少、间接费用项目不复杂的生产中是一种简便科学的分配方法。

但是,进入20世纪70年代以后,高新技术蓬勃发展,并在生产领域中得到了广泛应用,提高了劳动生产率,促进了社会经济的发展。随着市场格局逐渐由卖方市场向买方市场转化,产品的更新换代加快,顾客需求的多样化和个性化逐渐成为世界的潮流,企业间的竞争加剧,迫使企业放弃其传统的大批量单一化的制造系统,采用能对顾客的多样化、个性化需求迅速做出反应的柔性制造系统或称弹性制造系统(flexible manufacturing system,简称FMS)。柔性制造系统是由数控加工设备、物料运储装置、计算机控制系统等组成的自动化制造系统,包括多个柔性制造单元,能根据制造任务或生产的变化迅速进行调整,适用于多品种中、小批量生产。"柔性"是指制造系统对系统内部、外部环境的一种适应能力，也是指制造系统能够适应产品变化的能力。产品的多样化使得传统的标准成本管理系统失去了意义。因为标准成本是针对大批量生产、有着固定生产工艺的制造系统来制定的，而柔性制造系统在产品设计、生产设备和生产工艺上都有一定的弹性，因此，确定标准成本在这一系统中的意义不大。多品种小批量的生产方式使过去费用较少的订货费用、设备调试准备、物料搬运等与产量无关的间接费用大大增加，仍然采用传统的成本计算方法将多计大规格、高产量产品的成本，少计小规格、低产量产品的成本。柔性制造系统的出现，向传统的成本计算和管理方法提出了严峻的挑战。

为了降低成本、改善产品质量，更加及时地满足顾客的需要，越来越多的制造企业采用了适时生产方式(just-in-time production system，简称 JIT)，与其密切相关的零存货、零缺陷、单元制造、全面质量管理(total quality management，简称 TQM)等崭新的管理观念与技术也应运而生。适时生产方式就是指企业在生产自动化、财务电算化条件下，合理规划和减少生产和销售过程中的周转时间，最大限度地消除生产环节中不增加价值的作业活动，使从产品设计到制造，从材料配给、仓储到产品发运等企业生产经营的各个环节相互协调，达到降低产品成本、提高劳动生产率的目的。在适时生产方式下，认为不能增加最终产品价值的作业均为无效作业。而保管费用不能增加产品的最终价值，即为无效作业，所以不应出现保管活动，这就要求以需定产，实现"零存货"。在质量管理方面，适时生产方式要求"零缺陷"，即上一道工序不能生产出残次品，因为残次品的出现导致下一工序的生产中断，因此它强调的是从设计、物料供应、生产到销售的全面质量管理。适时生产方式的出现使企业传统的成本核算和控制方法受到冲击，主要表现在：成本核算手续简化，而成本控制要求加强；人工成本大大降低，而以人为中心的管理成本提高。比如说，在"零存货"下，本期的生产成本即为本期购买成本，本期的销售成本即为本期的生产成本，因此一些传统的存货计价方法和存货的盘存制度就失去了意义。而为了实现"零缺陷"的目标，就必须加强各环节的成本控制工作等。

电脑辅助设计(CAD)、电脑辅助工程(CAE)及电脑辅助制造(CAM)等以计算机技术为代表的高科技在制造企业广泛应用，大大提高了制造企业的自动化程度。在先进的制造环境下，许多工作都可以由机器人和电脑辅助制造系统完成，人工被逐步取代，使得直接人工成本的比重急剧下降；而高新技术的发展使企业增加了固定资产投资，生产的复杂化以及现代管理观念与技术的运用使企业增加了管理作业，相对减少了直接生产活动，使得间接费用的构成复杂化，比重也大幅攀升。如在柔性制造系统下，用在产品设计、生产设备调整等方面的间接费用会大大增加；在适时生产方式下，用在组织协调等方面的间接费用会大大增加。产品成本结构发生了巨大变化，继续采用早期成本会计控制大批量生产方式的“数量基础成本计算法”，用在产品成本中占有越来越小比重的直接人工去分配在产品成本中占有越来越大比重的间接费用，必然会高估那些高直接人工含量的产品成本，低估那些利用更多自动化生产的产品成本。随着高新技术在生产中的应用日益增多，传统成本计算和成本管理与实际脱离的情况越来越严重。

综上所述，传统的成本核算方法已经无法适应高新技术工艺的蓬勃发展和广泛应用，顾客需求的多样化和个性化以及市场竞争的日趋激烈等企业外部环境的变化以及管理理论与方法的发展创新，这些都要求传统的成本核算方法进行变革，变革的焦点就集中在间接费用的分配基础上。而以作业量为基础，以作业而非资源为成本计算对象的作业成本法就是在这一历史背景下产生并发展起来的。

三、作业成本法的基本概念

作业成本法是以作业为基础，通过对作业成本的确认、计量和计算产品成本的方法，其基本理念是：作业消耗资源，产品消耗作业。作业是成本管理的重点。

作业成本法的基本概念包括：

（一）资源

资源（resource）是在作业实施过程中被运用或使用的经济要素。为了产出作业或产品而进行的各项费用支出实质上就是资源，如工资、材料费用等。

资源是企业生产耗费的原始形态，若将企业看成是一个与外界进行物质交换的投入产出系统（作业系统）的话，那么所有进入该系统的人力、物力、财力如货币、材料、人力、动力等都属于资源范畴。进入作业系统的资源，不一定都被消耗，即使被消耗也不一定是有益于产品形成的消耗。在作业成本法下，计入作业成本的一般是有益于产品形成的资源耗费，而无益于产品形成的资源耗费则通过期间费用汇集，不计入作业成本。

（二）作业

作业（activity）是作业成本计算的核心和基础，是作业成本法的最基本的概念。

所谓作业是指一个组织基于一定目的而进行的消耗资源的特定范围的工作。它是一系列可重复执行的行动、活动或工作的集合体，如产品设计、材料搬运、订单处理、员工培训、材料处理、机器调试、质量检查等。

常见的作业有以下几类：

1. 单位作业

单位作业(unit-level activity)是使单位产品受益的作业，它对资源的消耗量与产品的产量成正比。如对每件产品进行加工所耗用直接材料、直接人工等。

2. 批别作业

批别作业(batch-level activity)是使一批产品受益的作业。作业的成本与产品的批数成正比，与产量无关。如对每批产品的生产调度、质量检验、订单处理等。

3. 产品作业

产品作业(product-sustaining activity)是使某种产品的每个单位都受益的作业。这种作业的成本与产品产量及批数无关，但与产品的种类或产品线的数量成比例变动。如对每一种产品编制材料清单、进行包装设计等。

4. 维持性作业

通常认为前三个类别以外的其他作业均是维持性作业。

维持性作业(sustaining activity)是为维持作业生产能力，使某个机构或某个部门受益的作业，它与产品的种类和某种产品的数量无关。例如冬天取暖、夏天降温、厂房维修管理、车间照明、安全检查等。

在作业分类的基础上，应对各项作业设立成本库，汇集各项作业的资源耗费。作业可区分为增值和非增值作业两大类，在作业成本法下计入产品成本的一般是增值作业的耗费，而非增值作业的耗费则计入期间费用。

(三)作业链和价值链

作业链(activity chain)是相互联系的一系列作业活动组成的链条。各种作业之间实际上形成了一个始于供应商，经过企业内部，最后为顾客提供产品的作业链。企业管理深入到作业层次后，现代企业可以看作是为了满足客户需要而建立起来的一系列有序作业的集合体，即企业就是作业链。企业生产产品要消耗作业，每完成一项作业要消耗一定量的资源，而资源消耗的同时又是价值的积累过程，即价值在作业之间逐步积累和转移，最后全部累积到最终产品上，因此最终产品既是全部作业的集合，也是全部价值的集合，可见，作业链的形成过程就是价值链(value chain)的形成过程。价值链从生产经营环节上看就是作业链，是从货币和价值的角度反映的作业链。

价值链是美国学者迈克尔·波特(Michael E. Porter)于1985年提出的理论。波特当时将价值链描述成一个企业用以“设计、生产、销售、交货以及维护其产品"的内部过程或作业。价值链即公司产品价值不断累积的动态过程，通常认为包括采购、制造、销售、服务等流程。在价值链分析中，顾客价值这个概念是从顾客角度定义的，是顾客对整个公司提供的包括产品、服务和其他无形资产的感知，即顾客对企业提供的产品或服务认同并愿意接受的价值。从产品销售到顾客这个环节来看，能够产生和增加顾客价值的作业是需要大力加强的有效作业，不增加顾客价值的作业是维持作业或无效作业。通过价值链分析，减少无效作业降低成本，组织协调企业内部的各种作业，使作业之间环环相扣，提高作业的质量及效率，不断优化组合价值链。

（四）成本动因

成本动因理论是作业成本法的理论基础，该理论认为应将成本的分配与成本动因联系起来。

成本动因(cost driver)，又称成本驱动因素，是指导致成本发生的任何因素。它也是用以将成本分配到作业，再由作业分配到产品或服务的可计量的因素。根据成本动因在资源流动中所处的位置，可将其分为资源动因和作业动因两类。

1.资源动因

资源动因(resource driver)，就是作业耗用资源的方式和原因，它反映作业与所耗资源之间的因果关系，是把资源成本分配到作业中心的依据。选择一个好的资源动因的重要标准之一即因果关系。典型的资源动因如用于薪酬相关作业的雇员人数、用于公用事业的仪表数、用于清洁作业的空间大小等。

资源成本应尽可能通过直接追溯分配给作业。直接追溯要求计量作业对资源的实际耗用量，例如，用于机器运行的动力费，可以通过查电表，将其直接追溯到机器运行作业中。如果不能直接计量，可通过预计在每一特定作业上花费的时间或比例，将资源成本追溯到作业中。

2.作业动因

作业动因(activity driver)，就是产品或劳务耗用作业的方式和原因，它反映产品或劳务与所耗作业之间的因果关系，是把作业中心的成本分配到最终产品的依据。例如，每次整理准备作业耗用的资源基本相同，那么可以按照整理准备的次数这个作业动因将该作业成本分配到产品或劳务上。

作业动因是将资源消耗与最终产出相沟通的中介，也就是说，它是将作业中心的成本分配到产品、服务和顾客等成本对象中的标准。通过对作业动因和作业成本的分析，可以揭示哪些作业是多余的、应该减少，整体成本应该如何改善、如何降低。

常见的部分作业与其对应的成本动因列表如表15-1。

表15-1　部分作业及其对应的成本动因

作　　业	成本动因
采购材料	采购单数量
质量检验	检验次数
零部件管理	零部件数量
产品设计	产品种类
设备管理	维修次数
材料搬运	移动次数
插入零部件	零部件数量
收取请购单	请购单数量
处理顾客订单	订单数量

成本动因是成本的分配依据，因此确定成本动因在作业成本法中相当重要，但是难度也很大。因为成本动因与作业之间并非是简单的一一对应的关系，如同一个成本动因可以驱动多种作业，而同一作业的成本动因可能有好几个，影响程度各不相同。所以成本动因最好由成本会计师、生产工艺工程师以及有关专家共同组成专门小组来做选择。

对成本动因的数目多少的选择，一般认为：产品成本计算要求的精确度越高、产品复杂程度越高的成本动因的数目就应增加，反之，则应减少。在一定的精确度下，成本动因的相关程度越高的，其数目就应减少；反之，就应增加。

对成本动因的选择，一般认为需要考虑相关程度、实行成本和行为导向等因素。

1.相关性。同一作业存在多个成本动因时，应该选择最重要的、与主要成本消耗相关性较大的成本动因。成本动因的选择不必太细、太全，面面俱到，这是因为在某个独立的作业中不可能所有成本都与同一个成本动因呈正比例变化，或保持密切关系，如果选取了太多的成本动因，这个作业中心的成本核算工作将会无所适从。企业应该明确自己应用作业成本法的主要目的，并以此为依据确定出与主要成本消耗相关性较大的重要成本动因。

2.实行成本。应考虑获取成本动因有关资料数据的难易程度。若在现有的成本系统内即可获取，则实行成本不会太高；若有关资料数据不易获取，需要另设新的系统收集资料，则实行成本会大大增加。在一个同质成本库提供了一系列可能的成本动因的情况下，要进行成本效益分析，选择信息容易获得、易于量化、可操作性强、实行成本较低的成本动因——如人工小时、机器小时、机器调整准备次数、产品批数、订单份数、检验次数等——作为分配作业成本、计算产品成本的依据，以降低实行成本。

3.行为导向。因成本动因不同产生的不同分配结果，以及基于不同分配结果的管理决策如奖金等将会对组织行为产生一定的导向作用，对此应加以考虑，选择那些有利于组织行为向改进激励业绩方向变化的成本动因。

（五）成本对象

作业成本法的基本原理是将资源成本通过资源动因追溯到作业，再将作业成本通过作业动因追溯到产品、服务和顾客等成本对象。

成本对象（cost object）就是成本计算对象，指企业需要计算成本的实体，如产品、服务或顾客等。根据企业的需要，可以把每一个品种、每一个生产批别等作为成本对象。在顾客组合管理等新的管理工具中，需要计算出每个顾客的利润，以此确定目标顾客群体，这里的每个顾客就是成本对象。

成本对象可以分为生产类和市场类成本对象两大类。生产类成本对象包括各种产成品和半成品等，是在企业内部的成本对象，用于计量企业内部的生产成果。市场类成本对象主要是按照不同的市场渠道和顾客确定的成本对象，主要衡量不同渠道和顾客带来的实际收益，核算结果主要用于市场决策并支持企业的产品决策。

四、作业成本法的基本原理、一般程序及与传统成本计算方法的主要区别

（一）基本原理

可以看出，作业成本法认为生产过程应该描述为：生产导致作业发生，产品耗用作业，作业耗用资源，从而导致成本发生。这种理念与传统制造成本法中产品耗用成本的理念不同。可以看出，作业成本的实质就是在资源耗费与产品耗费之间借助作业这一"桥梁"来分离、归纳、组合，然后形成各种产品成本。

（二）一般程序

根据上述分配原理，将作业成本法的一般程序具体说明如下。

1.在作业分析的基础上确认作业和作业中心

作业成本法的实施，应以作业分析为基础。作业分析是通过对一个组织中所做的工作（作业）的识别与计量、资源费用的归集与确认、成本对象消耗作业的确认与计量、成本费用的归集等步骤和方法，分析评价作业的有效性、增

值性，以提高作业效率、减少资源消耗、增加产出价值的一种分析方法，具体包括资源动因分析、作业动因分析和作业综合分析等。作业分析通常采用从已有的文件和报告中收集数据，并且采用问卷调查、观察等形式来进行。

在作业分析的基础上，确认和计量各种资源耗费，确认作业、主要作业，并以主要作业为主体，合并同质作业，建立作业中心。所谓同质，是指这些作业的发生可以用相同的成本动因来解释。一个作业中心即是生产程序的一部分，如检验中心就是一个作业中心。按照作业中心披露成本信息，便于管理当局控制作业，评估业绩。

在一个组织机构内部，经营的复杂程度高低决定其作业量的多少，如果作业较多就有必要对其进行筛选。为了有效筛选，必须了解每项作业有关成本的重要性，以便评价它们是否值得单独列示为一独立的成本库；还要了解影响每项作业成本的成本动因，以便评价个别作业的成本性态是否同质，从而考虑是否将其合并建立作业中心。

2. 按照资源动因将归集的各类资源耗费分配到各个作业中心的作业成本库中

在分配过程中由于资源是一项一项地分配到作业中去的，于是就产生了作业成本要素。将每个作业成本要素相加就形成了作业成本库。通过对作业成本要素和作业成本库的分析，可以揭示哪些资源需要减少、哪些资源需要重新配置，最终确定如何改进和降低作业成本。作业成本库按作业中心设置，每一个作业成本库所代表的是它那个作业中心所执行的作业。资源动因是这一步骤的分配基础。该步骤的计算反映了作业成本法的基本规则：资源耗用量的高低是由作业量的多少来决定的，与最终的产出量并无直接关系。

3. 按照作业动因将各作业成本库归集的成本分配计入最终产品或劳务中，计算出产品或劳务的成本

作业动因是这一步骤的分配基础。该步骤的计算，反映了作业成本法的基本规则：作业消耗量的高低是由产出量的多少来决定的。

该步骤首先应计算出成本动因分配率，也叫成本库分配率，其计算公式为：

$$\begin{array}{c}\text{成本动因分配率}\\\text{(成本库分配率)}\end{array}=\frac{\text{该成本库归集的可追溯成本(作业成本)}}{\text{该成本库成本动因的耗用总数}}$$

然后计算出产品或劳务应分配到的可追溯成本(作业成本)，计算公式为：

$$\begin{array}{c}\text{某产品或劳务应分配的}\\\text{可追溯成本(作业成本)}\end{array}=\begin{array}{c}\text{成本动因分配率}\\\text{(成本库分配率)}\end{array}\times\begin{array}{c}\text{该产品或劳务耗用}\\\text{的成本动因的数量}\end{array}$$

最后，将分配到某产品或劳务的可追溯成本(作业成本)与直接成本(直接材料、直接人工)加总，计算出该产品的总成本，再将总成本与产量相比，计算该产品的单位成本。

第二节　作业成本法举例

一、作业成本法举例

[**例 15-1**]某企业生产甲、乙两种产品，其中甲产品技术工艺过程较为简单，生产批量较大；乙产品技术工艺过程较为复杂，生产批量较小。传统成本计算的有关资料如表 15-2 所示。

表 15-2

项　目	甲产品	乙产品
产　量	10 000	1 000
生产工时	21 500	3 500
直接材料	300 000	40 000
直接人工	97 900	17 100
制造费用	235 000	

根据上述资料，按照传统的成本计算方法(假设制造费用按生产工时比例分配)，计算结果如下：

1.计算制造费用分配率，分配制造费用

$$制造费用分配率=\frac{235\ 000}{21\ 500+3\ 500}=9.4$$

甲产品应分配的制造费用=21 500×9.4=202 100(元)

乙产品应分配的制造费用=3 500×9.4=32 900(元)

2.计算甲、乙产品的总成本和单位成本

甲产品总成本=300 000+97 900+202 100=600 000(元)

$$甲产品单位成本=\frac{600\ 000}{10\ 000}=30+9.79+20.21=60$$

乙产品总成本=40 000+17 100+32 900=90 000(元)

$$乙产品单位成本=\frac{90\ 000}{1\ 000}=40+17.1+32.9=90$$

下面再以作业成本法来进行计算。

假设经过作业分析，该公司根据各项作业的成本动因性质设立了机器调整准备、产品设计、生产订单、材料订单、质量检验、设备维修、生产协调、其他作业等八个作业成本库，并选定了相应的成本动因。有关资料如表 15-3 所示：

表 15-3

作业成本库（作业中心）	可追溯成本（制造费用）	成本动因	作业量（成本动因数）			成本动因分配率
			甲产品	乙产品	合计	
机器调整准备	48 000	准备次数	80	20	100	480
产品设计	36 000	设计时间	150	250	400	90
生产订单	30 000	订单份数	200	50	250	120
材料订单	50 000	订单份数	300	200	500	100
质量检验	24 000	检验次数	250	150	400	60
设备维修	15 000	维修工时	900	600	1 500	10
生产协调	20 000	协调次数	45	55	100	200
其他作业	12 000	生产工时	500	100	600	20
合　计	235 000					

其中，各个作业成本库的成本动因分配率及其分配结果的计算过程，如下所示：

机器调整准备：成本动因分配率$=\frac{48\ 000}{80+20}=480$

甲产品应分配的制造费用$=80\times480=38\ 400$（元）

乙产品应分配的制造费用$=20\times480=9\ 600$（元）

产品设计：成本动因分配率$=\frac{36\ 000}{150+250}=90$

甲产品应分配的制造费用$=150\times90=13\ 500$（元）

乙产品应分配的制造费用$=250\times90=22\ 500$（元）

生产订单：成本动因分配率$=\frac{30\ 000}{200+50}=120$

甲产品应分配的制造费用$=200\times120=24\ 000$（元）

乙产品应分配的制造费用$=50\times120=6\ 000$（元）

材料订单：成本动因分配率$=\frac{50\ 000}{300+200}=100$

甲产品应分配的制造费用$=300\times100=30\ 000$（元）

乙产品应分配的制造费用$=200\times100=20\ 000$（元）

质量检验：成本动因分配率$=\frac{24\ 000}{250+150}=60$

甲产品应分配的制造费用$=250\times60=15\ 000$(元)

乙产品应分配的制造费用$=150\times60=9\ 000$(元)

设备维修：成本动因分配率$=\frac{15\ 000}{900+600}=10$

甲产品应分配的制造费用$=900\times10=9\ 000$(元)

乙产品应分配的制造费用$=600\times10=6\ 000$(元)

生产协调：成本动因分配率$=\frac{20\ 000}{45+55}=200$

甲产品应分配的制造费用$=45\times200=9\ 000$(元)

乙产品应分配的制造费用$=55\times200=11\ 000$(元)

其他作业：成本动因分配率$=\frac{12\ 000}{500+100}=20$

甲产品应分配的制造费用$=500\times20=10\ 000$(元)

乙产品应分配的制造费用$=100\times20=2\ 000$(元)

列表归纳如表 15-4 所示。

表 15-4

作业成本库（作业中心）	成本动因分配率	甲产品		乙产品		作业成本合计
		作业量	作业成本	作业量	作业成本	
机器调整准备	480	80	38 400	20	9 600	48 000
产品设计	90	150	13 500	250	22 500	36 000
生产订单	120	200	24 000	50	6 000	30 000
材料订单	100	300	30 000	200	20 000	50 000
质量检验	60	250	15 000	150	9 000	24 000
设备维修	10	900	9 000	600	6 000	15 000
生产协调	200	45	9 000	55	11 000	20 000
其他作业	20	500	10 000	100	2 000	12 000
合　计			148 900		86 100	235 000
产　量	10 000			1 000		
单位产品应负担的制造费用	14.89			86.1		

2. 根据上述计算结果，可以汇总甲、乙产品的总成本和单位成本

甲产品总成本＝300 000＋97 900＋148 900＝546 800(元)

甲产品单位成本$=\frac{546\ 800}{10\ 000}=30+9.79+14.89=54.68$

乙产品总成本＝40 000＋17 100＋86 100＝143 200(元)

乙产品单位成本$=\frac{143\ 200}{1\ 000}=40+17.1+86.1=143.2$

表 15-5　甲、乙产品在两种成本计算方法下的生产成本的比较分析表

产　　品			直接材料	直接人工	制造费用	合　计
甲产品	总成本	传统成本计算法	300 000	97 900	202 100	600 000
		作业成本法			148 900	546 800
		差异(绝对数/相对数)	0	0	53 200/ 26.32%	53 200/ 8.9%
	单位成本(产量：10 000 件)	传统成本计算法	30	9.79	20.21	60
		作业成本法			14.89	54.68
		差异(绝对数/相对数)	0	0	5.32/ 26.32%	5.32/8.9%
乙产品	总成本	传统成本计算法	40 000	17 100	32 900	90 000
		作业成本法			86 100	143 200
		差异(绝对数/相对数)	0	0	－53 200/ －161.7%	－53 200/ －59.11%
	单位成本(产量：1 000 件)	传统成本计算法	40	17.1	32.9	90
		作业成本法			86.1	143.2
		差异(绝对数/相对数)	0	0	－53.2/ －161.7%	－53.2/ －59.11%
合计	总成本	传统成本计算法	340 000	115 000	235 000	690 000
		作业成本法				

* 作业成本法的产品成本是指完全成本，计入产品成本的一般是增值(有效)作业的耗费，但为了进行比较，在作业成本法的举例中我们假设作业成本和传统的成本计算法都只包括直接材料、直接人工和制造费用。

将两种计算方法的最终计算结果进行对比，可以看出，甲、乙产品的总成本合计、直接材料、直接人工的数值都没有什么差异，只有制造费用有较大的差异。单单从制造费用一项来看，甲产品传统成本计算法的计算结果比作业

成本法多计 53 200 元，即多计 26.32%，而乙产品则少计 53 200 元，即少计 161.7%，若从单位成本来看，用传统的成本计算法的计算出来的甲产品单位成本比作业成本法多计 5.32 元，即多计 8.9%，而乙产品少计 53.2 元，即少计59.11%。很明显，传统的成本计算方法高估了技术工艺过程较为简单、生产批量较大的产品的成本（如甲产品），低估了技术工艺过程较为复杂、生产批量较小的产品成本（如乙产品）。

同一种产品的单位成本在两种成本计算方法下的结果之所以产生这么大的差异，原因在于两种成本计算方法选择的分配基础不同。传统的成本计算方法认为，数量（如产量）是对成本分配起着决定性制约作用的唯一因素，并以此作为分配标准来分配成本，如一般以生产工时、机器工时等分配标准将制造费用分配到各种产品中去。事实上，这样做是比较草率的。比如说，某种产品耗用较多的生产工时或机器工时，那么其耗用的产品质量检验费用就一定也多么？不一定，因为产品质量检验费用的多少与生产时间的长短并没有直接的正比例关系。可见，按照单一的工时等分配标准分配间接费用的做法，必然造成有些产品成本被高估，有些则被低估，导致成本信息严重失真，从而引起经营决策的失误。而作业成本法的分配基础是作业量，它以作业为中心，将资源成本按资源动因分配到作业，然后将归集的作业成本按作业动因分配到各种产品中去。成本动因的选择采取多元化的方式，以适应不同的作业活动。如上述企业为八种不同的作业活动选取了相应的成本动因，而不是只采用一两种成本动因，那样作业成本法就失去了意义。

总之，作业成本法是以传统成本计算方法为基础的，两种方法在计算直接材料、直接人工费用时都相同，制造费用的成本计算程序的基本框架也差不多，首先归集发生的制造费用，再把归集的制造费用按某一标准分配到产品上去。主要区别在于制造费用的分配基础不同。传统成本计算方法分配间接费用采用单一的数量标准，而作业成本法下采用多种标准即按照引起间接费用发生的多种作业和成本动因数（作业量）为基础来分配间接费用。

二、对作业成本法的评价

（一）作业成本法的优点

1. 有利于提高成本核算的相对准确性、合理性和成本的可追溯性

“产品的数量增加，投入的所有资源也随其成倍增加。”这是以数量为基础的传统成本计算方法隐含的假设。以数量基础计算直接费用时可以做到相对准确，因为归属对象比较明确；但是在自动化程度不断提高、人工工时日益减少

的情况下，仍然采用数量基础如生产工时、机器工时或生产工人工资等较单一的分配标准来分配间接费用的话，往往造成间接费用分摊的严重失真，出现产量大、生产技术工艺简单的产品成本偏高；而产量小、生产技术工艺复杂的产品成本偏低的现象。也就是说，传统成本计算方法的假设有缺陷，它并不能反映成本计算对象与资源耗费之间的因果关系，从而导致产品成本信息严重失真。

而作业成本法较好地解决了这一问题。它从成本产生的源头入手，建立了以作业为核心，作业中心、顾客和市场等多维成本对象组成的成本核算体系，缩小了间接费用的分配范围——由全厂生产部门统一分配改为由若干个成本库进行分配，增加了分配标准——由传统的单一标准分配基础改为按成本动因的多元分配基础，抓住了资源向成本对象流动的关键，揭示了资源与成本对象之间的因果关系，使能直接归属于某种产品的成本比重大大增加，从而提高了成本计算的相对准确性、合理性和可追溯性。

2. 有利于成本的分析和控制

传统的产品成本指的是制造成本，只局限于产品的生产制造过程，计入产品成本的是与产品的生产有直接联系的支出，如直接材料、直接人工和制造费用，而与产品的生产没有直接联系的其他支出则作为期间费用处理。作业成本法的产品成本是指完全成本，计入产品成本的一般是增值(有效)作业的耗费，计入期间费用的不是与生产无直接关系的支出，而是所有无效和非增值作业的耗费。将这些耗费计入期间费用，是希望通过改进相关作业来消除这些耗费。作业成本法关注完全成本，将成本控制视野从生产过程延伸到整条价值链上的每个环节，着眼于整体最优化。

作业成本法对产品形成和成本积累的过程进行追踪，揭示了资源耗费、成本发生的前因后果。因为作业引起成本，企业管理必须深入到作业中去，对价值链进行分析，而价值链贯穿于企业供、产、销各个环节，所以成本分析首先应从市场需求和产品设计环节开始；成本分析最后还要将作业耗费的资源以及资源向客户(即市场)转移的价值等事项搞清才算结束。可见，作业成本法有利于成本的分析和控制。它使成本分析更加深入，成本信息更细化、更可控。利用作业成本法提供的动态信息，对所有作业成本进行分析与修正，使企业管理深入到作业水平，促进企业有效地提高作业的质量及效率，减少浪费，降低资源消耗，达到消除非增值作业、改进增值作业，并提高增值作业的效率，优化作业链和价值链，达到最终增加企业价值和顾客价值的目的。

3. 有利于准确地理解和确认成本性态，提高成本预测和决策的科学性

作业成本法用成本动因来解释成本性态。库珀和卡普兰依据成本与成本

动因的关系，将成本分为三类：第一类为短期变动成本，就是短期内发生变动的成本，与产品产量呈正比例变动，如直接材料、直接人工。故仍以数量为基础（如直接人工小时、机器小时、原材料耗用量等）来归属这些成本，这与传统成本法基本相同。第二类为长期变动成本，是短期内不发生变动，长期中虽不随产量变动，但是与作业量呈正比例变动的成本。比如产品质量检验费，不应该按产量分配给产品，而应该按照产品接受的检验劳务量（作业量）来分配，就可以看作一种长期变动成本。长期变动成本在传统成本法下多为固定成本。第三类为固定成本，是既不随产量变动，也不随作业量变动的成本。但从长远来看它也是变动的。作业成本法下的长期变动成本和固定成本，在传统成本法下都叫“固定成本”。长期变动成本概念的提出，使许多不随产量变动的间接成本可以明确其归属，弥补了传统成本法下间接费用责任不清的缺陷。这样管理当局的决策就应考虑短期变动成本和长期变动成本，从而提高预测、决策的科学性。

成本计算的科学性是产销决策和产品定价合理性的基础。进入知识经济时代，企业自动化、智能化程度越来越高，直接人工等直接成本所占的比例大大减少，间接费用比例大幅度增加，根据传统成本信息作出的产销决策常常出现失误。如有些高产量的产品本来是盈利的，但是在传统法下企业误以为是亏损的，从而错误地拒绝了订单，丧失了市场机会；而有些低产量的产品，实际上是亏损的，但是在传统的成本法下，企业误以为是盈利的从而错误地接受了订单。而作业成本法提供的成本信息更具有科学性、相关性，从而有助于改进产品的产销和定价决策及优化产品组合决策。

4.有利于改进业绩评价体系

传统成本计算方法下的成本包括了未使用资源和非增值作业耗费的资源，使业绩评价的客观性受到严重影响。而作业成本法的成本中不包含未使用资源和非增值作业耗费的资源，关注的是那些使成本增加和复杂化的因素，其业绩评价清晰地反映了作业、资源在增加顾客价值中所起的作用，可为改进作业管理、优化资源配置提供有用信息。

可见，作业成本法与传统成本计算方法相比具有很多优点，但需要指出的是，这种方法也有一定的局限性。

（二）作业成本法的局限性

1.作业成本法提供的仍然是历史成本信息，所以要发挥决策作用必须要有附加条件。

2.作业成本法虽然大大减少了现行方法在产品成本计算上的主观分配，

但并未从根本上消除它们。一是由于作业成本法的基础资料来自于现行的权责发生制，因此其计算结果必须受诸如折旧等成本期末分配中任意性的影响。二是作业成本法本身也存在一定的主观性，如在作业的确认、成本动因的选择和同质成本库的确认上，不同的会计人员会有不同的结果，这种主观随意性有时会带来与实际较大的偏差。这样，作业成本法成本库归集成本的正确性和客观性就会受到影响。

3. 作业成本法的实施要耗费大量的人力、物力和财力，成本较为昂贵而且工作较为复杂。

尽管作业成本法还存在上述问题，但决不能说它对我们毫无借鉴之处。它不仅是一种先进的成本计算方法，同时也是实现成本计算与控制相结合的全面成本管理制度。由于作业成本法独具的特点，我们完全可以在成本管理的其他方面，特别是在成本控制方面，采用作业成本法来达到控制和节约成本的目的。

(三)作业成本法的应用条件以及企业在应用中的注意事项

企业应用作业成本法需要具备一定的条件，如：间接费用比重很大；产品多样化；产品结构复杂、作业类别多、生产工艺复杂多变，同时市场竞争激烈，对不同型号产品的需求变动较大；拥有现代化会计系统等。有些制造企业的直接成本比重很大，就没有应用作业成本法的必要。

企业在应用中必须要充分考虑企业的具体情况和作业成本法本身的局限性。

1. 在设计作业成本计算系统时，要充分认识企业的具体情况，将作业成本法的特点和企业自身成本核算的特点相结合，从现实需要出发。企业实施作业成本法需要具备一定的条件。如果企业已经具备了较为成熟的应用条件，可以较为全面地试行作业成本法。对条件不太成熟企业来说，也可以在生产经营的某些环节或者在局部某些费用的分配方法上引入作业成本法的基本原理，以提高成本信息的质量。

2. 作业成本法的实施必须建立在严格的内部控制和管理制度基础上。因此，首先必须取得单位最高层领导和有关部门领导的认可和支持，搞好员工的培训工作，提高全员的成本意识，消除实施过程中所产生的各种人为因素的阻力。其次要努力提高各个作业责任人的素质，保证责任人提供的信息真实准确。

3. 企业在实施作业成本法时，首先应全面、精细地对生产经营过程进行作业分析，并在此基础上建立作业成本库和选择成本动因。动因的选择不必太细、太全，而应找到最重要的、与本企业主要成本相关性最大的因素。企业应该根据自身的电算化、网络化进步程度，确定作业账户设置的详细程度，因为企业实施作业成本法必须要以完善的电算化会计系统为基础。实施作业成本法，还应做好会计有关的基础工作，以确保会计信息真实可靠。

思考题：

1. 作业成本法是如何产生的？
2. 请简单介绍作业成本法的核算基本原理。
3. 请简单介绍作业成本法核算的一般程序。
4. 采用作业成本法计算产品成本有何优缺点？
5. 作业成本法的应用条件是什么？
6. 传统的成本计算方法与作业成本法比较有何缺陷？
7. 成本动因应如何选择？
8. 企业在应用作业成本法计算产品成本时应注意哪些问题？

16 第十六章 成本报表的编制与分析

《企业会计准则》和《企业会计制度》没有提到成本报表，只对财务报表的种类、格式和编制方法作了统一规定和说明，有人就误认为会计报表只包括财务报表，成本报表可有可无。其实，成本报表和财务报表都是企业会计报表体系的重要组成部分，缺一不可，从企业经营管理的角度来说，成本报表比财务报表更为重要。

会计报表是企业依据日常核算资料进行归集、汇总、加工而形成的一个完整的报告体系，所提供的会计信息应满足企业内外各方信息使用者的需要。按照服务对象的不同，企业会计报表分为两大类，一类为外部报表，即为企业外部的会计信息使用者服务的报表，如资产负债表、利润表、现金流量表等财务报表；另外一类为内部报表，即为企业内部管理服务的报表，如成本报表。财务报表要对外报送，故《企业会计准则》和《企业会计制度》要对财务报表的种类、格式和编制方法作出统一规定和说明；而在市场经济环境下，企业的成本水平和成本构成情况以及有关费用支出情况等成本费用信息是企业的商业机密，不对外公布，这样，作为成本费用信息主要载体的成本报表就作为企业的内部报表，只向企业内部经营管理者提供会计信息，其种类、格式和编制方法由企业或企业的上级主管部门自行确定，国家不作统一规定。所以，本章所讲述的只是工业企业一般应编制的成本报表的种类、基本格式和编制的基本方法，并不是国家的统一规定，企业具体应该怎样做，应根据每个企业的生产特点和管理要求自行确定。

第一节　成本报表概述

一、成本报表的概念

成本报表是会计报表体系的重要组成部分，是企业内部报表中的主要报表，是根据成本管理的需要，依据企业日常核算资料和其他有关资料定期或不定期编制的，用以反映和控制企业一定时期产品成本水平和成本构成情况，以及有关各项费用支出情况的一种报告文件。编制与分析成本报表是成本会计工作的重要内容。

二、成本报表的作用

1. 综合反映企业报告期内产品生产耗费和成本水平。

2. 客观反映各成本中心的成本管理业绩，评价和考核企业成本计划的完成情况。

3. 为制定和及时修订成本计划、确定产品价格提供重要依据，为企业进行成本、利润的预测、决策提供信息。

4. 作为成本分析的重要依据，有利于日常成本控制工作的有效进行，同时为例外管理提供必要的信息。

三、成本报表的分类

成本报表作为企业的内部报表，其种类、格式、内容、编制方法、编报时间、报送对象等，都由企业根据自身的特点和企业管理的具体要求自行确定。不仅不同企业的成本报表各不相同，就是同一企业在不同时期的成本报表也可能会不相同。

一般情况下，可将成本报表按其所反映的内容、编制的时间、范围等标准进行分类。其中，第一种分类能够体现成本报表所反映的经济内容，是最基本、最重要的分类，后两种分类是第一种分类的补充和完善。

（一）按报表反映的内容分类

1. 反映成本计划执行情况的报表

通过这类报表可以揭示企业为生产一定种类、一定数量产品所付出的成本是否达到了预定的目标。为反映生产耗费水平及其构成情况以及产品成本升降及其变动发展趋势，以展现成本管理工作的成效，并为深入进行成本分析，找出差距，明确薄弱环节，进一步采取有效措施，挖掘降低成本的内部潜力提供资料，在这类报表中，可将报告期的实际成本水平与计划成本水平、上年实际成本水平、历史最好成本水平乃至同行业同类产品先进成本水平等进行比较。

全部产品生产成本表、主要产品单位成本表等就属于这类报表。

2.反映费用支出情况的报表

通过这类报表可以了解到企业在一定时期内费用支出的总额及其构成情况，并与计划数或预算数、上年实际支出数比较，反映费用支出的合理程度和变动趋势，以便企业管理部门正确制定费用预算，考核各项消耗和支出指标的完成情况，明确各有关部门和人员的经济责任。

制造费用明细表、财务费用明细表、管理费用明细表、销售费用明细表等就属于这类报表。

3.反映生产经营情况的报表

这类报表属于专项成本或成本管理专题报表，主要反映在报告期内某些成本费用的发生情况，以及生产中影响产品生产成本的某些特定的、重要问题，一般根据生产经营的实际需要灵活设置。

生产情况表、材料耗用表、材料差异分析表、质量成本表等就属于这类报表。

（二）按报表编制的时间分类

成本报表在编制的时间上具有很大灵活性，可以定期也可以不定期地编制。

1.定期报表

这类报表按规定期限编报，根据编报时间长短可以分为年报、季报、月报、旬报、周报、日报、班报等。一般是按月、季、年编报，为了满足日常成本管理、临时或特殊任务的需要，及时反馈某些重要信息，以便管理部门采取相应对策，对成本耗费的主要指标，也可以按旬、周、日，甚至按工作班来编报。

产品生产成本表、主要产品单位成本表、制造费用明细表、管理费用明细表、销售费用明细表、财务费用明细表等就属于定期成本报表。

2.不定期报表

这类报表是针对成本管理中出现的某些问题或急需解决的问题而随时按要求编制的。

如在生产加工过程中因出现内部故障而造成较大损失时需及时将信息反馈给有关部门而编制的质量成本表，在发生较为异常的成本差异时需及时将信息反馈给有关部门而编制的有关成本费用表等就属于不定期成本报表。

(三)按编制的范围分类

按照编制的范围大小,成本报表可以分为全厂(企业)成本报表、车间成本报表、班组成本报表、个人(责任)成本报表等。

一般情况下,全厂(企业)成本报表有产品生产成本表、主要产品单位成本表、制造费用明细表、管理费用明细表、销售费用明细表、财务费用明细表等。而制造费用明细表、生产情况表、质量成本表等报表可以是全厂(企业)成本报表,也可以是车间、班组、个人(责任)成本报表。

除了上述成本报表,企业还可根据自身特点和管理要求以及结合本企业经营决策的实际需要,及时补充设置和编制其他必要的成本报表。

本章主要讲述产品生产成本表、主要产品单位成本表、制造费用明细表、管理费用明细表、销售费用明细表、财务费用明细表。

四、成本报表的特点

与企业财务报表相比,成本报表的特点如表 16-1 所示:

表 16-1　成本报表的特点(与企业财务报表相比)

区　别	财务报表特点	成本报表特点
1.在服务对象上	为企业外部的会计信息使用者服务,属于外部报表	为企业内部经营管理者服务,属于内部报表
2.在种类、内容、格式和编制方法、编报时间、报送对象上	种类、内容、格式和编制方法、编报时间、报送对象等都由国家作出统一规定和说明,不得随意变动,具有统一性,各个企业财务报表差异小	都由企业自行决定,并可根据企业的实际情况不断进行修改和调整,具有灵活性与多样性,即各个企业成本报表各不相同,就是同一企业在不同时期的成本报表也可能会因为进行修改和调整而有所不同
3.在内容要求上	全面性	要求专题性、针对性
4.在编报时效上	定期编报	定期与不定期编报相结合,可以根据需要适时地、不定期地编报,更具时效性与灵敏性
5.在设置的指标及包含的信息上	一般设置货币指标,主要包含会计核算信息资料	不仅设置货币指标,还设置大量反映成本费用消耗的数量指标,是会计核算资料与技术经济资料相结合的产物,包含了各个方面的信息,更具有综合性

五、成本报表的设置和编制要求

(一)成本报表的设置要求

成本报表是内部报表,一般根据企业的生产特点与管理需要自行设置,并可随着情况的变化对报表的种类、格式等进行调整。在设置成本报表时,应考虑报表的专题性、指标内容的实用性、格式的针对性等要求。

1. 报表的专题性

与设置财务报表时所要求的全面反映不同,作为内部报表,成本报表在设置时的首要考虑内容不是面面俱到地反映成本的全貌,而是对成本进行重点反映,突出专题性。专题性是指成本报表的设置要反映成本管理的某一方面的需要,突出反映管理中的重点问题、关键问题,要在产品生产集中、对成本的形成有重大影响的、费用集中发生的部门单独设置成本报表,以获得充分信息。

2. 报表指标内容的实用性

成本报表指标的设置应适应企业内部管理的需要,要求及时、灵活、具体,突出实用性。既可以按完全成本反映成本指标,也可以按变动成本反映成本指标,还可以将生产工艺规程及各项消耗定额成本指标与成本指标相对照,以便于分析成本升降的原因,挖掘降低产品成本的潜力。如主要产品单位成本表就由成本指标与材料的各项消耗相对照组成。

3. 报表格式的针对性

成本报表格式的设计,应该针对具体业务的特点及其存在的问题,重点突出,简明扼要,便于理解和使用,应当尽量避免一些无意义的繁琐计算以及一些庞大复杂的表式。

(二)成本报表的编制要求

与财务报表的编制要求一样,成本报表的编制要求也是数字真实、计算准确、内容完整、编报及时以及计算口径和填报方法保持各会计期间的一致性等。

1. 数字真实、计算准确

数字准确,是指成本报表中的各项数据必须真实可靠,不能任意估计,更不允许弄虚作假、伪造数字。为此要求企业在编制成本报表前,应将所有的经济业务登记入账,在结账、对账和财产清查的基础上,再依据核对无误的账簿记录编制报表。编完报表后,必须认真复核,进一步核对各个报表中相关指标的数字是否一致,以确保成本报表数字的真实性。

成本报表项目的数字并不完全是账簿资料数字的简单转抄,有很多项目是需要进行分析计算整理后才能填列的，而且报表的一些项目之间也存在着一定的数量钩稽关系。所以，应采用正确的计算方法，认真计算，以保证计算结果的准确性。

2.内容完整

内容完整，是指主要报表种类应齐全，应填列的报表指标和文字说明必须全面，表内项目和表外补充资料应当完整无缺，不得少编漏填、任意取舍。

3.编报及时

无论是定期成本报表还是不定期成本报表，都要求编报及时。所谓编报及时是指各种成本报表应根据企业管理部门的需要迅速提供，以便及时检查和分析企业成本计划的完成情况，及时采取措施解决成本工作中存在的问题，充分发挥成本报表的作用。这就要求会计部门除了要做好日常的成本核算工作外，还要注意整理、收集有关的历史成本资料、同行业成本资料、统计资料以及成本计划资料、费用预算资料等，同时要注意加强与企业内部有关部门以及各个车间的协作配合，以便在编制成本报表时及时从有关部门车间手中获取所需的资料。

4.计算口径和填报方法保持各会计期间的一致性

对于定期成本报表来说，若各个会计期间采用的计算口径和填报方法不相同，将对成本信息的产生带来不利影响。这就要求注意保持各会计期间成本报表计算口径的一致性，计算方法或填报方法如有变动，应在附注中加以说明。对定期报送的主要成本报表，还应对成本费用的升降情况、原因等作出分析、说明。

六、成本报表的编制和分析方法

（一）成本报表的编制方法

对于成本报表中产品的成本费用等指标，有的反映本期实际数，有的反映其累计实际数，有的反映有关的计划或预算数，还有的反映其他相关资料以及补充资料等，多种多样。

成本报表填列、编制的一般方法：

1.表中的成本、费用等指标的实际数，一般根据有关的产品成本或费用明细账的实际发生额填列。

2.表中的实际成本、费用等指标的累计数，一般根据本期报表的本期成本、费用实际数加上上期报表的实际成本、费用累计数计算填列；如果有关的明细账中记有期末实际成本、费用累计数，可以直接根据该数据填列。

3.表中的成本、费用等指标计划或预算数，一般根据有关的计划或预算填列。

4.表中的其他资料和补充资料，应根据报表相应的编制规定填列。

(二)成本报表的分析方法

在成本分析工作中比较经常使用数量分析法，这是因为成本报表主要是由一些经济指标项目组成的，所以在进行成本报表分析时，首先就要对各项报表项目的数字变动及其数量关系进行分析。通常采用的数量分析法包括比较分析法、比率分析法和因素分析法(包括两种：连环替换分析法和差额计算分析法)等多种方法。这些方法主要用于揭示差异、发现问题、衡量因素影响、分析原因、评价成果等方面。应该指出的是：任何分析方法都不能代替调查研究本身，都只能为进一步调查研究指明方向。

1.比较分析法

比较分析法是通过实际指标与基期指标的对比来揭示指标数量差异的一种分析方法，也叫对比分析法，是应用历史最悠久、使用范围最广泛的一种分析方法。对比是认识客观事物特征的一种方法，通过对比确定指标客观存在的差异，有差异说明存在值得研究的问题，这样就能为进一步分析差异产生的具体原因指明方向。

可供选择的与实际指标进行对比的基期指标有很多种：计划指标或定额指标、以前实际指标、本企业的历史先进指标以及国内外同行业的先进指标等。具体应选择哪种指标作为基期指标，应根据成本分析的目的而定。在实际操作中一般有以下几种：

(1)以计划指标或定额指标作为基期指标，通过实际指标与其相比，可以了解成本计划或定额的执行情况，但前提是制定的计划或定额要先进可行。

(2)以以前实际指标(上月、上季、上年同期水平，历史先进或最高水平等)作为基期指标，通过实际指标与其相比，可以考察企业成本的发展变化趋势以及经营管理工作的改进情况。

(3)以国内外同行业的先进指标作为基期指标，通过本企业的实际指标与其相比，可以开阔眼界，在更大范围内找差距，有利于学习先进经验，提高企业的经营管理水平。

但要注意的是，比较分析法只适用于同质指标的数量对比。例如：将产品的实际成本与计划成本对比，将原材料的实际费用与定额费用对比，将制造费用的本期实际数与前期实际数对比等。采用比较分析法时，应该考虑进行对比的各项指标在经济内容、计算方法、时间单位和影响指标形成的客观条件等各个方面的可比性。如果相比的指标之间不可比，应先按可比的口径将有关指标进行调整换算。如在物价发生持续变动时，可将实际指标与基期指标都按不变价格换算，或者按物价的变动情况对其中一个指标进行适当调整，然后再进行对比。

2. 比率分析法

比率分析法是通过计算各项指标之间的比率，来揭示数量差异的一种分析方法，在成本分析中应用也较广。采用该法，要先将分析对比的数值变成比率，即相对数的形式，然后再进行对比，确定比率之间的差异，从中发现问题。可见，比率分析法实质上也是一种比较分析法，是相对数指标的实际数与基数的对比分析。

分析的内容、要求不同，计算出来进行比较的比率也不同，主要有以下几种：

(1)相关指标比率分析法

在实际工作中，由于不同企业之间或同一企业的不同时期，生产规模不同等原因，某些指标如产值、销售收入或利润等相比的绝对数大小，就缺乏可比性，不能说明各个企业经济效益好坏。如果将不可比的因素剔除，例如把产品成本指标与反映生产经营成果的产值、销售收入或利润等指标相比，求其相对数，即产值成本率、销售收入成本率或成本利润率等，就可以反映各企业经济效益的好坏，这就是相关指标比率分析法。所谓相关指标比率分析法就是计算两个性质不同而又相关的指标的比率（即相对数），进行数量分析的一种方法。

将刚才提到的产品的产值成本率、销售收入成本率和成本利润率的计算公式列示如下：

$$产值成本率=\frac{成本}{产值}\times100\%$$

$$销售收入成本率=\frac{成本}{销售收入}\times100\%$$

$$成本利润率=\frac{利润}{成本}\times100\%$$

从上列计算公式可以看出，产值成本率和销售收入成本率高、成本利润率低的企业经济效益差，反之，企业经济效益好。可见，通过相关比率的分析，能从研究经济活动的客观联系中更深刻地认识经济活动，更合理地评价经济效益。

通过相关比率可以将报表中的独立要素联系起来。实际工作中一般采用行业平均相关比率或企业以前年度的相关比率作为评价标准。

(2)构成比率分析法

所谓的构成比率又称结构比率，是指某项指标的各个组成部分占总体的比重，故构成比率分析法也称为比重分析法，即通过计算部分与全部的比率进行数量分析的一种方法。计算、比较构成比率，可以了解某项经济指标的构成情况，以便考察总体组成部分的变动情况。

计算公式为：

$$构成比率=\frac{某个组成部分的数额}{该总体总额}\times 100\%$$

例如可以将构成产品成本的各个成本项目分别与产品成本总额相比，计算出产品成本的构成比率；可以将构成管理费用的各个费用项目分别与管理费用总额相比，计算出管理费用的构成比率，等等。计算并分析上述构成比率，可以反映产品成本或者经营管理费用的构成是否合理。将实际指标与其基期指标相比，如与计划指标或定额指标相比，可以反映其发生的差异大小；将同一个构成比率在不同时期的数值拿来对比，可以反映成本构成的变动情况。

将刚才提到的产品的成本构成比率的计算公式列示如下：

$$原材料费用比率=\frac{原材料费用数额}{产品成本总额}\times 100\%$$

$$直接人工费用比率=\frac{直接人工费用数额}{产品成本总额}\times 100\%$$

$$制造费用比率=\frac{制造费用数额}{产品成本总额}\times 100\%$$

构成比率分析法与其他比率分析法相同，在进行分析时，都要将比率的实际数与其基数进行对比，揭示两者之间的差异。

(3)动态比率分析法

动态比率分析法也叫趋势分析法，是通过对连续若干期相同指标数值(这里的相同指标可以是绝对数指标，如成本、利润等；也可以是相对数指标，如产值成本率、成本利润率等)的动态比较，来分析该指标的增减速度以及发展变化趋势，从而发现企业在生产经营方面的取得的成绩或存在的不足的一种分析方法。

采用的基期数值不同，计算出来的动态比率也不同。在进行动态比较时，本期的实际指标若是与固定不变的某期的基数指标进行对比，称为定比，求得的指标就是定基指数；本期的实际指标若是分别与上一期的指标对比，称为环

比,求得的指标就是环比指数。计算公式为:

$$定基指数=\frac{比较期的数值}{固定的基期的数值(基期数值始终不变)}\times100\%$$

$$环比指数=\frac{比较期的数值}{比较期前一期的数值(基期数值逐期变动)}\times100\%$$

[**例 16-1**]假定表 16-2 列示的是甲、乙两厂连续五年来生产的相同产品——A 产品——的单位成本资料,以及利用该资料计算出的定基指数与环比指数,对 A 产品单位成本的变动趋势进行动态分析的情况。

表 16-2　A 产品单位成本动态分析表

项　　目		第一年	第二年	第三年	第四年	第五年
A 产品单位成本(元)	甲厂	40	41	43	39	38
	乙厂	50	48	46	43	40
定基指数(%)	甲厂	100	102.5	107.5	97.5	95
	乙厂	100	96	92	86	80
环比指数(%)	甲厂	100	102.5	104.9	90.7	97.4
	乙厂	100	96	95.8	93.5	93

表中有关计算如下所示:

以第一年为基期,以 A 产品单位成本 40 元为基数,定为 100%,可以计算出甲厂连续五年来的定基指数。

第一年定为 100%

第二年:$\frac{41}{40}\times100\%=102.5\%$

第三年:$\frac{43}{40}\times100\%=107.5\%$

第四年:$\frac{39}{40}\times100\%=97.5\%$

第五年:$\frac{38}{40}\times100\%=95\%$

分别以上一年为基期,以 A 产品单位成本为基数,各个年度与其相比,可以计算出甲厂连续五年来的环比指数。

第一年定为 100%

第二年:以上一年的 40 元为基数,$\frac{41}{40}\times100\%=102.5\%$

第三年：以上一年41元为基数，$\frac{43}{41}\times100\%=104.9\%$

第四年：以上一年43元为基数，$\frac{39}{43}\times100\%=90.7\%$

第五年：以上一年39元为基数，$\frac{38}{39}\times100\%=97.4\%$

乙厂的定基指数、环比指数的计算与甲厂类似，不做赘述。

从上述计算可以看出：甲厂A产品的单位成本不稳定，变动趋势是先上升，后下降；而乙厂A产品的单位成本呈逐年下降的变动趋势，且下降的速度逐年加快。可见，乙厂的成本工作做得比甲厂好。这样的评价是否正确？我们还应结合绝对数的比较来看。乙厂的成本工作虽然做得不错，但在第五年A产品的单位成本的绝对数还比甲厂高2元，这在竞争中就没有优势了。所以有时候为了更全面地分析、评价企业的成本工作，就有必要将相对数的比较与绝对数的比较相结合。

（四）因素分析法

采用前面几种方法，能够确定实际数与基数之间的差异，但无法揭示产生差异的因素以及各因素对综合指标的影响程度，这样就不能找出主要矛盾，无法明确进一步调查研究的主要方向。而采用因素分析法就可以解决这一问题。

一个综合经济指标的变动往往受到相互联系的诸多因素变动的综合影响，如何确定各个因素的变动对该指标的影响程度呢？这就需要采用抽象的分析方法，建立合理的假设。

马克思在《资本论》第十五卷第十五章《劳动力价格和剩余价值的量的变化》中分析工作日的长度、劳动强度、劳动生产力三因素对劳动力价格和剩余价值的量的变化影响时指出："我们看到，劳动力价格和剩余价值的相对量取决于三种情况：第一，工作日的长度，或劳动的外延量；第二，正常的劳动强度，或劳动的内含量，即一定时间内耗费一定量的劳动；第三，最后，劳动生产力，即由于生产条件发展程度的不同，等量的劳动在同样时间内会提供较多或较少的产品量。显然，这三个因素可以有各种各样的组合：或者是其中一个因素不变，其他两个因素可变；或者两个因素不变，一个因素可变；最后，或者三个因素同时变化。这些因素同时变化时，又因为变化的大小和方向可以不同，组合也就更加多种多样了。……劳动的持续时间、劳动生产力和劳动强度同时变化很明显，在这里可能有许多种组合。可能两个因素变化，一个因素不变，或者三个因素同时发生变化。它们可能在同一程度上或在不同程度上变化，可能向同一方向或向相反的方向变化，以致它们的变化可以部分地或全部地互相抵消。……只要顺次地把其中一个因素视为可变,把其他因素视为不变,就会得到任何一种可能的组合的结果。"可见,在分析某项因素的变动对该综合指标差异的影响程度时,是以假定其他因素不变为前提条件的。

所谓因素分析法,是指将一个需要分析的综合指标分解成若干个相互联系的构成因素(即建立起各个因素与该综合指标之间的函数关系),通过一定的计算程序和方法,定量地确定各个因素对分析指标差异的影响程度的一种分析方法。该法是各项因素替换结果的对比,所以实质上也是一种对比分析法。

按照计算程序和方法的不同,因素分析法可以分为连环替代分析法(简称连环替代法)和差额计算分析法(简称差额计算法)。

1. 连环替代法

(1)定义

连环替代法,是顺次用各项构成因素的实际数替代基数来计算各项因素影响程度的一种分析方法。

(2)计算程序

这种分析法进行因素分析时,先要用对比分析法或比率分析法等确定经济指标的变动差异,然后再计算各个因素的影响程度,其计算程序如下:

①将一个需要分析的综合指标分解成若干个相互联系的构成因素,列出计算公式。

②排列计算公式中各项因素的顺序。

③按排定的顺序,以各项因素的基数作为计算基础。

④按照计算公式各项因素排定的顺序,依次将前一项因素的基数替换为实际数,每次替代后,实际数就取代基数,有几项因素就替换几次一直到所有的基数都被实际数所取代为止。求出每次替代以后产生的新的计算结果。

⑤将每次替代以后的计算结果与其前一次替代以后的计算结果进行比较,其差额就是某项因素变动对综合指标的影响程度。

⑥按顺序算出各项因素的影响程度(有的正方向影响,有的反方向影响),求其代数和,该代数和应等于被分析指标的实际数与基数的差异总额。

假定某综合指标为N,可以分解成A、B、C三项构成因素,其中A为最主要因素,即第一因素;B为次主要因素,即第二因素;C为次要因素,即第三因素。按该顺序可列出计算公式:$N=A\times B\times C$,用下标0表示基数,则基期指标为$N_0=A_0\times B_0\times C_0$;用下标1表示实际数,则实际指标为$N_1=A_1\times B_1\times C_1$,用$N'$表示第一次替代后产生的新的计算结果,用$N''$表示第二次替代后产生的新的计算结果,用D代表差异,将连环替代(分析)法的计算原理用图16-1表示:

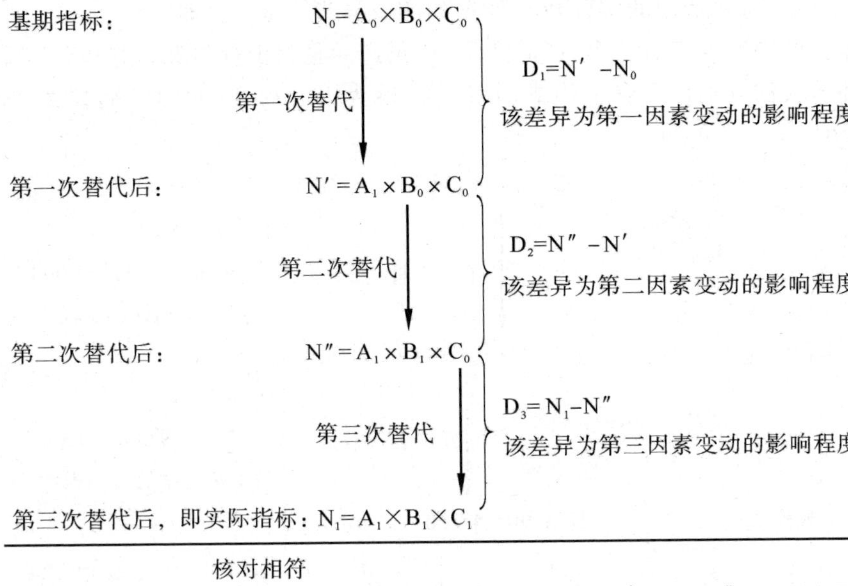

图 16-1　连环替代法计算原理

(3)应用

[**例 16-2**]下面以材料费用为例说明连环替代法的应用。假定某企业要对产品的材料费用这个综合指标进行分析。该指标可以分解成三个构成因素:产品产量、单位产品材料消耗量和材料单价。其中产品产量为最主要因素,即第一因素;单位产品材料消耗量为次主要因素,即第二因素;材料单价为次要因素,即第三因素。按该顺序可列出计算公式:材料费用＝产品产量×单位产品材料消耗量×材料单价。

假定该企业材料费用以计划数为基数,有关资料如表 16-3 所示:

表 16-3

项　目	综合指标	构成因素		
	材料费用(单位:元)	产品产量(单位:件)	单位产品材料消耗量(单位:千克/件)	材料单价(单位:千克/元)
计划数	8 000	80	5	20
实际数	7 920	90	4	22
差异数	－80	＋10	－1	＋2

可见，材料费用的实际数与计划数的差异为－80 元，即节约 80 元。形成该差异的影响因素有三个：产品产量、单位产品材料消耗量和材料单价。采用连环替代法分别计算各个构成因素对材料费用节约 80 元的影响程度，如图 16-2 所示：(单位：元)

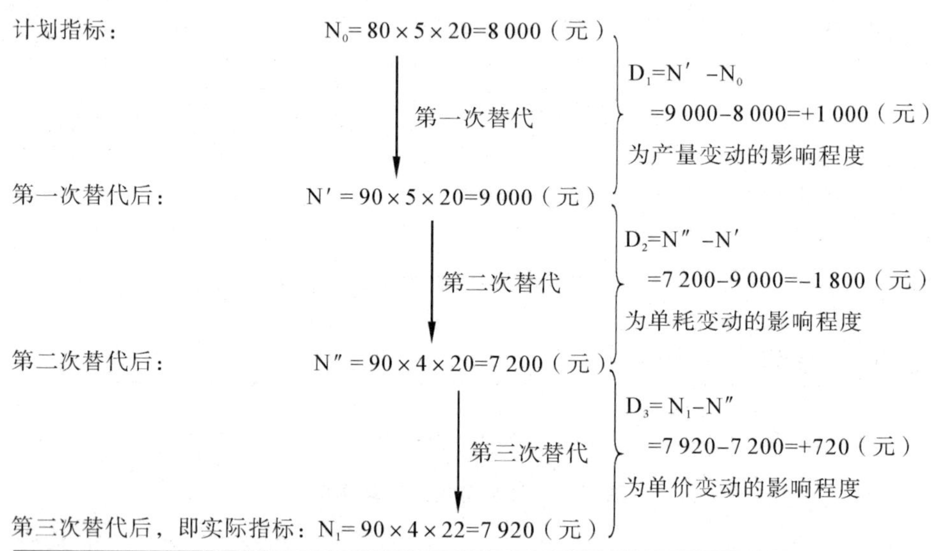

图 16-2　计算过程与结果

从以上分析计算可以看出，产品单耗减少的影响程度为节约 1 800 元，是材料费用变动的主要影响因素，但是由于产品产量增加以及材料提价这两个因素的影响又引起材料费用分别超支 1 000 元和 720 元，三个因素的影响程度相抵之后，材料费用的变动最终为节约差异 80 元。产品单耗的减少一般是生产部门成本管理作出的贡献，而产品产量增加所引起的材料超计划领用，一般要结合该产品的销售状况进行分析。若是销售很好，材料的超计划领用可以允许，若是积压卖不出去就是材料的损失浪费。另外，还应该到材料供应或采购部门去查明材料提价的原因。只有进一步查明以上各个因素变动的具体原因，才能采取有效措施，达到降低成本、节约费用的目的。

(4)要点及注意事项

在采用连环替代法进行分析时，应注意以下事项：

①综合指标所分解成的构成因素必须有意义,能够反映出该指标变动差异的内在原因。

②计算条件具有假定性。在分析某项因素的变动对该综合指标差异的影响程度时,是以假定其他因素不变为条件的,还假定顺序排在前面的因素先变动,顺序排在后面的因素不变动,等到顺序排在前面的因素变动完了,顺序排在后面的因素才开始变动。由此可见,每次替代后的计算结果仅仅是在某种假定条件下的计算结果。做这种假定是由分析本身的性质所决定的。我们知道,分析的目的在于揭示各个构成因素对综合指标差异的影响程度,以便认识事物发展运动的客观规律性,为了研究分析某个因素变动的影响程度,就要排除其他因素变动的影响。离开这种假定的前提条件,就难以计算出各个因素变动的影响程度。因此,在确定事物内部诸因素变动影响程度时,这种科学的抽象分析方法必不可少。

③按照综合指标的经济性质、各因素的相互依存关系以及分析的目的等合理排列各因素的顺序。确定各因素排列顺序的一般原则是:如果既有数量因素又有质量因素的,一般先替代数量因素,后替代质量因素。如果既有实物量因素又有价值量因素的,一般先替代实物量因素,后替代价值量因素。如果同时有多个数量因素又有多个质量因素的(或者同时有多个实物量因素又有价值量因素的),首先要在先替代的这几个数量指标中区分一下哪个是主要因素,哪个是次要因素,然后先替代主要因素,后替代次要因素;其次在后替代的几个质量因素中也区分一下哪个是主要因素,哪个是次要因素,然后先替代主要因素,后替代次要因素。另外,在有除法运算的关系式中,一般先替代分母因素,后替代分子因素。替代顺序一经确定,不应随意变更。因为各个因素的排列顺序一改变,其变动的影响程度也马上随之改变,虽然所有构成因素影响程度的代数和保持不变,但在计算某项因素变动的影响程度时,所依据的其他因素的条件发生了变化,这样的计算结果没有可比性,无法正确揭示各个因素变动的影响程度。

我们改变一下前面举例中材料费用的各个构成因素的排列顺序,假设顺序改为:材料费用=材料单价×产品产量×单位产品材料消耗量,计算结果随之改变。如图 16-3 所示。

替代顺序变了以后的计算结果与原先的相比,虽然各个因素变动的影响程度的代数和不变,仍为-80 元,但是每个因素变动的影响程度都变了,不仅数值变了,有的因素甚至连影响方向也变了。就拿材料单价变动的影响程度来说,在原先的替代顺序中,是在实际产量、实际单耗的基础上计算出来的;而在替代顺序变了以后,是在计划产量、计划单耗的基础上计算出来的。也就是

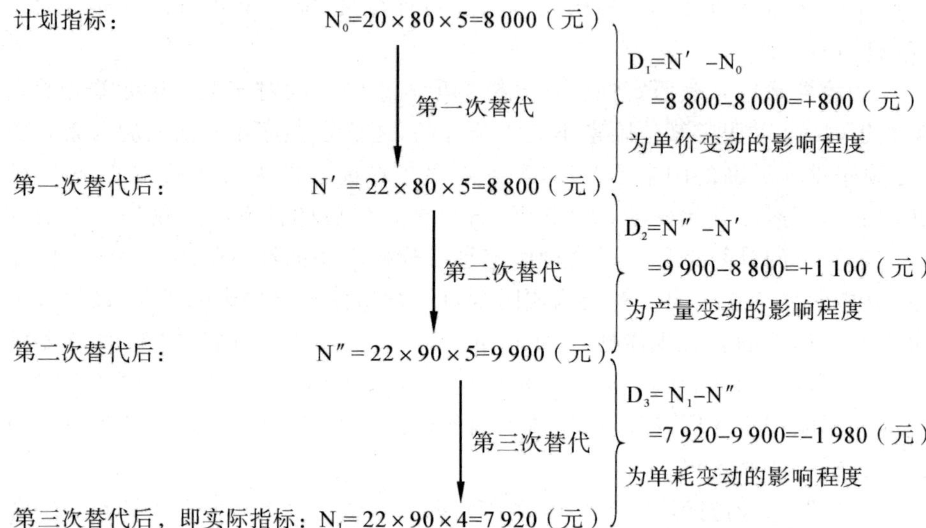

分析对象$D=N_1-N_0$=7 920–8 000= –80（元）

$D_1+D_2+D_3$ = +800+1 100–1 980= –80（元）=D，与分析对象核对相符

图 16-3　新计算过程与结果

说，计算该因素变动的影响程度时所依据的其他因素的条件发生了变化，使得计算结果缺乏可比性。因此，在进行因素替代时，我们应严格保持各个因素的替代顺序，不能随意加以改变。

④顺序连环地把各个因素的基期指标用实际指标替代。除了第一次替代是在基数的基础上进行的以外，以后的每一次因素替代都是在前一次替代的基础上进行的，这样一环扣一环，具有连环性。只有这样，计算出来的各个因素变动影响程度的代数和才能与综合指标的变动差异核对相符。

还要指出的是，用连环替代法只能进行初步的定量分析，计算的结果也只是从数量上说明问题，我们还要在此基础上深入实际调查研究，进行定性分析，才能查明综合指标升降的具体原因，以便及时采取有效措施来改进工作。

2.差额计算法

差额计算法，是指用各项构成因素的实际数与基数的差额直接计算各项因素影响程度的一种分析方法。

差额计算法与连环替代法的因素排列顺序、方法、应用要求都相同，计算结果也完全相同，差别在于该法直接将各个因素变动的影响程度用一个乘式形式表示出来，即在连环替代法每进行一次因素替代结果的对比时，把前后项的公因数提出来，写成乘积形式，其中包括差额的一个因式，这实际上就是连环替代法在计算程序、方法上的一种简化形式。我们可以沿用上述连环替代法的计算原理的表示方法，将差额计算法的计算原理用图 16-4 列示出来。

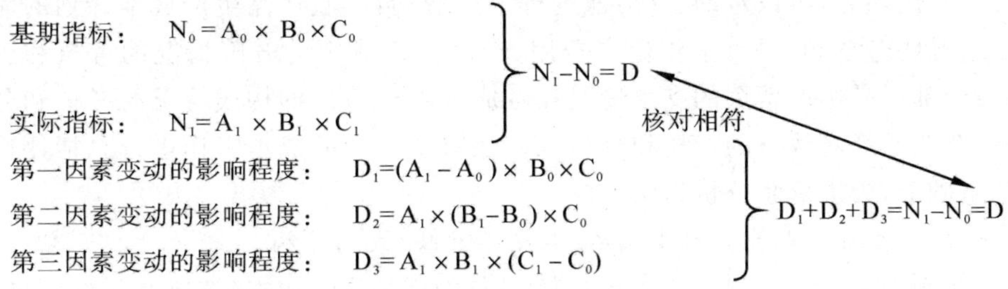

图 16-4　差额计算法原理

将前例产品材料费用以计划数为基数的有关资料，现在采用差额计算法分析一下：

分析对象：$N_1-N_0=D=90\times4\times22-80\times5\times20=-80$(元)

D_1＝产品产量变动的影响＝$(90-80)\times5\times20=1\ 000$(元)

D_2＝单位产品消耗量变动的影响＝$90\times(4-5)\times20=-1\ 800$(元)

D_3＝材料单价变动的影响＝$90\times4\times(22-20)=720$(元)

$D=D_1+D_2+D_3=1\ 000-1\ 800+720=-80$(元)，与分析对象核对相符

从以上的例子可以看到，在计算结果上，差额计算法与连环替代法完全相同；在计算程序和方法上，差额计算法比连环替代法更简便。这样，在综合指标由双因素构成时，因为因素的排序问题比较容易解决，所以经常采用差额计算法进行分析，如在分析单位产品材料费用变动的影响程度时，一般按顺序先计算材料消耗量变动的影响(即量差)，后计算材料价格变动的影响(即价差)，这样分析计算又快又准。但在综合指标由多因素构成时，因素较多，排序、计算都比较复杂，为稳健起见多采用连环替代法进行分析，当然，如果差额计算法掌握娴熟，也可以采用。

第二节　全部产品生产成本表的编制和分析

全部产品生产成本表是反映工业企业在报告期内生产的全部产品总成本的报表，一般可以从成本项目和产品种类两个角度进行编制与分析。

一、全部产品生产成本表(按成本项目反映)的编制与分析

该表是按成本项目汇总反映工业企业在报告期内生产的全部产品总成本的报表。

利用该表,可以定期、总括地进行生产费用计划、产品生产成本计划的完成情况的考核和分析;本年生产费用、产品生产成本的升降情况的考核和分析;全部产品生产费用的支出情况和各成本项目费用的构成情况的考核和分析;企业的经济效益的考核和分析等。在对企业产品成本工作进行总括评价的基础上,为进一步分析指明方向。

(一)全部产品生产成本(按成本项目反映)表的结构

[**例 16-3**]××工厂 20××年 12 月份的产品生产成本(按成本项目反映)表如表 16-4 所示。

表 16-4 产品生产成本(按成本项目反映)表

编制单位:工厂　　　　20××年 12 月　　　　单位:元

项　　目	本年计划	本月实际	本年累计实际
生产费用			
原材料	720 630	51 886	715 698
工资及福利费	450 394	28 689	411 464
制造费用	630 570	49 384	661 809
生产费用合计	1 801 594	129 959	1 788 971
加:在产品、自制半成品期初余额	65 110	48 008	78 999
减:在产品、自制半成品期末余额	35 204	23 223	42 050
产品生产成本合计	1 831 500	154 744	1 825 920

可见,全部产品生产成本(按成本项目反映)表可以分为生产费用和产品生产成本两部分。

1.生产费用部分。应按成本项目反映报告期内生产费用的发生额及其合计数。

2.产品生产成本部分。其合计数是在生产费用合计数的基础上,加上在

产品和自制半成品的期初余额,减去在产品和自制半成品的期末余额倒算出来的。

如果该表包含了企业全部产品(包括可比产品和不可比产品)的生产成本,一般可以按本年计划数、本月实际数和本年累计实际数分栏反映。如果单列可比产品,可以按上年实际数、本年计划数、本月实际数和本年累计实际数分栏反映。

(二)全部产品生产成本(按成本项目反映)表的编制

全部产品生产成本(按成本项目反映)表中有关指标的填列方法。

1.本年计划数,应根据成本计划有关资料填列。

2.生产费用总额和各成本项目金额的本月实际数,应根据各种产品成本明细账的本月合计数,按成本项目分别汇总填列。

3.本年累计实际数,应根据本月实际数与上月份本表的本年累计实际数之和填列。

4.上年实际数,应根据上年12月份本表的本年累计实际数填列。

5.在产品、自制半成品期初余额,应根据各种产品成本明细账的期初余额与各种自制半成品明细账的期初余额汇总之和填列。

6.在产品、自制半成品期末余额,应根据各种产品成本明细账的期末余额与各种自制半成品明细账的期末余额汇总之和填列。

全部产品生产成本(按成本项目反映)表中的产品生产成本的本月实际数合计与本年累计实际数合计,应分别与全部产品生产成本(按产品种类反映)表中的产品生产成本的本月实际数合计与本年累计实际数合计核对相符。

(三)全部产品生产成本(按成本项目反映)表的分析

全部产品生产成本(按成本项目反映)表的分析,一般可以采用比较分析法和比率分析法(构成比率、相关指标比率)。

1.比较分析法

(1)本年累计实际数与本年计划数对比

表16-4是工厂在20××年12月编制的,表中的本年累计实际数和本年计划数实际上就是全年的数值,这样就可以采用比较分析法,将生产费用合计及其各个成本项目费用、产品生产成本合计的本年累计实际数分别与其本年计划数对比求出差异,为进一步分析差异产生的具体原因指明方向。

如:从表16-4的产品生产成本与生产费用来看,产品生产成本合计的本年累计实际数为1 825 920元,本年计划数为1 831 500元,实际比计划降低5 580元;生产费用合计的本年累计实际数为1 788 971元,本年计划数为

1 801 594元，实际比计划降低 12 623 元，可见，产品生产成本与生产费用都比计划降低，变动方向相同。当然，也有可能变动方向不同，因为其中包含了在产品、自制半成品期初期末的变动影响。成本费用变动的原因很多，可能是产品产量变动或者是品种结构变动，也可能是单位成本变动引起的，具体原因应进一步查明。

从表 16-4 的生产费用的各个成本项目来看，原材料的本年累计实际数为 715 698 元，本年计划数为 720 630 元，实际比计划降低 4 932 元；工资及福利费的本年累计实际数为 411 464 元，本年计划数为 450 394 元，实际比计划降低成本 38 930 元；制造费用的本年累计实际数为 661 809 元，本年计划数为 630 570 元，实际比计划超支 31 239 元。可见，升降情况各不相同。比较分析后，还应进一步查明各个成本项目变动的影响因素及原因。

(2)本月实际数与本月计划数对比

如果该表中列有本月计划数，还可以将生产费用合计及其各个成本项目费用、产品生产成本合计的本月实际数分别与其本月计划数对比求出差异，方法同上。

2. 比率分析法

(1)构成比率

对生产费用的各个成本项目，还可以计算本年计划、本月实际和本年累计实际构成比率，采用比率分析法进行分析。

①本年计划构成比率

$$原材料费用比率=\frac{720\ 630}{1\ 801\ 594}\times 100\%=40\%$$

$$工资及福利费比率=\frac{450\ 394}{1\ 801\ 594}\times 100\%=25\%$$

$$制造费用比率=\frac{630\ 570}{1\ 801\ 594}\times 100\%=35\%$$

②本月实际构成比率

$$原材料费用比率=\frac{51\ 886}{129\ 959}\times 100\%=39.9\%$$

$$工资及福利费比率=\frac{28\ 689}{129\ 959}\times 100\%=22.1\%$$

$$制造费用比率=\frac{49\ 384}{129\ 959}\times 100\%=38\%$$

③本年累计实际构成比率

$$原材料费用比率=\frac{715\ 698}{1\ 788\ 971}\times100\%=40\%$$

$$工资及福利费比率=\frac{411\ 464}{1\ 788\ 971}\times100\%=23\%$$

$$制造费用比率=\frac{661\ 809}{1\ 788\ 971}\times100\%=37\%$$

将本年累计实际构成比率与本年计划构成比率相比，生产费用中工资及福利费比重降低，制造费用比重升高，原材料费用比重不变；将本年累计实际构成比率与本月实际构成比率相比，生产费用中工资及福利费比重升高，制造费用比重降低，原材料费用比重稍有升高。通过比较只能了解指标变动的一般情况，至于变动是否合理，引起变动的具体原因是什么，还要进一步查明，才能采取有效措施，降低产品成本。

(2)相关指标比率

在分析该表时，还可以将表中的产品成本指标与反映生产经营成果的产值、销售收入或利润等相关指标相比，计算出产值成本率、销售收入成本率或成本利润率等相关指标比率的本年计划数、本月实际数、本年累计实际数，加以对比分析，合理地评价企业本年以及本月的经济效益。

假设例 16-3 中企业的利润总额的本年计划数为 732 600 元、本月实际数为 69 635 元和本年累计实际数为 639 072 元，那么相应的成本利润率应为：

$$本年计划成本利润率=\frac{732\ 600}{1\ 831\ 500}\times100\%=40\%$$

$$本月实际成本利润率=\frac{69\ 635}{154\ 744}\times100\%=45\%$$

$$本年累计实际成本利润率=\frac{639\ 072}{1\ 825\ 920}\times100\%=35\%$$

可见，虽然本月实际成本利润率高于本年计划成本利润率，但本年累计实际成本利润率低于本月实际成本利润率也低于本年计划成本利润率，这说明企业本月的经济效益有所提高，但是整体的经济效益并不好，应该查明原因，以便改进工作，提高经济效益。

3.应用

比如说，要按成本项目考核全部产品生产费用计划的完成情况，就可以将表 16-4 本年累计实际生产费用与本年计划数比较，将比较分析法和比率分析法相结合，编制全部产品成本项目费用水平变动分析表进行分析，如表 16-5 所示。

表 16-5　全部产品成本项目费用水平变动分析表

单位:元

成本项目	生产费用		费用计划完成情况			费用各项目构成比率		
	本年累计实际 (1)	本年计划 (2)	费用差异 (比较分析) (3)=(1)-(2)	费用差异率 (比率分析) $(4)=\frac{(3)}{(2)}$	差异构成比率 (比率分析) $(5)=\frac{(3)}{(3)合计}$	本年累计实际 (比率分析) $(6)=\frac{(1)}{(1)合计}$	本年计划 (比率分析) $(7)=\frac{(2)}{(2)合计}$	差异 (比较分析) (8)=(6)-(7)
原材料	715 698	720 630	-4 932	-0.7%	39%	40%	40%	0
工资及福利费	411 464	450 394	-38 930	-8.6%	308%	23%	25%	-2%
制造费用	661 809	630 570	31 239	5%	-247%	37%	35%	2%
合　计	1 788 971	1 801 594	-12 623	-0.7%	100%	100%	100%	0

可见,从总体上看,该企业超额完成了生产费用计划,主要是原材料的节约和工资及福利费的大幅降低作出的贡献。原材料的比重与计划持平,工资及福利费的比重下降。同时也要看到,制造费用超支较大,其比重也升高了,还应深入调查,找出原因,将成本降低率进一步提高。

二、全部产品生产成本(按产品种类反映)表的编制与分析

全部产品生产成本(按产品种类反映)表,反映企业在报告期内生产的全部产品(包括可比产品和不可比产品)的总成本以及主要产品的总成本和单位成本的报表。

利用该表,可以定期、总括地进行企业全部产品和主要产品成本计划的执行情况以及可比产品成本降低计划完成情况的考核和分析;各种产品和各种可比产品成本升降情况的成本考核和分析;企业的经济效益的考核和分析等。在对企业产品成本工作进行总括评价的基础上,为进一步分析指明方向。

(一)全部产品生产成本(按产品种类反映)表的结构

[例 16-4]××工厂 20××年 12 月份的产品生产成本(按产品种类反映)表列示如表 16-6。

表 16-6　全部产品生产成本(按产品种类反映)表

编制单位:××工厂　　　　20××年 12 月　　　　单位:元

产品名称	计量单位	实际产量		单位成本				本月总成本			本年累计总成本		
		本月(1)	本年累计(2)	上年实际平均(3)	本年计划(4)	本月实际(5)=(9)/(1)	本年累计实际平均(6)=(12)/(2)	按上年实际平均单位成本计算(7)=(1)×(3)	按本年计划单位成本计算(8)=(1)×(4)	本月实际(9)	按上年实际平均单位成本计算(10)=(2)×(3)	按本年计划单位成本计算(11)=(2)×(4)	本年实际(12)
可比产品合计								150 000	140 050	139 896	1 800 000	1 680 000	1 674 000
其中:甲	件	26	300	1 000	975	981	980	26 000	25 350	25 506	300 000	292 500	294 000
乙	件	62	750	2 000	1 850	1 845	1 840	124 000	114 700	114 390	1 500 000	1 387 500	1 380 000
不可比产品合计									14 800	14 848		151 500	151 920
其中:丙	台	10	100		1 200	1 208	1 206		12 000	12 080		120 000	120 600
丁	台	8	90		350	346	348		2 800	2 768		31 500	31 320
全部产品合计									154 850	154 744		1 831 500	1 825 920

补充资料(本年累计实际数):

可比产品成本降低额为 126 000 元(本年计划降低额为 60 000 元)。可比产品成本降低率为 7%(本年计划降低率为 5%)。按现行价格计算的商品产值为 3 289 700 元。产值成本率 55.5 元/百元(本年计划产值成本率 50 元/百元)。

可见,全部产品生产成本(按产品种类反映)表的结构可以分成基本报表和补充资料两部分。

1. 基本报表部分

基本报表的横栏部分按照企业是否具有较为完整可比的成本资料,将全部产品分为可比产品和不可比产品两大部分,按照产品种类分别填列,最后再进行汇总。

基本报表的纵栏部分,设置了各种产品的实际产量、单位成本、本月总成本、本年累计总成本等成本指标,并按本年计划数、本月实际数、上年实际数、本年累计实际数等分别进行反映。

可比产品是指企业以前年度有正式生产过的,能够提供以前年度较为完整的成本资料进行比较的产品。其本期的实际成本不仅能与本期的计划成本比较,考核成本计划的完成情况,而且能与上年(或以前年度)的实际成本比较,考察成本的超支或节约情况,以评价成本工作的业绩。

不可比产品是指企业以前年度没有生产过本年度才开始生产的,或者是以前年度有试制过但没有正式生产的,没有以前年度完整可比的成本资料的产品。其本期实际成本只能与本期的计划成本相比较。

因此,成本计划中对不可比产品只规定了本年的计划指标,而对可比产品,不但规定了本年的计划指标,还规定了成本降低的计划指标,即与上一年(或以前年度)的成本指标相比的成本降低额与成本降低率。一般来说,成本降低率越大,成本降低额也越大。为什么要在可比产品成本降低计划任务中对这两个指标同时作出规定呢?

[**例 16-5**]对可比产品 A 的成本降低计划,假设实际执行中有两种情况,执行结果如表 16-7 所示。

表 16-7 A 产品成本降低计划的两种实际执行情况

单位:元

实际情况	产量(件)		单位成本			总成本			降低额		降低率	
	计划	实际	上年实际平均	本年计划	本年实际平均	上年实际平均	本年计划	本年实际平均	计划	实际	计划	实际
一	100	150	20	18	18.1	3 000	1 800	2 715	200	285	10%	9.5%
二	100	60	20	18	17	1 200	1 800	1 020	200	180	10%	15%

从实际执行的情况一来看,该产品计划成本降低额为 200 元,实际成本降低额为 285 元,超额完成了计划,但计划成本降低率为 10%,实际成本降低率仅为 9.5%,没有完成计划。从实际执行的情况二来看,该产品计划成本降低额为 200 元,实际成本降低额为 180 元,没有完成计划,但计划成本降低率为 10%,实际成本降低率为 15%,超额完成了计划。可见,成本降低率和成本降低额的计划完成情况会出现不一致的现象,其主要原因在于成本降低额指标受到产量的影响,成本降低率指标则不受产量的影响。为了全面反映企业的增产节约成果,从不同角度说明问题,所以有必要在可比产品成本降低计划任务中同时对这两个指标作出规定。

2. 补充资料部分

基本报表下面是补充资料部分。该部分要按年填报成本降低额、降低率、产值成本率的本年累计实际数与本年计划数,以及按照现行价格计算的产品产值等。

(二)全部产品生产成本(按产品种类反映)表的编制

1. 基本报表部分有关指标的填列

(1)本月实际产量，应根据各种产品成本明细账中有关的数量记录填列。

(2)本月累计实际产量，应根据本月实际产量与上月本表的本年累计实际产量之和填列。

(3)上年实际平均单位成本，应根据上年本表的本年累计实际平均单位成本填列。

(4)本年计划单位成本，应根据本年的成本计划填列。

(5)本月实际单位成本＝(9)/(1)，即应根据本表中的本月实际总成本与本月实际产量之商填列。

(6)本年累计实际平均单位成本＝(12)/(2)，即应根据本表中的本年累计实际总成本与本年累计实际产量之商填列。

(7)按上年实际平均单位成本计算的本月总成本＝(1)×(3)，即应根据本月实际产量与上年实际平均单位成本之积填列。

(8)按本年计划单位成本计算的本月总成本＝(1)×(4)，即应根据本月实际产量与本年计划单位成本之积填列。

(9)本月实际总成本，应根据各种产品成本明细账本月发生额填列。

(10)按上年实际平均单位成本计算的本年累计总成本＝(2)×(3)，即应根据本年累计实际产量与上年实际平均单位成本之积填列。

(11)按本年计划单位成本计算的本年累计总成本＝(2)×(4)，即应根据本年累计实际产量与本年计划单位成本之积填列。

(12)本年累计实际总成本，应根据各种产品成本明细账本年累计发生额或是产成品成本汇总表填列。

要注意的是，不可比产品没有过去的成本资料可以比较，无法反映上年实际数，故该表的第(3)、(7)、(10)栏不必填列。

2.补充资料部分有关指标的填列

补充资料只填列本年累计实际数，可根据计划、统计和会计等资料计算填列。其中：

(1)可比产品成本降低额(本年累计实际数)，应根据可比产品按上年实际平均单位成本和本年累计实际产量计算出来的总成本与本年累计实际总成本之差填列，正数表示降低，负数表示超支。

$$\text{可比产品实际成本降低额}=\text{可比产品按上年实际平均单位成本计算的总成本}-\text{可比产品本年累计实际总成本}$$

在例16-4中，可比产品成本降低额＝1 800 000－1 674 000＝126 000(元)

(2)可比产品成本降低率(本年累计实际数)，应根据可比产品成本降低额与按上年实际平均单位成本和本年累计实际产量计算出来的总成本之商填列。

$$\text{可比产品实际成本降低率}=\frac{\text{全部可比产品实际成本降低额合计}}{\text{全部可比产品按上年实际平均单位成本计算的总成本}}\times100\%$$

在例 16-4 中，可比产品成本降低率$=\frac{126\ 000}{1\ 800\ 000}\times100\%=7\%$

本年可比产品计划成本降低额 60 000 元和计划成本降低率 5%，根据可比产品成本降低计划填列。

(3)按现行价格计算的商品产值，应根据有关统计资料填列。

$$\text{按现行价格计算的商品产值}=\sum(\text{各种产品本年累计实际产量}\times\text{该产品现行出厂价})$$

假设在例 16-4 中，甲、乙、丙、丁四种产品的现行出厂价分别为 1 800 元、3 300元、2 180 元和 630 元，则：按现行价格计算的商品产值$=300\times1\ 800+750\times3\ 300+100\times2\ 180+90\times630=3\ 289\ 700$(元)

(4)产值成本率，指产品总成本与产品产值的比率，通常以每百元产品产值总成本表示。每百元产品产值总成本越低，说明生产耗费的经济效益越大，反之，经济效益越小。

$$\text{产值成本率}=\frac{\text{产品总成本}}{\text{产品产值}}\times100$$

在例 16-4 中，产值成本率$=\frac{1\ 825\ 920}{3\ 289\ 700}\times100=55.5$

(三)全部产品生产成本(按产品种类反映)表的分析

对该表的分析可以从两方面进行：一是对全部产品成本计划的完成情况进行总括分析，二是对可比产品成本降低计划的完成情况进行分析。

1.全部产品成本计划完成情况的总括分析

进行全部产品成本计划完成情况的总括分析，一般是对比本期的实际成本与计划成本，确定实际成本与计划成本相比的降低额和降低率。由于表中的计划总成本是按实际产量计算的，这样就剔除了产量变动对成本的影响。

$$\text{全部产品成本降低额(实际比计划)}=\sum\left(\text{各种产品实际产量}\times\text{本年计划单位成本}\right)-\text{本年累计实际总成本}$$

$$\text{全部产品成本降低率(实际比计划)}=\frac{\text{全部产品实际成本降低额(实际比计划)}}{\sum\left(\text{各种产品实际产量}\times\text{本年计划单位成本}\right)}\times100\%$$

通过上述公式计算出的数值若为正数，表示成本降低额(率)；若为负数，则表示成本超支额(率)。

表 16-8　本年累计全部产品成本计划完成情况分析表

单位:元

产品名称	计划总成本	实际总成本	降低额	降低率
可比产品合计	1 680 000	1 674 000	6 000	0.36%
其中:甲	292 500	294 000	−1 500	−0.51%
乙	1 387 500	1 380 000	7 500	0.54%
不可比产品合计	151 500	151 920	−420	−0.28%
其中:丙	120 000	120 600	−600	−0.50%
丁	31 500	31 320	180	0.57%
全部产品合计	1 831 500	1 825 920	5 580	0.30%

$$\begin{array}{c}\text{全部产品成本降低额}\\\text{(实际比计划)}\end{array}=1\ 831\ 500-1\ 825\ 920=5\ 580(\text{元})$$

$$\begin{array}{c}\text{全部产品成本降低率}\\\text{(实际比计划)}\end{array}=\frac{5\ 580}{1\ 831\ 500}\times 100\%=0.30\%$$

以上计算表明，全部产品完成了本年的成本降低计划，其本年累计实际成本比计划成本降低 5 580 元，降低了 0.30%。其中：

(1)可比产品的成本降低计划完成较好。本年累计实际成本比计划成本降低 6 000 元，降低了 0.36%。做出主要贡献的是乙产品，其成本降低了 7 500元；而甲产品成本不但没有降低，还超支了 1 500 元，应进一步查明原因。

(2)不可比产品的成本降低计划没有完成。本年累计实际成本比计划成本超支 420 元，超支了 0.28%。主要原因是丙产品的成本超支 600 元，超支幅度太大，以至于抵消了丁产品成本降低 180 元所作的贡献，对其超支的具体原因还应进行进一步分析。

2.可比产品成本降低计划完成情况的分析

可比产品成本降低计划的指标以及成本计划的完成情况分别在企业的成本计划和成本报表(如上例按产品种类反映的全部产品生产成本表)中反映。假设成本计划中规定可比产品的计划产量为：甲产品 600 件，乙产品 300 件。可利用有关资料编制可比产品成本降低计划表，如表 16-9 所示。

表 16-9　可比产品成本降低计划表

单位：元

可比产品名称	计划产量(件)	单位成本		总成本		计划降低任务	
		上年实际平均	本年计划	按上年实际平均单位成本计算	按本年计划单位成本计算	降低额	降低率
甲	600	1 000	975	600 000	585 000	15 000	2.5%
乙	300	2 000	1 850	600 000	555 000	45 000	7.5%
合计				1 200 000	1 140 000	60 000	5%

可比产品成本降低计划的完成情况，应根据上例的全部产品生产成本(按产品种类反映)表进行分析，编制可比产品实际成本降低情况表，如表 16-10 所示。

表 16-10　可比产品实际成本降低情况表

单位：元

可比产品名称	实际产量(件)	本年实际平均单位成本	总成本			实际降低情况	
			按上年实际平均单位成本计算	按本年计划单位成本计算	按本年实际平均单位成本计算	降低额	降低率
甲	300	980	300 000	292 500	294 000	6 000	2%
乙	750	1 840	1 500 000	1 387 500	1 380 000	120 000	8%
合计			1 800 000	1 680 000	1 674 000	126 000	7%

可比产品成本降低计划的完成情况的总括分析，要先将实际成本降低额、实际成本降低率分别与计划成本降低额、计划成本降低率比较，计算出实际脱离计划的差异，即先确定好分析对象。当然，以上四个指标要先计算好，才能用于比较。

(1)确定分析对象，即计算全部可比产品成本降低额和降低率差异

$$\text{全部可比产品成本降低额差异}=\text{实际成本降低额}-\text{计划成本降低额}$$

$$\text{全部可比产品成本降低率差异}=\text{实际成本降低率}-\text{计划成本降低率}$$

(2)确定全部可比产品成本降低计划完成情况的各个影响因素及其影响程度

从单一产品来看,影响成本降低额的因素主要是产品产量和产品单位成本,影响降低率的因素主要是产品单位成本。

从全部可比产品来看,影响成本降低额的因素主要是产品产量、产品品种构成和产品单位成本;影响降低率的因素主要是产品品种构成和产品单位成本。产品的品种构成是指各种产品在全部产品中的比重,因为各种产品的产量不能直接进行比较,所以品种构成一般是采用综合计算,即按每种产品的产量与上年实际平均单位成本计算出来的成本占全部可比产品总成本的比重的方法来求得。

全部可比产品(计划/实际)成本降低率

$$=\frac{\text{全部可比产品(计划/实际)成本降低额合计}}{\text{全部可比产品按上年实际平均单位成本计算的总成本}}\times100\%\text{(公式 1)}$$

$$=\sum[\text{各种可比产品(计划/实际)成本降低率}\times\text{该可比产品的成本构成}]\text{(公式 2)}$$

从公式 2 可以看到,全部可比产品的成本降低率是在可比产品的个别成本降低率的基础上,以品种构成为权数计算出来的加权平均数,是综合的成本降低率。

在例 16-4 中,

$$\text{全部可比产品计划成本降低率}=\frac{60\ 000}{1\ 200\ 000}\times100\%=5\%\text{(公式 1)}$$

$$\text{或者}=\frac{15\ 000}{600\ 000}\times\frac{600\ 000}{1\ 200\ 000}+\frac{45\ 000}{600\ 000}\times\frac{600\ 000}{1\ 200\ 000}=5\%\text{(公式 2)}$$

$$\text{全部可比产品实际成本降低率}=\frac{126\ 000}{1\ 800\ 000}\times100\%=7\%\text{(公式 1)}$$

$$\text{或者}=\frac{6\ 000}{300\ 000}\times\frac{300\ 000}{1\ 800\ 000}+\frac{120\ 000}{1\ 500\ 000}\times\frac{1\ 500\ 000}{1\ 800\ 000}=7\%\text{(公式 2)}$$

将上述实际数与计划数比较,确定两者之间的差异,列表如表 16-11 所示:

表 16-11　本年可比产品成本降低计划完成情况分析表

单位:元

产品	项目	实际	计划	差异	成本降低计划的完成情况
全部可比产品	总成本降低额	126 000	60 000	66 000	超额完成
	总成本降低率	7%	5%	2%	
其中:甲产品	成本降低额	6 000	15 000	−9 000	没有完成
	成本降低率	2%	2.5%	−0.5%	
其中:乙产品	成本降低额	120 000	45 000	75 000	超额完成
	成本降低率	8%	7.5%	0.5%	

可见,该企业可比产品的成本降低计划总的来说超额完成了,但是,其中甲产品超额完成而乙产品没有完成。这需要进行因素分析。

我们假设上述甲、乙产品实际产量比计划增长 50%,实际单位成本与计划单位成本相同,产品的品种构成也不变,那么单纯产量变动后可比产品实际成本降低情况如表 16-12 所示。

16-12　单纯产量变动后可比产品实际成本降低情况表

单位:元

可比产品名称	产量(设实际比计划增长 50%)		单位成本(设本年实际同计划)		总成本(设本年实际同计划)		降低任务完成情况	
	计划	实际	上年实际	本年实际	按上年实际平均单位成本	按本年实际平均单位成本	降低额	降低率
甲	600	900	1 000	975	900 000	877 500	22 500	2.5%
乙	300	450	2 000	1 850	900 000	832 500	67 500	7.5%
合　计					1 800 000	1 710 000	90 000	5%

表 16-13　可比产品品种构成计算表

单位:元

可比产品	上年实际平均单位成本	产　量			按上年实际平均单位成本计算的总成本			品种构成		
		计划	变动	实际	计划	变动	实际	计划	变动	实际
甲	1 000	600	900	300	600 000	900 000	300 000	50%	50%	16.7%
乙	2 000	300	450	750	600 000	900 000	1 500 000	50%	50%	83.3%
合计					1 200 000	1 800 000	1 800 000	100%	100%	100%

* 表中的变动指的是单纯产量变动,即假设实际产量比计划产量增长 50%。

$$\text{可比产品单纯产量变动后的成本降低率}=\frac{60\ 000\times(1+50\%)}{1\ 200\ 000\times(1+50\%)}\times100\%=\frac{90\ 000}{1\ 800\ 000}\times100\%=5\%$$

$$\text{或者}=\frac{15\ 000\times(1+50\%)}{600\ 000\times(1+50\%)}\times\frac{60\ 000\times(1+50\%)}{1\ 200\ 000\times(1+50\%)}+\frac{45\ 000\times(1+50\%)}{600\ 000\times(1+50\%)}\times\frac{60\ 000\times(1+50\%)}{1\ 200\ 000\times(1+50\%)}$$

$$=\frac{22\ 500}{900\ 000}\times\frac{900\ 000}{1\ 800\ 000}+\frac{67\ 500}{900\ 000}\times\frac{900\ 000}{1\ 800\ 000}$$

$$=5\%$$

可见，在可比产品的品种构成和单位成本都不变时，其个别成本降低率和成本构成也不会变，因此计算出来的综合成本降低率也不会变，仍为5%，但成本降低额却随着产量的变动而变动，且变动的方向和比例都与产量相同。在本表中，实际产量比计划增长50%，成本降低额从60 000增加到90 000，也同比增长50%。可见，在其他因素不变的条件下，单纯产量的增减变动只影响成本降低额，不影响成本降低率。

但在实际生产过程中，产量的变动，往往会引起品种构成的变动。从计算成本降低率的公式2可以知道，可比产品的综合成本降低率是在个别成本降低率的基础上，按成本构成加权平均计算出来的，因此成本构成的变动既影响成本降低率，也影响成本降低额。即使个别成本降低率不变，只要成本构成发生了变动，综合成本降低率就会发生变动。为了正确评价企业的成本降低情况，对成本构成变动的影响程度就要单独加以计算。当然，若可比产品只有一种，不存在成本构成的变化问题，对该影响程度也就不用计算了。

如前所述，在企业成本降低计划中规定的"计划成本降低额"和"计划成本降低率"指标，既包括全部可比产品的综合成本降低额和降低率，也包括各种可比产品的个别成本降低额和降低率。为什么还要同时规定综合成本降低率和个别成本降低率？这是因为在具体执行中可能出现个别成本降低率都完成了计划任务，但是因为成本降低率大的产品比重下降，成本降低率小的产品比重升高，使企业的可比产品成本降低率未能完成计划任务；或是个别成本降低率未能完成计划任务，但是因为成本降低率大的产品比重升高，成本降低率小的产品比重下降，而使企业的可比产品成本降低率超额完成等情况，所以要在成本降低计划中对各种可比产品的个别成本降低额和降低率作出规定。

在例16-4中，甲、乙产品的个别成本降低率保持不变，改变品种构成后的成本降低率为6.6667%，品种结构变动对成本降低率的影响为1.66667%，计算如下：

$$2.5\%\times16.66667\%+7.5\%\times83.33333\%=6.66667\%$$

$$2.5\%\times(16.66667\%-50\%)+7.5\%\times(83.33333\%-50\%)=1.666667\%$$

可以看出，成本降低率超计划完成的原因在于多生产了成本降低幅度大(7.5%)的乙产品，少生产了成本降低幅度小(2.5%)的甲产品。

采用因素分析法分析确定各因素变动的影响程度时，可以用连环替代法，也可以用差额计算法。

用连环替代法时，一般是以计划产量、计划品种构成、计划单位成本下的成本降低额为基数，然后将其依次替代为实际数。

$$\text{产品产量变动对成本降低额的影响}=\left[\sum\left(\text{本期实际产量}\times\text{上年实际平均单位成本}\right)\times\text{计划成本降低率}\right]-\text{计划成本降低额}$$

$$=\sum\left[\left(\text{本期实际产量}-\text{本期计划产量}\right)\times\text{上年实际平均单位成本}\right]\times\text{计划成本降低率}$$

$$\text{产品产量变动对成本降低率的影响}=0\text{(即在其他因素不变时，单纯产量的变动不影响成本降低率)}$$

$$\text{产品品种结构变动对成本降低额的影响}=\left[\sum\left(\text{本期实际产量}\times\text{上年实际平均单位成本}\right)-\sum\left(\text{本期实际产量}\times\text{本年计划单位成本}\right)\right]$$

$$-\left[\sum\left(\text{本期实际产量}\times\text{上年实际平均单位成本}\right)\times\text{计划成本降低率}\right]$$

$$\text{产品品种结构变动对成本降低率的影响}=\frac{\text{产品品种结构变动对成本降低额的影响}}{\sum(\text{本期实际产量}\times\text{上年实际平均单位成本})}\times100\%$$

$$\text{产品单位成本变动对成本降低额的影响}=\sum\left(\text{本期实际产量}\times\text{本年计划单位成本}\right)-\sum\left(\text{本期实际产量}\times\text{本期实际平均单位成本}\right)$$

$$=\sum\left[\text{本期实际产量}\times\left(\text{本年计划单位成本}-\text{本期实际平均单位成本}\right)\right]$$

$$\text{产品单位成本变动对成本降低率的影响}=\frac{\text{产品单位成本变动对成本降低额的影响}}{\sum(\text{本期实际产量}\times\text{上年实际平均单位成本})}\times100\%$$

对以上的例子，用连环替代法计算如下：

(1)确定分析对象

$$\text{全部可比产品成本降低额差异}=\text{实际成本降低额}-\text{计划成本降低额}=126\ 000-60\ 000=66\ 000\text{(元)}$$

$$\frac{\text{全部可比产品}}{\text{成本降低率差异}}=\frac{\text{实际成本}}{\text{降低率}}-\frac{\text{计划成本}}{\text{降低率}}=7\%-5\%=2\%$$

可见，全部可比产品成本降低计划超额完成，实际比计划多降低 66 000 元，多降低 2%。

(2)确定全部可比产品成本降低计划完成情况的各个影响因素及其影响程度

连环替代法的分析顺序是：先计算产量变动的影响程度，然后计算品种构成的影响程度，最后计算单位成本变动的影响程度。

$$\text{产品产量变动对成本降低额的影响}=(300\times1\ 000+750\times2\ 000)\times5\%-60\ 000=30\ 000(\text{元})$$

$$\text{或者}=[(300-600)\times1\ 000+(750-300)\times2\ 000]\times5\%=30\ 000(\text{元})$$

$$\text{产品产量变动对成本降低率的影响}=0(\text{即在其他因素不变时，单纯产量的变动不影响成本降低率})$$

$$\begin{aligned}\text{产品品种结构变动对成本降低额的影响}&=[(300\times1\ 000+750\times2\ 000)-(300\times975+750\times1\ 850)]-\\&\quad(300\times1\ 000+750\times2\ 000)\times5\%\\&=30\ 000(\text{元})\end{aligned}$$

$$\text{产品品种结构变动对成本降低率的影响}=\frac{30\ 000}{300\times1\ 000+750\times2\ 000}\times100\%=1.66667\%$$

$$\begin{aligned}\text{产品单位成本变动对成本降低额的影响}&=(300\times975+750\times1\ 850)-(300\times980+750\times1\ 840)\\&=300\times(975-980)+750(1\ 850-1\ 840)\\&=6\ 000(\text{元})\end{aligned}$$

$$\text{产品单位成本变动对成本降低率的影响}=\frac{6\ 000}{300\times1\ 000+750\times2\ 000}\times100\%=0.33333\%$$

因此，各因素对成本降低额的综合影响为：30 000＋30 000＋6 000＝66 000(元)，各因素对成本降低率的综合影响为：0＋1.66667%＋0.33333%＝2%。

将用连环替代法计算分析的可比产品成本降低计划完成情况的以上计算程序和计算结果列成分析表，如表 16-13 所示。

表 16-14　可比产品成本降低计划完成情况各因素影响程度分析表
（连环替代法）

指　　标	成本降低额(元)	成本降低率
①在计划产量、计划品种构成、计划单位成本下的成本降低数	60 000	5%
②在实际产量、计划品种构成、计划单位成本下的成本降低数	1 800 000×5%=90 000	5%
②－①，系第一因素——产量变动的影响	90 000－60 000=30 000	0
③在实际产量、实际品种构成、计划单位成本下的成本降低数	1 800 000－1 680 000=120 000	$\frac{120\ 000}{1\ 800\ 000}$×100%=6.66667%
③－②，系第二因素——品种构成变动的影响	120 000－90 000=30 000	6.66667%－5%=1.66667%
④在实际产量、实际品种构成、实际单位成本下的成本降低数	126 000	7%
④－③，系第三因素——单位成本变动的影响	126 000－120 000=6 000	7%－6.66667%=0.33333%
(②－①)+(③－②)+(④－③)可比产品成本降低计划完成情况(即各因素变动的综合影响)	66 000	2%

我们知道，全部可比产品成本降低额受到产品产量、品种构成和单位成本三个因素的影响，而成本降低率降低只受到产品品种构成和单位成本两个因素的影响。这样，我们在具体计算时还可以采用差额计算法。首先，从生产成本表中直接计算出单位成本变动对成本降低额和成本降低率的影响程度；然后利用余额推算的原理，从成本降低率的总差异中扣除单位成本变动对成本降低率的影响程度，余额即为品种构成变动对成本降低率的影响程度，进而求得该因素对成本降低额的影响程度，最后再利用一次余额推算的原理，从成本降低额总差异中扣除单位成本变动对成本降低率的影响程度和品种构成变动对成本降低额的影响程度，余额即为产量变动对成本降低额的影响程度了。也就是说，差额计算法的分析顺序是：先计算单位成本变动的影响程度，然后计算品种构成变动的影响程度；最后计算产量变动的影响程度，其顺序与连环替代法恰好相反。该法比连环替代法计算简便，但是因为计算结果都是利用余额推算的原理推算出来的，无法进行验算，而连环替代法的计算结果可以进行验算。

差额计算法的计算公式：

$$\begin{matrix}\text{产品单位成本}\\\text{变动对成本}\\\text{降低额的影响}\end{matrix}=\sum\left(\begin{matrix}\text{本期实}\\\text{际产量}\end{matrix}\times\begin{matrix}\text{本年计划}\\\text{单位成本}\end{matrix}\right)-\sum\left(\begin{matrix}\text{本期实}\\\text{际产量}\end{matrix}\times\begin{matrix}\text{本期实际平}\\\text{均单位成本}\end{matrix}\right)$$

$$=\sum\left[\begin{matrix}\text{本期实}\\\text{际产量}\end{matrix}\times\left(\begin{matrix}\text{本年计划}\\\text{单位成本}\end{matrix}-\begin{matrix}\text{本期实际平}\\\text{均单位成本}\end{matrix}\right)\right]$$

$$\begin{matrix}\text{产品单位成本}\\\text{变动对成本}\\\text{降低率的影响}\end{matrix}=\frac{\text{产品单位成本变动对成本降低额的影响}}{\sum(\text{本期实际产量}\times\text{上年实际平均单位成本})}\times 100\%$$

$$\begin{matrix}\text{产品品种结构}\\\text{变动对成本}\\\text{降低率的影响}\end{matrix}=\begin{matrix}\text{全部可比产品}\\\text{成本降低率差异}\end{matrix}-\begin{matrix}\text{产品单位成本}\\\text{变动对成本}\\\text{降低率的影响}\end{matrix}$$

$$\begin{matrix}\text{产品品种结构}\\\text{变动对成本}\\\text{降低额的影响}\end{matrix}=\sum\left(\begin{matrix}\text{本期实}\\\text{际产量}\end{matrix}\times\begin{matrix}\text{上年实际平}\\\text{均单位成本}\end{matrix}\right)\times\begin{matrix}\text{产品品种结构}\\\text{变动对成本}\\\text{降低率的影响}\end{matrix}$$

$$\begin{matrix}\text{产品产量变}\\\text{动对成本降}\\\text{低额的影响}\end{matrix}=\begin{matrix}\text{全部可比产品}\\\text{成本降低额差异}\end{matrix}-\begin{matrix}\text{产品单位成本}\\\text{变动对成本}\\\text{降低额的影响}\end{matrix}-\begin{matrix}\text{产品品种结构}\\\text{变动对成本}\\\text{降低额的影响}\end{matrix}$$

$$\begin{matrix}\text{产品产量变}\\\text{动对成本降}\\\text{低率的影响}\end{matrix}=0\text{(即在其他因素不变时,单纯产量的变动不影响成本降低率)}$$

对例 16-4,用差额计算法计算分析如下:

$$\begin{matrix}\text{产品单位成本}\\\text{变动对成本}\\\text{降低额的影响}\end{matrix}=(300\times975+750\times1\ 850)-(300\times980+750\times1\ 840)$$

$$=300\times(975-980)+750\times(1\ 850-1\ 840)$$

$$=6\ 000(\text{元})$$

$$\begin{matrix}\text{产品单位成本}\\\text{变动对成本}\\\text{降低率的影响}\end{matrix}=\frac{6\ 000}{300\times1\ 000+750\times2\ 000}\times100\%=0.33333\%$$

$$\begin{matrix}\text{产品品种结构}\\\text{变动对成本}\\\text{降低率的影响}\end{matrix}=2\%-0.33333\%=1.66667\%$$

$$\begin{matrix}\text{产品品种结构}\\\text{变动对成本}\\\text{降低额的影响}\end{matrix}=(300\times1\ 000+750\times2\ 000)\times1.66667\%=30\ 000(\text{元})$$

$$\begin{matrix}\text{产品产量变}\\\text{动对成本降}\\\text{低额的影响}\end{matrix}=66\ 000-6\ 000-30\ 000=30\ 000(\text{元})$$

$$\begin{matrix}\text{产品产量变}\\\text{动对成本降}\\\text{低率的影响}\end{matrix}=0\text{(即在其他因素不变时,单纯产量的变动不影响成本降低率)}$$

将用差额计算法计算分析的可比产品成本降低计划完成情况的以上计算程序和计算结果列成分析表，如表16-15所示。

表16-15　可比产品成本降低计划完成情况各因素影响程度分析表

（差额计算法）

指　　标	成本降低额(元)	成本降低率
各因素的综合影响	(1)66 000	(2)2%
单位成本变动的影响	(3)126 000－120 000＝6 000	(4)$\frac{6\ 000}{1\ 800\ 000}$×100%＝0.33333%
品种构成变动的影响	(6)1 800 000×1.66667%＝30 000	(5)2%－0.33333%＝1.66667%
产量变动的影响	(7)66 000－6 000－30 000＝30 000	0

＊表中的(1)～(7)表示计算的顺序

可见，连环替代法和差额计算法的计算结果一样，汇总如表16-16所示。

表16-16

因　　素	成本降低额(元)	成本降低率
产量变动的影响	30 000	0
品种构成变动的影响	30 000	0.33333%
单位成本变动的影响	6 000	1.66667%
合计(成本降低计划超额完成)	66 000	2%

＊要说明的是，例中产量变动的影响，只反映了单纯产量变动使成本降低额发生同比例增减变动的影响，并未反映因产量增加使分摊到单位成本中的固定费用减少的影响，这部分影响直接合并反映在单位成本变动的影响之中了。如果该企业有进行成本性态分析，已将制造成本划分为固定成本和变动成本两部分的话，那么可将因素分成产量、品种构成和单位变动成本、固定成本总额四个进行分析，结果将更为准确，有利于分清责任。

根据以上的计算结果，可以对该企业的可比产品成本降低计划完成情况作出总括评价。

总的来看，该企业超额完成了可比产品的成本降低计划，其中产量和品种构成因素的变动影响起了主要作用。产量变动使成本多降低30 000元；品种构成变动使成本多降低30 000元，降低率多1.66667%；单位成本变动使成本多降低6 000元，降低率多0.33333%。三个因素共同影响的结果是使可比产品的实际成本降低额比计划多降低66 000元，实际成本降低率比计划多降低2%。具体来看，品种构成变动在于多生产了成本降低幅度大的乙产品，少生产了成本降低幅度小的甲产品，其变动的具体原因应结合生产和销售来进行分析。产量变动使成本降低额增加，但产量计划乙产品超额完成而甲产品却未能完成，也应联系生产查明原因。成本管理工作总体上是有成效的，主要表现在乙产品的单位成本下降了10元，生产耗费的节约幅度较大。但也要看到，甲产品的单位成本升高了5元，从而抵消了乙产品超额完成的部分成本降低额和成本降低率，所以对于甲产品还应查明单位成本超支的原因，才能进一步加强管理，发扬和巩固已有的成绩。

第三节　主要产品单位成本表的编制与分析

对成本管理工作来讲，定期地对全部产品成本计划的完成情况和可比产品成本降低任务完成情况进行成本指标的总括分析是很重要的，因为总括分析能从成本工作的总体角度来说明问题。但是要揭示成本升降的具体原因，寻求降低成本的途径和方法，光靠总括分析还不够，必须在总括分析的基础上，进行更具体细致的单位成本分析。因为企业生产的产品种类一般都比较多，因而在进行单位成本分析时就无法面面俱到，只能抓住重点，对主要产品进行单位成本分析。所谓主要产品，是指企业经常生产的、在全部产品产量中所占的比重较大的，或者成本升降较大的、能概括反映企业生产经营面貌的产品。但是，全部产品生产成本表只能反映企业生产的全部产品的总成本，不能反映企业生产的主要产品单位成本的构成情况。为此，企业还应编制主要产品单位成本表。

主要产品单位成本表是反映企业在报告期内生产的各种主要产品单位成本水平及其构成情况的报表。它是企业生产成本中某些主要产品成本的进一步反映，是对全部产品生产成本表的补充说明。

利用该表，可以按照成本项目，定期对主要产品单位成本计划的完成情况、本月实际和本年累计实际平均单位成本升降情况、各种主要产品的技术经济指标的执行情况等进行考核和分析。通过这些分析，可以查明主要产品单位成本中的各个成本项目发生差异的情况，从而确定产品单位成本变动的具体原因和责任，为不断降低产品成本指明方向。

一、主要产品单位成本表的结构

［**例 16-6**］我们通过实例来了解主要产品单位成本表的结构。××工厂20××年12月份的主要产品单位成本表（甲产品）如表16-17所示。

表 16-17　主要产品单位成本表

编制单位：××工厂　　　　20××年 12 月　　　　单位：元

产品名称：甲　　　　本月计划产量：50 件

计量单位：件　　　　本月实际产量：26 件

产品规格：××　　　　本年累计计划产量：600 件

销售单价：1 800 元　　　　本年累计实际产量：300 件

成本项目		历史先进水平	上年实际平均	本年计划	本月实际	本年累计实际平均
原材料		480	502	486	488	490
工资及福利费		196	200	194	199	195
制造费用		294	298	295	294	295
产品单位成本		970	1 000	975	981	980
主要技术经济指标	计量单位	耗用量	耗用量	耗用量	耗用量	耗用量
A 材料	千克	50	61	48	50	48.5
B 材料	千克	20	21	24	19	18
C 材料	千克	24	25	23	25	26

可见，主要产品单位成本表可分设三个部分：产量、单位成本和主要技术经济指标，其中第一部分在表头反映，后两部分在表内反映。表内横栏的上半部分分成本项目反映单位成本指标，下半部分反映主要技术经济指标，主要是原材料的单位耗用量，并按照纵栏部分所设置的历史先进水平、上年实际平均、本年计划、本月实际、本年累计实际平均数等分别进行反映。

二、主要产品单位成本表的编制

主要产品单位成本表应按各种主要产品分别进行编制，即一种主要产品编制一张表。

1.产量

(1)本月计划产量和本年累计计划产量，应根据本月和本年的生产计划填列。

(2)本月和本年累计实际产量，应根据产品成本明细账或产成品成本汇总表填列。

(3)销售单价应根据产品定价表填列。

2.单位成本

(1)历史先进水平，应根据该企业历史上该种产品成本最低年度本表的实际平均单位成本填列。

(2)上年实际平均单位成本,应根据上年度本表的累计实际平均单位成本填列。

(3)本年计划单位成本,应根据本年度成本计划中的资料填列。

(4)本月实际单位成本,应根据产品成本明细账或产成品成本汇总表填列。

(5)本年累计实际平均单位成本,应根据本年年初起至报告期末止,该产品成本明细账完工入库产品的本年累计实际总成本与本年累计实际产量之商填列。

要注意的是,主要产品单位成本表是全部产品生产成本表的进一步反映,故上年实际平均、本年计划、本月实际、本年累计实际平均的单位成本应与按产品品种反映的全部产品生产成本表的相应单位成本一致。

3. 主要技术经济指标

该指标主要反映该产品单位产量的主要原材料、燃料、工时等的耗用量。

(1)历史先进水平,应根据该企业历史上该种产品成本最低年度本表的实际单位耗用量填列。

(2)上年实际平均耗用量,应根据上年度本表的累计实际平均耗用量填列。

(3)本年计划耗用量,应根据本年度成本计划中的资料填列。

(4)本月实际耗用量,应根据产品成本明细账或产成品成本汇总表中的资料填列。

(5)本年累计实际平均耗用量,应根据本年年初起至报告期末止,该产品成本明细账完工入库产品的本年累计实际耗用量与本年累计实际产量之商填列。

不可比产品,不用填列本表中的"历史先进水平"和"上年实际平均"这两栏的单位成本和主要技术经济指标。

三、主要产品单位成本表的分析

主要产品的单位成本分析,主要包括一般分析和成本项目分析。分析的依据是企业的主要产品单位成本表、有关定额核算资料、成本计划、统计以及与成本核算有关的业务技术资料等。如果条件允许,企业还可以选择同行业同类型的产品,进行单位成本的横向对比分析。

（一）主要产品单位成本的一般分析

主要产品单位成本的一般分析，是从总的方面分析各种产品实际单位成本与历史先进水平、上年实际平均、本年计划等相比的升降情况。分析时可以采用简化的对比方法，可以将各种产品单位成本的实际数与历史先进水平、上年实际平均、本年计划数等对比，直接求出成本降低额和降低率，而不必像分析可比产品的成本降低计划完成情况，要先把成本降低额和降低率的实际数求出来再与其计划数对比那么复杂。

以“主要产品单位成本表”为依据，对甲产品进行单位成本分析，如表 16-18 所示。

表 16-18　甲产品单位成本分析表

编制单位：××工厂　　　　20××年 12 月　　　　单位：元

成本项目	历史先进水平	上年实际平均	本年计划	本月实际	本年累计实际平均	降低额				降低率(%)			
						比历史先进水平	比上年实际平均	比本年计划	比本年累计实际平均	比历史先进水平	比上年实际平均	比本年计划	比本年累计实际平均
原材料	480	502	486	488	490	−8	14	−2	2	−1.67	2.79	−0.41	0.41
工资及福利费	196	200	194	199	195	−3	1	−5	−4	−1.53	0.5	−2.58	−2.05
制造费用	294	298	295	294	295	0	4	1	1	0	1.34	0.34	0.34
产品单位成本	970	1 000	975	981	980	−11	19	−6	−1	−1.13	1.9	−0.62	−0.10

由表 16-18 的分析可知，甲产品的本月实际单位成本比上年降低 19 元，有一些成绩。但也要看到，该成本比计划高 6 元，比本年累计实际平均高 1 元，与历史先进水平比差距更大，高 11 元。从总体上看，还不容乐观。本月在制造费用的控制方面做得比较好，达到了历史先进水平，超支的主要原因在于原材料和工资及福利费的大幅增加，说明企业在材料消耗的控制以及生产的组织、劳动生产率的提高等方面还存在较大不足，成本管理工作有待加强。

（二）主要产品单位成本的成本项目分析

为了寻求降低成本的途径，进一步查明影响单位成本变动的因素以及成本升降的具体原因，在对主要产品的单位成本进行一般分析的基础上，应对单位成本的各个成本项目，特别是变动较大、数额较大的成本项目进行重点分析。

1. 原材料项目的分析

原材料是产品成本的重要组成部分，加强原材料的采购工作，获取质优价廉的原材料供应，是降低成本的重要一环。在保证产品质量的前提下，合理使用原材料也是节约消耗、降低成本的主要途径。因此，对该项目要进行重点分析。

对原材料项目的分析，一般是先将原材料费用的实际数与计划数对比，查明其变动情况，然后分析影响其变动的因素和原因。

(1)原材料项目的双因素分析

原材料费用的变动受到单位产品原材料耗用量和原材料单价两个因素的变动影响，可用差额计算法进行分析，先计算单位产品原材料耗用量变动的影响(即量差)，再计算原材料单价变动的影响(即价差)。计算公式：

$$\text{原材料耗用量变动的影响}=\left(\text{单位产品实际耗用量}-\text{单位产品计划耗用量}\right)\times\text{原材料计划单价}$$

$$\text{原材料单价变动的影响}=\text{单位产品实际耗用量}\times\left(\text{原材料实际单价}-\text{原材料计划单价}\right)$$

$$\begin{aligned}\text{单位产品原材料费用差异}&=\text{单位产品原材料实际费用}-\text{单位产品原材料计划费用}\\&=\text{原材料耗用量变动的影响}+\text{原材料单价变动的影响}\\&=\text{量差}+\text{价差}\end{aligned}$$

[**例 16-7**]假设甲产品单位原材料费用的有关资料如表 16-19 所示，对其进行分析。

表 16-19　甲产品单位原材料费用分析表

名　称	耗用量(千克)		单价(元/千克)		原材料费用(元)		差异(元)		
	本年计划	本月实际	本年计划	本月实际	本年计划	本月实际	量差	价差	费用
A 材料	48	50	3.5	4.16	168	208	7	33	40
B 材料	24	19	7.5	8	180	152	－37.5	9.5	－28
C 材料	23	25	6	5.12	138	128	12	－22	－10
合　计					486	488	－18.5	20.5	2

在本例中，甲产品单位原材料费用本月实际数比计划数超支了 2 元，其中：

$$\text{原材料耗用量变动的影响}=(50-48)\times3.5+(19-24)\times7.5+(25-23)\times6=-18.5(\text{元})$$

原材料单价变动的影响 $=50\times(4.16-3.5)+19\times(8-7.5)+25\times(5.12-6)=20.5$（元）

原材料费用差异 $=488-486=(-18.5)+20.5=2$（元）

计算表明，甲产品单位原材料费用比计划超支2元，其中原材料单价的变动使单位原材料费用比计划超支20.5元，而原材料耗用量的变动使单位原材料费用比计划节约18.5元。也要看到，C材料单价的下跌，使单位原材料费用比计划节约22元，而A材料、C材料耗用量的增加使单位原材料费用比计划超支19元。所以，总的来说，甲产品单位原材料费用比计划超支了，但其中具体各个因素、各种材料变动影响的方向、程度都不一样，还需要进一步分析查明影响材料的耗用量变动和单价变动的主要因素，才能真正找到降低产品成本的途径。

（2）原材料项目的三因素分析

在化学、冶金等工业企业中，经常将不同种类、不同规格的材料，按照生产工艺的要求，以一定的配料比例搭配起来生产制造出各种产品。因为材料的单价各不相同，所以改变配料比例，就会相应改变各种材料的消耗量以及加权平均单价，使单位产品的原材料费用发生变动。

如果各种原材料配料比例变动是在原材料单价和消耗总量同时变化的情况下发生的，那么上述三个因素对单位产品原材料费用的影响可按以下公式计算。

$$\text{计划配方的计划平均单价}=\frac{\sum(\text{原材料的计划消耗量}\times\text{该材料的计划单价})}{\text{原材料计划消耗总量}}$$

$$\text{实际配方的计划平均单价}=\frac{\sum(\text{原材料的实际消耗量}\times\text{该材料的计划单价})}{\text{原材料实际消耗总量}}$$

$$\text{实际配方的实际平均单价}=\frac{\sum(\text{原材料的实际消耗量}\times\text{该材料的实际单价})}{\text{原材料实际消耗总量}}$$

$$\text{原材料消耗总量的变动影响}=(\text{实际消耗总量}-\text{计划消耗总量})\times\text{计划配方的计划平均单价}$$

$$\text{原材料配料比例的变动影响}=\text{实际消耗总量}\times(\text{实际配方的计划平均单价}-\text{计划配方的计划平均单价})$$

$$\text{原材料价格的变动影响}=\text{实际消耗总量}\times(\text{实际配方的实际平均单价}-\text{实际配方的计划平均单价})$$

[例16-8]假设某企业生产单位B产品耗用的原材料的配方发生改变，计划配方以及实际配方下的单价和用量如表16-20所示，其原材料配料比例变

动是在原材料单价和消耗总量同时变化的情况下发生的，其对单位产品原材料费用的影响分析如下：

表 16-20　单位 B 产品配料变动分析表

材料名称	计划配方				实际配方			
	单价（元）	消耗量（千克）	配比	金额（元）	单价（元）	消耗量（千克）	配比	金额（元）
甲	2	10	20%	20	3	14.4	30%	43.2
乙	2	20	40%	40	1.8	16.8	35%	30.24
丙	10	20	40%	200	9	16.8	35%	151.2
合　计		50	100%	260		48	100%	224.64

在单价变动，实际消耗总量也变动时，单位产品原材料费用差异＝224.64－260＝－35.36，即节约 35.36 元。

$$\text{计划配方的计划平均单价}=\frac{2\times10+2\times10+10\times20}{50}=5.2(\text{元})$$

$$\text{实际配方的计划平均单价}=\frac{2\times14.4+2\times16.8+10\times16.8}{48}=4.8(\text{元})$$

$$\text{实际配方的实际平均单价}=\frac{3\times14.4+1\times16.8+8\times16.8}{48}=4.68(\text{元})$$

材料消耗总量变动的影响＝(48－50)×5.2＝－10.4(元)

材料配料比例变动的影响＝48×(4.8－5.2)＝－19.2(元)

材料价格变动的影响＝48×(4.68－4.8)＝－5.76(元)

三个因素影响合计＝(－10.4)＋(－19.2)＋(－5.76)＝－35.36(元)

可见，原材料节约的主要原因在于材料消耗总量的下降、价格的下跌以及配料比例的变动，其中配料比例的变动的影响程度最大。

原材料项目三因素分析的简化：

在单价和消耗总量都不变时，这两个因素对单位产品原材料费用的影响就不存在了，只要计算配料比例单因素的变动影响即可，原计算公式简化为：

$$\text{原材料配料比例变动对单位产品原材料费用的影响}=\text{单位产品实际耗用的配料总量}\times\left(\text{按实际配方计算的平均单价}-\text{按计划配方计算的平均单价}\right)$$

[**例 16-9**]假设某企业生产单位 B 产品耗用的原材料的配方发生改变，计

划配方与实际配方下的单价和消耗总量相同，只有配料比例发生变动，其对单位产品原材料费用的影响分析如表 16-21 所示。

表 16-21　单位产品配料变动分析表

材料名称	单价(元)	计划配方			实际配方		
		消耗量(千克)	配比	金额(元)	消耗量(千克)	配比	金额(元)
甲	2	10	20%	20	15	30%	30
乙	2	20	40%	40	17.5	35%	35
丙	10	20	40%	200	17.5	35%	175
合　计		50	100%	260	50	100%	240

在单价不变，实际消耗总量也不变时，单位产品原材料费用差异＝240－260＝－20，即节约 20 元，主要原因在于配料比例变动的影响。

$$\text{计划配方的平均单价}=\frac{2\times10+2\times20+10\times20}{50}=5.2(\text{元})$$

$$\text{实际配方的平均单价}=\frac{2\times15+2\times17.5+10\times17.5}{50}=4.8(\text{元})$$

配料比例变动的影响＝50×(4.8－5.2)＝－20(元)

可见，材料配料比例单因素的变动，使单位产品原材料费用节约 20 元。

(3)影响原材料耗用量变动和价格变动的因素

下面对影响原材料耗用量变动和价格变动的因素进一步分析。

①影响原材料耗用量变动的因素

影响原材料耗用量变动的因素主要有产品设计和材料加工方法的变化、材料质量的变化、材料代用和配料比例的变化、废料回收和材料综合利用的变化等，除此之外，还与企业生产组织和经营管理工作水平等密切相关，因此分析时必须结合上述相关资料深入研究，才能找出原材料耗用量变动的具体原因，作出正确评价，采取有效措施提高材料利用率，降低单位产品成本。

本节只对配料比例变动的分析作了介绍，对其他因素变动的具体分析详见后文中的“技术经济指标变动对产品单位成本的影响分析”部分。

②影响原材料价格变动的因素

影响原材料价格变动的因素主要有：材料买价的变化和运杂费、运输途中的合理损耗、入库前的挑选整理费用等采购费用的变化。

第一，材料买价的变化。引起材料买价变动的原因很多，有主观因素，也有客观因素。如某些国家统一定价的材料因国家调价而使价格发生变动，或者某些市场定价的材料随着市场供求变化而发生价格波动等，这些都属于客观因素，与企业无关。但是如果是由于采购人员不了解市场行情、采购地点或供应商选择不当等原因而采购了价高质低的材料，就属于主观因素了。

第二，采购费用的变化。采购费用一般随着运输部门运费的调整或者材料采购地点、运输方式等的变化而变化，但前者属于客观因素，后者属于主观因素。适当的采购地点、运输方式等会降低采购费用，这需要企业在比较分析的基础上作出合理的选择。

因此，在分析材料价格的变动时，一定要结合市场供求、材料质量等区分主客观因素，才能查明原因，作出正确评价，以便明确责任，及时采取措施，降低单位产品成本。

2. 直接人工费用（工资及福利费）项目的分析

对产品单位成本中的工资及福利费用，即直接人工费用的分析，应按照不同的工资制度和直接人工费用计入产品成本的方法来进行。

在实行计件工资制度的企业里，每件产品都规定有计件单价，即工资定额。计件工资总额是变动费用，随着产量的变动而变动，并直接计入产品成本。计件单价不变时，计入产品单位成本中的直接人工费用一般也不会变。但在实际工作中，由于工作条件或加工过程发生变动等原因也可能引起单位成本中直接人工费用的变动。如某工序本应由二级工操作，但二级工人数不足而临时改由三级工操作，增加了工资费用；又如某工序采用新技术节约了加工时间，减少了工资费用。这时就要结合生产加工和劳动组织方面的变动情况以及其他有关资料来分析查明变动的原因。

对产品单位成本中直接人工费用的分析，主要适用于实行计时工资制度的企业。

在计时工资制度下，直接人工费用一般属于间接计入费用，但如果企业只生产一种产品，那么直接人工费用就无须在各种产品之间分配，直接计入该产品成本。这时，计入该产品单位成本中直接人工费用的多少受到两个因素的影响：直接人工费用总额和产品产量。它们之间的关系为：

$$\text{产品单位成本中的直接人工费用}=\frac{\text{直接人工费用总额}}{\text{产品产量}}$$

应进一步分析产品产量和直接人工费用总额变动对产品单位成本的影响程度。计算公式如下：

$$\text{产品产量变动的影响}=\frac{\text{计划直接人工费用总额}}{\text{实际产品产量}}-\frac{\text{计划直接人工费用总额}}{\text{计划产品产量}}$$

$$\text{直接人工费用总额变动的影响}=\frac{\text{实际直接人工费用总额}}{\text{实际产品产量}}-\frac{\text{计划直接人工费用总额}}{\text{实际产品产量}}$$

$$\text{单位产品直接人工费用差异}=\text{单位产品实际直接人工费用}-\text{单位产品计划直接人工费用}=\text{产品产量变动的影响}+\text{直接人工费用总额变动的影响}$$

[例 16-10]假设某企业只生产单一品种——D 产品，以 D 产品为例，对单位产品直接人工费用进行如下分析，见表 16-22。

表 16-22 单位 D 产品直接人工费用分析表

项　　目	本年计划	本月实际	差　异
直接人工费用总额(元)	2 163 000	2 158 590	－4 410
产品产量(件)	20 000	21 000	1 000
单位产品直接人工费用(元/件)	108.15	102.79	－5.36

在本例中，单位 D 产品直接人工费用本月实际数比本年计划数节约－5.36元，采用差额计算法分析各个因素的影响程度。其中：

$$\text{产品产量变动的影响}=\frac{2\ 163\ 000}{21\ 000}-\frac{2\ 163\ 000}{20\ 000}=-5.15(\text{元})$$

$$\text{直接人工费用总额变动的影响}=\frac{2\ 158\ 590}{21\ 000}-\frac{2\ 163\ 000}{21\ 000}=-0.21(\text{元})$$

$$\text{两个因素变动的综合影响}=(-5.15)+(-0.21)=-5.36(\text{元})$$

由以上分析可知，由于产品产量的增长和直接人工费用总额的下降，使得本月单位产品直接人工费用比本年计划节约 5.36 元。

在计时工资制度下，如果企业生产多种产品，那么直接人工费用就无法直接计入该产品成本，需要按照某一种分配标准在各种产品之间进行分配。产品产量不能作为分配标准，因为产品不同计量单位不同，所以一般采用工时比例作为分配标准。这样，计入该产品单位成本中直接人工费用的多少就受到两个因素的影响：生产单位产品所耗用的工时和小时工资率（即小时直接人工费用）。它们之间的关系为：

产品单位成本中的直接人工费用＝单位产品所耗工时×小时工资率

单位产品所耗工时的多少，意味着劳动生产率的高低，劳动生产率越高，生产单位产品所耗的工时越少，单位产品成本中分配到的直接人工费用也越少。而小时工资率的提高则是单位产品成本中工资费用增加的因素。工资水平越高，小时工资率也越高，单位产品成本中分配到的直接人工费用也越多。因此，对单位成本中计时工资的分析还要结合生产技术、工艺和劳动组织等方面的情况，对单位产品工时消耗指标的变动作重点分析。

可用差额计算法进一步分析产品所耗工时和小时工资率变动对产品单位成本的影响程度。先计算单位产品所耗工时变动的影响（即量差，也称为“人工效率差异”），再计算小时工资率变动的影响（即价差，也称为“工资率差异”）。计算公式：

$$\text{单位产品所耗工时变动的影响}=\left(\text{单位产品实际耗用工时}-\text{单位产品计划耗用工时}\right)\times\text{计划小时工资率}$$

$$\text{小时工资率变动的影响}=\text{单位产品实际耗用工时}\times\left(\text{实际小时工资率}-\text{计划小时工资率}\right)$$

$$\text{单位产品直接人工费用差异}=\text{单位产品实际直接人工费用}-\text{单位产品计划直接人工费用}=\text{单位产品所耗工时变动的影响}+\text{小时工资率变动的影响}$$

[**例 16-11**]资料如表 16-23 所示。

表 16-23　单位甲产品直接人工费用分析表

项　目	本年计划	本月实际	差　异
单位产品所耗工时（小时）	20	25	5
小时工资率（元/小时）	9.7	7.96	－1.74
单位产品工资及福利费费用（元）	194	199	5

在本例中，单位甲产品直接人工费用本月实际数比计划数超支 5 元，采用差额计算法分析各个因素的影响程度。其中：

单位产品所耗工时变动的影响＝(25－20)×9.7＝48.5（元）

小时工资率变动的影响＝25×(7.96－9.7)＝－43.5（元）

两个因素变动的综合影响＝48.5＋(－43.5)＝5（元）

通过以上分析可以知道，单位产品所耗工时的增加，使本月直接人工费用比计划超支 48.5 元，而小时工资率的减少，又使本月直接人工费用比计划节约 43.5 元，合计使单位甲产品直接人工费用本月实际数比计划数超支 5 元。

3. 制造费用项目的分析

制造费用是一个综合性的成本项目，内容比较复杂，一般要按费用项目进行明细核算。费用项目中包括了一些与产量变动无关的固定费用，如折旧费等；还包括了一些与产量有关的变动费用，如车间一般消耗的材料费等。在实际工作中，对制造费用项目的分析，应按照不同的两类费用以及制造费用计入产品成本的方法来进行。

(1)当制造费用没有区分为固定费用和变动费用时，其分析方法与计时工资制度下单位产品直接人工费用的分析方法类似

①如果企业只生产一种产品，那么制造费用就无须在各种产品之间分配，直接计入该产品成本。这时，计入该产品单位成本中制造费用的多少受到两个因素的影响：制造费用总额和产品产量。它们之间的关系为：

$$\text{产品单位成本中的制造费用}=\frac{\text{制造费用总额}}{\text{产品产量}}$$

应进一步分析产品产量和制造费用总额变动对产品单位成本的影响程度。计算公式如下：

$$\text{产品产量变动的影响}=\frac{\text{计划制造费用总额}}{\text{实际产品产量}}-\frac{\text{计划制造费用总额}}{\text{计划产品产量}}$$

$$\text{制造费用总额变动的影响}=\frac{\text{实际制造费用总额}}{\text{实际产品产量}}-\frac{\text{计划制造费用总额}}{\text{实际产品产量}}$$

$$\text{单位产品制造费用差异}=\text{单位产品实际制造费用}-\text{单位产品计划制造费用}=\text{产品产量变动的影响}+\text{制造费用总额变动的影响}$$

[**例 16-12**]假设某企业只生产单一品种——D 产品，以 D 产品为例，对单位产品制造费用进行如下分析，资料见表 16-24。

表 16-24　单位 D 产品制造费用分析表

项　　目	本年计划	本月实际	差　异
制造费用总额(元)	2 032 800	2 042 250	9 450
产品产量(件)	20 000	21 000	1 000
单位产品制造费用(元/件)	101.64	97.25	−4.39

在本例中，单位 D 产品制造费用本月实际数比本年计划数节约－4.39 元，采用差额计算法分析各个因素的影响程度。其中：

$$产品产量变动的影响=\frac{2\ 032\ 800}{21\ 000}-\frac{2\ 032\ 800}{20\ 000}=-4.84(元)$$

$$制造费用总额变动的影响=\frac{2\ 042\ 250}{21\ 000}-\frac{2\ 032\ 800}{21\ 000}=0.45(元)$$

两个因素变动的综合影响=(-4.84)+0.45=-4.39(元)

通过对单位D产品制造费用的分析可以知道,产品产量的增加,使本月实际制造费用比计划节约4.84元,而制造费用总额的超支,又使本月实际制造费用比计划超支0.45元,合计使单位甲产品制造费用本月实际数比计划数降低4.39元。

②如果企业生产多种产品,那么制造费用就无法直接计入该产品成本,需要按照某一种分配标准,一般按照工时比例在各种产品之间进行分配。这时,计入该产品单位成本中制造费用的多少受到两个因素的影响:生产单位产品所耗用的工时和小时制造费用率。它们之间的关系为:

产品单位成本中的制造费用=单位产品所耗工时×小时制造费用率

可用差额计算法进一步分析产品所耗工时和小时制造费用率变动对产品单位成本的影响程度。先计算单位产品所耗工时变动的影响(即量差,也称为“人工效率差异”),再计算小时制造费用率变动的影响(即价差,也称为“制造费用率差异”)。计算公式:

$$\begin{matrix}单位产品所耗\\工时变动的影响\end{matrix}=\left(\begin{matrix}单位产品\\实际耗用工时\end{matrix}-\begin{matrix}单位产品\\计划耗用工时\end{matrix}\right)\times\begin{matrix}计划小时\\制造费用率\end{matrix}$$

$$\begin{matrix}小时制造费用\\率变动的影响\end{matrix}=\begin{matrix}单位产品实\\际耗用工时\end{matrix}\times\left(\begin{matrix}实际小时\\制造费用率\end{matrix}-\begin{matrix}计划小时\\制造费用率\end{matrix}\right)$$

$$\begin{matrix}单位产品制\\造费用差异\end{matrix}=\begin{matrix}单位产品实\\际制造费用\end{matrix}-\begin{matrix}单位产品计\\划制造费用\end{matrix}=\begin{matrix}单位产品所耗\\工时变动的影响\end{matrix}+\begin{matrix}小时制造费用\\率变动的影响\end{matrix}$$

[**例16-13**]对甲产品制造费用进行分析,资料见表16-25。

表16-25 单位甲产品制造费用分析表

项　　目	本年计划	本月实际	差　　异
单位产品所耗工时(小时)	20	25	5
小时制造费用率(元/小时)	14.75	11.76	-2.99
单位产品制造费用(元)	295	294	-1

在本例中,甲产品单位制造费用本月实际数比计划数降低1元,采用差额计算法分析各个因素的影响程度。其中:

单位产品所耗工时变动的影响＝(25－20)×14.75＝73.75(元)

小时制造费用率变动的影响＝25×(11.76－14.75)＝－74.75(元)

两个因素变动的综合影响＝73.75＋(－74.75)＝－1(元)

通过对单位甲产品制造费用的分析可以知道，单位产品所耗工时的增加，使本月实际制造费用比计划超支 73.75 元，而小时制造费用率的降低，又使本月实际制造费用比计划节约 74.75 元，合计使单位甲产品制造费用本月实际数比计划数降低 1 元。

(2)当制造费用被分解为固定费用和变动费用两部分时的分析方法

①如果企业只生产一种产品，那么制造费用就无须在各种产品之间分配，直接计入该产品成本。这时，计入该产品单位成本中制造费用的多少受到三个因素的影响：产品产量、固定制造费用总额和单位变动制造费用，可用差额计算法分析各个因素的影响程度。计算公式：

$$\text{产品产量变动的影响}=\frac{\text{计划固定制造费用总额}}{\text{实际产品产量}}-\frac{\text{计划固定制造费用总额}}{\text{计划产品产量}}$$

$$\text{固定制造费用总额变动的影响}=\frac{\text{实际固定制造费用总额}}{\text{实际产品产量}}-\frac{\text{计划固定制造费用总额}}{\text{实际产品产量}}$$

$$\text{单位变动制造费用变动的影响}=\text{实际单位产品变动制造费用}-\text{计划单位产品变动制造费用}$$

$$\begin{aligned}\text{单位产品制造费用差异}&=\text{单位产品实际制造费用}-\text{单位产品计划制造费用}\\&=\text{产品产量变动的影响}+\text{固定制造费用总额变动的影响}+\text{单位变动制造费用变动的影响}\end{aligned}$$

②如果企业生产多种产品，那么可将制造费用差异分为固定制造费用差异和变动制造费用差异两部分。分析的方法与当制造费用没有区分为固定费用和变动费用企业生产多种产品时的分析方法一样，只是需要分别按照固定制造费用差异和变动制造费用差异进行分析。

用差额计算法分析固定制造费用差异，计算公式如下：

$$\text{单位产品所耗工时变动的影响}=\left(\text{单位产品实际耗用工时}-\text{单位产品计划耗用工时}\right)\times\text{计划小时固定制造费用率}$$

$$\text{小时固定制造费用率变动的影响}=\text{单位产品实际耗用工时}\times\left(\text{实际小时固定制造费用率}-\text{计划小时固定制造费用率}\right)$$

$$\begin{aligned}\text{单位产品固定制造费用差异}&=\text{单位产品实际固定制造费用}-\text{单位产品计划固定制造费用}\\&=\text{单位产品所耗工时变动的影响}+\text{小时固定制造费用率变动的影响}\end{aligned}$$

用差额计算法分析变动制造费用差异，计算公式如下：

$$\text{单位产品所耗工时变动的影响}=\left(\text{单位产品实际耗用工时}-\text{单位产品计划耗用工时}\right)\times\text{计划小时变动制造费用率}$$

$$\text{小时变动制造费用率变动的影响}=\text{单位产品实际耗用工时}\times\left(\text{实际小时变动制造费用率}-\text{计划小时变动制造费用率}\right)$$

$$\text{单位产品变动制造费用差异}=\text{单位产品实际变动制造费用}-\text{单位产品计划变动制造费用}$$

$$=\text{单位产品所耗工时变动的影响}+\text{小时变动制造费用率变动的影响}$$

最后，将两部分差异汇总，即得总差异：

$$\text{单位产品制造费用差异}=\text{单位产品固定制造费用差异}+\text{单位产品变动制造费用差异}$$

4.其他成本项目的分析

燃料及动力项目：若单设“燃料及动力”成本项目的话，单位产品燃料及动力费用的分析方法可以比照上述原材料项目的分析方法。

废品损失项目：若单设“废品损失”成本项目的话，单位产品废品损失费用的分析方法通常也是将本月实际数与本年计划数比较，或者计算出废品损失在单位产品成本中所占的比重即废品损失率的本月实际数与本年计划数比较，确定差异再进行分析。

四、技术经济指标变动对产品单位成本的影响

（一）技术经济指标变动对产品单位成本的影响概述

1.定义

所谓技术经济指标，是指与企业的生产技术特点有内在联系的各种经济指标，如酿酒生产的出酒率指标、造纸生产的成纸率指标、铸造生产的成品率指标，等等。可见，企业的生产技术特点不同，用来考核自身经济活动的技术经济指标也不同。也就是说，每个企业都有一套反映自身生产技术特点的技术经济指标体系。

2.分类

企业的各项技术经济指标对产品成本的影响，主要体现在对产品单位成本的影响上，但影响途径各不相同。按照技术经济指标对产品单位成本的影响途径，通常可以将其归纳为三大类：

第一类技术经济指标：该类指标通过影响产量变动，间接地影响单位成本

中的固定费用水平，如设备利用率等。

第二类技术经济指标：该类指标通过自身耗用量的变动直接影响原材料、燃料、动力费用水平，如原材料利用率等。

第三类技术经济指标：该类指标不但直接影响原材料、燃料等的消耗，而且通过影响产量变动间接地影响产品的单位成本中的固定费用水平，如成品率、焦比等。

从以上分类可以看出，企业各项技术经济指标的变动都会对产品的单位成本产生直接或间接的影响。

3.作用

进行技术经济指标分析，主要有以下作用：

一是可以促使经济分析和技术分析相结合，具体查明影响成本升降的各个生产技术因素，有效地控制产品成本。

二是可以将技术经济指标分解落实到各个生产技术岗位，促使职工关心生产技术、工艺操作的质量和效果，不断研究改进，提高生产技术水平。

三是可以将成本分析与日常的生产技术和专业管理工作相结合，以便随时发现存在的问题，及时采取有效措施。

(二)技术经济指标变动对产品单位成本的影响分析

技术经济指标为数众多，对成本的影响途径也各不相同，且各个企业所采用的技术经济指标体系又因行业性质、生产技术特点的不同而不同，无法对此进行一一分析。下面就常见的一些技术经济指标，如原材料耗用量、能源利用程度、产品产量、产品质量、劳动生产率等，说明它们的变动对产品单位成本的影响的一般分析方法。

1.原材料耗用量变动对产品单位成本的影响分析

①改进产品设计使产品重量改变

在保证产品质量和市场需要的前提下，改进产品设计，使产品体积更小、重量更轻、结构更简化，从源头上节约材料消耗，是降低产品单位成本的重要途径。

由于改进产品设计，减轻产品重量对产品单位成本的影响程度，可按下式计算：

$$\begin{array}{c}\text{产品重量变动对单位}\\\text{产品原材料费用的影响}\end{array}=\begin{array}{c}\text{变动前单位产}\\\text{品原材料费用}\end{array}\times\left(1-\frac{\text{变动后产品重量}}{\text{变动前产品重量}}\right)$$

假设企业生产的某单位产品原来净重 10 千克，耗用 A 材料 500 元，现在改进设计，使产品净重缩减为 9.5 千克。则产品重量变动对单位产品原材料费用的影响为：

$$\begin{matrix}\text{产品重量变动对单位}\\ \text{产品原材料费用的影响}\end{matrix}=500\times\left(1-\frac{9.5}{10}\right)=25(\text{元})$$

②原材料加工方法的变化

原材料在加工过程中有各种损耗，使其投入生产的量总比生产中实际利用的量要大。两者之间的差距越小，说明原材料的利用程度越高，也就意味着用等量的原材料能生产出更多数量的产品，从而降低单位产品负担的原材料费用。

采用新的工艺技术或改进加工方法，提高原材料的利用率，是削减成本的一个有效措施。比如在一些机械企业里，采用了能使零件毛坯成形后少余量或无余量的精密铸造、精密锻造等新工艺技术，减少了原材料消耗量，提高了原材料的利用率。

原材料利用率是反映原材料有效使用程度的指标，通常用加工以后实际形成产品实体的原材料的有效重量与投入生产的原材料重量的比率来表示，即：

$$\text{原材料利用率}=\frac{\text{加工以后产品的有效重量}}{\text{投入生产的原材料重量}}\times100\%$$

在其他条件不变的情况下，原材料利用率变动对单位产品原材料费用的影响，按下式计算：

$$\begin{matrix}\text{原材料利用率对单位产}\\ \text{品原材料费用的影响}\end{matrix}=\begin{matrix}\text{变动前单位产}\\ \text{品原材料费用}\end{matrix}\times\left(1-\frac{\text{变动前原材料的利用率}}{\text{变动后原材料的利用率}}\right)$$

[**例 16-15**]假设企业改进某产品的设计，简化了产品结构，减轻了产品重量，提高了原材料的利用率。改进前后的有关资料如表 16-26 所示。

表 16-26　原材料利用率分析表

项　　目	计量单位	改进加工方法前	改进加工方法后
材料总费用	元	100 000	96 530
材料消耗总量	千克	5 000	4 826.5
材料平均单价	元/千克	20	20
单位产品材料费用	元	800	772.24
产品产量	件	125	125
加工后产品净重	千克	4 629.5	4 536.91

* 废料无残值

原材料利用率变动对单位产品原材料费用的影响，计算如下：

$$改进加工方法前原材料利用率=\frac{4\ 629.5}{5\ 000}\times 100\%=92.59\%$$

$$改进加工方法后原材料利用率=\frac{4\ 536.91}{4\ 826.5}\times 100\%=94\%$$

$$\begin{matrix}原材料利用率变动对单位\\产品原材料费用的影响\end{matrix}=800\times\left(1-\frac{92.59\%}{94\%}\right)\times 100\%=12(元)$$

本例并非是单纯的原材料利用率变动，注意到改进产品设计后单位产品重量减轻了，因此还要计算产品重量变动对产品单位成本的影响程度：

$$\begin{matrix}产品重量变动对单位\\产品原材料费用的影响\end{matrix}=800\times\left(1-\frac{4\ 536.91}{4\ 629.5}\right)=16(元)$$

③原材料质量的变化

原材料质量的优劣直接影响产品的成品率和产品质量。使用劣质材料，造成废品增加，成品率低，不但会加大原材料的耗用量，而且会增加生产加工的时间，产品质量难以得到保证。因此要加强原材料质量管理，采用质量符合生产要求的材料。

④采用代用材料

在保证产品质量的前提下，合理使用廉价材料代用高价材料，既能扩大材料来源，又能节约原材料消耗，降低原材料费用。

$$\begin{matrix}由于材料代用而\\形成的节约或超支\end{matrix}=\sum\left(\begin{matrix}原先使用的\\原材料消耗量\end{matrix}\times\begin{matrix}该材料的\\计划单价\end{matrix}\right)-\sum\left(\begin{matrix}代用材料\\的消耗量\end{matrix}\times\begin{matrix}该材料的\\计划单价\end{matrix}\right)$$

[例 16-16]假设企业生产某单位产品使用 A 材料 20 千克，计划单价 10 元/千克，因 A 材料突然发生短缺改用 C 材料代替进行生产，C 材料用量 20 千克，计划单价 9.4 元/千克，采用代用材料对产品单位成本的影响：

$$\begin{matrix}由于材料代用而\\形成的节约或超支\end{matrix}=20\times 10-20\times 9.4=12(元)$$

由以上分析可知，由于合理使用代用材料，使单位成本节约 12 元。

如果采用代用材料不但直接影响原材料费用，还影响到产品的加工费用的话，那么在考虑代用材料对产品单位成本的影响时，要包括加工费用的变动情况。即：

$$\text{材料代用对产品单位成本的影响}=\text{由于材料代用而形成的节约或超支}+\text{采用材料代用而引起的加工费用的节约或超支}$$

⑤原材料综合利用

有些企业在利用原材料生产主产品的同时，还生产副产品，这是综合利用原材料的良好形式。用等量的原材料生产出更多品种和数量的产品，必然使主产品的原材料费用降低。

在其他条件不变的情况下，原材料综合利用对产品单位成本的影响，按下式计算：

$$\text{原材料综合利用以后对产品单位成本中原材料降低率的影响}=\left(1-\text{综合利用以后费用的分配率}\right)\times\text{综合利用以前原材料费用在单位产品成本中所占的比重}$$

$$\text{原材料综合利用以后对产品单位成本中原材料降低额的影响}=\text{原材料综合利用以后对产品单位成本中原材料降低率的影响}\times\text{综合利用以前产品单位成本}$$

$$\text{原材料综合利用以后对产品单位成本中加工费用降低率的影响}=\left[1-\left(1+\text{加工费用增长率}\right)\times\text{综合利用以后费用的分配率}\right]\times\text{综合利用前加工费用在单位产品成本中所占的比重}$$

$$\text{原材料综合利用以后对产品单位成本中加工费用降低额的影响}=\text{原材料综合利用以后对产品单位成本中加工费用降低率的影响}\times\text{综合利用以前产品单位成本}$$

$$\text{原材料综合利用以后对产品单位成本降低率的影响}=\text{原材料综合利用以后对产品单位成本中原材料降低率的影响}+\text{原材料综合利用以后对产品单位成本中加工费用降低率的影响}$$

$$\text{原材料综合利用以后对产品单位成本降低额的影响}=\text{原材料综合利用以后对产品单位成本中原材料降低额的影响}+\text{原材料综合利用以后对产品单位成本中加工费用降低额的影响}$$

[例 16-17]假设某企业原材料综合利用以前，A 产品产量 500 千克，其成本费用中原材料费用 6 000 元，加工费用(工资及福利费与制造费用合称为加工费用)4 000元，原材料综合利用以后，在生产同样数量的 A 产品外，还同时生产出一种 B产品 50 千克，加工费用增加到 5 000 元。假设成本费用按 90%与 10%的比例在 A、B 两种产品之间进行分配，分析原材料综合利用对产品单位成本的影响。综合利用前后有关成本费用资料分析如表 16-27 所示。

表 16-27　综合利用后 A、B 产品成本表

单位:元

项　目	综合利用前 A 产品成本（产量 500 千克）			综合利用后 A 产品成本（产量 500 千克）		综合利用后 B 产品成本（产量 50 千克）		综合利用后 A、B 产品成本合计
	总成本	单位成本	成本构成	总成本	单位成本	总成本	单位成本	
原材料	6 000	12	60%	5 400	10.8	600	12	6 000
加工费用	4 000	8	40%	4 500	9	500	10	5 000
合　计	10 000	20	100%	9 900	19.8	1 100	22	11 000

综合利用后 A 产品单位成本降低了 0.2 元,降低率为 1%,其中:

原材料综合利用以后对产品单位成本中原材料降低率的影响 =(1−90%)×60%=6%

原材料综合利用以后对产品单位成本中原材料降低额的影响 =6%×20=1.2(元)

原材料综合利用以后对产品单位成本中加工费用降低率的影响 =[1−(1+25%)×90%]×40%=−5%

原材料综合利用以后对产品单位成本中加工费用降低额的影响 =(−5%)×20=−1(元)

原材料综合利用以后对产品单位成本降低率的影响 =6%+(−5%)=1%

原材料综合利用以后对产品单位成本降低额的影响 =1.2+(−1)=0.2(元)

由以上分析可知,对材料进行综合利用以后,使 A 产品单位成本节约 0.2 元。

⑥边角余料、废料回收利用情况的变化

各种原材料加工后产生的废料和边角余料,应积极组织回收利用,以减少材料的耗用量,节约材料费用。若边角余料、废料回收利用数量低于于定额或计划数量,不能直接作出这是不利因素的评价。因为造成这种情况可能有两种原因:一是回收利用工作没有组织好,很明显边角余料、废料回收利用不足将造成单位产品原材料费用升高,应该采取措施纠正;二是加工方法改进了,这样虽然回收利用的边角余料、废料比以前要少,但是原材料的利用率提高了，生产的产品数量增加了，最终会使单位产品原材料费用降低，这种就是有利因素。

此外，原材料消耗量的变动还受到生产工人的操作技术水平、劳动态度、设备性能、材料管理等多方面的影响，要结合生产经营管理的具体情况进行分析。

2.产品产量变动对产品单位成本的影响分析

我们知道，按照生产费用与产品产量的依存关系（即成本性态），可以将其分为变动费用和固定费用。变动费用总额随着产量的变动成正比例的变动，而固定费用总额在一定时期和产量范围内（指在产量的增长尚未超过企业生产能力，无须增加新的机器设备的情况下），不随着产量的变动而变动。也就是说，产量的变动不会影响单位产品中的变动费用，但会影响分摊到单位产品中的固定费用，从而使得产品单位成本发生变动。可见，产品产量的变动对产品单位成本的影响是间接的。

测定产量变动对产品单位成本的影响，在其他条件不变的情况下，可按照下式计算：

$$\begin{matrix}\text{产量变动对产品单位}\\\text{成本降低率的影响}\end{matrix}=\left(1-\frac{1}{1+\text{产量的增长率}}\right)\times\begin{matrix}\text{计划单位成本中固}\\\text{定费用所占的比重}\end{matrix}$$

$$\begin{matrix}\text{产量变动对产品单位}\\\text{成本降低额的影响}\end{matrix}=\left(1-\frac{1}{1+\text{产量的增长率}}\right)\times\begin{matrix}\text{计划单位成本}\\\text{中的固定费用}\end{matrix}$$

需要说明的是：当产量降低时，产量增长率应以负数表示。

[**例 16-18**]假设 E 产品成本资料如表 16-28 所示。

表 16-28

单位：元

项 目	产量(件)			单位成本				总成本		
	计划	实际	增长率	计划	比重	实际	增长率	计划	实际	增长率
固定费用				20	40%	16	−20%	4 000	4 000	0
变动费用				30	60%	30	0	6 000	7 500	25%
合 计	200	250	25%	50	100%	46	−8%	10 000	11 500	15%

$$\begin{matrix}\text{产量变动对产品单位}\\\text{成本降低率的影响}\end{matrix}=\left(1-\frac{1}{1+25\%}\right)\times40\%=8\%$$

$$\text{产量变动对产品单位成本降低额的影响}=\left(1-\frac{1}{1+25\%}\right)\times 20=4(\text{元})$$

可见，当E产品的产量从200件增长到250件，增长率为25%时，总成本中的变动费用也同比例增长到7 500元，而总成本中的固定费用保持不变，仍为4 000元。因为产量的增长，E产品单位成本中的固定费用从20元下降到16元，降低了4元，降低率为20%，最终使单位成本降低了8%。

有一个与产品产量的变动密切相关的技术经济指标叫设备利用率，该指标通过影响产量变动来间接地影响单位成本中的固定费用水平。设备利用率在不同的行业企业里有着不同的表现形式，其中一种形式是以单位设备在单位作业时间的产品产量来表示，即：

$$\text{设备利用率}=\frac{\text{产品产量}}{\text{作业时间}}$$

可见，当作业时间以及其他条件都不变时，单纯设备利用率指标的增减变动，将使产量发生同比例的增减变动。假设设备利用率比计划提高10%，作业时间以及其他条件不变，若计划单位成本中的固定费用仍为20元，计划单位成本中固定费用所占的比重仍为40%，那么设备利用率变动对产品单位成本的影响，可以用产量变动对产品单位成本的影响的公式计算如下：

$$\text{设备利用率变动对产品单位成本降低率的影响}=\left(1-\frac{1}{1+10\%}\right)\times 40\%=3.64\%$$

$$\text{设备利用率变动对产品单位成本降低额的影响}=\left(1-\frac{1}{1+10\%}\right)\times 20=1.82(\text{元})$$

计算结果说明，设备利用率提高10%，单位成本降低1.82元，降低率为3.64%。

3.产品质量变动对产品单位成本的影响分析

产品的质量，就是产品适合一定用途，满足国民经济一定需要所具备的特性。在生产耗费水平不变的前提下，产品质量的提高，能减少废品和返修品，从而减少合格品所负担的废品损失，同时因为减少了废品和返修品，使合格品的数量增加，从而减少产品单位成本所负担的固定费用，大大降低产品单位成本。而产品质量的下降则会使产品单位成本升高。所以，分析产品质量变动对产品单位成本的影响是十分必要的。

工业企业生产的产品种类繁多，不同的产品有着不同的生产特点和质量要求，因而用来表示产品质量的指标也不同。根据产品是否符合质量技术标准，可将产品分为合格品和废品，一般用合格品率、废品率、返修率、废品损失率等指标来反映产品的质量。有些合格品还可以按照质量水平高低，划分为不同的等级，一般用产品等级系数等指标来表示产品的质量。因此，分析产品质量变动对产品单位成本的影响，主要是分析合格品率、废品率、返修率、废品损失率、产品等级系数等有关指标对产品单位成本的影响。下面以废品率和产品等级系数这两个指标为例进行分析。

(1)废品率变动对产品单位成本的影响分析

废品率是指废品数量占产品总产量的比重。在生产耗费水平不变的前提下，废品率降低，会使相同生产条件下的合格品数量增加，从而降低产品的单位成本。

$$\text{废品率}=\frac{\text{废品数量}}{\text{合格品数量}+\text{废品数量}}\times 100\%$$

在其他条件不变的情况下，废品率变动对产品单位成本的影响，可按照下式计算：

$$\text{废品率变动对产品单位成本降低率的影响}=\left(1-\frac{\dfrac{\text{实际废品率}}{1-\text{实际废品率}}}{\dfrac{\text{计划废品率}}{1-\text{计划废品率}}}\right)\times\text{计划单位成本中废品损失所占的比重}$$

$$\text{废品率变动对产品单位成本降低额的影响}=\left(1-\frac{\dfrac{\text{实际废品率}}{1-\text{实际废品率}}}{\dfrac{\text{计划废品率}}{1-\text{计划废品率}}}\right)\times\text{计划单位成本中的废品损失}$$

[例 16-19]假设某产品的有关资料如表 16-29 所示，在总产量和生产费用不变的前提下，分析废品率变动对产品单位成本的影响，列表见表 16-30。

表 16-29　合格品、废品数量资料

单位：件

项　目	计　划		实　际	
	数　量	比　率	数　量	比　率
合格品	1 200	96%	1 323	98%
废　品	50	4%	27	2%
合　计	1 250	100%	1 350	100%

表 16-30　废品率变动对产品单位成本的影响分析表

项　目	计　划	实　际	降低额	降低率
产量(件)	1 000	1 000	0	0
合格品(件)	980	990	−10	−1.02%
废品(件)	20	10	10	50%
废品率	2%	1%		1%
生产费用合计(元)	200 000	200 000	0	0
废品单位成本(元)	$\frac{200\ 000}{1\ 000}=200$	$\frac{200\ 000}{1\ 000}=200$	0	0
单位废品残值(元)(残值率 2%)	200×10%=20	200×10%=20	0	0
废品损失(元)	20×(200−20)=3 600	10×(200−20)=1 800	1 800	50%
单位产品中的废品损失(元)	$\frac{3\ 600}{980}=3.67$	$\frac{1\ 800}{990}=1.82$	1.85	50%
合格品单位成本(元)	200+3.67=203.67	200+1.82=201.82	1.85	0.91%

$$\text{计划单位成本中废品损失所占的比重}=\frac{3\ 600}{980\times 203.67}=1.80\%$$

$$\text{废品率变动对产品单位成本降低率的影响}=\left(1-\frac{\frac{1\%}{1-1\%}}{\frac{2\%}{1-2\%}}\right)\times 1.80\%=0.91\%$$

$$\text{废品率变动对产品单位成本降低额的影响}=\left(1-\frac{\frac{1\%}{1-1\%}}{\frac{2\%}{1-2\%}}\right)\times 3.67=1.85(\text{元})$$

由以上分析可知，实际废品率比计划降低了 1%，使产品单位成本降低了 1.85 元，降低率为 0.91%。

(2)产品等级系数变动对产品单位成本的影响分析

在产品可以按照质量技术标准划分为不同等级的企业中，等级产品的平均质量水平一般可以用产品等级系数来表示。产品等级系数是指将各个等级产品的产量折合成一级品的产量占折合前各个等级产量综合的比重。计算公式为：

$$\text{产品等级系数}=\frac{\sum(\text{各个等级产量}\times\text{该等级折合率})}{\text{折合前各个等级产量总和}}$$

公式中折合率一般是按单价折合计算，就是将各个等级的单价分别与一级品的单价相比得出的比值。产品等级系数越高，说明各个等级产品折合为一级品的产量越多，折合产量的单位成本也就越低，等级产品的质量也就越好。

在其他条件不变的情况下，产品等级系数变动对产品单位成本的影响，可按照下式计算：

$$\text{等级系数变动对产品单位成本降低率的影响}=\left(1-\frac{\text{计划等级系数}}{\text{实际等级系数}}\right)\times 100\%$$

$$\text{等级系数变动对产品单位成本降低额的影响}=\text{折合为一级品的计划单位成本}\times\text{等级系数变动对产品单位成本降低率的影响}$$

［例16-20］假设企业的某等级产品的产量和成本资料如表16-31所示，在其他条件不变的情况下，分析产品等级系数变动对产品单位成本的影响。

表16-31　某等级产品的产量和成本资料

等级	单价（元）	折合率	产量（件）		折合为一级品的产量（件）		总成本（元）	
			计划	实际	计划	实际	计划	实际
一级品	10	1	600	700	600	700		
二级品	8	0.8	400	370	320	296		
三级品	5	0.5	200	180	100	90		
合　计			1 200	1 250	1 020	1 086	51 000	53 125

＊总成本的实际数 $53\ 125=\frac{51\ 000}{1\ 200}\times 1\ 250$，实际上是将计划数按产量计划完成的百分比修正后的数值。在本例中，为了分析单纯等级系数变动对产品单位成本的影响，就要假设其他因素均不变。

按上述公式对本例进行分析：

$$\text{计划等级系数}=\frac{1\ 020}{1\ 200}=0.85$$

$$\text{实际等级系数}=\frac{1\ 086}{1\ 250}=0.8688$$

$$\text{等级系数变动对产品单位成本降低率的影响}=\left(1-\frac{0.85}{0.8688}\right)\times 100\%=2.16\%$$

$$\text{等级系数变动对产品单位成本降低额的影响}=50\times2.16\%=1.08(\text{元})$$

由以上分析可知，实际等级系数比计划提高 0.0188%，使产品单位成本比计划降低了 1.08 元，降低率为 2.16%。

对以上分析结果，可以进行如下验证：

$$\text{折合为一级品的计划单位成本}=\frac{51\ 000}{1\ 020}=50(\text{元})，\text{折合为一级品的实际单位成本}=\frac{53\ 125}{1\ 086}=48.92(\text{元})$$

可见，产品单位成本比计划降低了 1.08 元，降低率为 2.16%，分析结果与前面分析相符。

4.工人劳动生产率变动对产品单位成本的影响分析

劳动生产率是反映劳动者的劳动成果与劳动消耗量之间的对比关系，一般有两种表现形式：一种是用单位劳动时间平均生产的产品数量来表示的，计算公式为：$\text{劳动生产率}=\frac{\text{产品数量}}{\text{劳动时间}}$，另外一种是用单位产品平均所耗用的劳动时间来表示的，计算公式为：$\text{劳动生产率}=\frac{\text{劳动时间}}{\text{产品数量}}$。不管劳动生产率的表现形式是哪一种，劳动生产率的提高都表示劳动时间的节约以及劳动效率的提高。可见，在其他条件不变时，劳动生产率的提高，意味着生产单位产品所耗用的工时减少，从而引起单位产品负担的直接人工费用的减少；但是劳动生产率的提高，也意味着单位时间所生产的产品数量的增加，从而引起单位时间负担的直接人工费用的增加。也就是说，劳动生产率的提高往往伴随着工人平均工资（或小时工资率）的增长，只有在工人平均工资（或小时工资率）的增长速度不超过劳动生产率的增长速度的情况下，才能使产品的单位成本降下来。

在企业只生产一种产品时，计入该产品单位成本中的直接人工费用为：

$$\text{产品单位成本中的直接人工费用}=\frac{\text{直接人工费用总额}}{\text{产品数量}}=\frac{\text{每人平均直接人工费用(即平均工资)}}{\text{每人平均产量(即劳动生产率)}}$$

所以，在整个企业或车间只生产一种产品时，劳动生产率变动对产品单位成本降低额和降低率的影响，其计算公式如下：

$$\text{劳动生产率变动对产品单位成本降低率的影响}=\left(1-\frac{1+\text{平均工资增长率}}{1+\text{劳动生产率提高率}}\right)\times\text{计划单位成本中直接人工费用所占的比重}$$

$$\text{劳动生产率变动对产品单位成本降低额的影响}=\left(1-\frac{1+\text{平均工资增长率}}{1+\text{劳动生产率提高率}}\right)\times\text{计划单位成本中的直接人工费用}$$

[**例 16-21**]假设企业只生产 M 产品，在产品的计划单位成本中，直接人工费用占 15 元，比重为 30%，其余资料如表 16-32 所示。

表 16-32

指　标	计划	实际	增长额	增长率
平均工资	1 500	1 800	300	20%
平均产量	100	150	50	50%
单位产品的直接人工费用	15	12	−3	−20%

则劳动生产率变动对产品单位成本降低额和降低率的影响，计算如下：

$$\begin{array}{l}\text{劳动生产率变动对产品}\\ \text{单位成本降低率的影响}\end{array}=\left(1-\frac{1+20\%}{1+50\%}\right)\times 30\%=6\%$$

$$\begin{array}{l}\text{劳动生产率变动对产品}\\ \text{单位成本降低额的影响}\end{array}=\left(1-\frac{1+20\%}{1+50\%}\right)\times 15=3(\text{元})$$

在企业生产多种产品时，按照工时比例分配计入产品成本中的直接人工费用为：

$$\begin{array}{l}\text{产品单位成本中}\\ \text{的直接人工费用}\end{array}=\begin{array}{l}\text{单位产品}\\ \text{所耗工时}\end{array}\times\begin{array}{l}\text{小　时}\\ \text{工资率}\end{array}=\frac{\text{小时工资率}}{\text{单位工时平均产量(即劳动生产率)}}$$

所以，整个企业或车间生产多种产品时，劳动生产率变动对产品单位成本降低额和降低率的影响的计算公式如下：

$$\begin{array}{l}\text{劳动生产率变动对产品}\\ \text{单位成本降低率的影响}\end{array}=\left(1-\frac{1+\text{小时工资增长率}}{1+\text{劳动生产率提高率}}\right)\times\begin{array}{l}\text{计划单位成本中直接}\\ \text{人工费用所占的比重}\end{array}$$

$$\begin{array}{l}\text{劳动生产率变动对产品}\\ \text{单位成本降低额的影响}\end{array}=\left(1-\frac{1+\text{小时工资增长率}}{1+\text{劳动生产率提高率}}\right)\times\begin{array}{l}\text{计划单位成本中}\\ \text{的直接人工费用}\end{array}$$

[**例 16-22**]假设企业生产多种产品，在 N 产品的计划单位成本中，直接人工费用占 200 元，比重为 10%，其余资料如表 16-33 所示。

表 16-33

指　标	计　划	实　际	增长额	增长率
小时工资率	2	2.2	0.2	10%
单位产品所耗工时	100	80	−20	−20%
单位产品的直接人工费用	200	176	−24	−12%

因为产品的单位工时产量与其单位产品所耗工时互为倒数，所以在本例中，可以先通过单位产品所耗工时的增长率计算出单位工时产量的增长率，即

劳动生产率提高率，然后将算出的劳动生产率提高率代入上述公式，计算劳动生产率变动对产品单位成本降低额和降低率的影响，即：

$$\text{单位工时产量的增长率（即劳动生产率提高率）}=\left(\frac{1}{1-20\%}-1\right)\times 100\%=25\%$$

$$\text{劳动生产率变动对产品单位成本降低率的影响}=\left(1-\frac{1+10\%}{1+25\%}\right)\times 10\%=1.2\%$$

$$\text{劳动生产率变动对产品单位成本降低额的影响}=\left(1-\frac{1+10\%}{1+25\%}\right)\times 200=24\text{(元)}$$

当然，也可以直接计算劳动生产率变动对产品单位成本降低额和降低率的影响，即：

$$\text{劳动生产率变动对产品单位成本降低率的影响}=[1-(1+10\%)\times(1-20\%)]\times 10\%=1.2\%$$

$$\text{劳动生产率变动对产品单位成本降低额的影响}=[1-(1+10\%)\times(1-20\%)]\times 200=24\text{(元)}$$

5.能源利用程度变动对产品单位成本的影响分析

企业在工业生产中会消耗各种各样的能源，如石油、煤炭、水、电等，节约能源消耗是降低产品单位成本的一条有效途径。

反映工业生产中能源利用程度的指标很多，在不同行业里各不相同，如在热电厂是用标准煤耗量，在炼铁厂是用焦比等重要经济指标来反映能源利用程度。

下面以焦比为例进行分析。

焦比是反映每炼一吨合格生铁所消耗的焦炭量。降低焦比、节约焦炭的消耗量，能提高生铁的产量，降低生铁的单位成本。

焦比指标变动对产品（生铁）单位成本降低额和降低率的影响，其计算公式如下：

$$\text{焦比变动对产品单位成本降低率的影响}=\left(1-\frac{\text{实际焦比}}{\text{计划焦比}}\right)\times\text{计划单位成本中焦炭费用所占的比重}$$

$$\text{焦比变动对产品单位成本降低额的影响}=\left(1-\frac{\text{实际焦比}}{\text{计划焦比}}\right)\times\text{计划单位成本中的焦炭费用}$$

[例 16-23]某炼铁厂炼一吨生铁计划要消耗焦炭 400 千克，实际消耗 385 千克，一吨生铁计划单位成本为 108 元，其中焦炭成本比重占 20%，分析焦比指标变动对生铁单位成本的影响。

很明显，焦比实际比计划降低 15 千克，即降低 3.75%。

对生铁单位成本降低额的影响为：$\left(1-\frac{385}{400}\right)\times 20\%\times 108=0.81$(元)

对生铁单位成本降低率的影响为：$\left(1-\frac{385}{400}\right)\times 20\%=0.75\%$

可见,焦比降低 3.75%,使生铁的单位成本降低 0.81 元,降低率为 0.75%。也就是说,焦比每降低 1%,会使生铁的单位成本降低 0.216 元,降低率为 0.2%。

第四节　费用报表的编制与分析

成本报表既包括全部产品生产成本表、主要产品单位成本表等反映成本计划执行情况的报表,也包括反映费用支出情况的报表即费用报表。这里的费用指的是企业在生产经营过程中,各个车间、部门为生产产品,组织和管理生产经营活动所发生的制造费用和管理费用、销售费用、财务费用等期间费用。制造费用不同于期间费用,制造费用属于生产费用,应计入产品成本,而期间费用不计入产品成本。为了正确反映费用计划的执行情况,分析各种费用变动的原因及其对产品成本和当期损益的影响,企业应定期编制制造费用明细表以及管理费用明细表、销售费用明细表、财务费用明细表等期间费用明细表。

作为成本报表的组成部分,费用报表也属于内部报表,其具体内容、格式和编制方法等均由企业或企业的上级主管部门自行确定。也就是说,由于行业性质、生产特点和管理要求不同,各个工业企业费用报表的具体内容及明细项目的设置等都有所不同。因此,本节所讲述的只是工业企业一般应编制的费用报表的种类、基本格式和编制的基本方法,并不是国家的统一规定。

一、费用报表的编制

(一)制造费用明细表的结构和编制

制造费用明细表是反映工业企业及其生产车间在一定时期内,为组织和管理生产所发生的间接费用的总和及其构成情况的报表。因为辅助生产车间的制造费用已经分配到各个受益单位,如基本生产车间、管理部门等,故该表只反映基本生产车间的制造费用情况。除了一些季节性生产的企业可以按年编制以外,该表一般按月进行编制。

假定某企业 20××年 12 月份的制造费用明细表,其格式如表 16-34 所示。

表 16-34　制造费用明细表

20××年 12 月　　　　单位：元

项　　目	行次	本年计划数	上年同期实际数	本月实际数	本年累计实际数
工资	1	略	略	略	略
职工福利费	2				
折旧费	3				
修理费	4				
办公费	5				
差旅费	6				
取暖费	7				
水电费	8				
机物料消耗	9				
低值易耗品摊销	10				
租赁费	11				
运输费	12				
保险费	13				
设计制图费	14				
试验检验费	15				
劳动保护费	16				
季节性和修理期间停工损失	17				
在产品盘亏和损毁(减盘盈)	18				
	19				
	20				
	21				
其他	22				
制造费用合计	23				

编制方法：

制造费用明细表按制造费用项目分别反映各该费用的本年计划数、上年同期实际数、本月实际数和本年累计实际数。其中：

1. 本年计划数：应根据本年成本计划中的制造费用计划填列。

2. 上年同期实际数：应根据上年同期制造费用明细表的本年累计实际数填列。

3. 本月实际数：应根据“制造费用”总账科目所属各基本生产车间制造费用明细账的本月合计数汇总计算填列。

4. 本年累计实际数：应根据“制造费用”总账科目所属各基本生产车间制造费用明细账本年年初起至本月月末止的本年累计发生额汇总计算填列，也可以根据上月本表的本年累计实际数与本月实际数之和填列。

(二)期间费用明细表的编制

期间费用明细表一般包括三张表:管理费用明细表、销售费用明细表和财务费用明细表。这三张表在结构、编制和分析方法上都颇为相似。比如说对各种费用支出情况都是按照费用项目分别反映各该费用的本年计划数、上年同期实际数、本月实际数和本年累计实际数,因此把它们归在一起进行讲述。

1. 管理费用明细表的结构和编制

管理费用明细表是反映企业行政管理部门在一定时期内,为组织和管理生产经营活动而发生的各项费用的总和及其构成情况的报表。

假定某企业20××年12月份的管理费用明细表,其格式如表16-35所示。

表16-35　管理费用明细表

20××年12月　　　　单位:元

项　　目	行次	本年计划数	上年同期实际数	本月实际数	本年累计实际数
公司经费	1	略	略	略	略
工资	2				
职工福利费	3				
折旧费	4				
修理费	5				
物料消耗	6				
低值易耗品摊销	7				
办公费	8				
差旅费	9				
	10				
其他	11				
工会经费	12				
待业保险费	13				
劳动保险费	14				
董事会费	15				
董事会成员津贴	16				
会议费	17				
差旅费	18				
	19				
其他	20				

续表

项　　目	行次	本年计划数	上年同期实际数	本月实际数	本年累计实际数
聘请中介机构费	21				
咨询费(含顾问费)	22				
诉讼费	23				
业务招待费	24				
税金	25				
房产税	26				
车船使用税	27				
土地使用税	28				
印花税	29				
技术转让费	30				
矿产资源补偿费	31				
无形资产摊销	32				
职工教育经费	33				
研究开发费	34				
排污费	35				
绿化费	36				
保险费	37				
租赁费	38				
递延费用摊销	39				
计提的坏账准备	40				
存货跌价准备	41				
材料、产成品盘亏和损毁(减盘盈)	42				
	43				
	44				
	45				
其他	46				
管理费用合计	47				

编制方法：

管理费用明细表按管理费用项目分别反映各项费用的本年计划数、上年同期实际数、本月实际数和本年累计实际数。其中：

(1)本年计划数：应根据本年的管理费用计划填列。

(2)上年同期实际数:应根据上年同期管理费用明细表的本年累计实际数填列。

(3)本月实际数:应根据管理费用明细账的本月合计数填列。

(4)本年累计实际数:应根据管理费用明细账本年年初起至本月月末止的本年累计发生额填列。

2.销售费用明细表的结构和编制

销售费用明细表是反映一定时期内,企业在销售产品过程中发生的费用以及为销售本企业产品而专设的销售机构的经营费用总和及其构成情况的报表。

假定某企业20××年12月份的销售费用明细表,其格式如表16-36所示。

表16-36 销售费用明细表

20××年12月　　　　单位:元

项目	行次	本年计划数	上年同期实际数	本月实际数	本年累计实际数
专设销售机构费用	1	略	略	略	略
工资	2				
职工福利费	3				
办公费	4				
	5				
差旅费	6				
业务费	7				
租赁费	8				
折旧费	9				
低值易耗品摊销	10				
	11				
其他	12				
运输费	13				
装卸费	14				
包装费	15				
保险费	16				
展览费	17				
广告费	18				
	19				
	20				
	21				
其他	22				
销售费用合计	23				

编制方法：

销售费用明细表按销售费用项目分别反映各项费用的本年计划数、上年同期实际数、本月实际数和本年累计实际数。其中：

(1)本年计划数:应根据本年的销售费用计划填列。

(2)上年同期实际数:应根据上年同期销售费用明细表的本年累计实际数填列。

(3)本月实际数:应根据销售费用明细账的本月合计数填列。

(4)本年累计实际数:应根据销售费用明细账本年年初起至本月月末止的本年累计发生额填列。

3.财务费用明细表的结构和编制

财务费用明细表是反映企业在一定时期内,为筹集生产经营所需资金而发生的费用总和及其构成情况的报表。

假定某企业20××年12月份的财务费用明细表,其格式如表16-37所示。

16-37　财务费用明细表

20××年12月　　单位:元

项　　目	行次	本年计划数	上年同期实际数	本月实际数	本年累计实际数
利息支出(减利息收入)	1	略	略	略	略
汇兑损失(减汇兑收益)	2				
调剂外汇手续费	3				
金融机构手续费	4				
	5				
	6				
	7				
其他	8				
财务费用合计	9				

编制方法：

财务费用明细表按财务费用项目分别反映各项费用的本年计划数、上年同期实际数、本月实际数和本年累计实际数。

(1)本年计划数:应根据本年的财务费用计划填列。

累计实际数填列。

(3)本月实际数:应根据财务费用明细账的本月合计数填列。

(4)本年累计实际数：应根据财务费用明细账本年年初起至本月月末止的本年累计发生额填列。

二、费用报表的分析

费用报表的分析主要是分析各项费用的变动情况和费用预算（或计划）执行情况。

为了分析各项费用的变动情况，应以各种费用明细表等有关资料为依据，将本月实际数与上年同期实际数相比，确定两者之间的差异，并分析产生差异的原因。

如果有本月计划数，可以将本月实际数与之相比，分析和考核月份费用预算的执行情况。如果该表为12月份的费用明细表，就可以将累计实际数与本年计划数相比，分析和考核年度费用预算的执行情况。

特别是对变动较大、数额较大的成本项目要进行重点分析。

分析时要注意：

1.要按各个费用项目分别进行分析，不能只对费用总额的预算完成情况进行分析。因为费用总额完成了预算，不代表各个费用项目也完成了预算。只对费用总额的预算完成情况进行分析，易使一些费用项目的超支被一些费用项目的节约所掩盖，或是出现各个费用项目预算完成情况的平均化。而不同的费用项目具有不同的经济性质和经济用途，发生差异的原因也各不相同，分析时应采用不同的程序分别进行分析。

2.各种费用的明细项目很多，要对其中费用比重大的、与预算偏差大的、非生产性的存货盘亏或损毁等一些费用项目进行重点分析，并从动态上观察比较其变动情况和变动趋势，以了解企业成本管理工作的改进情况。因为像制造费用中的"在产品盘亏和损毁"、管理费用中的"材料、产成品盘亏和损毁"等非生产性费用的发生，一般都与企业生产经营管理不善有关，避免这些损失就可以大大降低成本，所以分析时要作为重点项目来抓。在分析变动情况时要注意费用指标口径前后期是否一致，是否可比。如不一致，应经过调整以后再进行比较。

3.分析时要与经济效益联系，注意具体费用项目的支出特点，不能按照比较结果简单地认为，一切费用支出的超支都是不好的，一切费用支出的节约都是好的。比如说，因超额完成全年销售计划而相应增加销售费用中的工资及福利费、运输费、广告费、差旅费等项目的支出，这种超支就是合理的。再比如说，制造费用中的修理费的减少，就可能会带来因不按计划进行维修，而影响机器设备的正常运转和缩短机器设备使用寿命的不良后果，这种节约就不是好现象。

4.应注意费用预算(计划)的合理性,也很重要,可以将本期实际与上期实际或历史先进水平对比分析。

5.将费用分为固定费用、变动费用还有同时包括固定费用与变动费用的混合费用(或半变动成本)等,分别进行分析。固定费用在相关范围内不受业务量变动的影响,可以直接用实际数与预算数对比,确定差异,如按直线法计算的管理费用中的折旧费;而变动费用随着业务量的变动成正比地变动,应联系业务量的变动,计算相对的节约或超支差异,如销售费用中的运输费、装卸费、包装费,会随着销售量的变动而变动,就应与销售量相联系进行分析。有些费用项目如机器设备的维护保养费,在业务量一定的范围内固定,超过这一范围后,随着业务量的增加而增加,就属于混合成本。掌握有关费用项目的这些特点,对于正确分析各种费用十分重要。

思考题:

1.常见的成本报表有哪些类型?编制成本报表有何作用?

2.编制成本报表通常要获取哪些资料?如何获取?

3.成本报表的分析方法有哪些?各种分析方法通常应用于什么项目的分析?

4.主要产品单位成本表至少应当包括哪些项目?每一个项目的数字如何获取?应对哪些内容进行分析?各采用什么方法分析?

5.技术经济指标有哪些类型?如何分类?

6.进行技术经济指标分析有何作用?

7.费用报表有哪些?其报表格式由谁制定?

8.分析费用报表时应注意什么问题?

17

第十七章 成本预测与决策

第一节 成本预测

一、成本预测的含义

成本预测是根据与成本有关的各种数据、可能发生的发展变化和将要采取的各种措施，采用一定的专门方法，对未来的成本水平及其变化趋势作出的科学估计。通过成本预测，使企业对未来的成本水平及其变化趋势心中有数，以减少成本决策中的主观性和盲目性，并据此编制未来生产活动的成本计划。

二、成本预测的方法

成本预测的一般方法可以分为定性预测法和定量预测法两类。

（一）定性预测法

定性预测法主要是指由熟悉情况和业务的有关方面的专业人员根据专业知识和实践经验，对产品成本进行分析、判断，提出预测意见。实务中可以采用个人判断分析法或集合专家意见法两种方式。

个人判断分析法是根据管理者的个人经验和相关专业知识，或再通过征求专家的意见，进行综合整理，得出最终的预测结果。这种方法可以排除他人意见的干扰，但需要管理人员有较高的管理素质和判断能力，并对企业成本耗费的历史资料、现状及影响企业发展因素有深刻的了解。

集合专家意见法的操作程序是首先由本企业管理人员根据企业相关历史资料、现状及影响企业发展因素以及个人经验提出个人预测意见，在此基础上征询其他专家意见，以此修订预测结果，如果预测结果还不够理想，还可以再将专家意见进行综合、整理，匿名反馈给各位专家再次征求意见，这样反复综合意见和反馈意见，直到得出基本一致的意见为止，从而得出最终的预测结果。这种方法在一定程度上弥补了个人判断分析法视野狭小、专业知识不够的缺陷。

(二)定量预测法

定量预测法是利用历史资料以及成本与影响因素之间的数量关系，采用数学方法，建立数学模型来推测未来成本数据。

1.定量预测法的程序

(1)初步确定成本预测的目标。成本预测的目标，就是根据企业未来一定时期生产经营的总目标所提出的成本目标。

(2)收集预测资料。无论是采用定性的方法还是采用定量的方法预测成本，都需要以历史资料为基础，着眼于未来，在对影响企业成本升降的各种因素、历史、现状以及发展趋势和可能采取的各种降低成本措施进行调查研究、分析的基础上，对未来成本目标进行规划，因此，在进行成本预测前，必须尽可能全面地占有相关资料。

(3)建立预测模型。通过数学方法，建立科学的预测模型，通过所揭示的有关变量之间的规律性联系，确定未来成本目标。

(4)修正预测值，确定成本目标。由于采用数学方法进行的预测本身具有一定的假定性，因而通过预测模型所确立的未来成本目标可能会与实际情况存在一定的偏差，还需要进行修正。

2.定量预测法

(1)算术平均法

算术平均法是以产品过去若干时期实际成本作为观察值，求出其算术平均数作为下一期的成本预测额。用该方法进行预测，计算简单，但是它将各期成本差异平均化，没有考虑不同时期的实际成本，特别是远期和近期实际成本对计划期预测额有不同的影响。所以，该方法多用于短期预测，适用于成本比较稳定的产品。如果产品成本在选定的历史时期中呈现某种上升或下降的趋势，就不能简单地采用这种方法。

(2)加权平均法

加权平均法是根据过去若干时期的单位变动成本和固定成本总额的历史资料，按其距计划期的远近分别进行加权的方法。由于距计划期越近，对计划期的影响越大，所以加权数应大些；距计划期越远，对计划期的影响越小，所以加权数应小些，其计算公式为：

$Y = a + bx$

计划期产品总成本预测值 $(Y_p) = \sum a_i W_i + \sum b_i W_i X_p$

计划期产品单位成本预测值 $= Y_p \div X_p$

其中：

a_i 代表 i 期固定成本总额；

b_i 代表 i 期产品的单位变动成本；

W_i 代表 i 期权数；

X_p 代表预测期产量；

Y_p 代表预测期产品总成本预测值。

[例 17-1]利德厂最近五年的产量及历史成本数据如表 17-1 所示：

表 17-1

年　度	产量(件)(X)	单位变动成本(元)(b)	固定成本总额(元)(a)
2××1	50	850	6 000
2××2	80	700	7 200
2××3	70	600	6 800
2××4	90	520	7 000
2××5	100	480	7 500

采用加权平均法预测计划期(2××6 年)产量为 150 件的总成本和单位成本。

设：$W_1 = 0.04, W_2 = 0.08, W_3 = 0.18, W_4 = 0.3, W_5 = 0.4$

$$\begin{aligned}
\text{计划期总成本预测值 } (Y_p) &= \sum a_i W_i + \sum b_i W_i X_p \\
&= [(6\,000 \times 0.04) + (7\,200 \times 0.08) + (6\,800 \times 0.18) \\
&\quad + (7\,000 \times 0.3) + (7\,500 \times 0.4)] + [(850 \times 0.04) \\
&\quad + (700 \times 0.08) + (600 \times 0.18) + (520 \times 0.3) + \\
&\quad (480 \times 0.4)] \times 150 \\
&= 7\,140 + 546 \times 150 \\
&= 89\,040 (\text{元})
\end{aligned}$$

计划期产品单位成本预测值 $= Y_p \div X_p = 89\,040 \div 150 = 593.60$(元)

该方法一般适用于企业的历史成本资料具有详细的固定成本和单位变动成本的数据。

(3)趋势平均法

趋势平均法是依据成本趋势的规律预测以后期间产品成本的方法。其计算公式为：

某期成本预测值＝最后一期移动平均数＋推后期数×最后一期趋势移动平均数

[**例 17-2**]百胜厂 2005 年各月甲产品的实际成本如表 17-2 所示：

表 17-2

月份	实际成本	三期平均	变动趋势	三期趋势平均数
1	200			
2	205	204.33		
3	208	206.33	＋2.00	
4	206	206	－0.33	0.22
5	204	205	－1.00	－0.33
6	205	205.33	＋0.33	0.44
7	207	207.33	＋2.00	1.11
8	210	208.33	＋1.00	0.89
9	208	208	－0.33	－0.33
10	206	206.33	－1.67	－0.55
11	205	206.67	＋0.34	
12	209			

根据上表的有关数据，可按上述公式对甲产品进行成本的预测：

2006 年 1 月份成本＝206.67＋2×(－0.55)＝205.57(元)

2006 年 2 月份成本＝206.67＋3×(－0.55)＝205.02(元)

2006 年 3 月份成本＝206.67＋4×(－0.55)＝204.47(元)

(4)指数平滑法

指数平滑法是通过导入平滑系数对过去各期的实际成本进行加权平均计算，以预测下一期产品成本。

设以 C_t 表示 T 期预测成本额，以 C_{t-1} 表示 $t-1$ 期预测成本额，X_{t-1} 表示 $t-1$ 期实际成本额，a 表示平滑系数$(0<a<1)$

$$C_t=C_{t-1}+a(X_{t-1}-C_{t-1})=aX_{t-1}+(1-a)C_{t-1}$$

展开上式：

$$C_t = aX_{t-1} + a(1-a)X_{t-2} + a(1-a)^2X_{t-3} + \cdots\cdots + a(1-a)^{n-1}X_{t-n} + (1-a)^nC_{t-n}$$

从上式可以看出，指数平滑法在预测成本时，是分别以 a、$a(1-a)$、$a(1-a)^2$ 等系数对过去各期的实际数进行加权，离预测期越远，其实际成本对预测期的预测成本影响越小，因而其权数取值也越小；离预测期越近，其实际成本对预测期的预测成本影响越大，其权数取值也越大。很明显，这种预测方法更符合实际情况，但 a 的取值具有较大的主观性，取值不同，会使预测成本产生较大的差异。若 a 取值越大，则近期实际成本额对预测成本的影响也越大；若 a 取值越小，则近期实际成本额对预测成本的影响也就越小。一般取值在 0.3 至 0.7 之间比较适合，能使预测成本比较平稳，能反映企业成本稳定的变化趋势。

[**例 17-3**]根据百胜厂 2005 年各月甲产品的实际成本资料，预测 2006 年 1 月份甲产品成本额。设 2005 年 1 月份预测成本 195 元。a 取值 0.6。

根据上述公式计算如下：

$C_t = aX_{t-1} + (1-a)C_{t-1}$

$C_1 = 195$

$C_2 = 0.6\times200 + (1-0.6)\times195 = 198$

$C_3 = 0.6\times205 + (1-0.6)\times198 = 202.2$

$C_4 = 0.6\times208 + (1-0.6)\times202.2 = 205.68$

$C_5 = 0.6\times206 + (1-0.6)\times205.68 = 205.87$

$C_6 = 0.6\times204 + (1-0.6)\times205.87 = 204.75$

$C_7 = 0.6\times205 + (1-0.6)\times204.75 = 204.9$

$C_8 = 0.6\times207 + (1-0.6)\times204.9 = 206.16$

$C_9 = 0.6\times210 + (1-0.6)\times206.16 = 208.46$

$C_{10} = 0.6\times208 + (1-0.6)\times208.46 = 208.18$

$C_{11} = 0.6\times206 + (1-0.6)\times208.18 = 206.87$

$C_{12} = 0.6\times205 + (1-0.6)\times206.87 = 205.75$

百胜厂 2006 年 1 月份甲产品预测成本为 $C_{2006.1} = 0.6\times209 + (1-0.6)\times205.75 = 207.7$

上述趋势平均法和指数平滑法这两种成本预测的方法是从一个指标其过去的变化趋势作为预测的依据，其原理是，以往对产品成本指标起作用的各因素在目前和将来仍然起作用，因而可以根据这种作用的延续趋势作为预测未来的依据，即未来的成本是过去成本的延伸。根据这一原理对未来成本进行预测的方法还有算术平均法、移动平均法、加权平均法和修正的时间序列回归分析法等，这些方法我们通常合称其为趋势预测法。

(5)一元线性回归预测法

采用线性回归分析法时，首先要判断自变量 x 与因变量 y 之间是否存在线性相关，若存在线性关系，便可建立回归直线方程：$y=a+bx$

要判断自变量 x 与因变量 y 之间是否存在线性相关，可采用"相关系数法"。即，通过计算相关系数 r 判断 x 与 y 之间的关系。其计算公式如下：

$$r=\frac{\sum x_i y_i-n\overline{x}\overline{y}}{\sqrt{[\sum x_i^2-n(\overline{x})^2][\sum y_i^2-n(\overline{y})^2]}}$$

若 $|r|>0.7$，说明因变量与自变量之间强相关；若 $0.3<|r|,<0.7$，说明因变量与自变量之间显著相关；若 $|r|<0.3$，说明因变量与自变量之间弱相关，若 $|r|=0$，则说明因变量与自变量之间不相关。

一旦确认因变量与自变量之间存在线性关系，则可建立回归直线方程：$y=a+bx$

其中：

$$a=\frac{\sum x_i^2\overline{y}-\overline{x}\sum x_i y_i}{\sum x_i^2-n(\overline{x})^2}$$

$$b=\frac{\sum x_i y_i-n\overline{x}\overline{y}}{\sum x_i^2-n(\overline{x})^2}$$

[例 17-4]某厂某基本生产车间，2005 年 7 至 12 月份实际发生的机器工作小时和机器维修费用如表 17-3 所示，试预测 2006 年第一季度的机器维修费用。

表 17-3

月　份	机器工作小时(小时)	机器维修费用(元)
7	200	150
8	170	140
9	195	160
10	235	180
11	210	170
12	227	175

设以 Y 代表机器维修费用，X 代表机器工作小时，根据以上数据列表如表 17-4。

表 17-4

月　份	x_i	y_i	$x_i y_i$	x_i^2	y_i^2
7	200	150	30 000	40 000	22 500
8	170	140	23 800	28 900	19 600
9	195	160	31 200	38 025	25 600
10	235	180	42 300	55 225	32 400
11	210	170	35 700	44 100	28 900
12	227	175	39 725	51 529	30 625
合计	1 237	975	202 725	257 779	159 625

$$\bar{x}=1\ 237\div 6=206.17,\bar{y}=975\div 6=162.5$$

$$r=\frac{\sum x_i y_i-n\bar{x}\bar{y}}{\sqrt{[\sum x_i^2-n(\bar{x})^2][\sum y_i^2-n(\bar{y})^2]}}$$

$$=\frac{202\ 725-6\times 206.17\times 162.5}{\sqrt{[257\ 779-6\times 206.17^2][159\ 625-6\times 162.5^2]}}$$

$$=0.95>0.7$$

说明因变量 Y(机器维修费用)与自变量 X(机器工作小时)之间的线性关系存在，属于强相关，可建立回归直线方程，

$$a=\frac{\sum x_i^2\bar{y}-\bar{x}\sum x_i y_i}{\sum x_i^2-n(\bar{x})^2}$$

$$=\frac{257\ 779\times 162.5-206.17\times 202\ 725}{257\ 779-6\times 206.17^2}$$

$$=93\ 274.25\div 2\ 742.5866$$

$$=34.01$$

$$b=\frac{\sum x_i y_i-n\bar{x}\bar{y}}{\sum x_i^2-n(\bar{x})^2}$$

$$=\frac{202\ 725-6\times 206.17\times 162.5}{257\ 779-6\times 206.17^2}$$

$$=1\ 709.25\div 2\ 742.5866$$

$$=0.6232$$

从而回归结果为：

$Y=34.01+0.6232X$

若2006年1月份预计机器工作205小时,则当月机器维修费用为 $34.01+0.6232\times 205=161.77$(元)

若2006年2月份预计机器工作185小时,则当月机器维修费用为 $34.01+0.6232\times 185=149.30$(元)

若2006年3月份预计机器工作260小时,则当月机器维修费用为 $34.01+0.6232\times 260=196.04$(元)

一元线性回归法是假定影响预测对象的变量因素只有一个,若影响预测对象的因素不止一个时,就应当采用多元线性回归模式进行预测。

(6)二元线性回归预测法

二元线性回归方程式为:

$$Y=a+bX_1+cX_2 \quad \cdots\cdots(1)$$

先以总和($\sum$)的形式表述公式(1)中的每一项:

$$\sum Y = na + b\sum X_1 + c\sum X_2 \quad \cdots\cdots(2)$$

以 X_1 乘(2)式:

$$\sum X_1 Y = a\sum X_1 + b\sum X_1^2 + c\sum X_1 X_2 \quad \cdots\cdots(3)$$

以 X_2 乘(2)式

$$\sum X_2 Y = a\sum X_2 + b\sum X_1 X_2 + c\sum X_2^2 \quad \cdots\cdots(4)$$

依据公式(2)、(3)、(4),可以解出公式(1)中 a、b、c 之值。

[**例17-5**]设百胜厂基本生产车间2005年7至12月份的制造费用与直接人工小时和机器工作小时关系密切,其数据如表17-5所示。

表17-5

月　份	制造费用(元)	直接人工小时(千时)	机器工作小时(千时)
7	1 920	16	30
8	1 200	9	21
9	1 625	11	25
10	1 880	13	27
11	1 780	12	25
12	1 900	15	29
合　计	10 305	76	157

设以 Y 代表制造费用，X_1 代表直接人工小时，X_2 代表机器工作小时，根据以上数据列表如表 17-6：

表 17-6

月　份	Y	X_1	X_2	X_1^2	X_2^2	X_1X_2	X_1Y	X_2Y
7	1 920	16	30	256	900	480	30 720	57 600
8	1 200	9	21	81	441	189	10 800	25 200
9	1 625	11	25	121	625	275	17 875	40 625
10	1 880	13	27	169	729	351	24 440	50 760
11	1 780	12	25	144	625	300	21 360	44 500
12	1 900	15	29	225	841	435	28 500	55 100
$\sum$	10 305	76	157	996	4 161	2 030	133 695	273 785

将上表中的数据代入公式(2)、(3)、(4)得：

$$\begin{cases} 10\ 305=6a+76b+157c \\ 133\ 695=76a+996b+2\ 030c \\ 273\ 785=157a+2\ 030b+4\ 161c \end{cases}$$

解三元一次方程式，得：

$$\begin{cases} a=-894.65 \\ b=-72.14 \\ c=134.75 \end{cases}$$

由此可得：

$$Y=-894.65-72.14X_1+134.75X_2$$

根据此方程式，可以预测 2006 年百胜厂该基本生产车间的制造费用金额。

若预计 2006 年 1 月份百胜厂将发生直接人工 18 千时，机器将工作 35 千时，则预计该月将发生制造费用 $=-894.65-72.14\times18+134.75\times35=2\ 523.08$(元)

(7)高低点法

该方法是将一定时期成本历史资料中最高产量和最低产量的产品总成本之差，与两者产量之差进行对比，先求出单位变动成本的值，然后再求出固定成本总额的值，最终据以推算出在计划期一定产量条件下的总成本与单位成本。

[**例 17-6**]好利厂最近五年的产量及历史成本资料如表 17-7 所示：

表 17-7

年　份	产量(x)件	单位变动成本(b)(元)	固定成本总额(a)(元)
2001	30	600	30 000
2002	50	550	32 000
2003	70	520	35 000
2004	60	480	34 600
2005	90	450	38 500

根据好利厂最近五年的产量及历史成本资料，采用高低点法预测 2006 年的产品总成本和单位成本。

表 17-8

项　目	高点(2005 年)	低点(2001 年)	差　异
产量	90	30	60
总成本	38 500＋450×90＝79 000	30 000＋600×30＝48 000	31 000

$$b=\frac{\Delta y}{\Delta x}=\frac{31\ 000}{60}=516.67$$

将 b 值代入高点(或低点)总成本公式，

$$y=a+bx$$

$$79\ 000=a+516.67\times 90$$

$$a=79\ 000-46\ 500.3=32\ 499.70$$

$$y=32\ 499.70+516.67x$$

当 2006 年产量为 150 件时，预测总成本＝32 499.70＋516.67×150＝110 000.20(元)

预测单位成本为＝110 000.20÷150＝733.33(元)

第二节　成本决策

成本决策是指根据成本预测提供的数据和市场营销以及产品功能分析等其他有关资料，在若干个与生产经营和成本有关的方案中，选择最优方案，确定目标成本。

一、成本决策中的成本概念

1. 差别成本

又称差量成本，其广义的解释是指各备选方案的预期成本的差异数。如，某厂的 A 零件外购，预期单位采购成本 12 元，若自制，预期的生产成本为 15 元，则选择外购方案是最优决策。此时，单位 A 零件有 3 元的差别成本。可见，不同备选方法的经济效益的高低可以通过差别成本的计算反映出来，因而，计算差别成本有助于进行决策分析，确定最优方案。其狭义的解释是指由于生产能力利用程度的不同而形成的成本差别，也称为增量成本。一般而言，在某一相关范围内，增量成本与变动成本一致，但若超过相关范围，则不一致了。

[**例 17-7**]某厂生产甲产品，其正常能力的相关范围是 3 000～5 000 件，在这相关范围内，甲产品的单位变动成本为 18 元，固定成本总额为 10 000 元，若超过该相关范围，在 5 001～10 000 件范围内，则单位变动成本将增至 18.5 元，固定成本总额将增至 25 000 元。现以 1 000 件为基础，计算每增加 1 000件的增量成本。计算过程如表 17-9 所示。

表 17-9　计算过程

产量（件）	单位成本			总成本			产量每增加 1 000 件的增量成本		
	b	a/x	合计	bx	a	合计	bx	a	合计
3 000	18	3.33	21.33	54 000	10 000	64 000	+18 000	0	+18 000
4 000	18	2.50	20.50	72 000	10 000	82 000	+18 000	0	+18 000
5 000	18	2.00	20.00	90 000	10 000	100 000	+18 000	0	+18 000
6 000	18.50	4.17	22.67	111 000	25 000	136 000	+18 500	+15 000	+33 000
7 000	18.50	3.57	22.07	129 500	25 000	154 500	+18 500	0	+18 500
8 000	18.50	3.13	21.63	148 000	25 000	173 000	+18 500	0	+18 500
9 000	18.50	2.78	21.28	166 500	25 000	191 500	+18 500	0	+18 500
10 000	18.50	2.50	21.00	185 000	25 000	210 000		0	

从上述计算过程和结果可以看出：在相关范围内（3 000～5 000 件），增量成本总额与变动成本总额的差异是一致的，都是 18 000 元，但是，若超过相关范围，如果产量为 6 000 件，则增量成本总额就除了包括变动成本总额的差额

+18 500元之外还要包括固定成本总额的差额(15 000元),合计为+33 000元。若再超过6 000件,如果产量为7 000件、8 000件,直到10 000件,由于在下一个相关范围内,单位变动成本和固定成本总额又保持不变,因而增量成本总额和变动成本总额的差额又一致了。

2.边际成本

它是指在产量的某一相关范围内,固定成本总额保持不变,每增加或减少单位产品所引起的成本变动。亦即,在产量相关范围内,边际成本与增量成本、变动成本是一致的。因而计算产品的边际成本在企业短期经营决策中可以据以判断增减产量在经济上是否合算。如,只要增加产量的单位售价高于边际成本,即使该售价比总的平均单位成本(含分摊的固定成本)低些,也将使企业增加利润或减少亏损。

3.机会成本

企业在决策中,选择了一个最优方案,必然要放弃其他的方案,因而也要损失所放弃方案可能带来的潜在利益。该潜在利益即最优方案的机会成本。如,某企业花费50万元资金购买生产设备,用于生产乙产品,估计每年将获得收益60 000元;若将50万元购买国库券,每年将获得收益16 350元。在该决策过程中,购买国库券的收益16 350元,就是该决策的机会成本。

4.重置成本

也称现行成本,是指目前从市场上购置同一项资产需要支付的成本。重置成本在定价决策中是一项不可忽视的重要因素。如某厂甲产品单位历史生产成本为40元,原单位售价44元,现在,由于原材料及运费涨价,现行单位生产成本达到45元,若某企业发来订单,按照44元的单位售价订购甲产品,甲产品目前也有库存。按照历史成本计价来考虑似乎单位甲产品可获取毛利4元,但若从重置成本的角度来考虑,则每销售单位甲产品将亏损1元。

5.付现成本

是指由于某项决策所引起的需要在将来动用现金支付的各项成本。

二、成本决策的方法

1.产品设计的成本决策

在降低成本提高经济效益的方法中,价值工程(简称VE)属于一门新兴的科学管理技术。它20世纪40年代起源于美国。1955年价值工程传入日本后,他们把价值工程与全面质量管理结合起来,形成具有日本特色的管理方法,并取得了极大成功。我国运用价值工程是从20世纪70年代末开始的。

1984 年国家经委将价值工程作为 18 种现代化管理方法之一，向全国推广。它是一种用最低的总成本可靠地实现产品或劳务的必要功能，着重于进行功能分析的活动。价值的表达式为：

价值（V）＝功能（F）/成本（C）

这里所讲的价值是指某种产品（劳务或工程）的功能与成本（或费用）的相对关系，也就是功能与成本的对比值。功能是指产品的用途和作用，即产品所担负的职能或者说是产品所具有的性能。成本指产品周期成本，即产品从研制、生产、销售、使用过程中全部耗费的成本之和。

衡量产品价值的大小主要看功能（F）与成本（C）的比值如何。在产品设计阶段的成本决策中，通常将产品的功能和成本进行对比，选择产品在功能和成本上的最佳结合，这称为“价值分析法”。

在计算价值系数过程中，功能指标的计量可以采用评分法。它按照零部件的重要性评分，分数等级可采用 5 分制、10 分制、100 分制。功能比较如表 17-10 所示（采用 10 分制评分）：

表 17-10

项目	质量可靠	技术难度	使用简便	维护难易	功能多少	使用成本	体积大小	外观美观	总分
方案 1	7	6	8	6	5	8	6	10	56
方案 2	9	5	9	7	6	7	8	10	61
方案 3	8	9	7	8	4	9	7	7	59

根据价值表达示，功能越高，价值越高。由于方案 1 功能评分最低被淘汰。对方案 2 和方案 3 结合产品周期成本再进行第二次比较。假设，方案 2 的单位产品周期成本为 140 元，方案 3 的单位产品周期成本为 138 元。则

$价值_{方案2}$＝功能/成本＝61/140＝0.4357

$价值_{方案3}$＝功能/成本＝59/138＝0.4275

比较结果，方案 3 虽然成本较低，但结合功能考虑，方案 2 更优，选择方案 2。

功能指标的计量除了可以采用评分法外，还可以功能的必要（最低）费用来计量，其步骤如下：

（1）确定一个产品（或部件）的全部零件的现实成本。

（2）把零件成本折算成功能成本。在实际产品中，常常有下列情况，即实现一个功能要由几个零件来完成，或者一个零件有几个功能。因此，零件的成

本不等于功能的成本，要把零件成本换算成功能成本。换算的方法是：一个零件有一个功能，则零件的成本就是功能的成本；一个零件有两个或两个以上功能，就把零件成本按功能的重要程度分摊给各个功能。

(3)确定功能的必要成本(最低成本，也称目标成本)。确定的方法是：从实现的每个功能中找出最低的成本方案(要对改进方案的成本进行估算)，以此方案的成本为功能的必要成本；或从厂内外已有的相同或相似零件的成本中找出最低成本，以此来确定功能的必要成本。

(4)计算各功能的价值。计算公式仍采用 V＝F/C，但这里的 V 以价值系数表示，F 是以实现这一功能的必要成本来计量，C 表示实现这一功能的现实成本，即

$$价值系数=\frac{实现功能的必要成本}{实现功能的现实成本}$$

2. 亏损产品应否停产的成本决策

企业在日常经营管理过程中，往往会由于各种原因造成有的产品发生亏损，这就产生了亏损产品是否要停产的问题。由于这方面的决策不涉及原有生产能力的变动，一般采用贡献毛益分析法解决。贡献毛益即售价减去变动成本。决策时，若亏损产品的售价高于变动成本，说明还有边际利润可用来分摊固定成本，亏损产品就不应该停产；若亏损产品的售价低于变动成本，说明亏损产品的亏损额会抵消盈利产品的利润，亏损产品就应该停产。如下例所示：

[例 17-8]某企业生产甲乙丙三种产品，其中丙产品为亏损产品。已知资料如表 17-11 所示。

表 17-11　产品成本资料

	甲产品	乙产品	丙产品
销售数量	500 件	1 000 件	300 件
销售单价	30 元/件	80 元/件	40 元/件
单位变动成本	8 元	35 元	28 元
固定成本总额	固定成本总额 42 800 元，按产品的销售额比例由甲、乙、丙产品共同分摊		

经过计算，甲、乙产品均为盈利产品，丙产品为亏损产品，计算过程如表 17-12 所示。

表 17-12　计算过程

项　目	甲产品	乙产品	丙产品	合　计
销售收入	15 000	80 000	12 000	107 000
变动成本总额	4 000	35 000	8 400	47 400
边际利润总额	11 000	45 000	3 600	59 600
固定成本总额	6 000	32 000	4 800	42 800
利润	5 000	13 000	−1 200	16 800

如果停产亏损产品丙产品，则该企业盈利情况如表 17-13 所示。

表 17-13　企业盈利情况

项　目	甲产品	乙产品	合　计
销售收入	15 000	80 000	95 000
变动成本总额	4 000	35 000	39 000
边际利润总额	11 000	45 000	56 000
固定成本总额	6 758	36 042	42 800
利润	4 242	8 958	13 200

通过上述计算可以看出，生产亏损产品丙产品，该企业的利润总额为16 800元，不生产亏损产品丙产品，该企业的利润总额只有 13 200 元，反而减少了 3 600 元。这是由于不管是否生产丙产品，该企业的固定成本总额42 800元总是要发生，如果生产三种产品，则固定成本总额由三种产品共同承担，若只生产甲和乙两种产品，该固定成本总额 42 800 元就由这两种产品承担。丙产品原有 3 600 元的边际利润，若停产丙产品，企业利润就减少3 600元。因此，从企业利润总额来考虑，该企业不应该停产丙产品。

3. 零部件自制或外购的成本决策

(1)零部件是自制还是外购，其决策方法通常是将零部件的自制成本和外购成本直接进行比较，选择成本较低的方案，若存在机会成本，则应将机会成本也加以考虑。

[例 17-9]某厂制造乙产品需要配用 B 零件，年需要量为 35 000 件，外购单位成本 20 元，该厂尚有剩余生产能力可利用自制 B 零件。单位 B 零件生产耗费直接材料 12 元，直接人工 5 元，分摊固定费用 6 元，若该剩余生产能力

不自制B零件，则可将剩余的生产设备出租，可获得年租金收入40 000元。

该例中，由于自制B零件是利用剩余生产能力进行加工，自制将只增加变动成本，固定成本保持不变，变动成本总额为(12＋5)×35 000＝595 000(元)，外购成本为20×35 000＝700 000(元)，自制成本总额再加上设备出租的机会成本40 000元，自制总成本635 000元，比外购总成本节约65 000元。因此，B零件以自制为宜。

(2)若企业需要决策零部件的需要量在什么范围内自制，在什么范围内外购的决策则通常采用本量利分析法。

[例17-10]某厂生产一件甲产品需要配用一个A零件，该A零件若外购，则单位成本为300元，该厂目前尚有不能用作它途的剩余生产能力可以自制A零件。若自制，单位生产成本为：直接材料160元，直接人工50元，变动制造费用70元，固定制造费用40元。此外，若自制A零件，每年还需增加专属固定成本30 000元。

要求做出决策，该厂A零件的全年需要量在什么情况下自制，在什么情况下外购。

$$外购方案预期成本(y_1)=a_1+b_1x=0+300x$$

$$\begin{aligned}自制方案预期成本(y_2)&=a_2+b_2x\\&=30\ 000+(160+50+70)x\\&=30\ 000+280x\end{aligned}$$

$$\Delta y=y_1-y_2=300x-(30\ 000+280x)=20x-30\ 000$$

当$\Delta y=0$时，外购A零件的总成本和自制A零件的总成本一致。此时，$x=1\ 500$件

当$\Delta y<0$时，外购A零件的总成本小于自制A零件的总成本，此时，$x<1\ 500$件

当$\Delta y>0$时，外购A零件的总成本大于自制A零件的总成本，此时，$x>1\ 500$件

决策：当该厂甲产品年产量超过1 500件时，企业应当自制A零件；当甲产品年产量小于1 500件时，企业应当外购A零件。

4.最优生产批量的成本决策

最优生产批量的决策是要解决在成批生产的企业里，每批生产多少产量，全年分几批生产总成本最低的问题。对这一问题的决策，主要应考虑两个成本因素，即调整准备成本和储存成本。调整准备成本是指在每批产品投产前，进行一些调整准备工作而发生的成本。这种成本与每批产品数量的多少没有

直接联系，只与生产批数的多少成正比。储存成本是指产品在储存过程中发生的费用，通常包括储存过程中发生的仓储费、搬运费、保险费、占用资金的利息和仓库房屋、机械设备的折旧费、维修费、通风费、照明费等等。

在全年总产量固定的情况下，批量和每批产量之间的关系是此消彼长的关系。批次越多，每批产量就越少，反之，批次越少，每批产量就越大。而最优生产批量就是使企业全年的调整准备成本与储存成本之和最低的生产批量。采用数学模型表示如下：

$$T=C\cdot\frac{Q}{2}\cdot\left(1-\frac{d}{P}\right)+S\cdot\frac{A}{Q}$$

式中：

T表示调整准备成本与储存成本之和；

C表示单位产品或零件的全年平均储存成本；

Q表示产品或零件的每批产量；

d表示产品或零件的每天领用量；

P表示产品或零件的每天产量；

S表示生产每批产品或零件的调整准备成本；

A表示产品或零件的全年需要量。

该计算式可以分解开来理解：

$$\text{每批生产终了时的最高储存量}=\frac{\text{每批产量}}{\text{每天产量}}\times(\text{每天产量}-\text{每天领用量})$$

$$=\frac{Q}{P}\cdot(P-d)=Q\cdot\left(1-\frac{d}{P}\right)$$

$$\text{平均储存量}=\text{每批生产终了时的最高储存量}\div 2$$

$$=\frac{Q}{P}\cdot P(P-d)\div 2=\frac{Q}{2}\cdot\left(1-\frac{d}{P}\right)$$

$$\text{全年平均储存成本}=\text{单位产品或零件的全年平均储存成本}\times\text{平均储存量}$$

$$=C\cdot\frac{Q}{2}\cdot\left(1-\frac{d}{P}\right)$$

$$\text{全年批数}=\text{全年需要量}/\text{每批产量}=\frac{A}{Q}$$

$$\text{全年调整准备成本}=\text{每批产品或零件的调整准备成本}\times\text{全年批数}=S\cdot\frac{A}{Q}$$

要使企业全年的调整准备成本与储存成本之和最低，可通过微分法计算，先以每批产量Q为自变量，求全年调整准备成本与储存成本之和（T）的一阶导数，当T的导数为0时，可得出Q值，即最优生产批量。

$$Q=\sqrt{\frac{2AS}{C\left(1-\frac{d}{P}\right)}}$$

[**例 17-11**]某厂全年需要 A 零件 57 600 个，专门生产 A 零件的设备每天能生产 240 个，每天一般领用 192 个，每批调整准备成本为 450 元，单位 A 零件全年平均储存成本为 2.5 元。

$$\text{最优生产批量}=\sqrt{\frac{2AS}{C\left(1-\frac{d}{P}\right)}}=\sqrt{\frac{2\times 57\ 600\times 450}{2.5\times\left(1-\frac{192}{240}\right)}}\approx 2\ 036(\text{个})$$

最优生产批数＝57 600/2 036.47≈28(批)

思考题：

1. 成本预测的定性预测方法有哪些？

2. 定量预测方法有哪些？其一般预测程序是什么？

3. 成本决策的方法有哪些？

4. 试理解差别成本、边际成本、机会成本、重置成本、付现成本等成本决策过程中涉及的成本概念。

5. 如何决策企业的最优生产批量？

6. 零部件自制或外购的成本决策中应考虑哪些因素？

7. 亏损产品应否停产的成本决策应如何做出？

8. 什么是价值分析法？在何种决策中应用？

18 第十八章 成本计划、控制与考核

第一节 成本计划

一、成本计划的意义

成本计划是根据成本决策所确定的目标成本，具体规定在计划期内为完成生产经营任务所应支出的成本、费用水平和降低任务，并提出为达到规定的成本、费用水平所应采取的各项措施。它是企业生产经营总预算的一部分，通过分析实际成本与成本计划之间的差异，可以找出尚需加强控制的环节，评价各部门的业绩。成本计划的作用主要体现在以下几个方面：

1. 成本计划是确保目标成本落实和具体化的一种程序，规定了生产过程中的耗费水平及降低成本的任务，使职工明确成本方面的奋斗目标。职工明确了降低成本的具体目标和各自的职责，可以做到心中有数，精打细算，保障企业目标的实现。

2. 成本计划是推动企业实现责任成本制度和加强成本控制的有利手段。确定了企业总的成本计划后，还应将成本计划指标分解落实到车间、班组，以明确各单位、各部门在成本上应承担的责任。在执行成本计划的过程中，将成本计划与实际消耗进行比较，及时找出成本和费用的差异数，以便采取有效措施，调节和控制生产耗费。

3. 成本计划是考核企业各部门成本业绩的标准尺度。历史成本只能作为考核各部门成本工作业绩的参考，而不能作为考核的依据。只有通过定期分析成本计划的完成情况，才能正确评价和考核企业各部门的工作业绩。这是由于各期实际成本的情况不同，受到不同因素的影响，而成本计划是在计划期

内考虑宏观调控的要求，满足企业成本管理需要的前提下制定的、保证实现成本目标的生产耗费和成本水平，反映了现时的要求。将成本计划与计划期的实际成本进行比较，并作为奖惩的依据，可调动各部门职工努力完成目标成本的积极性。

二、成本计划的内容

成本计划可以分为两大类，一类是按生产费用要素与生产费用用途编制的费用预算，反映企业的生产耗费。如，按要素费用反映，可以编制“材料费用预算”、“工资及福利费预算”；按费用用途反映，可以编制“制造费用预算”、“期间费用预算”等。另一类是按产品品种编制的产品成本计划，反映计划期各种产品的预计成本水平和成本降低任务，如“产品单位成本计划”、“商品产品成本计划”。

上述成本计划通常用数字和表格加以反映，而成本计划还应当包括文字说明的部分。主要是分析上年成本计划的完成情况，预计计划中存在的问题和防范方法，近年的数量差异、价格差异和其他重大因素变动对成本计划的影响以及降低成本的主要措施等。

三、成本计划的编制

作为全面预算的一个组成部分，成本计划的编制过程应当是：(1)应由企业的销售部门根据已确定的目标利润预测目标销售量。(2)生产部门根据销售部门确定的预计销售量以及产品的期初、期末存量，计算出计划期的预计生产量。(3)采购部门根据计划期的预计产量和期初、期末存料量，预算出经济购进生产所需的材料。(4)人事部门根据计划期的生产任务，配备足够的工人和技术力量，并根据单位产品的工时定额、单位工时的工资率(包括基本工资、各种津贴及社保等)预算所需的直接人工费用。(5)预算制造费用，它包括生产成本中除直接材料和直接人工以外的一切费用明细项目。对于其中的变动费用项目，以预测的目标销售量为基础，规划其具体预算数。对于固定费用项目，则根据上期的实际开支水平，再结合上级下达的成本降低率，进行预算。以上五种预算编好以后，单位产品生产成本就可以预算出来了。

值得注意的是，成本计划的编制应当采用职工参与的方式进行，允许对成本控制负有责任的人员参与制定成本计划。先由管理高层规定计划的编制原则，传达到下属的各管理层，较低层级的管理人员根据目标提供编制预算的各项指标数据并制定其相应层级的计划，在计划提交给更高一级的管理层后，由上级进行综合并提出修改意见，又交回下级各管理层级，下级各管理层级修改后再重新提交,经过这样反反复复的交换看法和“讨价还价”最后完成计划的制订工作。这样参与式的预算编制方法能使成本控制负责人了解成本的预算过程,自己应对哪些费用负责,满足了他们受尊重和自我实现的需要,能在一定程度上提高职工参与控制成本的积极性。

四、成本计划的编制简例

(一)甲产品生产量的预算(假定该企业期初、期末没有甲在产品)

表 18-1

	甲产品
预算的销售数量	3 000
要求的期末产品库存数量	200
产品总需要量	3 200
减:期初产品库存数量	180
本期需生产数量	3 020

若该例中,企业存在期初、期末的在产品,则还应当在本期需生产数量的基础上加上期末在产品的约当产量减去期初在产品的约当产量。

(二)直接材料采购预算

1. 甲产品直接材料用量计划

表 18-2

	单耗量	产　量	总用量	单　价	总金额
A 材料	3 公斤	3 020	9 060	8.50	77 010
B 材料	0.8 公斤	3 020	2 416	21	50 736
合　计	—	—	—	—	127 746

2. 甲产品材料采购预算

表 18-3

	A 材料	B 材料	合　计
本期需耗用材料	9 060	2 416	
期末要求的库存	906	242	
材料总供应数	9 966	2 658	
减:期初库存	800	150	
本期需购材料数量	9 166	2 508	
乘以:材料采购单价	8.50	21	
预算金额	77 911	52 668	130 579

（三）甲产品直接人工预算

表 18-4

生产量	工时定额	总工时	小时工资率	预算金额
3 020	18	54 360	4	217 440

（四）制造费用预算

表 18-5

费用项目	单位费用	产量	需要总量	上年数	本年计划数
变动性制造费用：					
一般性消耗的材料	1.2	3 020	3 624		3 624
维修费——变动性	2.5	3 020	7 550		7 550
电费	13.5	3 020	40 770		40 770
折旧费（工作量法计提折旧）	1.05	3 020	3 171		3 171
变动性制造费用合计			55 115		55 115
固定性制造费用：					
管理人员工资（不可控）				30 000	30 000
保险费（不可控）				5 000	5 000
维修费——固定性（不可控）				2 800	2 800
水费（可控）				1 500	1 300
其他（可控）				8 000	6 800
固定性制造费用合计				47 300	45 900
制造费用合计					101 015

（五）单位甲产品生产成本计划

表 18-6

成本项目	总金额	产　量	单位成本
直接材料	127 746	3 020	42.30
直接人工	217 440	3 020	72
制造费用	101 015	3 020	33.45
合　计	—	—	147.75

第二节 成本控制

一、成本控制的含义

成本控制是指对影响成本的各种因素加以管理，使产品成本按照人们事先测算确定的成本水平进行，从而防止与克服生产过程中的损失和浪费现象，使企业资源得到合理利用。实行成本控制企业一般应按成本、费用发生的时间先后划分为事前控制、事中控制和事后控制三个阶段。成本事前控制，主要是确定成本目标、制定成本计划、规定成本限额，以保证目标成本和成本计划既先进又切实可行。事前控制能够最大限度地挖掘降低成本、费用的潜力，提高经济效益。成本的事中控制是在产品成本的形成和经营管理费用的发生过程中，依据成本计划，制定各项消耗定额、费用定额、标准成本等，对各项实际发生和将要发生的成本、费用进行审核，及时发现偏差并采取纠正措施，使产品成本的形成和各项费用的发生限制在成本计划的范围内，防止超支、浪费和损失的发生，以保证成本计划的执行，也称作"日常成本控制"。成本事后控制是根据计划执行的情况，分析研究成本差异发生的原因，确定责任部门或责任人，借以纠正偏差，并提出今后的改进措施，修正以后成本控制的设计和成本限额。这一包含了事前、事中和事后三个阶段的成本控制称为广义的成本控制。狭义的成本控制仅仅指事中成本控制，即日常成本控制。本节仅简述日常成本控制的内容。

二、成本控制的程序

1. 制定成本控制标准。成本控制标准是企业生产经营过程中各部门、车间、班组耗费开支的范围和标准，是衡量实际成本的尺度，是控制成本发生的依据。我国成本控制标准的制定一般以标准、定额或计划的形式表示，但无论采用计划成本还是标准成本或定额成本，其实质都是事先制定的一个成本控制标准以控制实际成本的发生。当实际成本高于这个成本控制标准时，说明工作质量不高，产生了浪费；反之，当实际成本低于标准成本时，说明工作质量较高，形成了节约。生产成本的控制标准一般按直接材料、直接人工和制造费用分别制定。制定每一项控制标准都应从数量与单价两方面进行。

2. 控制成本形成过程。一旦制定了成本控制标准，就应当在生产经营过程中按标准核发原材料、安排人力、控制费用支出，使实际成本的发生不超过制定的控制标准，达到预期的目标。如，对原材料消耗实行定额管理和限额领料制度，对辅助材料实行费用卡制度，对工时消耗制定工时定额，对费用支出实行预算包干制度等。这些成本控制的方法都是为了控制成本形成过程中使实际成本向目标成本靠拢，实现成本目标。

3.揭示成本差异，反馈成本差异。将成本控制标准与实际发生的各项成本进行比较，可以揭示两者之间的差异，对差异进行分析，找出产生差异的原因，并区分该差异是属于可控费用还是不可控费用，将其反馈到各有关部门，同时针对各差异的原因向各部门提出建议以便及时控制和纠正。如，材料成本差异分析后，要将数量差异反馈给生产部门和技术部门，价格差异反馈给材料采购部门。

三、生产成本控制

(一)对直接材料的控制

通常，在产品成本中，直接材料占有很大的比重，因此，加强对直接材料成本的控制对降低产品成本有着重要的作用。材料成本的高低，取决于材料耗用量和材料价格两个因素。

1.对材料耗用量的控制

假定企业采用定额法作为成本控制的方法。对材料耗用量的控制办法主要是通过制订消耗定额并按限额发料的制度加以控制。

(1)制订先进可行的材料消耗定额。材料消耗定额的制订通常由计划、技术、财会、生产部门等共同制定，应当分产品、分零部件进行。在原有用量的情况下，考虑到现行生产条件的变化，并和一线的生产职工磋商，综合各方面的条件制订出先进可行的消耗定额，所谓先进可行是指所制订的消耗定额应当是生产职工经过努力才能达到的一个标准，不经过努力就能达到和经过努力仍然达不到都不是先进或可行的标准。

(2)实行限额领料制度。限额领料制度下，首先由企业计划部门根据当月计划产量和制订的单位产品材料消耗定额计算出当月允许生产部门所领用的材料数量，将此数量作为领料单的最高限额，生产部门可以凭此领料单在当月领用材料，若超过该限额，必须经有关部门批准后才能对限额进行调整。将领用限额与实际消耗进行比较，可以反映出领料过程中的差异。

2.对材料价格的控制

对材料价格的控制，即对材料成本形成的控制。就外购材料而言，就是对材料的买价、运杂费、运输途中的合理损耗以及入库前的挑选整理费用、采购数量、采购批次和运输方式等进行控制。这是因为影响材料价格的因素不只是购买价格、运杂费、运输途中的合理损耗和入库前的挑选整理费用,采购数量和采购批次也将影响到材料的买价,运输方式则将影响到运杂费的高低。

(二)对工资成本的控制

对工资成本的控制,因采用的工资制度不同其方法也有所不同。

1.计时工资制度下的工资控制

由于在计时工资制度下,工资的实际费用要到月底才能确定,平时难以分产品控制工资费用的发生。为了解决这一问题,可以将工资费用分解为两部分,一部分是工时定额执行情况,称为数量差异,另一部分是工资率的变动,称为价格差异。这样,关于工时定额的执行情况就可以在平时进行控制,工资率的变动则可以等月末再计算分析。

(1)对工时的控制。将实际耗用的工时与实际产量的定额工时进行比较,可以反映工时定额的执行情况。根据下面的公式可以计算出每天各生产部门的工资差异是由于工时利用节约还是浪费造成的,以促使生产部门充分利用工作时间。

工时工资差异=(实际耗用工时-实际产量的定额工时)×计划工资率

(2)对工资率的控制。影响工资率的因素很多,如在安排工作时没有实行“按才定位”,在低档位活的岗位上安排技术熟练、工资级别高的工人,或病假工资增加、津贴增加等都会使工资率上升,而在高档位活的岗位上安排学徒顶岗,就会降低工资率。

本月实际工资率=本月生产工人的实际工资总额÷本月实际生产工时

当本月实际生产工时一定时,生产工人的实际工资总额越多,工资率就越高。因此,必须尽量避免“大材小用”或“高职低就”的现象;当本月生产工人的实际工资总额一定时,本月实际生产工时越多,工资率就越低,因此必须充分利用工时,减少非生产工时。利用下面的计算公式,可以计算出本月工资差异是由于工资率的高还是低所造成的。

工资率差异=(实际工资率-计划工资率)×本月实际耗用的生产工时

2.计件工资制度下的工资控制

计件工资是按照规定的计件单价,根据每人或每班组完成的合格品产量和料废产量之和计算发放的工资。计算公式为：

计件工资＝(合格品产量＋料废品产量)×计件单价

式中，计件单价是事先确定好的，在生产中无法实施控制；计件工资总额只与合格品产量与料废产量之和成正比。由于计件工资制度下，因生产工人劳动生产率提高而节约时间多生产的产品需要照付工资，因此，不存在生产效率高低对成本的影响问题。但料废产品由于不是生产工人的责任，料废产品不但不能为企业创造价值，还要照付工资，增加产品成本，因此计件工资制度下的工资控制就主要是控制料废产品工资、计入成本的病假工资和计入成本的非生产时间的工资。

（三）对制造费用的控制

制造费用是企业为生产产品和提供劳务而发生的各项间接费用，包括生产单位管理人员工资和福利费、折旧费、修理费、办公费、水电费、机物料消耗、劳动保护费、季节性和修理期间的停工损失等。由于制造费用一般都属于间接费用，不能在费用发生的当时直接按产品确定定额差异。在日常核算中，一般是先根据计划期企业的生产量和费用支出的总规模，按费用发生的地点，分项目编制费用预算限额，并下达给有关部门和车间负责管理。其中，能落实到班组的，还应分配到各班组，然后采用诸如费用限额卡、厂内货币等核算形式严格监督其按照费用预算限额对各开支单位的费用支出进行控制。当实际支出数大于预算限额数时，其差额为费用超支差异；当实际数小于预算限额数时，其差额为费用节约差异。

1. 费用限额卡

发给费用开支单位一本费用限额卡，在卡上注明费用控制标准，凭卡支付费用。在日常生产经营过程中，每发生一笔费用开支就根据有关审查过的凭证登记在卡上，超额时要经过一定审批手续，否则不予报销。月末结余额即节约额。该方式有利于各生产部门对费用支出进行控制，随时了解尚可使用的金额。

2. 厂内货币

厂内货币形式与费用限额卡本质上一致，只不过是以厂内货币代替费用限额卡。每月根据费用开支标准给费用开支单位核发相应数量的厂内货币，各生产部门就凭这些厂币来支付各项费用开支，月末剩余的厂币即节约额。

财会部门要定期反映各费用开支单位的费用标准执行情况，并分析费用开支增减原因，以便采取有效措施，不断降低费用。

第三节　成本考核

一、成本考核的意义

成本考核是将会计报告期成本实际完成数与计划指标、定额指标或预算数进行对比,评价成本管理工作的成绩及存在问题的一项工作。成本考核是检验成本管理目标是否达到的一个重要环节。其意义在于:

首先,通过成本考核可以评价企业成本计划的完成情况,激励成本责任中心与全体员工的积极性。

在成本管理中,首先要建立起成本责任中心和实行成本责任制,明确各单位和人员的经济责任。

进行成本考核时,通常以车间、班组等成本责任中心为单位,将分解后的成本指标与实际成本完成情况进行比较,以此来衡量各车间、班组成本责任完成情况的好坏,并据此作为对其进行奖惩的依据,因而能调动成本责任中心与全体员工更好地完成成本计划的积极性。

其次,通过成本考核评价有关财经纪律和财会制度的执行情况。

企业在生产经营中能否遵守有关财经纪律和财会制度,是企业是否能顺利地达到其预定的经营目标的基本前提之一。任何目标的实现总要有相应的制度来保障,在相应制度保障的环境下,才有可能谈到成本责任的完成,很难想象不遵守相应制度的企业能按预定的计划完成任务。因此,在成本考核中检查、评价有关财经纪律和财会制度的执行情况是非常有必要的。

二、成本责任中心与责任成本

成本责任中心是成本发生的区域,任何对成本负有责任的单位都是成本责任中心,如,企业的分公司、分厂、车间、工段、班组以及职工个人都可以是一个成本责任中心。不同的成本责任中心所计算与考核的成本指标范围有所不同,但它们计算与考核的都是责任成本。

责任成本与产品成本不同,从核算原则来看,责任成本是根据企业内部责任原则核算,产品成本则按照成本核算原则核算;从核算对象来看,责任成本的核算对象是成本责任中心,产品成本的核算对象是产品品种;从核算目的来看,责任成本的核算目的是为了与上一级所下达的经济责任挂钩,将其与预算数进行比较,考核经济责任的完成情况,产品成本的核算目的是为了计算利润及定价；从成本的内容来看，责任成本主要核算可控费用，产品成本核算全部生产费用。

由于责任成本是指可控成本，因此，计算责任成本时必须将成本划分为“可控成本”与“不可控成本”。判断可控成本的标准是：可控成本应当可以预计，可以控制，可以计量。

三、对成本责任中心业绩的评价与考核

由于成本中心没有收入来源，只对成本负责，因而对成本责任中心业绩的评价与考核就以责任成本为重点，通过定期编制实绩报告，来考核、衡量责任成本发生的实际数究竟与预算数出现多大的差异，并分析研究其产生的原因。

成本责任中心编制的实绩报告通常只需按该中心可控成本的各明细项目，列示其预算数、实际数和差异数三栏，指标可以用金额、消耗量或时间量度反映，也可再加上“差异原因分析”栏。实务中，每个成本责任中心在计划期开始前要编制好责任成本预算，平时对责任成本实际发生数进行记录。

由于企业内部各个成本责任中心是逐级设置的，因而各成本责任中心的责任预算和实绩报告也应自下而上，从最基层的成本责任中心逐级向上汇编，如，班组责任成本由班组长负责，按月编制班组的实绩报告送交工段长；工段责任成本则由工段长负责，汇总本工段所属各个班组的责任成本，再加上直接属于本工段的可控成本，计算出本工段的责任成本，按月编制工段的实绩报告送交车间主任；车间责任成本则由车间主任负责，汇总本车间所属各个工段的责任成本，再加上直接属于车间的可控成本计算出车间的责任成本，按月编制本车间的实绩报告送交给分厂厂长；分厂厂长最终汇总本厂所属各车间的责任成本，再加上分厂的可控间接成本，计算出分厂的责任成本，按月编制本厂的实绩报告。成本责任中心的责任预算和实绩报告除最基层的成本责任中心的责任成本就是它本身的可控成本项目之和外，其他层次的成本中心的责任成本一般都应包括两部分：一部分是本成本责任中心的可控成本项目之和，一部分则是下属单位转来的责任成本。

至于各成本责任中心发生的不可控成本，在编制实绩报告时，可以有两种不同的处理方式，或者全部省略，不予列示；或者作为实绩报告的参考资料进行列示，以方便高层管理人员全面了解各成本责任中心在本月消耗的全部费用。

思考题：

1. 成本计划的内容一般包括哪些部分？
2. 制订成本计划有何意义？
3. 请理解成本控制的事前控制、事中、事后控制的含义。
4. 成本控制应遵循什么程序？
5. 生产成本控制应从哪些方面进行？
6. 责任成本与产品成本有何区别？

图书在版编目(CIP)数据

成本会计/袁寒松主编.—3版.—厦门:厦门大学出版社,2011.8(2015.11重印)
(新世纪会计学主干课系列教材)
ISBN 978-7-5615-2919-5

Ⅰ.①成… Ⅱ.①袁… Ⅲ.①成本会计-高等学校-教材 Ⅳ.①F234.2

中国版本图书馆CIP数据核字(2011)第164573号

官方合作网络销售商:

厦门大学出版社出版发行
(地址:厦门市软件园二期望海路39号 邮编:361008)
总编办电话:0592-2182177 传真:0592-2181406
营销中心电话:0592-2184458 传真:0592-2181365
网址:http://www.xmupress.com
邮箱:xmup@xmupress.com
厦门市万美兴印刷设计有限公司印刷
2011年8月第3版 2015年11月第2次印刷
开本:787×960 1/16 印张:27.25
字数:480千字 印数:11 000~15 000册
定价:45.00元
本书如有印装质量问题请直接寄承印厂调换